义仓

失落的中国慈善文化明珠

常竹青　刘黄娟　刘飞 ——— 编著

四川人民出版社

图书在版编目（CIP）数据

义仓：失落的中国慈善文化明珠 / 常竹青，刘黄娟，刘飞编著. -- 成都：四川人民出版社，2024. 6.
ISBN 978-7-220-13706-8

Ⅰ. D691.9

中国国家版本馆 CIP 数据核字第 2024PT9195 号

YICANG: SHILUO DE ZHONGGUO CISHAN WENHUA MINGZHU

义仓：失落的中国慈善文化明珠

常竹青　刘黄娟　刘　飞　编著

出品人	黄立新
责任编辑	舒晓利
封面设计	廖小源
内文设计	李其飞
责任校对	母芹碧
责任印制	祝　健
出版发行	四川人民出版社（成都三色路238号）
网　　址	http://www.scpph.com
E-mail	scrmcbs@sina.com
新浪微博	@四川人民出版社
微信公众号	四川人民出版社
发行部业务电话	（028）86361653　86361656
防盗版举报电话	（028）86361661
照　　排	成都木之雨文化传播有限公司
印　　刷	成都蜀通印务有限责任公司
成品尺寸	170mm × 240mm
印　　张	22.5
字　　数	356 千字
版　　次	2024 年 6 月第 1 版
印　　次	2024 年 6 月第 1 次印刷
书　　号	ISBN 978-7-220-13706-8
定　　价	86.00 元

代　序

数月前，在成都调研时刘飞告诉我有这部书稿，并很快将初稿发我。

其间她更新了四稿，终于忍不住催我要这篇短序。抱歉啊！

读这部书稿，有如读史。

过去数月间，我尝试以发公众号文的方式写史：慈善思想史。今天开始写魏晋南北朝，书桌上堆了不少史书，却翻不出“义仓”的字眼。

在浩瀚绵延的中华历史长河中，义仓，是深藏其间且尘封久远的一颗慈善明珠。刘飞和她的伙伴们，这群公益行者，不仅在社区发展治理创新的实践中翻新了这颗明珠，使之在经历千余年尘封之后重新焕发慈善之光，而且花了大量时间从故纸堆中查阅众多文献，让历史印证了这颗明珠所蕴含的深厚文化底蕴、内涵和意义。

作者以生动而朴实的语言，讲述了他们与义仓的奇遇及十年寻根、翻新和再创之旅。这不仅是一部关于义仓的史书，更是一部充满情感、思考和公益行动的心得。从作者们的笔触和故事中，我们能够感受到他们对公益的大爱和对传统文化的深情。

书中详细梳理了义仓的历史起源、发展脉络、社会功能、文化意义，让我们对义仓有了全面而深入的了解。我们看到了义仓在历史演变中扮演的角色，它不仅是物资储备，更是体现中国优秀传统文化“仁爱”“博施”“互助”等价值观的重要载体。参与义仓，不仅使受助者得义，更使参与者在众义中得仁，增强人与人之间的互信和共益，增强社区的认同感和凝聚力。

刘飞和她的公益伙伴们并未止于史，更行于道。书中分享了她们如何使义仓在现代社会焕发公益的生机，如何通过义仓点亮成都乃至全国众多的社区慈善，如何在义仓的志愿行动中激活人们内心中的良知与善行。作者们相信：义仓的实践不仅为现代社会提供了宝贵的启示，也用文化的力量焕发出我们民族每一个人、每一个家族、每一个社区中所蕴藏的巨大公益能量。

相信本书必如其名，不仅点亮义仓这颗失落在历史中的慈善文化明珠，也点亮当下以义仓为代表的社区慈善，更点亮千千万万个面向未来的义仓，点亮我们民族复兴的公益大道！

王　名

2024 年 5 月 21 日于大兴飞往浦东的航班上

序　言

这本书缘起于十多年前我的一次奇遇。

2010 年，从小在农村长大的我在一家国际 NGO（非政府组织）从事农村社区组织建设和社区发展工作，但在我的教育经历中，却一直被告知中国公益是从西方传入的，没有人和教科书告诉我中国有自己的公益历史和文化。

当时我工作的机构希望能够找到乡村传统内生的关注社区发展及儿童福祉的社区组织。2010 年年底我在江西省吉安市遂川县达溪村开展乡村田野调查时，偶然在一座祠堂的碑文里发现一个明代义仓。我恭敬地站在古老而神秘的祠堂里，面对义仓碑文时，顿觉所有的毛孔都打开了，冥冥之中我能觉察到似乎有一个来自远古的声音在尝试和我对话，我站在碑文前很久都不愿离去，这正是我苦苦探寻的那个答案——中国有自己的公益历史和义仓文化！此后，我和同事一起将义仓碑文信息整理出来，并在社区寻找老人开展口述历史，共同将这些尘封的义仓故事重新呈现出来。

神奇的是，在整理过程中我也了解到江西吉安的一家公益组织“青原色”和“一勺米”计划，而他们几乎是与我在同一时空里（2010 年江西吉安），在毛家村偶遇了义仓，同样是受到毛家村义仓碑文的启发而创立“义仓一勺米”公益活动并付诸实践。

此后的十多年对我而言是漫长的义仓文化寻根之旅。从最初留意古代典籍和现代研究里的义仓线索，到工作之余到自己的家乡及各地寻找义仓遗留的故事和碑文，并力所能及地收集和抢救那些近代遗存的义仓文物、票证、书籍。从一个人孤独盲目的寻找，到和一群专注义仓及传统慈善文化研究的民间学者的共同探寻，逐渐呈现出一幅跨越近一千五百年、遍及中国大江南北乃至东亚社会的中国古代公益壮观景象！

根据文献记载整理的部分历代义仓遗址分布表

义仓名称	分布省份	市县	朝代
社仓纳粟砖	河南	洛阳	隋
五夫社仓	福建	武夷山	南宋
长滩社仓	福建	南平	南宋
大阐社仓	福建	南平	南宋
光泽社仓	福建	南平	南宋
永利仓	福建	浦城	南宋
南城县吴氏社仓	江西	抚州	南宋
石臼里社仓	江苏	南京	明
达溪村义仓	江西	吉安	明
颍州义仓	安徽	颍州	清
平和县义仓	福建	平和	清
福建盐义仓	福建	福州	清
酒泉义仓	甘肃	酒泉	清
翠微村景贤谷仓	广东	珠海	清
嘉应义仓	广东	梅州	清
揭阳义仓	广东	揭阳	清
佛山义仓	广东	佛山	清
惠来义仓	广东	惠来	清
怀集义仓	广东	怀集	清
潮州盐义仓	广东	潮州	清
惠州盐义仓	广东	惠州	清
林贺义仓	广西	贺州	清
乐善义仓	广西	岑溪	清
遵义义仓	贵州	遵义	清
平山义仓	河北	平山	清
吴桥县义仓	河北	吴桥	清
盈亿义仓	河北	衡水	清

续表

义仓名称	分布省份	市县	朝代
张氏义田仓	河南	兰考	清
宁古塔旗仓/义仓	黑龙江	牡丹江	清
阿勒楚喀旗仓/义仓	黑龙江	哈尔滨	清
拉林旗仓/义仓	黑龙江	哈尔滨	清
庙下村积谷会	湖南	郴州	清
响塘义仓	湖南	湘潭	清
南溪刘氏社仓	湖南	萍乡	清
浏阳市社仓	湖南	长沙	清
文市积谷仓	湖南	文家市	清
珲春旗仓/义仓	吉林	珲春	清
伯都讷旗仓/义仓	吉林	松原	清
怀德社仓	吉林	公主岭	清
宜兴社仓	江苏	宜兴	清
长元吴丰备义仓	江苏	苏州	清
扬州盐义仓	江苏	扬州	清
昆山盐义仓	江苏	昆山	清
西隅义仓	江西	兴国	清
丰乐义仓	江西	吉安	清
彭源义仓	江西	宜丰	清
江畔义仓	江西	吉安	清
积谷会	江西	九江	清
潘氏社仓	江西	抚州	清
渼陂村七十六都义仓	江西	吉安	清
毛家村义仓	江西	吉安	清
西溪刘氏社仓	江西	新余	清
朱氏义仓	江西	黎川	清
通辽义仓	内蒙古	通辽	清
丹噶尔义仓	青海	西宁	清
周村义仓义集	山东	淄博	清

续表

义仓名称	分布省份	市县	朝代
壁达村义仓	山西	晋中	清
渠头村社仓	山西	晋城	清
解州同善义仓	山西	运城	清
沁州义仓	山西	沁水	清
河东盐义仓	山西	运城	清
永济义仓	山西	运城	清
运城运安同善义仓	山西	运城	清
蓝田社仓	陕西	蓝田	清
丰图义仓	陕西	渭南	清
黑虎寺义仓	陕西	宝鸡	清
义仓会	陕西	渭南	清
老人仓	陕西	西安	清
安姜仁廒义仓	陕西	西安	清
华娄义仓	上海	松江	清
九亩地义仓	上海	黄浦	清
同仁义仓	四川	泸州	清
舍积仓	四川	泸州	清
新津社仓	四川	新津	清
台湾社仓	台湾	台南	清
凤山社仓	台湾	高雄	清
嘉义社仓	台湾	嘉义	清
彰化社仓	台湾	彰化	清
淡水社仓	台湾	新北	清
澎湖社仓	台湾	澎湖	清
新港番社仓	台湾	台湾	清
阿里山番社仓	台湾	嘉义	清
大甲番社仓	台湾	大甲	清
艋舺义仓	台湾	台北	清
桃口义仓	天津	北辰	清

续表

义仓名称	分布省份	市县	朝代
乌什义仓	新疆	乌什	清
吐鲁番义仓	新疆	吐鲁番	清
伊宁义仓	新疆	伊宁	清
阿克苏义仓	新疆	阿克苏	清
喀什噶尔义仓	新疆	喀什噶尔	清
昆明县义仓	云南	昆明	清
石屏南关义仓	云南	石屏	清
会泽县义仓	云南	会泽	清
义仓楼	云南	墨江	清
龙泉义仓	浙江	龙泉	清
板浦盐义仓	浙江	连云港	清
杭州盐义仓	浙江	杭州	清
嘉兴盐义仓	浙江	嘉兴	清
巴川社仓	重庆	渝中	清
二佛寺社仓	重庆	合川	清
福善堂社仓	福建	建瓯市	清
丰黎义仓	甘肃	兰州	民国
窝溪积谷仓（侗族）	贵州	天柱	民国
成都市义仓	四川	成都	民国

义仓文化指引着这十年的探索，每一条线索的发现，每一个伙伴的偶遇，每一个义仓遗迹的找寻，每一个义仓故事的诉说，都充满了未知、意外、惊喜和感动；同时每一次对话、每一次思考，也总是会对当下的义仓公益实践甚至义仓遗产保护产生意想不到的积极的影响；义集、义坊、“一勺米”、“一个观众的剧场”等义仓创新形式被先后创造出来，并扩展到全国各省市城乡社区落地生根，义仓与邻里互助、社区治理、扶贫赈灾、粮食安全、社会工作、社区基金、社区营造、行动研究等现代社会议题在结合过程中也碰撞出无数的火花——义仓文化总是能带给当代的社区治理实践以启示。同时在探索过程中，一些义仓的历史遗产保护也逐渐受到政府部门的重视，目前已有

丰图义仓、盈亿义仓、同善义仓、丰备义仓等被列入全国文物保护单位，陆续被修缮并作为博物馆对公众开放，特别是丰图义仓是近十年我们投入精力最多的义仓，被称为国内影响最大的古代义仓，在传承文化的同时，还在继续发挥储粮、公众教育等社会功能。

希望这本书的出版能够让更多的人关注和了解义仓文化，认识到义仓文化的价值，启发社区治理工作者的实践，激发人们对传统文化的热爱，从而积极投身公益，为构建和谐社会、实现中华民族伟大复兴贡献力量。

常竹青

2023 年 7 月 9 日

目　录

上篇 历代义仓文史资料

本篇收集整理了分散于《隋书》和《清史稿》等正史中有关义仓、社仓的相关史料，涵盖了从隋至清近一千五百年的历史，清晰呈现了义仓的起源、发展及演变过程。其中既有名人奏议，也有皇帝诏书，更有人物的社义仓实践和革新，为当代义仓的复兴和发展提供了镜鉴。

中华民族在数千年的文明发展历程中，积累了丰富的应对灾害的社区建设的经验，并形成了一套完备的灾害应对和社区互助体系。这套体系构成了中国古代公益文化的重要内容，也对东亚地区社会发展形成了巨大和深远的影响，而义仓正是这个体系的代表。

义仓，由于仓库设在“闾巷”，由“社司”管理，所以也叫作“社仓”。自隋开皇五年（585）由长孙平创立，据《隋书·长孙平传》记载：“开皇三年，征拜度支尚书。平见天下州县多罹水旱，百姓不给，奏令民间每秋家出粟麦一石已下，贫富差等，储之闾巷，以备凶年，名曰义仓。”此后，隋文帝下诏，号召全国兴建义仓。义仓在恢复汉末至南北朝三百多年间持续战乱纷争天灾人祸创伤下的中国社会秩序和生产力，为开创隋唐盛世发挥了不可忽视的作用。

为保证义仓的经济来源，隋代设立了义仓税。《隋书·食货志》载，开皇十四年（594），“准上中下三等税，上户不过一石，中户不过七斗，下户不过四斗”。义仓税初为民间主办，自己管理，每户收贮数量各地不一，后由官府掌管，全国规定统一税率，统一调度，形成义仓税制度。

到了唐代，义仓受到历代皇帝的重视，得到了很大发展。唐太宗和唐高宗曾多次下诏，号召民间兴建义仓，并保护义仓不受官员和大户的侵蚀。但武则天时代多年征伐导致国库空虚，唐政府开始打义仓的主意，企图以义仓补充财政。后唐玄宗重新意识到了义仓对于社会安定的重要作用，重置义仓税，对义仓实行国家保护政策。此后义仓税时废时立、时重时轻，也影响了义仓的兴衰。

两宋时代义仓渐趋成熟。许多儒家重要人物的介入，使得义仓成为实践儒家政治理想和社会情怀的最佳平台。史载北宋范仲淹由于看到族人不能善终，在祖籍苏州于皇祐二年（1050）捐土地千亩成为义田，设立有名的“范氏义庄”，订立章程和制度，此义庄先后存在了八百余年。范氏义庄的建立，标志着义仓的内部治理步入成熟阶段，成为相对成熟的民间非宗教慈善机构。

进入南宋，朱熹有感于当时义仓运作中粮食储存的时间限制，在孝宗乾道四年（1168）于福建崇安总结创立“社仓法”，允许贫困居民在正常年景借贷义仓粮食，秋季加息归还，如果遇到灾荒，则进行减免，史称“朱子社仓法”。朱熹社仓法的创立，使得义仓具备了公益性金融借贷的功能，朱熹因此成为中国古代的“仓祖”。

明清是义仓的鼎盛阶段，根据清代相关制度，在县设常平仓，在乡镇设义仓，在村设社仓。常平仓属于官办性质，而义仓和社仓则属于民间自治组织。在赵尔巽等所撰《清史稿》中，记载了方观承曾向乾隆皇帝上奏道：

> 义仓与社仓同为积贮，但社仓例惟借种，义仓则借与赈兼行，而尤重在赈。设仓宜在乡不宜在城，积谷宜在民不宜在官。秋获告丰，劝导输纳，岁终将谷数奏明，不必开具管收除在。则其数不在官，法可行久。

截至清代晚期，义仓遍布全国，其作为一种民间公益体系已经形成。根据倪根金先生的《明代广东义仓、社仓考》来看，在明代的广东，部分地方的义仓组织相当普及，并且成为当地救灾体系的一个重要组成部分，同时得到朝廷和地方官及士绅的推崇与支持。

从这一时期的田野调查资料来看，义仓普遍以“家族”公益的方式存在于乡村地区。特别是一些中原大族在经历艰辛的迁徙和适应新的居住地环境的过程中，看到族人生存状况差异，一些贫幼孤寡者无法善终，便在乡贤倡议下，族内成员丰年出钱粮，设立义仓，灾年赈灾救灾，平时救济族内穷人孤寡，设立学堂兴办教育，并有专门的管理者进行妥善经营。与两宋相比，这一时期的义仓功能有所延伸，在扶贫救灾和借贷的基础上还支持社区教育，甚至族内成员的生计与发展，初步具备了某些社区基金的功能。

进入晚清和民国，内忧外患之下，义仓逐渐成为补充政府税源、兵匪掠夺的对象，加之天灾人祸不断，贫民纷纷破产，许多义仓借出的谷物无法填补，逐渐走向消亡。新中国成立后的土改时期，政府收义田归公重新分配，使得义仓最终失去了存在的经济基础。

有意思的是，义仓自唐代起就进入东亚地区，并与常平仓、社仓共同成为这些地区重要的仓储备灾及社会互助公益制度。尤其是日本，其义仓在经历明治维新、第二次世界大战以及现代化等深刻变革后，以公益组织的方式实现了现代化变革，对义仓所在地区的社会、文化、民生发展发挥了巨大的作用。

义仓，自隋开皇五年创立至今，已有近一千五百年的历史。现如今，这颗历经诸多波折的种子，依然具有强大的生命力，将自己埋在人们心中，埋在中国传统社区的深处。

第一章
正 史 记 载

第一节 《隋书》

卷一·帝纪第一

（五年）五月甲申，诏置义仓。

卷二十四·志第十九·食货

五年五月，工部尚书、襄阳县公长孙平奏曰："古者，三年耕而余一年之积，九年作而有三年之储，虽水旱为灾，人无菜色，皆由劝导有方，蓄积先备者也。请令诸州百姓及军人劝课当社，共立义仓。收获之日，随其所得，劝课出粟及麦，于当社造仓窖贮之，即委社司执帐检校，每年收积，勿使损败。若时或不熟，当社有饥馑者，即以此谷赈给。"自是诸州储峙委积。

十四年，关中大旱，人饥。上幸洛阳，因令百姓就食。从官并准见口赈给，不以官位为限。明年，东巡狩，因祠泰山。是时义仓贮在人间，多有费捐。

十五年二月，诏曰："本置义仓，止防水旱，百姓之徒，不思久计，轻尔费捐，于后乏绝。又北境诸州，异于余处，云、夏、长、灵、盐、兰、丰、鄯、凉、甘、瓜等州，所有义仓杂种，并纳本州。若人有旱俭少粮，先给杂种及远年粟。"

十六年正月，又诏秦、叠、成、康、武、文、芳、宕、旭、洮、岷、渭、纪、河、廓、豳、陇、泾、宁、原、敷、丹、延、绥、银、扶等州社仓，并于当县安置。二月，又诏社仓，准上中下三等税，上户不过一石，中户不过七斗，下户不过四斗。其后山东频年霖雨，杞、宋、陈、亳、曹、戴、谯、颍等诸州，达于沧海，皆困水灾，所在沉溺。

十八年，天子遣使，将水工，巡行川源，相视高下，发随近丁以疏导之。困乏者，开仓赈给，前后用谷五百余石。遭水之处，租调皆免。自是频有年矣。

卷四十六·列传第十一·长孙平

长孙平，字处均，河南洛阳人也。父俭，周柱国。平美容仪，有器干，颇览书记。仕周，释褐卫王侍读。时武帝逼于宇文护，谋与卫王诛之，王前后常使平往来通意于帝。及护伏诛，拜开府、乐部大夫。宣帝即位，置东京官属，以平为小司寇，与小宗伯赵芬分掌六府。高祖龙潜时，与平情好款洽，及为丞相，恩礼弥厚。尉迥、王谦、司马消难并称兵内侮，高祖深以淮南为意。时贺若弼镇寿阳，恐其怀二心，遣平驰驿往代之。弼果不从，平麾壮士执弼，送于京师。

开皇三年，征拜度支尚书。平见天下州县多罹水旱，百姓不给，奏令民间每秋家出粟麦一石已下，贫富差等，储之闾巷，以备凶年，名曰义仓。因上书曰："臣闻国以民为本，民以食为命，劝农重谷，先王令轨。古者三年耕而余一年之积，九年作而有三年之储，虽水旱为灾，而民无菜色，皆由劝导有方，蓄积先备者也。去年亢阳，关右饥馁，陛下运山东之粟，置常平之官，开发仓廪，普加赈赐，大德鸿恩，可谓至矣。然经国之道，义资远算，请勒诸州刺史、县令，以劝农积谷为务。"上深嘉纳。自是州里丰衍，民多赖焉。

后数载，转工部尚书，名为称职。时有人告大都督邴绍非毁朝廷为愦愦者，上怒，将斩之。平进谏曰："川泽纳污，所以成其深；山岳藏疾，所以就其大。臣不胜至愿，愿陛下弘山海之量，茂宽裕之德。鄙谚曰：'不痴不聋，未堪作大家翁。'此言虽小，可以喻大。邴绍之言，不应闻奏，陛下又复诛之，臣恐百代之后，有亏圣德。"上于是赦绍。因敕群臣，诽谤之罪，勿复以闻。

其后突厥达头可汗与都蓝可汗相攻，各遣使请援。上使平持节宣谕，令其和解，赐缣三百匹，良马一匹而遣之。平至突厥所，为陈利害，遂各解兵。

可汗赠平马二百匹。及还，平进所得马，上尽以赐之。未几，遇谴，以尚书检校汴州事。岁余，除汴州刺史。其后历许、贝二州，俱有善政。邺都俗薄，旧号难治，前后刺史多不称职。朝廷以平所在善称，转相州刺史。甚有能名。在州数年，会正月十五日，百姓大戏，画衣裳为鍪甲之象，上怒而免之。俄而念平镇淮南时事，进位大将军，拜太常卿，判吏部尚书事。仁寿中卒官。谥曰康。

子师孝，性轻狡好利，数犯法。上以其不克负荷，遣使吊平国官。师孝后为渤海郡主簿，属大业之季，政教陵迟，师孝恣行贪浊，一郡苦之。后为王世充所害。

第二节　《北史》

卷十一·隋本纪上第十一

（五年）五月甲申，初置义仓。

卷二十二·列传第十·长孙俭子平

建德元年，诏曰："故柱国、鄗国公俭，临终审正，爰吐德音。以所居之宅本因上赐，制度宏丽，非诸子所居，请以还官，更迁他所。昔叔敖辞沃壤之地，萧何就穷僻之乡。以古方今，无惭曩哲。而有司未达大体，遽以其第外给。夫追善念功，先王令典，岂得遂其谦挹，致乖惩劝！令以本宅还其妻子，俾清风远播，无替聿修。"

次子隆，位司金中大夫。从长潮公元定代陈，没江南，卒。隆弟平，最知名。

平字处均，美容仪，有器干，颇览书记，为周卫王侍读。时武帝逼于宇文护，与卫王谋诛之，王常使平通意于帝。护诛，拜开府仪同三司。宣帝置东京官属，以平为少司寇，与宗伯赵芬分掌六府。隋文龙潜时，与平情好款洽。及为丞相，恩礼弥厚。时贺若弼镇寿阳，帝恐其怀贰，遣平代之为扬州总管，赐爵襄阳公。弼果不从，平麾壮士执弼，送京师。

隋开皇三年，征拜度支尚书。平见天下州县多罹水旱，百姓不给，奏令人间每秋家出粟麦一石以下，贫富为差，储之闾里，以备凶年，名曰义仓。帝深嘉纳。自是州里丰衍。后转工部尚书，名曰称职。时有人告大都督邴绍非毁朝廷为愦愦者，上怒，将斩之。平进谏曰："谚云：'不痴不聋，不作大家翁。'此言虽小，可以喻大。邴绍之言，不应闻奏。陛下又复诛之，恐百代之后，有亏圣德。"上于是赦绍。因敕群臣，诽谤之罪，勿复以闻。后突厥达头可汗与都蓝可汗相攻，各遣使请援。上遣平持节宣谕，令其和解。平至，陈利害，遂各解兵。可汗赠平马二百疋。还，进所得马，上尽以赐之。未几，遇谴，以尚书检校汴州事，寻除汴州刺史，后历许、贝二州，俱有善政。

第三节 《旧唐书》

卷二·本纪第二·太宗上

（贞观二年）初诏天下州县并置义仓。

卷四·本纪第四·高宗

二年春正月戊戌，诏曰："去岁关辅之地，颇弊蝗螟，天下诸州，或遭水旱，百姓之间，致有罄乏。此由朕之不德，兆庶何辜？矜物罪己，载深忧惕。今献岁肇春，东作方始，粮廪或空，事资赈给。其遭虫水处有贫乏者，得以正、义仓赈贷。雍、同二州，各遣郎中一人充使存问，务尽哀矜之旨，副朕乃眷之心。"

卷十四·本纪第十四·宪宗上

（六年）以京畿民贫，贷常平义仓粟二十四万石，诸道州府依此赈贷。

卷十五·本纪第十五·宪宗下

（九年）丁未，诏以岁饥，放关内元和八年已前逋租钱粟，赈常平义仓粟三十万石。

卷十六·本纪第十六·穆宗

甲寅，诏："江淮诸州旱损多，所在米价不免踊贵，眷言疲困，须议优矜。宜委淮南、浙西东、宣歙、江西、福建等道观察使，各于当道有水旱处，取常平义仓斛斗，据时估减半价出粜，以惠贫民。"

卷十七下·本纪第十七下·文宗下

戊寅，舒州太湖、宿松、望江三县水，溺民户六百八十，诏以义仓赈贷。

卷十八下·本纪第十八下·宣宗

四月丁酉，敕："常平义仓斛斗，每年检勘，实水旱灾处，录事参军先勘人户多少，支给先贫下户，富户不在支给之限。"

卷四十三·志第二十三·职官二

凡义仓所以备岁不足，常平仓所以均贵贱也。

卷四十九·志第二十九·食货下

武德元年九月四日，置社仓。

卷七十·列传第二十·戴胄

戴胄，字玄胤，相州安阳人也。性贞正，有干局。明习律令，尤晓文簿。隋大业末，为门下录事，纳言苏威、黄门侍郎裴矩甚礼之。越王侗以为给事郎。王世充将篡侗位，胄言于世充曰："君臣之分，情均父子，理须同其休戚，勖以终始。明公以文武之才，当社稷之寄，与存与亡，在于今日。所愿推诚王室，拟迹伊、周，使国有泰山之安，家传代禄之盛，则率土之滨，莫不幸甚。"世充诡辞称善，劳而遣之。世充后逼越王加其九锡，胄又抗言切谏。世充不纳，由是出为郑州长史，令与兄子行本镇武牢。太宗克武牢而得之，引为秦府士曹参军。及即位，除兵部郎中，封武昌县男。

先是，每岁水旱，皆以正仓出给，无仓之处，就食他州，百姓多致饥乏。二年，胄上言："水旱凶灾，前圣之所不免。国无九年储蓄，礼经之所明诫。

今丧乱已后，户口凋残，每岁纳租，未实仓廪。随即出给，才供当年，若有凶灾，将何赈恤？故隋开皇立制，天下之人，节级输粟，名为社仓，终文皇代，得无饥馑。及大业中年，国用不足，并取社仓之物以充官费，故至末途，无以支给。自王公已下，爰及众庶，计所垦田稼穑顷亩，每至秋熟，准其苗以理劝课，尽令出粟。稻麦之乡，亦同此税，各纳所在，立为义仓。”太宗从其议。以其家贫，赍钱十万。

卷九十三·列传第四十三·薛讷

薛讷，绛州万泉人也，左武卫大将军仁贵子也。为蓝田令，有富商倪氏于御史台理其私债，中丞来俊臣受其货财，断出义仓米数千石以给之。讷曰：“义仓本备水旱，以为储蓄，安敢绝众人之命，以资一家之产？”竟报上不与。会俊臣得罪，其事乃不行。

第四节 《新唐书》

卷三·本纪第三·高宗

二年正月戊戌，开义仓以赈民。

卷四十六·志第三十六·百官一

仓部郎中、员外郎各一人，掌天下库储，出纳租税、禄粮、仓廪之事。以木契百，合诸司出给之数，以义仓、常平仓备凶年，平谷价。

卷四十九下·志第三十九下·百官四下

县令掌导风化，察冤滞，听狱讼。凡民田收授，县令给之。每岁季冬，行乡饮酒礼。籍帐、传驿、仓库、盗贼、堤道，虽有专官，皆通知。县丞为之贰，县尉分判众曹，收率课调。（武德元年，改书佐曰县尉，寻改曰正。诸县置主簿，以流外为之。京县、上县，丞皆一人；畿县、上县，正皆四人。七年，改县正复曰尉。贞观初，诸县置录事。开元，上县万户、中县四千户以上，增尉一人。京兆、河南府诸县，户三千以上置市令一人，户一万以上置义仓督三人。其后畿县户不及四千，亦置尉二人，万户增一人。凡县有司功佐、司仓佐、司户佐、司兵佐、司法佐、司士佐、典狱、门事等，畿县减司兵，上县有司户、司法而已。凡县皆有经学博士、助教各一人，京县学生五十人，畿县四十人，中县以下各二十五人。）

卷五十一·志第四十一·食货一

贞观中，初税草以给诸闲，而驿马有牧田。

太宗方锐意于治，官吏考课，以鳏寡少者进考，如增户法；失劝导者以减户论。配租以敛获早晚、险易、远近为差。庸、调输以八月，发以九月。同时输者先远民。皆自概量。州府岁市土所出为贡，其价视绢之上下，无过五十匹。异物、滋味、口马、鹰犬，非有诏不献。有加配，则以代租赋。其凶荒则有社仓赈给，不足则徙民就食诸州。尚书左丞戴胄建议："自王公以下，计垦田，秋熟，所在为义仓，岁凶以给民。"太宗善之，乃诏："亩税二升，粟、麦、秔、稻，随土地所宜。宽乡敛以所种，狭乡据青苗簿而督之。田耗十四者免其半，耗十七者皆免之。商贾无田者，以其户为九等，出粟自五石至于五斗为差。下下户及夷獠不取焉。岁不登，则以赈民；或贷为种子，则至秋而偿。"其后洛、相、幽、徐、齐、并、秦、蒲州又置常平仓，粟藏九年，米藏五年，下湿之地，粟藏五年，米藏三年，皆着于令。

卷五十二·志第四十二·食货二

自太宗时置义仓及常平仓以备凶荒，高宗以后，稍假义仓以给他费，至神龙中略尽。玄宗即位，复置之。其后第五琦请天下常平仓皆置库，以畜本钱。

第五节　《宋史》

卷二·本纪第二·太祖

（三年）三月癸酉，诏置义仓。

卷十一·本纪第十一·仁宗

乙亥，复置义仓。

卷十五·本纪第十五·神宗

癸酉，立义仓。

辛卯，知同州赵尚宽、知唐州高赋、知齐州王广渊，条奏置义仓事，上批近诏齐、唐等郡，讲求修复社仓，且图经久之法。知陈留县苏涓亦言：“臣所领邑，最为近畿，谨为天下郡县倡率，劝谕百姓置义仓，以备水旱。条上措置事：户第一等出粟二石，第二等一石，第三等五斗，第四等一斗五升，第五等一斗，麦亦如之。村有社，社有仓，仓置守者，耆为输纳，县为籍记。岁丰则量其数以入，岁凶则量其数以出。停藏久则又为借贷之法，使新陈相登；多寡不一则又为通融之法，使彼此相辅。”上曰：“陈留辅邑，耳目不远，可且听其施行，徐访利害。”涓又言义仓五事，并论臣僚所言未便者十二事，可行者五。诏除一事，每值饥荒，借贷与被灾户种粮未便，除放仍责以二三年限还纳，可令中书更详度外，余并且依所奏施。又诏曾公亮曰：“近王广渊于齐州创置义仓，以劝粟十万余石，若渐可成就。今广渊罢去，当得人继守其事，可特诏广渊举知州一人。”（参考王广渊、苏涓置义仓，《续资治通鉴长编拾补》神宗熙宁二年）

卷十七·本纪第十七·哲宗

（丁丑）罢义仓。

卷十八·本纪第十八·哲宗

丙戌，复义仓。

卷三十·本纪第三十·高宗

五月丙辰，客星见。戊午，命贫民产子赐义仓米一斛。

卷三十五·本纪第三十五·孝宗

三月庚申，幸聚景园。丙寅，录赵鼎、岳飞子孙，赐以京秩。己巳，郴州贼陈峒等破连、道州、桂阳军诸县，命湖南帅臣讨捕之。置广西义仓。

（八年十一月）甲子，下朱熹社仓法于诸路。

卷三十六・本纪第三十六・光宗

二年春正月庚戌朔，命两淮行义仓法。

卷四十三・本纪第四十三・理宗

冬十月丁酉，诏郡邑间有水患，其被灾细民，随处发义仓振之。

卷四十四・本纪第四十四・理宗

五月甲辰朔，城金州、开州。辛亥，雨雹。乙卯，达州上吕文德等战功，诏迁补有功将士。丁巳，诏湖北诸郡去年旱潦饥疫，令江陵、常、澧、岳、寿诸州发义仓米振粜，仍严戢吏弊，务令惠及细民。乙丑，行开庆通宝钱。辛未，赐礼部进士周震炎以下四百四十二人及第、出身有差。婺州大水，发义仓米振之。

卷四十六・本纪第四十六・度宗

冬十月丁丑，遣范文虎总统殿司、两淮诸军，往襄、樊会合备御，赐钱百五十万犒师。己卯，诏台州发义仓米四千石并发丰储仓米三万石，振遭水家。

丙申，诸暨县大雨、暴风、雷电，发米振遭水家。瑞州民及流徙者饥，乏食，发义仓米一万八千石，减直振粜。

三月己卯，免郡县侵负义仓米七十四万八千余石。

卷一百七十六・志第一百二十九・食货上四

常平、义仓，汉、隋利民之良法，常平以平谷价，义仓以备凶灾。周显德中，又置惠民仓，以杂配钱分数折粟贮之，岁歉，减价出以惠民。宋兼存其法焉。

太祖承五季之乱，海内多事，义仓浸废。乾德初，诏诸州于各县置义仓，岁输二税，石别收一斗。民饥欲贷充种食者，县具籍申州，州长吏即计口贷讫，然后奏闻。其后以输送烦劳，罢之。淳化三年，京畿大穰，分遣使臣于四城门置场，增价以籴，虚近仓贮之，命曰常平，岁饥即下其直予民。

咸平中，库部员外郎成肃请福建增置惠民仓，因诏诸路申淳化惠民之制。景德三年，言事者请于京东西、河北、河东、陕西、江南、淮南、两浙皆立常平仓，计户口多寡，量留上供钱自二三千贯至一二万贯，令转运使每州择清干官主之，领于司农寺，三司无辄移用。岁夏秋视市价量增以籴，粜减价亦如之，所减不得过本钱。而沿边州郡不置。诏三司集议，请如所奏。于是增置司农官吏，创廨舍，藏籍帐，度支别置常平案。大率万户岁籴万石，户虽多，止五万石。三年以上不粜，即回充粮廪，易以新粟。灾伤州郡籴粟，斗毋过百钱。后又诏当职官于元约数外增籴及一倍已上者，并与理为劳绩。天禧四年，荆湖、川峡、广南皆增置常平仓。五年，诸路总籴数十八万三千余斛，粜二十四万三千余斛。

景祐中，淮南转运副使吴遵路言："本路丁口百五十万，而常平钱粟才四十余万，岁饥不足以救恤。愿自经画增为二百万，他毋得移用。"许之。后又诏：天下常平钱粟，三司转运司皆毋得移用。不数年间，常平积有余而兵食不足，乃命司农寺出常平钱百万缗助三司给军费。久之，移用数多，而蓄藏无几矣。

自景祐初畿内饥，诏出常平粟贷中下户，户一斛。庆历中，发京西常平粟振贫民，而聚敛者或增旧价粜粟，欲以市恩；皇祐三年，诏诫之。淮南、两浙体量安抚陈升之等言："灾伤州军乞粜常平仓粟，令于元价上量添十文、十五文，殊非恤民之意。"乃诏止于元籴价出粜。五年，诏曰："比者湖北岁俭，发常平以济饥者，如闻司农寺复督取，岂朝廷振恤意哉？其悉除之。"

明道二年，诏议复义仓，不果。景祐中，集贤校理王琪请复置："令五等已上户，随夏秋二税，二斗别输一升，水旱减税则免输。州县择便地置仓贮之，领于转运使。计以一中郡正税岁入十万石，则义仓可得五千石，推而广之，则利博矣。明道中，饥歉，国家欲尽贷饥民则军食不足，故民有流转之患。是时，兼并之家出粟数千石则补吏，是岂以官爵为轻欤？特爱民济物，不获已为之尔。且兼并之家占田常广，则义仓所入常多；中下之家占田常狭，则义仓所入常少。及水旱振济，则兼并之家未必待此而济，中下之民实先受其赐矣。"事下有司会议，议者异同而止。庆历初，琪复上其议，仁宗纳之，命天下立义仓，诏上三等户输粟，已而复罢。

其后贾黯又言：“今天下无事，年谷丰熟，民人安乐，父子相保。一遇水旱，则流离死亡，捐弃道路，发仓廪振之则粮不给，课粟富人则力不赡，转输千里则不及事，移民就粟则远近交困。朝廷之臣，郡县之吏，仓卒不知所出，则民饥而死者过半矣。愿放隋制立民社义仓，诏天下州军遇年谷丰登，立法劝课蓄积，以备凶灾。此所谓‘乐岁粒米狼戾，多取之而不为虐’者也，况取之以为民耶?”下其说诸路以度可否，以为可行才四路，余或谓赋税之外两重供输，或谓恐招盗贼，或谓已有常平足以振给，或谓置仓烦扰。

于是黯复上奏曰：“臣尝判尚书刑部，见天下岁断死刑多至四千余人，其间盗贼率十六七，盖愚民迫于饥寒，因之水旱，枉陷重辟。故臣请复民社义仓，以备凶岁。今诸路所陈，类皆妄议。若谓赋税之外两重供输，则义仓之意，乃教民储积以备水旱，官为立法，非以自利，行之既久，民必乐输。若谓恐招盗贼，盗贼利在轻货，不在粟麦，今乡村富室有贮粟数万石者，不闻有劫掠之虞。且盗贼之起，本由贫困。臣建此议，欲使民有贮积，虽遇水旱，不忧乏食，则人人自爱而重犯法，此正消除盗贼之原也。若谓有常平足以振给，则常平之设，盖以准平谷价，使无甚贵甚贱之伤。或遇凶饥，发以振救，既已失其本意，而费又出公帑，今国用颇乏，所蓄不厚。近岁非无常平，小有水旱，辄流离饿莩，起为盗贼，则是常平果不足仰以振给也。若谓置仓廪，敛材木，恐有烦扰，则今州县修治邮传驿舍，皆敛于民，岂于义仓独畏烦扰?人情可与乐成，不可与谋始，愿自朝廷断而行之。”然当时牵于众论，终不果行。

嘉祐二年，诏天下置广惠仓。初，天下没入户绝田，官自鬻之。枢密使韩琦请留勿鬻，募人耕，收其租别为仓贮之，以给州县郭内之老幼贫疾不能自存者，领以提点刑狱，岁终具出内之数上之三司。户不满万，留田租千石，万户倍之，户二万留三千石，三万留四千石，四万留五千石，五万留六千石，七万留八千石，十万留万石。田有余，则鬻如旧。四年，诏改隶司农寺，州选官二人主出纳，岁十月遣官验视，应受米者书名于籍。自十一月始，三日一给，人米一升，幼者半之，次年二月止。有余乃及诸县，量大小均给之。其大略如此。治平三年，常平入五十万一千四十八石，出四十七万一千一百五十七石。

熙宁二年，制置三司条例司言："诸路常平、广惠仓钱谷，略计贯石可及千五百万以上，敛散未得其宜，故为利未博。今欲以见在斛斗，遇贵量减市价粜，遇贱量增市价籴，可通融转运司苗税及钱斛就便转易者，亦许兑换。仍以见钱，依陕西青苗钱例，愿预借者给之。随税输纳斛斗，半为夏料，半为秋料，内有请本色或纳时价贵愿纳钱者，皆从其便。如遇灾伤，许展至次料丰熟日纳。非惟足以待凶荒之患，民既受贷，则兼并之家不得乘新陈不接以邀倍息。又常平、广惠之物，收藏积滞，必待年俭物贵然后出粜，所及者不过城市游手之人。今通一路有无，贵发贱敛，以广蓄积，平物价，使农人有以赴时趋事，而兼并不得乘其急。凡此皆以为民，而公家无所利其入，是亦先王散惠兴利、以为耕敛补助之意也。欲量诸路钱谷多寡，分遣官提举，每州选通判幕职官一员，典干转移出纳，仍先自河北、京东、淮南三路施行，俟有绪推之诸路。其广惠仓除量留给老疾贫穷人外，余并用常平仓转移法。"诏可。

既而条例司又言："常平、广惠仓条约，先行于河北、京东、淮南三路，访问民间多愿支贷，乞遍下诸路转运司施行，当议置提举官。"时天下常平钱谷见在一千四百万贯石。诏诸路各置提举官二员，以朝官为之，管当一员，京官为之，或共置二员，开封府界一员，凡四十一人。

卷一百七十八·志第一百三十一·食货上六

淳熙八年，浙东提举朱熹言："乾道四年民艰食，熹请于府，得常平米六百石振贷，夏受粟于仓，冬则加息计米以偿。自后随年敛散，歉，蠲其息之半；大饥，即尽蠲之。凡十有四年，得息米造仓三间，及以元数六百石还府。见储米三千一百石，以为社仓，不复收息，每石只收耗米三升。以故一乡四五十里间，虽遇凶年，人不阙食。请以是行于仓司。"

时陆九渊在敕令局，见之叹曰："社仓几年矣，有司不复举行，所以远方无知者。"遂编入《振恤》。

水旱、蝗螟、饥疫之灾，治世所不能免，然必有以待之，《周官》"以荒政十有二聚万民"是也。宋之为治，一本于仁厚，凡振贫恤患之意，视前代尤为切至。诸州岁歉，必发常平、惠民诸仓粟，或平价以粜，或贷以种食，或直以振给之，无分于主客户。不足，则遣使驰传发省仓，或转漕粟于他路；

或募富民出钱粟，酬以官爵，劝谕官吏，许书历为课；若举放以济贫乏者，秋成，官为理偿。又不足，则出内藏或奉宸库金帛，鬻祠部度僧牒；东南则留发运司岁漕米，或数十万石，或百万石济之。赋租之未入、入未备者，或纵不取，或寡取之，或倚阁以须丰年。宽逋负，休力役，赋入之有支移、折变者省之，应给蚕盐若和籴及科率追呼不急、妨农者罢之。薄关市之征，鬻牛者免算，运米舟车除沿路力胜钱。利有可与民共者不禁，水乡则蠲蒲、鱼、果、蓏之税。选官分路巡抚，缓囚系，省刑罚。饥民劫囷窖者，薄其罪；民之流亡者，关津毋责渡钱；道京师者，诸城门振以米，所至舍以官第或寺观，为淖糜食之，或人日给粮。可归业者，计日并给遣归；无可归者，或赋以闲田，或听隶军籍，或募少壮兴修工役。老疾幼弱不能存者，听官司收养。水灾州县具船筏拯民，置之水不到之地，运薪粮给之。因饥疫若厌溺死者，官为埋祭，厌溺死者加赐其家钱粟。京师苦寒，或物价翔踊，置场出米及薪炭，裁其价予民。前后率以为常。蝗为害，又募民扑捕，易以钱粟，蝗子一升至易菽粟三升或五升。诏州郡长吏优恤其民，间遣内侍存问，戒监司俾察官吏之老疾、罢懦不任职者。

初，建隆三年，户部郎中沈义伦使吴越还，言："扬、泗饥民多死，郡中军储尚余万斛，宜以贷民。"有司沮之曰："若来岁不稔，谁任其咎?"义伦曰："国家以廪粟济民，自当召和气，致丰年，宁忧水旱耶?"太祖悦而从之。四年，诏州县兴复义仓，岁收二税，石别收一斗，贮以备凶歉。平广南、江南，辄诏振其饥，其勤恤远人，德意深厚。

太宗恭俭仁爱，谆谆劝民务农重谷，毋或妄费。是时惠民所积，不为无备，又置常平仓，乘时增籴，唯恐其不足。真宗继之，益务行养民之政，于是推广淳化之制，而常平、惠民仓殆遍天下矣。

仁宗、英宗一遇灾变，则避朝变服，损膳彻乐。恐惧修省，见于颜色；恻怛哀矜，形于诏旨。庆历初，诏天下复立义仓。嘉祐二年，又诏天下置广惠仓，使老幼疾贫者皆有所养。累朝相承，其虑于民也既周，其施于民也益厚。而又一时牧守，亦多得人，如张咏之治蜀，岁粜米六万石，著之皇祐甲令。富弼之移青州，择公私庐舍十余万区，散处流民以廪之，凡活五十余万人，募而为兵者又万余人，天下传以为法。知郓州刘夔发廪振饥，民赖全活者甚众，盗贼衰止，赐诏褒美。知越州赵抃揭榜于通衢，令民有米增价以粜，于是米商辐凑，越之米价顿减，民无饥死。若是之政，不可悉书，故于先王救荒之法为略具焉。

神宗即位以来，河北诸路水旱荐臻，兼发籴便司、广惠仓粟以振民。熙宁二年，赐判北京韩琦诏曰："河北岁比不登，水溢地震。方春东作，民携老幼，弃田庐，日流徙于道。中夜以兴，惨怛不安。其经制之方，听便宜从事，有可以左右吾民者，宜为朕抚辑而振全之，毋使后时，以重民困。"而王安石秉政，改贷粮法而为借助，移常平、广惠仓钱斛而为青苗，皆令民出息，言不便者辄得罪，而民遂不聊生。又诏卖天下广惠仓田。自是先朝良法美意，所存无几。哲宗虽诏复广惠仓，既而章惇用事，又罢之，卖其田如熙宁法。常平量留钱斛，不足以供振给，义仓不足，又令通一路兑拨。于是诏圣、大观之间，直给空名告敕、补牒赐诸路，政日以隳，民日以困，而宋业遂衰。

先是，仁宗在位，哀病者乏方药，为颁《庆历善救方》。知云安军王端请官为给钱和药予民，遂行于天下。尝因京师大疫，命太医和药，内出犀角二本，析而视之。其一通天犀，内侍李舜举请留供帝服御。帝曰："吾岂贵异物而贱百姓?"竟碎之。又蠲公私僦舍钱十日。令太医择善察脉者，即县官授药，审处其疾状予之，无使贫民为庸医所误，夭阏其生。天禧中，于京畿近郊佛寺买地，以瘗死之无主者。瘗尸，一棺给钱六百，幼者半之；后不复给，死者暴露于道。嘉祐末，复诏给焉。

京师旧置东、西福田院，以廪老疾孤穷丐者，其后给钱粟者才二十四人。英宗命增置南、北福田院，并东、西各广官舍，日廪三百人。岁出内藏钱五百万给其费，后易以泗州施利钱，增为八百万。又诏："州县长吏遇大雨雪，蠲僦舍钱三日，岁毋过九日，著为令。"熙宁二年，京师雪寒，诏："老幼贫疾无依丐者，听于四福田院额外给钱收养，至春稍暖则止。"九年，知太原韩绛言："在法，诸老疾自十一月一日州给米豆，至次年三月终。河东地寒，乞自十月一日起支，至次年二月终止；如有余，即至三月终。"从之。凡鳏、寡、孤、独、癃老、疾废、贫乏不能自存应居养者，以户绝屋居之；无，则居以官屋，以户绝财产充其费，不限月。依乞丐法给米豆；不足，则给以常平息钱。崇宁初，蔡京当国，置居养院、安济坊。给常平米，厚至数倍。差官卒充使令，置火头，具饮膳，给以衲衣絮被。州县奉行过当，或具帷帐，雇乳母、女使，糜费无艺，不免率敛，贫者乐而富者扰矣。

三年，又置漏泽园。初，神宗诏："开封府界僧寺旅寄棺柩，贫不能葬，令畿县各度官不毛地三五顷，听人安厝，命僧主之。葬及三千人以上，度僧一人，三年与紫衣；有紫衣，与师号，更使领事三年，愿复领者听之。"至是，蔡京推广为园，置籍，瘗人并深三尺，毋令暴露，监司巡历检察。安济坊亦募僧主之，三年医愈千人，赐紫衣、祠部牒各一道。医者人给手历，以书所治痊失人，岁终考其数为殿最。诸城、砦、镇、市户及千以上有知监者，依各县增置居养院、安济坊、漏泽园。道路遇寒僵仆之人及无衣丐者，许送近便居养院，给钱米救济。孤贫小儿可教者，令入小学听读，其衣襕于常平头子钱内给造，仍免入斋之用。遗弃小儿，雇人乳养，仍听宫观、寺院养为童行。宣和二年，诏："居养、安济、漏泽可参考元丰旧法，裁立中制。应居养人日给粳米或粟米一升，钱十文省，十一月至正月加柴炭，五文省，小儿减半。安济坊钱米依居养法，医药如旧制。漏泽园除葬埋依见行条法外，应资给若斋醮等事悉罢。"

高宗南渡，民之从者如归市。既为之衣食以振其饥寒，又为之医药以救其疾病；其有陨于戈甲、毙于道路者，则给度牒瘗埋之。（若丐者育之于居养院；其病也，疗之于安济坊；其死也，葬之于漏泽园，岁以为常。）绍兴以来，岁有水旱，发常平义仓，或济或粜或贷，如恐不及。然当艰难之际，兵食方急，储蓄有限，而振给无穷，复以爵赏诱富人相与补助，亦权宜不得已之策也。

元年，诏出粟济粜者赏各有差。（粜及三千石以上，与守阙进义副尉；一万五千石以上，与进义校尉；二万石以上，取旨优赏；已有官荫不愿补授者，比类施行。）六年，湖、广、江西旱，诏拨上供米振之。婺民有遏粜致盗者，诏闭粜者断遣。殿中侍御史周秘言："发廪劝分，古之道也，许以断遣，恐贪吏怀私，善良被害。望戒守令多方劝谕，务令乐从，或有扰害，提举司劾奏。"从之。是岁，潼川守臣景兴宗、广安军守臣李瞻、果州守臣王鹭、汉州守臣王梅活饥民甚众，前吏部郎中冯楫亦出米以助振给，兴宗升一职，瞻、鹭、梅、楫各转一官。十年，通判婺州陈正同振济有方，穷谷深山之民，无不沾惠，以其法下诸路。

二十八年夏，浙东、西田损于风水。在法，水旱及七分以上者振济，诏自今及五分处亦振之。二十九年，诏诸处守臣拨常平义仓米二分振粜，临安府拨桩积之米。三十一年正月，雪寒，民多艰食。诏临安府并属县以常平米减时价之半，振粜十日；临安府城内外贫乏之家，人给钱二百、米一斗及柴炭钱，并于内藏给之；（凡遇寒、遇暑、遇雨、遇火、遇赦及祈祷、即位、生辰、上尊号、生皇太子、晏驾、大祥之类，临安之民暨三衙诸军时有振恤，及放商税、公私房赁。）辅郡之民，令诸州以常平钱依临安府振之。

孝宗隆兴二年秋，霖雨害稼，出内帑银四十万两，变籴以济民。乾道六年夏，振浙西被水贫民。七年八月，湖南、江西旱，立赏格以劝积粟之家。（无官人：一千五百石补进义校尉，愿补不理选将仕郎者听；二千石补进武校尉，进士与免文解一次；四千石补承信郎，进士与补上州文学；五千石补承节郎，进士补迪功郎。文臣：一千石减二年磨勘，选人转一官；二千石减三年磨勘，选人循一资，各与占射差遣一次；三千石转一官，选人循两资，各与占射差遣一次。武臣：一千石减二年磨勘，选人转一资；二千石减三年磨勘，选人循一资，各与占射差遣一次；三千石转一官，选人循两资，各与占射差遣一次。五千石以上，文武臣并取旨优与推恩。）九月，臣僚言："诸路旱伤，请以检放展阁责之运司，粜给借贷责之常平，觉察妄滥责之提刑，体量措置责之安抚。"上谕宰执曰："转运司止令检放，恐他日振济不肯任责。"虞允文奏曰："转运司主一路财赋，谓之省计。凡州郡有余、不足，通融相补，正其责也。"淳熙八年，诏："去岁江、浙、湖北、淮西旱伤处已行振籴，其鳏寡孤独贫不自存、无钱收籴者，济以义米。"宁宗庆元元年，以两浙转运副使沈诜言米价翔踊，凡商贩之家尽令出粜，而告藏之令设矣。嘉定十六年，诏于楚州所储米拨二万石济山东、西。

淳熙八年，浙东提举朱熹言："乾道四年民艰食，熹请于府，得常平米六百石赈贷，夏受粟于仓，冬则加息计米以偿。自后随年敛散，歉，蠲其息之半；大饥，即尽蠲之。凡十有四年，得息米造仓三间，及以元数六百石还府。见储米三千一百石，以为社仓，不复收息，每石只收耗米三升。以故一乡四五十里间，虽遇凶年，人不阙食。请以是行于仓司。"时陆九渊在敕令局，见之叹曰："社仓几年矣，有司不复举行，所以远方无知者。"遂编入《振恤》："凡借贷者，十家为甲，甲推其人为之首；五十家则择一通晓者为社首。每年正月，告示社首，下都结甲。其有逃军及无行之人，与有税钱衣食不阙者，并不得入甲。其应入甲者，又问其愿与不愿。愿者，开具一家大小口若干，大口一石，小口减半，五岁以下不预请。甲首加请一倍。社首审订虚实，取人人手书持赴本仓，再审无弊，然后排定。甲首附都簿载某人借若干石，依正簿分两时给：初当下田时，次当耘耨时。秋成还谷不过八月三十日足，湿恶不实者罚。”嘉定末，真德秀帅长沙行之，凶年饥岁，人多赖之。然事久而弊，或移用而无可给，或拘催无异正赋，良法美意，胥此焉失。

宝庆三年，监察御史汪刚中言：“丰穰之地，谷贱伤农；凶歉之地，济籴无策。惟以其所有余济其所不足，则饥者不至于贵籴，而农民亦可以得利。乞申严遏籴之禁，凡两浙、江东西、湖南北州县有米处，并听贩鬻流通；违，许被害者越诉，官按劾，吏决配，庶几令出惟行，不致文具。”从之。端平元年六月，臣僚奏：“建阳、邵武群盗啸聚，变起于上户闭籴。若专倚兵威以图殄灭，固无不可；然振救之政一切不讲，饯馑所迫，恐人怀等死之心。附之者日众。欲望朝廷厉兵选士，汤定已窃发之寇；发粟振饥，怀来未从贼者之心，庶人知避害，贼势自孤，可一举而灭矣。此成周荒政散利除盗之说也。”八月，以河南州军新复，令江、淮制置大使司科降米麦一百万石振济。淳熙十一年，福建诸郡旱，锡米二十五万石振籴，一万石振贫乏细民。

景定元年，临安府平籴仓旧贮米数十万石，粜补循环，其后用而不补，所存无几。有旨令临安府收籴米四十万石，用平籴仓钱三百四万七千八百五十九贯，封桩库十七界会子一千九十五万二千一百余贯，共凑十七界一千四百万贯，充籴本钱。二年，以都城全仰浙西米斛，诱人入京贩粜，赏格比乾道七年加优。

咸淳元年，有旨丰储仓拨公田米五十万石付平籴仓，遇米贵平价出粜。二年，监察御史赵顺孙言：“今日急务，莫过于平籴。乾道间，郡有米斗直五六百钱者，孝宗闻之，即罢其守，更用贤守，此今日所当法者。今粒食翔踊，未知所由，市井之间见楮而不见米。推原其由，实富家大姓所至闭廪，所以籴价愈高而楮价阴减。陛下念小民之艰食，为之发常平义仓，然为数有限，安得人人而济之？愿陛下课官吏，使之任牛羊刍牧之责；劝富民，使之无秦、越肥瘠之视。籴价一平，则楮价不因之而轻，物价不因之而重矣。”七年，以咸淳三年以前诸路义米一百一十二万九千余石减价发粜，薄收郡县听民不拘关、会、见钱收籴。

卷四百八·列传第一百六十七·汪纲

汪纲，字仲举，黟县人，签书枢密院勃之曾孙也。以祖任入官，淳熙十四年中铨试，调镇江府司户参军。……改知金坛县，亲嫌，更弋阳县。父义和为侍御史主管佑神观。寻丁父丧，服除，知兰溪县，决擿如神。岁旱，郡倚办劝分，纲谓劝分所以助义仓，一切行之，非所谓安富恤贫也，愿假常平钱为粜本，使得循环迭济。又躬劝富民浚筑塘堰，大兴水利，饿者得食其力，全活甚众。郡守张抑及部使者列纲为一道荒政之冠。以言去，邑人相率投轨直其事，纲力止之。

卷四百二十九·列传第一百八十八·朱熹

朱熹，字元晦，一字仲晦，徽州婺源人。

熹幼颖悟，甫能言，父指天示之曰："天也。"熹问曰："天之上何物？"松异之。就傅，授以《孝经》，一阅，题其上曰："不若是，非人也。"尝从群儿戏沙上，独端坐以指画沙，视之，八卦也。年十八贡于乡，中绍兴十八年进士第。主泉州同安簿，选邑秀民充弟子员，日与讲说圣贤修己治人之道，禁女妇之为僧道者。罢归请祠，监潭州南岳庙。明年，以辅臣荐，与徐度、吕广问、韩元吉同召，以疾辞。

五年，史浩再相，除知南康军，降旨便道之官，熹再辞，不许。至郡，兴利除害，值岁不雨，讲求荒政，多所全活。讫事，奏乞依格推赏纳粟人。

陈俊卿以旧相守金陵，过阙入见，荐熹甚力。宰相赵雄言于上曰："士之好名，陛下疾之愈甚，则人之誉之愈众，无乃适所以高之。不若因其长而用之，彼渐当事任，能否自见矣。"上以为然，乃除熹提举江西常平茶盐公事。旋录救荒之劳，除直秘阁，以前所奏纳粟人未推赏，辞。

会浙东大饥，宰相王淮奏改熹提举浙东常平茶盐公事，即日单车就道，复以纳粟人未推赏，辞职名。纳粟赏行，遂受职名。入对，首陈灾异之由与修德任人之说，次言："陛下即政之初，盖尝选建英豪，任以政事，不幸其间不能尽得其人，是以不复广求贤哲，而姑取软熟易制之人以充其位。于是左右私亵使令之贱，始得以奉燕闲，备驱使，而宰相之权日轻。又虑其势有所偏，而因重以壅己也，则时听外廷之论，将以阴察此辈之负犯而操切之。陛下既未能循天理、公圣心，以正朝廷之大体，则固已失其本矣，而又欲兼听士大夫之言，以为驾驭之术，则士大夫之进见有时，而近习之从容无间。士大夫之礼貌既庄而难亲，其议论又苦而难入，近习便辟侧媚之态既足以蛊心志，其胥史狡狯之术又足以眩聪明。是以虽欲微抑此辈，而此辈之势日重，虽欲兼采公论，而士大夫之势日轻。重者既挟其重，以窃陛下之权，轻者又借力于所重，以为窃位固宠之计。日往月来，浸淫耗蚀，使陛下之德业日隳，纲纪日坏，邪佞充塞，货赂公行，兵愁民怨，盗贼间作，灾异数见，饥馑荐臻。群小相挺，人人皆得满其所欲，惟有陛下了无所得，而顾乃独受其弊。"上为动容。所奏凡七事，其一二事手书以防宣泄。

熹始拜命，即移书他郡，募米商，蠲其征，及至，则客舟之米已辐凑。熹日钩访民隐，按行境内，单车屏徒从，所至人不及知。郡县官吏惮其风采，至自引去，所部肃然。凡丁钱、和买、役法、榷酤之政，有不便于民者，悉厘而革之。从救荒之余，随事处画，必为经久之计。有短熹者，谓其疏于为政，上谓王淮曰："朱熹政事却有可观。"

熹以前后奏请多所见抑，幸而从者，率稽缓后时，蝗旱相仍，不胜忧愤，复奏言："为今之计，独有断自圣心，沛然发号，责躬求言，然后君臣相戒，痛自省改。其次惟有尽出内库之钱，以供大礼之费为收籴之本，诏户部免征旧负，诏漕臣依条检放租税，诏宰臣沙汰被灾路分州军监司、守臣之无状者，遴选贤能，责以荒政，庶几犹足下结人心，消其乘时作乱之意。不然，臣恐所忧者不止于饥殍，而将在于盗贼；蒙其害者不止于官吏，而上及于国家也。"

卷四百三十八・列传第一百九十七・黄震

初，孝宗颁朱熹社仓法于天下，而广德则官置此仓。民困于纳息，至以息为本，而息皆横取，民穷至自经。人以为熹之法，不敢议。震曰："不然。法出于尧、舜三代圣人，犹有变通，安有先儒为法，不思救其弊耶？况熹法，社仓归之于民，而官不得与。官虽不与，而终有纳息之患。"震为别买田六百亩，以其租代社仓息，约非凶年不贷，而贷者不取息。

卷四百五十九·列传第二百一十八·魏掞之

其居家，谨丧祭，重礼法。从父有客于南者，千里迎养，死葬如礼，而字其孤。建俗生子多不举，为文以戒，全活者甚众。又白于官，请督不葬其亲者，富与期，贫与财，而无主后者掩之。每遇岁饥，为粥以食饥者。后依古社仓法，请官米以贷民，至冬取之以纳于仓。部使者素敬掞之，捐米千余斛假之，岁岁敛散如常，民赖以济。诸乡社仓自掞之始。

卷四百九十一·列传第二百五十·外国七

（乾道）十年，日本七十三人复飘至秀州华亭县，给常平义仓钱米以振之。

第六节 《辽史》

卷十三·本纪第十三·圣宗

（十三年）冬十月乙亥，置义仓。

（十五年三月）壬午，通括宫分人户，免南京逋税及义仓粟。（夏四月）壬寅，发义仓粟振南京诸县民。

卷五十九·志第二十八·食货志上

十三年，诏诸道置义仓。岁秋，社民随所获，户出粟庤仓，社司籍其目。岁俭，发以振民。十五年，诏免南京旧欠义仓粟，仍禁诸军官非时畋牧妨农。开泰元年，诏曰：“朕惟百姓徭役烦重，则多给工价；年谷不登，发仓以贷；田园芜废者，则给牛种以助之。”

第七节　《元史》

卷十五·本纪第十五·世祖

十二月丁丑，蠡州饥，发义仓粮赈之。丁亥，河间、保定二路饥，发义仓粮赈之，仍免今岁田租。

卷二十六·本纪第二十六·仁宗

甲辰，敕郡县各社复置义仓。

卷二十七·本纪第二十七·英宗

丙午，御史刘恒请兴义仓及夺僧、道官。

戊戌，巩昌成州饥，发义仓赈之。

卷二十九·本纪第二十九·泰定帝

延安路饥，发义仓粟赈之，仍给钞四千锭。

温州路乐清县盐场水，民饥，发义仓粟赈之。

卷三十八·本纪第三十八·顺帝

江浙旱饥，发义仓粮、募富人入粟以赈之。

卷四十·本纪第四十·顺帝

（冬十月甲申）河南府宜阳等县大水，漂没民庐，溺死者众，人给殡葬钞一锭，仍赈义仓粮两月。

卷九十六·志第四十五上·食货

常平起于汉之耿寿昌，义仓起于唐之戴胄，皆救荒之良法也。元立义仓于乡社，又置常平于路府，使饥不损民，丰不伤农，粟直不低昂，而民无菜色，可谓善法汉、唐者矣。

今考其制，常平仓世祖至元六年始立。其法：丰年米贱，官为增价籴之；歉年米贵，官为减价粜之。于是八年以和籴粮及诸河仓所拨粮贮焉。二十三年定铁法，又以铁课籴粮充焉。义仓亦至元六年始立。其法：社置一仓，以社长主之，丰年每亲丁纳粟五斗，驱丁二斗，无粟听纳杂色，歉年就给社民。于是二十一年新城县水，二十九年东平等处饥，皆发义仓赈之。皇庆二年，复申其令。然行之既久，名存而实废，岂非有司之过与？

卷一百二·志第五十·刑法

诸州县义仓粮数不实，监临失举察者，罪之。

第八节 《明史》

卷七十九·志第五十五·食货

预备仓之设也，太祖选耆民运钞籴米，以备振济，即令掌之。天下州县多所储蓄，后渐废弛。于谦抚河南、山西，修其政。周忱抚南畿，别立济农仓。他人不能也。正统时，重侵盗之罪，至佥妻充军。且定纳谷千五百石者，敕奖为义民，免本户杂役。凡振饥米一石，俟有年，纳稻谷二石五斗还官。弘治三年限州县十里以下积万五千石，二十里积二万石；卫千户所万五千石，百户所三百石。考满之日，稽其多寡以为殿最。不及三分者夺俸，六分以上降调。十八年令赎罪赃罚，皆籴谷入仓。正德中，令囚纳纸者，以其八折米入仓。军官有犯者，纳谷准立功。初，预备仓皆设仓官，至是革，令州县官及管粮仓官领其事。嘉靖初，谕德顾鼎臣言："成、弘时，每年以存留余米入预备仓，缓急有备。今秋粮仅足兑运，预备无粒米。一遇灾伤，辄奏留他粮及劝富民借谷，以应故事。乞急复预备仓粮以裕民。"帝乃令有司设法多积米谷，仍仿古常平法，春振贫民，秋成还官，不取其息。府积万石，州四五千石，县二三千石为率。既，又定十里以下万五千石，累而上之，八百里以下至十九万石。其后积粟尽平粜，以济贫民，储积渐减。隆庆时，剧郡无过六千石，小邑止千石。久之数益减，科罚亦益轻。万历中，上州郡至三千石止，而小邑或仅百石。有司沿为具文，屡下诏申饬，率以虚数欺罔而已。

弘治中，江西巡抚林俊尝请建常平及社仓。嘉靖八年乃令各抚、按设社仓。令民二三十家为一社，择家殷实而有行义者一人为社首，处事公平者一人为社正，能书算者一人为社副，每朔望会集，别户上中下，出米四斗至一斗有差，斗加耗五合，上户主其事。年饥，上户不足者量贷，稔岁还仓。中下户酌量振给，不还仓。有司造册送抚、按，岁一察核。仓虚，罚社首出一岁之米。其法颇善，然其后无力行者。

卷二百八十三・列传第一百七十一・邓元锡

邓元锡，字汝极，南城人。十五丧父，水浆不入口。十七行社仓法，惠其乡人。

第九节　《清史稿》

卷九・本纪九・世宗

九年辛亥春正月庚寅，诏拨扬州盐义仓积谷二十万石，加赈上年邳、宿被水灾民。

卷十四・本纪十四・高宗

冬十月壬戌，免陕西延安等三府州属乾隆二十年至三十七年民欠社仓谷。

卷十五・本纪十五・高宗

五十四年九月，赈吉林属珲春水灾，豁应交义仓粮石及上年借给仓谷。

卷二十三・本纪二十三・德宗

（四十四年十二月）辛酉，谕修社仓，兴社学。

卷二十四·本纪二十四·德宗

三月丁亥，诏立义仓。

卷一百十二·志八十七·选举

此外尚有捐马百匹予纪录、运丁三年多交米三百石给顶带之例。其乐善好施例内，凡捐资修葺文庙、城垣、书院、义学、考棚、义仓、桥梁、道路，或捐输谷米银两，分别议叙、顶带、职衔、加级、纪录有差。余如各省盐商、士绅，捐输巨款，酌予奖叙。皆出自急公好义，与捐纳相似，而实不同也。

卷一百二十一·志九十六·食货

其由省会至府、州、县，俱建常平仓，或兼设裕备仓。乡村设社仓，市镇设义仓，东三省设旗仓，近边设营仓，濒海设盐义仓，或以便民，或以给军。

十九年，谕常平仓留本州县备赈，义仓、社仓留本村镇备赈。

其社义各仓，起于康熙十八年。户部题准乡村立社仓，市镇立义仓，公举本乡之人，出陈易新。春日借贷，秋收偿还，每石取息一斗，岁底州县将数目呈详上司报部。

三年，从江苏巡抚何天培请，止颁行社仓五事：一，赈贷均预造排门册存案；一，正副社长外，再举一殷实者总司其事；一，州县官不许干预出纳；一，所需纸笔，必劝募乐输，或官拨罚项充用；一，积谷既多，应于夏秋之交，减价平粜，秋收后照时价买补。

嘉庆四年，又议准社义各仓出纳，由正、副长经理，止呈官立案。道光五年，安徽巡抚陶澍疏言："义仓苟欲鲜弊，惟有秋收后听民间量力输捐，自择老成者管理，不减粜，不出易，不借贷，专意存贮，以待放赈。"如所议行。其后军兴，各省皆废。同治六年，特谕兴复。光绪中，惟陕西巡抚冯誉骥所筹建者千六百余所为最多云。

其旗仓在东三省者，初皆贮米二千万石。营仓自康熙二十二年始。时山海关各口建仓，达于黑龙江墨尔根。三十年，令江宁、京口等处各截留漕米十万石存贮。三十六年，谕沿边卫堡如榆林等处均贮谷。四十九年，以湖南镇箄改协为镇，拨借帑银三千两，买谷贮仓。五十四年，命贮米密云、古北口。雍正三年，贮谷归化城土拉库。四十七年，先后命广东提标各营暨诸镇协均贮谷，其后复推行贵州、四川、浙江、福建、河南。十一年，命喜峰口贮谷。

乾隆元年，设河标营仓。十一年，又命山东河标设立。盐义仓，自雍正四年始。时两淮众商捐银二十四万，为江南买谷建仓之用，巡盐御史噶尔泰以闻，并缴公务银八万，共三十二万。谕以三万赏给噶尔泰，余照所请，赐名“盐义”。既而浙江众商亦捐银十万，谕巡抚李卫于杭州建仓。乾隆九年，又准山东票商仿行。

卷一百二十三・志九十八・食货

五年，以淮商捐银建盐义仓积谷，谕更立数仓于近灶地，以备灶户缓急之需。此政之在于恤灶者。

卷三百八・列传九十五・尹会一

会一母年七十余，疏请终养。上知会一孝母，母李先以节孝旌，有贤名，赐诗褒之。会一在官有善政，必归美于母。家居设义仓，置义田，兴义学，谓皆出母意。

卷三百七十九・列传一百六十六・陶澍

陶澍，字云汀，湖南安化人。嘉庆七年进士，选庶吉士，授编修，迁御史、给事中。疏劾吏部重签，河工冒滥，及外省吏治积弊。巡中城，决滞狱八百有奇。巡南漕，革陋规，请濬京口运河。二十四年，出为川东道，日坐堂皇，剖决狱讼如流。请减盐价，私绝课增。总督蒋攸铦荐其治行为四川第一。历山西按察使、安徽布政使。

道光三年，就擢巡抚。安徽库款，五次清查，未得要领。澍自为藩司时，钩覈档案，分别应劾、应偿、应豁，于是三十余年之纠轕，豁然一清。严交代，禁流摊，裁捐款，至是奏定章程，俾有司释累，得专力治民。濒江水灾，购米十万石，劝捐数十万金，赈务覈实，灾民赖之无失所。治寿州城西湖、凤台蕉冈湖、凤阳花源湖；又怀远新涨沙洲阻水，并开引河，导之入淮。淮水所经，劝民修堤束水，保障农田。各县设丰备仓于乡村，令民秋收后量力分捐，不经吏役，不减粜，不出易，不假贷，岁歉备赈，乐岁再捐，略如社仓法而去其弊。创辑安徽通志，旌表忠孝节烈以励风俗。

卷四百四十八・列传二百三十五・涂宗瀛

涂宗瀛，号朗轩，安徽六安人。晋布政使，仿朱子社仓法，建立长沙府仓。光绪三年，拜广西巡抚。苗、瑶、倮㑩犷悍梗化，檄所属广建学塾，刊孝经、小学诸书，使之诵习；又自撰歌词以劝戒之。时晋、豫大旱，移抚河南，割取俸余万二千金助赈，招流亡，给籽种，老稚无依者，设厂收养，强有力者任工作。世与曾国荃赈晋并称云。

卷四百七十九・列传二百六十六・王仁堪

王仁堪，字可庄，福建闽县人。十八年秋，丹阳大祲，恩赈之外，劝绅商捐赀，全活甚众。又假官钱于民，使勿卖牛，名曰牛赈。濬太平港、沙腰河、练湖、越渎、萧河、香草、简渎之属，凡二十余所，支沟别渠二百三十有奇。又凿塘四千六百，以蓄高原之水。皆以工代赈，东西百余里间，水利毕举。次年春，赈毕，余四万金，生息备积谷。牛赈余钱，仿社仓法创社钱，按区分储，为修沟洫、广义塾之用。郡西乡僻陋不知学，立榛思文社以教之。出私钱于府治前建南畾学舍。在任两年，于教养诸端，尽力为之。

第二章
义 仓 专 著

本章整理了历史上重要的几部义仓专著，分别是宋代朱熹的《朱子社仓法》《社仓事目》、明代黄佐的《泰泉乡礼·社仓》、清代方观承的《畿辅义仓图》以及俞森的《常平仓考义仓考》《社仓考》，这些都是古代研究义仓历史演变的里程碑式著作。其中，《朱子社仓法》和《畿辅义仓图》侧重于义仓实践总结，后期朱子社仓法的影响扩展到了朝鲜半岛以及日本等东亚地区。而俞森的《常平仓考义仓考》《社仓考》则侧重于历代义仓文献、奏议的梳理和点评，是近代义仓历史研究的集大成之作。

一、宋朱熹《朱子社仓法》《社仓事目》

朱熹（1130—1200），字元晦，又字仲晦，号晦庵，晚称晦翁。祖籍徽州府婺源县（今江西省婺源），生于南剑州尤溪（今属福建省尤溪县）。中国南宋时期理学家、思想家、哲学家、教育家、诗人。朱熹因创办社仓法，影响东亚社会，被后世尊称为“仓祖”。

日版《朱子社仓法》封面

《朱子社仓法》收录了朱熹所撰写的七篇社仓记，包括《福建建宁府崇安县五夫社仓记》《浙江婺州金华县社仓记》《福建建宁府建阳县长滩社仓记》《建宁府建阳县大阐社仓记》《福建邵武军光泽县社仓记》《江苏常州宜兴县社仓记》《浦城县永利仓记》等。除了五夫社仓是朱熹亲自参与创办，并亲自制定章程制度，跟踪其运行和发展之外，其他社仓则是朱熹的同门或朋友在朱熹创办五夫社仓的影响下而创办的，后邀请朱熹为其作记。《朱子社仓法》为我们呈现了一个推动地方社仓事业发展的行动者网络。

乾道七年（1171），为了实现社仓的良性发展，朱熹亲自为社仓设计了一套详细严格的运作管理体系，名为《社仓事目》。朱熹将《社仓事目》呈达宋孝宗，史称“朱子廷对”。宋孝宗认为其良法美意较合实际，有利于纾解民困，且能提前为荒歉之年做好预防，于是将其颁于天下州郡，进行推广。《社仓事目》基本上成为南宋社仓的标准化建设指南。

《社仓事目》包含了创办社仓的主体及资金来源、救助对象的选定标准、社仓组织的治理结构、社仓支贷与收贷的实施方式、社仓本金的保值及增值方式，十分具有可操作性。《社仓事目》被收录于《晦庵集》和《朱子大全》等。

二、明黄佐《泰泉乡礼·社仓》

黄佐（1490—1566），字才伯，号泰泉，广东香山（今中山）人。正德十六年（1521）进士，嘉靖初由庶吉士授编修。历任广西学政、南京国子监祭酒，累迁少詹事。学宗程朱，然不以聚徒讲学为名，故所论述，多切实际。为学重博约，博通典、礼、乐、律、词、章，著有《泰泉乡礼》《南雍志》，已著录，尚有《论学书》《论说》《东廓语录》《乐典》《泰泉集》等。

《泰泉乡礼》全书共七卷，是黄佐以广西提学佥事乞休家居时所著。首举乡礼纲领，以立教、明伦、敬身为主。次则冠婚以下四礼，皆略为条教。第取其今世可行而又不倍戾于古者。次举五事，曰乡约、乡校、社仓、乡社、保甲，皆深寓端本厚俗之意。该书内容简明切要，可见施行，在明人著述中犹为有用之书。

在《泰泉乡礼·社仓》中，作者首先申明了社仓在乡村社会体系中的重要位置及独立性，社仓的创立、运营、劝募、赈济、财务出纳等则基本上参照了《朱子社仓法》。《泰泉乡礼·社仓》为我们呈现了明代社仓在乡村治理中的意义和价值，值得我们今天的社区建设工作者参考。

三、清方观承《畿辅义仓图》

方观承（1698—1768），安徽桐城人，字遐谷，号问亭，一号宜田，谥恪敏。乾隆七年（1742）授直隶清河道，官至直隶总督、太子少保。督直隶二十年，皆掌治水，前后奏上治河方略数十疏。继赵一清、戴震辑《直隶河渠书》一百三十余卷。与秦蕙田同撰《五礼通考》。自著有《述本堂诗》《宜田汇稿》《问亭集》，另编绘有《畿辅义仓图》。

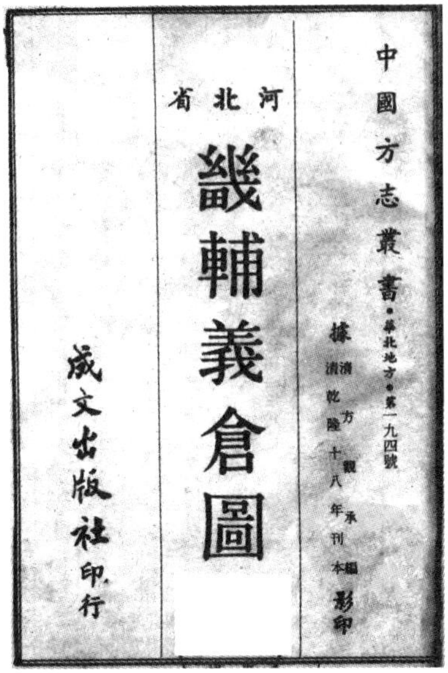

台湾影印版《畿辅义仓图》封面

《畿辅义仓图》计有绘图 144 幅。编绘该图，意在按图稽仓、按仓稽粮、以资措理。为此，直隶各州、县、卫各绘一图，共计村庄 39687 处、仓 1005 座，以及各仓粮储若干。同时，载有《义仓奏议》《义仓图凡例》《义仓规条》，评述设立义仓之宗旨、依据、管理办法等。全书包括文本和地图两大部分。该书作为地方图志的一个独特成果，不仅具有重要的实用价值，而且具有深远的历史意义。

四、清俞森《常平仓考义仓考》《社仓考》

俞森，字汇嘉，号存斋，浙江钱塘人，由贡生官至湖广布政司参议。以善书入实录馆，议叙得官。康熙年间辑古人救荒之法，为《荒政丛书》。

俞森所撰写的《常平仓考义仓考》《社仓考》（简称“三考”）被收录在《荒政丛书》中，他依据不同仓类，分门别类考订历代仓储的沿革、政令、事例，使得古代仓储经验得以相对完整地保留，居功甚伟，是古代义仓研究的集大成者。“三考”详细地论述了积储对救荒的重要作用及利用仓储进行救灾的办法。

民国版《常平仓考义仓考》封面

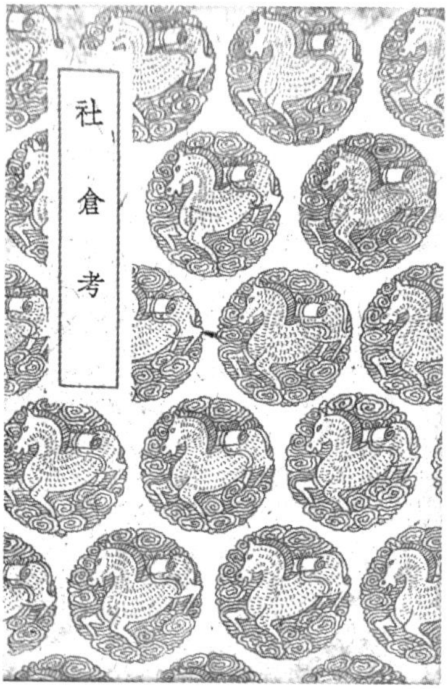

民国版《社仓考》封面

五、民国于佑虞《中国仓储制度考》

于佑虞，民国学者，史学家、社会学家，所编著的《中国仓储制度考》开中国传统社会保障史研究之先河，对中国古代农村社会史等研究卓有贡献。

民国版《中国仓储制度考》

《中国仓储制度考》出版于 1948 年，为中国近代有关仓储制度研究的第一部专著，堪称近代仓储研究的阶段性总结。全书共分为三章。第一章为绪论，总叙历代仓储的整体发展。第二章为分论，分别叙述了常平仓、义仓及社仓的沿革。第三章为结论，作者针对历代仓储制度之利弊提出了自己的观点和看法，指出仓储制度“在经济社会中固有重大之贡献”，也存在很多弊病，如常平仓资金不足、利益不普及，义仓“官司侵夺”，社仓买粮补仓之弊等。

第三章
社义仓奏诏谕

第一节　社义仓奏记载

一、隋长孙平义仓奏（《隋书·长孙平传》）

古者三年耕而余一年之积，九年作而有三年之储，虽水旱为灾，而民无菜色，皆由劝导有方，蓄积先备者也。

二、隋长孙平上书请积谷（《隋书·长孙平传》）

臣闻国以民为本，民以食为命，劝农重谷，先王令轨。古者三年耕而余一年之积，九年作而有三年之储，虽水旱为灾，而民无菜色，皆由劝导有方，蓄积先备者也。去年亢阳，关右饥馁，陛下运山东之粟，置常平之官，开发仓廪，普加赈赐，大德鸿恩，可谓至矣。然经国之道，义资远算，请勒诸州刺史、县令，以劝农积谷为务。

三、隋长孙平奏立义仓定式（《隋书·食货志》）

古者三年耕而余一年之积，九年作而有三年之储，虽水旱为灾，而人无菜色，皆由劝导有方，蓄积先备故也。去年亢阳，关内不熟，陛下哀愍黎元，甚于赤子。运山东之粟，置常平之官，开发仓廪，普加赈赐。少食之人，莫不丰足。鸿恩大德，前古未比。其强宗富室，家道有余者，皆竞出私财，递相赒赡。此乃风行草偃，从化而然。但经国之理，须存定式。

于是奏令诸州百姓及军人，劝课当社，共立义仓。收获之日，随其所得，劝课出粟及麦，于当社造仓窖贮之，即委社司执帐检校，每年收积，勿使损败。若时或不熟，当社有饥馑者，即以此谷赈给。

四、唐戴胄请建义仓疏及唐太宗复（《旧唐书·食货志下》）

贞观二年四月，尚书左丞戴胄上言曰："水旱凶灾，前圣之所不免。国无九年储蓄，《礼经》之所明诫。今丧乱之后，户口凋残，每岁纳租，未实仓廪。随即出给，才供当年，若有凶灾，将何赈恤？故隋开皇立制，天下之人，节级输粟，多为社仓，终于文皇，得无饥馑。及大业中年，国用不足，并贷社仓之物，以充官费，故至末涂，无以支给。今请自王公已下，爰及众庶，计所垦田稼穑顷亩，至秋熟，准其见在苗以理劝课，尽令出粟。稻麦之乡，亦同此税。各纳所在，为言义仓。若年谷不登，百姓饥馑，当所州县，随便取给。"太宗曰："既为百姓预作储贮，官为举掌，以备凶年，非朕所须，横生赋敛。利人之事，深是可嘉。宜下所司，议立条制。"

五、唐韩仲良义仓纳奏（《旧唐书·食货志下》）

户部尚书韩仲良奏："王公已下垦田，亩纳二升。其粟麦粳稻之属，各依土地。贮之州县，以备凶年。"可之。自是天下州县，始置义仓，每有饥馑，则开仓赈给。以至高宗、则天，数十年间，义仓不许杂用。其后公私窘迫，渐贷义仓支用。自中宗神龙之后，天下义仓费用向尽。

六、唐水旱开仓赈贷奏（大和九年二月，中书门下）（《册府元龟》卷五百二）

常平、义仓本虞水旱，以时赈恤。州府不详文理，或申省取裁，或奏候进止。自今已后，应遭水旱处，先据贫下户及鳏寡茕独不济者，便开仓，准元敕作等赈贷讫，具数申报有司。如或水旱尤甚，米麦翔贵，亦任准元年敕或减价出粜，熟时籴填。委诸道观察使各下诸州，重令知悉。

七、唐田亩纳粟贮义仓奏（开成元年八月，户部）（《册府元龟》卷五百二）

应诸州府所置常平、义仓，伏请起今后，通公私田，亩别纳粟一升，逐年添贮义仓。敛之至轻，事必通济，岁月稍久，自致充盈，纵逢水旱之灾，永绝流亡之虑。

八、唐勘审常平义仓奏（大中六年四月，户部）（《唐会要》卷八十八）

请诸道州府收管常平、义仓斛斗，今后如有灾荒水旱外，请委所在长吏，差清强官勘审。如实，便任开仓。先从贫下不济户给贷讫，具数分析申奏，并报户部，不得妄有给与富豪人户。其斛斗仍仰本州录事参军至当年秋熟专勾当，据数追收。如州府妄有给使，其录事参军、本判官请重加殿罚，长吏具名申奏。

九、唐齐映《请修义仓表》（《全唐文》卷四百五十）

臣某言：臣闻荷覆载之德者，愿酬天地之仁；怀涓埃之勤者，冀裨海岳之大。所以思或出位，知无不为。况臣受宠过深，感恩逾切，不竭忠以自效，是盗禄以苟安。臣某中谢。臣伏见三时愆雨，一谷不登。黎庶以（缺二字）不知，卿士以月俸自恃。窃惟圣虑，已积忧勤；凡在人臣，何以安处？昨者自春及夏，时雨渐愆，陛下心忧于清穆之中，躬祷于灵池之上。精诚所至，昭感遂通，祥禽呈瑞于御前，膏雨布泽于天下。遂使百谷皆稔，九土大丰，国无不获之夫，代成廉让之俗。斯乃皆由圣德，上合天心，顾此齐人，俱受其赐。此何异开口待哺，澡身仰衣。岂知宸衷不可常劳，灵雨亦难恒若者也。必在酌尧舜之至道，举祖宗之成法，复修义仓，以救歉岁。则黎人绝水旱之困，陛下释忧勤之念。君逸无劳，乃合至道；足食无患，斯谓雍熙。岂臣率心，实闻方册，又臣伏以赋税之道，理化之源，必资考古酌今，以通其变，俾为经制，岂利因循？各具状别随表。臣某中谢，伏以圣心属念，惟在黎元；微臣蠢愚，尝历州府。敢以所见，备于上闻。徒竭诚请，理犹未明。轻冒宸严，不胜陨越。

十、唐陆贽《均节赋税恤百姓六条》（《全唐文》卷四百六十五）

其五　请以税茶钱置义仓以备水旱

臣闻仁君在上，则海内无馁殍之人，岂必耕而饷之，爨而食之哉。盖以虑得其宜，制得其道，致人于歉乏之外，设备于灾？之前，是以年虽大杀，众不恇惧。

夫水时为败，尧汤被之矣，阴阳相寇，圣何御哉！所贵尧汤之盛者，在于遭患。能济耳。凡厥哲后，皆谨循之。

故《王制》记虞夏殷周四代之法，乃云："国无九年之蓄曰不足，无六年之蓄曰急，无三年之蓄曰国非其国也。"《周官》司徒之属亦云："掌乡里之委积，以恤艰厄；县鄙之委积，以待凶荒。"王制既衰，杂以权术。魏用平籴之法，汉置常平之仓，利兼公私，颇亦为便。

隋氏立制，始创社仓，终于开皇，人不饥馑。贞观初，戴胄建积谷备灾之议，太宗悦焉，因命有司，详立条制，所在贮粟，号为义仓。丰则敛藏，俭则散给，历高宗之代，五六十载，人赖其资。国步中艰，斯制亦弛。开元之际，渐复修崇。是知储积备灾，圣王之急务也。

《语》曰："百姓足，君孰与不足；百姓不足，君孰与足。"此言君养人以成国，人戴君以成生，上下相成，事如一体。然则古称九年六年之蓄者，盖率土臣庶，通为之计耳，固非独丰公庾，不及编甿也。《记》所谓"虽有凶旱水溢，人无菜色"，良以此也。

后代失典籍备虑之旨，忘先王子爱之心，所蓄粮储，唯计廪庾。犬彘厌人之食，而不知检；沟壑委人之骨，而不能恤。乱兴于下，祸延于上，虽有公粟，岂得而食诸！故立国而不先养人，国固不立矣；养人而不先足食，人固不养矣；足食而不先备灾，食固不足矣。为官而备者，人必不赡；为人而备者，官必不穷。是故论德昏明，在乎所务本末。务本则其末自遂，务末则其本兼亡，国本于人，安得不务。顷以寇戎为梗，师旅亟兴，惠恤之方，多所未暇，每遇阴阳愆候，年不顺成，官司所储祗给军食。支计苟有所阙，犹须更取于人，人之凶荒，岂遑赈救。人小乏则求取息利，人大乏则卖鬻田庐。幸逢有年，才偿逋债，敛获始毕，糇粮已空，执契担囊，行复贷假，重重计息，食每不充。倘遇荐饥，遂至颠沛，室家相弃，骨肉分离，乞为奴仆，犹莫之售，或行丐鄽，或缢死道途。天灾流行，四方代有，率计被其害者，每岁常不下一二十州。以陛下为人父母之心，若垂省忧，固足伤恻，幸有可救之道，焉可舍而不念哉？今赋役已繁，人力已竭，穷岁汲汲，永无赢余，课之聚粮终不能致，将树储蓄根本，必藉官司助成。陛下诚能为人备灾，过听愚计，不害经费，可垂永图。近者有司奏请税茶，岁约得五十万贯，元敕令贮户部，用救百姓凶饥，今以蓄粮适副前旨。望令转运使总计诸道户口多少，每年所得税茶钱，使均融分配各令当道巡院主掌。每至谷麦熟时，即与观察使计会，散就管内州县和籴，便于当处置仓收纳，每州令录事参军专知。仍定观察判官一人与和籴巡院官同勾当，亦以义仓为名，除赈给百姓已外，一切不得贷便支用。如时当大稔，事至伤农，则优与价钱，广其籴数，谷若稍贵，籴亦便停，所籴少多，与年上下，准平谷价，恒使得中。每遇灾荒，即以赈给，小歉则随事借贷，大饥则录奏分颁，许从便宜，务使周济，循环敛散，遂以为常。如此，则蓄财息债者，不能耗吾人；聚谷幸灾者，无以牟大利。富不至侈，贫不至饥，农不至伤，籴不至贵，一举事而众美具，可不务乎。俟人小休，渐劝私积，平籴之法斯在，社仓之制兼行，不出十年之中，必盈三岁之蓄，宏长不已，升平可期。使一代黎人，永无馁乏，此尧汤所以见称于千古也。

愿陛下遵之慕之，继之齐之。苟能存诚，蔑有不至。

十一、唐李渤《奏桂管常平义仓状》（《全唐文》卷七百十二）

臣伏详敕文。本救荒歉，忽有危切，贵及其时。当州去京往来万里，奏回方给，岂及饥人？臣请所管忽遇灾荒，量事赈贷讫，续分析闻奏。庶使远人速活，圣泽遐流。臣之所管，僻在岭外，迫以山贼，人尤难理。若令数改，必困蠡食。常平义仓，本救灾害，向为歉诊。擢臣处之方镇，臣宜竭力上答皇明。伏乞圣恩允臣所奏，庶使皇灵远被，犷俗知恩。

十二、宋苏辙《乞赈救淮南饥民状》（《栾城集》卷三十七）

右臣访闻淮南久旱，雨全未足，二麦并已枯死。浙中米价虽贱，而运河无水，客旅不至。米斗直一百七十以来，民间阙食，甚觉不易。而所在官吏，并未见赈济及奏请别作处置。臣窃见顷立义仓，至今已将十年，所聚粮斛数目甚多，每遇灾伤，未尝支散一粒，民情深所不悦。臣欲乞指挥淮南官司，先将所管义仓米数，随处支与阙食人户，兼将常平米减价出卖，及取问监司州县，因何并不曾申请擘划。兼乞体访诸路，如有似此阙食去处，一例施行。谨录奏闻，伏候敕旨。

十三、宋苏辙《言淮南水潦状》(《栾城集》卷三十九)

右臣窃见淮南春夏大旱，民间乏食，流徙道路。朝廷哀愍饥馑，发常平义仓及截留上供米，以济其急。淮南之民，上赖圣泽，不至饥殍。然自六月大雨，淮水泛溢，泗、宿、亳三州大水，夏田既已不收，秋田亦复荡尽，前望来年夏麦，日月尚远，势不相接，深可忧虑。访问见今官卖米，犹有未尽，然必不能支持久远。臣欲乞朝廷及今未至阙绝之际，速行取问本路提转发运司，令具诸州灾伤轻重次第，见今逐州各有多少粮食，可以赈济得多少月日，如将来乏绝，合如何擘划施行，立限供报，所贵朝廷得以预先处置，小民不至失所。谨录奏闻，伏候敕旨。

十四、明靳学颜《积谷疏》(《明史·靳学颜传》)

臣近者疏请积谷，业蒙允行。第恐有司从事不力，无以塞明诏。敢即臣说申言之：

其一曰官仓，发官银以籴也。一曰社仓，收民谷以充也。官仓非甚丰岁不能举，社仓虽中岁皆可行。唐义仓之开，每岁自王公以下皆有入。宋则准民间正税之数，取二十分之一以为社。诚仿而推之，就土俗，合人情，占岁候以通其变，计每岁二仓之入以验其功，著为令，而岁岁修之，时其丰歉而敛散之。在官仓者，民有大饥则以振。在民仓者，虽官有大役亦不听贷。借此藏富于民，即藏富于国也。今言财用者，不忧谷之不足，而忧银之不足。夫银实生乱，谷实弭乱。银之不足，而泉货代之；五谷不足，则孰可以代者哉？故曰明君不宝金玉，而宝五谷，伏惟圣明垂意。

十五、清陈世倌《社仓疏》(《清史稿》卷三百三·列传九十)

社仓通有无、济丰歉，古今可行。宜令各乡劝富民输谷，不限多寡，量予奖劝。举公正乡约三人司其出入，官为稽覈。贫民春贷秋偿，石纳息二斗，歉则减之，十年后纳息一斗。请饬诸行省先就数州县行之。俟有成效，然后推广。

十六、清方观承《社仓义仓疏》（《清史稿》卷三百二十四·列传一百十一）

义仓与社仓同为积贮，但社仓例惟借种，义仓则借与赈兼行，而尤重在赈。设仓宜在乡不宜在城，积谷宜在民不宜在官。秋获告丰，劝导输纳，岁终将谷数奏明，不必开具管收除在。则其数不在官，法可行久。

十七、清方观承《义仓告成绘图进呈奏疏》

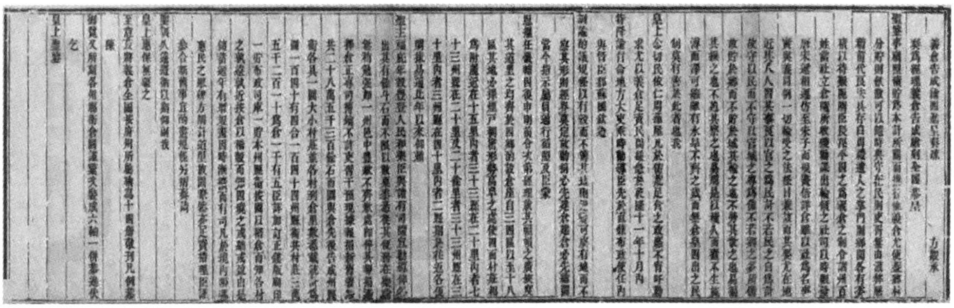

十八、清方观承《义仓谷数请免具题奏疏》

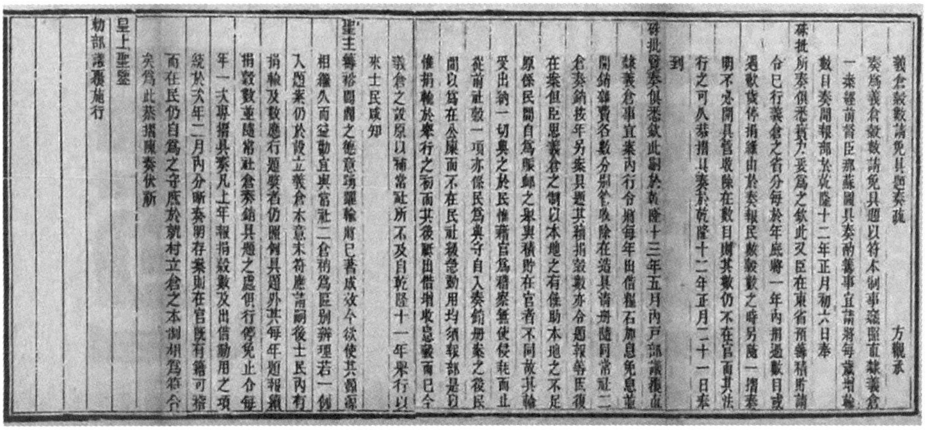

義倉穀數請免具題奏疏　方觀承
奏爲義倉穀數請免具題以符本制事竊照直隸義倉
一案經前督臣那蘇圖具奏所議事宜請將每歲捐輸
數目奏聞報部於乾隆十二年正月初六日奉
硃批所奏俱悉該部知道欽此又臣在東省預籌積貯請
令已行義倉之省分每於年底將一年內捐還數目或
還數與借捐緣由於奏報民數穀數之時另陳一摺奏
聞不必開具舊收除在數目則其數仍不在官而其法
行之可久恭摺具奏於乾隆十二年正月二十一日奉
到
硃批覽奏俱悉欽此嗣於乾隆十三年五月內戶部議覆直
隸義倉事宜案內行令將每年出借糧石加息免息並
開銷雜費各數分别釐收除在造具清册隨同常社二
倉奏銷按年另案具題其續捐穀數亦令題報等因復
在案但臣思義倉之制以本地之有餘助本地之不足
原係民間自爲賑卹之舉其積貯在官者不同故其輸
受出納一切與之於民惟藉官爲稽察無使侵耗而止
從前社穀一項亦係民爲輿守自入奏銷册案之後民
間以爲在公廩而不在民社穀急動用均須報部是以
惟捐輸於舉行之初而其後斷由借增收息穀而已今
義倉之設原以補常社所不及自乾隆十一年舉行以
來士民咸知
聖主籌裕閭閻之德意踴躍輸將已著成效今欲使其類聚
相繼久而益勸宜與常社二倉稍爲區别辦理若一例
入題案仍於設立義倉本意未符應請嗣後士民內有
捐輸及數應行題獎者仍照例具題外其每年題報續
捐穀數並隨常社倉奏銷具題之處俱行停免止令每
年一次將捐具奏凡上年報捐穀數及出借動用之項
統於次年二月內分晰奏明存案則在官既有籍可稽
而在民仍自爲之守庶於就村立倉之本制相爲符合
矣爲此恭摺陳奏伏祈
皇上聖鑒
勅部議覆施行

十九、清开泰《社仓饬弊疏》（《清史稿》卷三百二十六·列传一百十三）

社仓较常平尤近于民，而弊亦易滋。湖北社仓谷麦五十二万石有奇，散在诸乡，恐多亏缺。应饬道府按部所至，便宜抽验。

二十、清刘权之《社仓积弊疏》（《清史稿》卷三百四十一·列传一百二十八）

社仓大半借端挪移，管理首事与胥吏从中侵盗，至歉岁颗粒无存，以致殷实之户不乐捐输，老成之士不原承办，请一律查禁。

第二节　社义仓诏谕记载

一、隋文帝《令北境义仓杂种并纳本州诏》（《隋书》卷十九·食货志，《通典》十二）

十五年二月，诏曰：“本置义仓，止防水旱，百姓之徒，不思久计，轻尔费捐，于后乏绝。又北境诸州，异于余处，云、夏、长、灵、盐、兰、丰、鄯、凉、甘、瓜等州，所有义仓杂种，并纳本州。若人有旱俭少粮，先给杂种及远年粟。”

十六年正月，又诏秦、叠、成、康、武、文、芳、宕、旭、洮、岷、渭、纪、河、廓、豳、陇、泾、宁、原、敷、丹、延、绥、银、扶等州社仓，并于当县安置。二月，又诏社仓，准上中下三等税，上户不过一石，中户不过七斗，下户不过四斗。其后山东频年霖雨，杞、宋、陈、亳、曹、戴、谯、颍等诸州，达于沧海，皆困水灾，所在沉溺。

二、唐李高祖《置社仓诏》（《全唐文》卷一）

朕祗膺灵命，抚字氓黎，方缉隆平，跻之仁寿。田亩之赋，一切蠲除；锱铢之律，悉皆停断。是以特建农圃，本督耕耘，思俾齐民，既庶且富，钟庾之量，冀同水火。宜置常平监官，以均天下之货。市肆腾踊，则减价而出；田穑丰羡，则增籴而收。触类长之，去其泰甚，庶使公私俱济，家给人足，抑止兼并，宣通壅滞。

三、唐高宗《义仓敕》(《旧唐书》卷四十九)

高宗永徽二年六月，敕：“义仓据地收税，实是劳烦。宜令率户出粟，上上户五石，余各有差。”

四、唐高宗《赈雍同二州诏》(《全唐文》卷十一)

朕寅畏三灵，忧勤万类，分宵轸虑，昃晷忘餐，迹在岩廊，心遍天下。惧八政之或舛，忧一物之未安，欲使菽粟积于京坻，礼让兴于萌俗。而德不被远，诚未动天，政道有亏，咎征斯应。去岁三辅之地，颇弊蝗螟，天下诸州，或遭水旱，百姓之间，致有罄乏。此繇朕之不德，兆庶何辜，矜物罪己，载深忧惕。今献岁肇春，东作方始，粮廪或空，事资赈给。其遭虫水处，量以义仓，赈贷贫乏。雍同二州，各遣郎中一人，充使巡问，务尽哀矜之旨，副朕缱绻之心。

五、唐玄宗《发诸州义仓制》(《全唐文》卷二十三)

用天之道，分地之利，此庶人之事也，非济育无以致其功；务在三时，遵其五教，此邦家之典也，非悦劝无以成其业。

朕当夜分思理，明发听朝，惠绥群元，若保赤子。议狱以缓死，薄征以息人。年谷颇登，时政庶缉。而家给之长，仍或未均，蕴利之徒，犹闻赘聚。静言其事，应有厥繇。如闻贫下之人，农桑之际。多阙粮种，咸求倍息，致令贫者日削，富者岁滋，非所谓益寡裒多，务穑敦本之方也。

思宏惠恤，以丞贫窭。且义仓元置，与众共之，将以克济斯人，岂徒蓄我王府。自今已后，天下诸州，每置农桑，令诸县审责贫户应粮及种子，据其口粮贷义仓，致秋熟后，照数征纳，庶耕者成业，啬人知劝。生厚而德正，时顺而物成，国富家肥，于是乎在。

凡厥主守，称朕意焉。

六、唐玄宗《禁止义仓变造诏》(《旧唐书》卷四十九)

诸州县义仓，本备饥年赈给。近年以来，每三年一度，以百姓义仓糙米，远赴京纳，仍勒百姓私出脚钱。自今已后，更不得义仓变造。

七、唐玄宗《南郊推恩制》(《全唐文》卷二十五)

诸郡义仓，本防水旱，如闻多有费损，妄作破除。自今已后，每郡差一上佐专知，除赈给百姓之外，更不得辄将杂用。天下百姓，今载应损郡逋租悬调诸色勾征变换等物，及诸延限者，并宜一切放免。征行之家，每令存恤，差科之际，或未优矜，自今已后，并准飞骑例蠲免。天下侍老，百岁已上赐绵帛五段，粟三硕，八十已上绵帛三段，粟二硕。仍令所在长官存问，各即分付。亚献太子玙赐物二千匹，终献庆王琮赐物一千匹。京文武官各赐帛有差。天下赐酺三日。

八、唐玄宗《赈恤河南北诏》(《全唐文》卷二十七)

德惟善政，政在养人，必将厚生阜俗，利物宏义。朕奉若天命，嗣膺王业，思一物失所，以百姓为心。间者河北、河南，颇非善熟，人间粮食，固应乏少。顷虽分遣使臣，已令巡问，犹恐鳏独不能自存。凡立义仓，用为岁备，今旧谷向没。新谷未登，蚕月务殷，田家作苦，不有惠恤，其可以安？宜开彼仓储，时令贷给。况京坻转积，岁月滋坏，因而变造，为利宏多。将以散滞收赢，理财均施，所司合作条件，俾便公私。

九、唐玄宗《放免十二年以前积欠诏》(《全唐文》卷二十九)

元率地税，以置义仓，本防俭年，赈给百姓。频年不稔，逋租颇多，言念贫人，将何以济？今献春布泽，务叶时和，自开元十二年闰十二月以前，所有未纳悬欠地税宜放免。

十、唐宪宗《储谷制》(《全唐文》卷五十六)

岁时有丰歉，谷价有重轻。将备水旱之虞，在权聚散之术。应天下州府每年所税地丁数内宜十分取二分，均充常平仓及义仓。仍各逐稳便收贮，以时出粜，务在救人，赈贷所宜速奏。

十一、唐穆宗《委诸军录事参军勾当义仓制》(《全唐文》卷六十四)

义仓之制，其来日久。近岁所在，盗用没入，致使小有水旱，生人坐委沟壑，永言其弊，职此之由。宜令诸州录事参军专主勾当，苟为长吏迫制即许驿表上闻。考满之日，户部差官交割，如无欠负，与减一选，如欠少者，量加一选，欠数过多，户部奏闻，节级科处。

十二、康熙《社仓谕》（《清史稿》卷一百二十一）

六十年，奉差山西左都御史朱轼奏请山西建立社仓，谕曰："从前李光地以社仓具奏，朕谕言易行难。行之数年，果无成效。张伯行亦奏称社仓之益，朕令伊暂行永平地方，其有效与否，至今未奏。凡建设社仓，务须选择地方敦实之人董率其事。此人并非官吏，借出之米，还补时遣何人催纳？即丰收之年，尚难还补，何况歉岁？其初将众人米谷扣出收贮，无人看守，及米石缺空，势必令司其事者赔偿，是空将众人之米弃于无用，而司事者无故为人破产赔偿也。社仓之法，仅可小邑乡村，若由官吏施行，于民无益。今朱轼复以此为请，即令伊久住山西，鼓励试行。"

十三、雍正《社仓谕》（《清史稿》卷一百二十一）

雍正二年，谕湖广总督杨宗仁、湖北巡抚纳齐喀、湖南巡抚魏廷珍等："前命建社仓，本为民计。劝捐须俟年丰，如值歉岁，即予展限。一切条约，有司勿预，庶不使社仓顿成官仓。今乃令各州县应输正赋一两者，加纳社仓谷一石。闻楚省谷石现价四五钱不等，是何异于一两正赋外加收四五钱火耗耶？"寻议定：凡州县官止任稽查，其劝奖捐输之法，自花红递加扁额以至八品冠带。如正副社长管理十年无过，亦以八品冠带给之。其收息之法，凡借本谷一石，冬间收息二斗。小歉减半，大歉全免，祇收本谷。至十年后，息倍于本，祇以加一行息。

十四、雍正《湖广社仓亏空谕》（《清史稿》卷一百二十一）

五年，因湖广社仓亏空，谕："迩年督抚办社仓最力者，惟湖广总督杨宗仁。今据福敏盘查，始知原报甚多，而现贮无几。朕思举行此法实难。我圣祖仁皇帝深知之，是以李光地奏请而未允，张伯行暂行而即罢。盖在富民无藉乎仓，则输纳不前，而贫者又无余粟可纳。至于州县官，实心者岂可多得？湖广亏缺之数，倘系州县私用，必严追赔补，或民间原未交仓，或交仓之数与原报多寡不符，若令照数完纳，恐力未敷，须斟酌办理。”

十五、雍正《社仓谕》（《清史稿》卷一百二十一）

六年，世宗谕曰：“前岳钟琪请于通省加二火耗内应行裁减每两五分之数，且暂征收，发民买谷，分贮社仓，俟数足即行裁减，是以暂收耗羡之中，隐寓劝输之法，实则应行斟酌之耗羡，即小民切已之赀财，而代民买贮之仓储，即小民自捐之积贮。乃陕省官员以为收贮在官，即是官物，而胥吏司其出纳者，遂有勒买勒借之弊。今特晓示，镌石颁布，傥地方官有如前者，以挠扰国政、贻误民生治罪。”

第四章
社义仓议论、杂文、小说、诗词、楹联

第一节　社义仓议论

一、北宋曾巩《议仓》(《元丰类稿》)

世之言治法者，莫不以三代唐虞为之本而两汉隋唐为之末。然三代唐虞之法未必行于今而皆得其便，两汉隋唐之法未必行于今而皆失其利也。故善言治者，不在乎援古高论，在乎当而已矣；善言法者，不在乎超世迈俗，在乎宜而已矣。

夫义仓者不兴于唐虞之世也，不建于三代之君也，不起于两汉之时也，盖始于隋而盛于唐者也。其道以振乏为本，以恤民为先，以博施为法，以乐输为率，以众赖为便，以义和为名。各于其社树之以仓，各令其民入之以谷。设其官守，严其戒令。丰岁则劝课而输之，凶年则发彻而散之。不烦于刑而民乐从，不费于国而民无困。于上有救贫恤饥之政，于下无转沟殍壑之苦。以言其济施，则仁之厚者也；以言其输入，则义之广者也；以言其取与，则和之至者也。其在隋则长孙倡而始之，其在唐则戴胄举而行之。文帝从长孙之计，于是民俗以安，国费以省，邦储以厚，而卒能成大业之治焉。及太宗从戴胄之言，于是和气以洽，仁风以畅，王业以固，而卒能成贞观之风焉。降及天皇，其法始敝，弗以为博施之本而为军国之费，弗以乐输之赋而为征取之科。自是之后，名存而实废矣。由此观之，前世所以恤民而后世所以暴民，明主所以为治而昏主所以为乱者，其义仓之谓乎？

国家革五代之苛，建一王之治，于兹有年矣。租赋之调不为不中也，配敛之科不为不节也，赈恤之政不为不行也，敝滥之源不为不究也。然此岁以来，急于边费，以征以取，浸暴于常。而又有聚敛之臣、贪残之吏，剥下以奉上，刻私而徇公，往往窃前世恤民之法，而为当今敛民之调者，累累皆是，则义仓者亦其一端也。夫昔之所谓义仓者，以义为本而行乎赈恤者也，今之所谓义仓者，以义为名而务于诛求者也。昔之义仓，务所以安之；今之义仓，务所以掊之。昔之义仓，则立仓于社，聚谷于众，年丰则取之，民饥则与之，不令而民从，不督而民劝，故曰以义为本而行乎赈恤也；今之义仓，则有仓之号而无仓之制，有义仓之名而无义仓之实。约租之多寡而增其数，计人之丰约而定其籍，年丰则有以取之，民饥则无与振之，故曰义为名而务于诛求者也。诚能复隋唐之法而建其仓，探隋唐之本而行其义，则恤灾弭患、安民泰俗无大于此者。苟不如是而徒立其号，以为征取之术，则不若勿行之愈也。

二、北宋曾巩《本朝政要策·义仓》（《元丰类稿》）

使岁穰输其余，岁凶受而食之，故义仓之法自此始。长孙平修之，隋以富足。唐用戴胄之言，而复定著令。高宗又开杂用之禁。神龙之后，纲理疏阔，而义仓遂废殆尽。至开元，自王公以下，至于商人，皆有入，故义仓之实至六千万以上。自是后而衰。宋兴，乾德之初，天子哀岁不登，而仓吏不以时出与民，于是著发粟之制，使不待诏令。其后，又病吏之烦扰，而民罹输转之困，又罢之。至今上而旧制复行。

三、北宋曾巩《时俗辨》（《南丰曾子固先生集》卷四）

时之人，非皆不知事之本末、势之治乱也，然而举天下之务者，惟利而已。凶年野无其青草而租赋取盈也，徙人杀人以锢山泽之货，与税与酒而犹曰不严也。民之馑而死者相比，而不肯发义仓一粒，虽发常平之仓，斗不五十则六十其价也，强之输绢而曰和买，不更其价而曰折发，变纤悉之财皆计而争之，如此者以为利上也，无贵贱，无智愚，拘拘然穷身力而行之，犹恐不暨焉。曰复流亡，曰弛岁敛，曰劝耕殖，曰兴水利，如此者皆益民也，虽诏书丁宁，皆使其文而已，莫有一缀一心者焉，况穷身力而行之也？此非其性工于利上而专于疾民也，以利者有司之所甚急，民者有司所甚忽也。成俗几百年，所以百姓未厚而仁政未兴也。为时之计者，安得不损天下之浮费而下求其利之术焉？既然矣，则官者庶几忧其本、爱其民，百姓可厚而仁政可举也，先王之所以为天下者，归然而已矣。或曰：费不可损也已。而曰：布冠弋绨，丁时之匮也，有安之者，所以致足也，况其过于彼者乎？推是以在己也，至于他费，有不可损邪？

四、清王夫之《论义仓》（《读通鉴论·卷十九·隋文帝》）

有名美而非政之善者，义仓是也。隋度支尚书长孙平始请立之，家出粟麦一石，储之当社，凶年散之，使其行之而善，足以赈之也。抑一乡一社，有君子长者德望足以服乡人，而行之十姓百家焉可矣。不然，令之严而祗以病民，令之不严，不三岁而废矣。且即有君子长者主其事，行乎一乡，亦及身而止耳。恶有一乡之事，数十年之规，而可通之天下，为一代之法也哉？

行之善，而犹不足以赈荒者，假使社有百家，岁储一石，二年而遇水旱，曾三百石之足以济百家乎？倘水旱在三年之外，粟且腐坏虫蚀，而不可食也。且储粟以一石为率，将限之邪？抑贫富之有差邪？有差，而人诡于贫，谁尸其富？家限之，则岁计不足，而遑计他年？均之为农，而有余以资义仓，其勤者也，及其受粟而多取之者，其惰者也；非果有君子长者以仁厚化其乡，而惰者亦劝于耕，以廉于取，则徒取之彼以与此，而谁其甘之？不应，抑将刑罚以督之，井里不宁而讦讼兴，何义之有？而惰窳不节之罢民，且恃之以益其骄怠。况乎人视为不得已而束于法以应令，糠核湿腐杂投而速蠹，仅以博好义之虚名，抑何为者邪？况行之久而长吏玩为故常，不复稽察，里胥之乾没，无与为治，民大病而匄免不能，抑其必致之势矣。

夫王者之爱养天下，如天而可以止矣，宽其役，薄其赋，不幸而罹乎水旱，则蠲征以苏之，开粜以济之。而防之平日者，抑商贾，禁赁佣，惩游惰，修陂池，治堤防，虽有水旱，而民之死者亦仅矣。赋轻役简，务农重谷，而犹有流离道殣者，此其人自绝于天，天亦无如之何，而何事损勤苦之民，使不轨之徒悬望以增其敖慢哉？故文王发政施仁，所先者鳏、寡、孤、独，所发者公家之廪，非取之于民而以饱不勤不节之惰农也。孟子曰："惠而不知为政。"捐己以惠民，且不知养民之大经，况强以义胁民而攘之为己惠乎？夫义仓者，一乡之善士，当上失其道、横征困民之世，行之十姓百家以苟全一隅者可也。为人上者而行之，其视梁惠王之尽心奚愈哉？

五、清赵翼《论常平社仓》(《廿二史札记》)

即如常平社仓，何尝非古人善政。然沿及后世，常平春借秋还，出则克扣，入则浮收，徒供不肖官吏之渔利。社仓听民自为经理，宜更无弊矣。然州县虑司其事者之干没，必岁签殷户承充，于是有得钱卖放之弊。又必岁遣小官稽核，于是有需索馈送之弊。

古来未尝无良法，一经不肖官吏，辄百弊丛生，所谓有治人无治法也。孟子谓有仁心而无仁政，则民不被其泽。岂知有仁政而无仁心，非惟不被其泽，且转受其害也哉！

六、清万维翰《论社仓》(《幕学举要》)

社仓之法，始于朱子。仿古义仓之意，请常平仓米六百石始其事，凡十有四年。除建仓外，得米三千余石，诚良法也。其所著事目，大约编排保甲，稽户口，设乡官。四月上旬，申府委员役与乡官，共支贷。十名为保，如有逃亡，同保均赔。十月上旬申府，差官同收贷者，出息什二，小歉弛半息，甚则尽蠲之。行之十四年，归原粟于官，而用所赢为贷资，每石止收耗米三升，不复取息。此社仓之法，实与常平相表里。

雍正二年，内阁交出积贮，原以备荒，条奏行令各省访察民情上俗妥议。嗣经部议，采取山东、河南议奏咸宜，并按朱子社仓事目酌议六条，行令各省按款酌行。乾隆四年，台臣朱晫，节录事目奏准，发交各省督抚悉心详议，然而奉行者甚少。

予尝之论。一曰捐输之难。民日加多，地不加广，贫民甚众，而温饱者仅足自给。五党相周之义，缺焉不讲一，非但人不古处，亦或力不从心。今欲劝捐，名为乐输，势同派累。而况有建仓之费，铺垫之费，看守人夫之费，以及盘量折耗，岂能尽取给于耗米？其难行者一。二曰任人之难。乡官社首必须公正、殷实之人。但公正者未必殷实，而殷实者不皆公正。不得其人则弊生。即得其人，亦以责任綦重，畏累退缩。而其乐于充当者，率多狡猾渔利，不可任用。其难行者二。三曰出借之难。年丰欲贱，民不愿贷，恐其久而陈腐，于是勒令借领以易新。若一遇歉收，其思称贷。小州县陆万户。均计贫民二万余户，户贷五斗，需米万石。人多票少，既不能遍给，又不可意为核减，一夫不获，哗然而起，滋生事端，便非浅鲜，其难行者三。四曰缴收之难。常平仓谷以及出借籽种，俱有乡地等当官保结，互给尚不免于积欠。印官立眼催追，犹难清楚。乡官社首非有势分可以排压，又不便资比。欠产不完，保人岂真能逐一赔偿？本年不能如数还仓，次年即无项可借。民间依然缺乏，而赔累无所底止，其难行者四。古人创垂良法，当其时，为可行。同时同地，而不能行者，大率类此。虽近今俱已举交社长收贮，仍归地方官，入于交盘案内，接收出结。然不能必其实贮无亏，州县亦不能亲历盘查，但听胥役取一甘结于穷民，未有实际，名存实亡矣。

七、清汪辉祖《社义二仓之弊》（《学治臆说》）

设积贮于民间，社义二仓尚已，然行之不善，厥害靡穷。官不与闻，则饱社长之橐。官稍与闻，则恣吏役之奸。盖贷票之户，类多贫乏，出借难缓，须臾还仓，不无延宕，官为钩稽，吏需规费，莞论之司终多赔累。故届更替之期，畏事者多方规避，牟利者百计营求。甚有因而亏那仅存虚籍者。此社长之害也。其或勤捐之日，勉强书捐。历时久远。力不能完，官吏从而追呼，子孙因之受累。此揭户之害也。此等良法，固不宜因噎废食，究不容刻舟求剑。欲使吏不操权，仓归实济，全在因时制宜，因地立法。旧有捐置者，务求社长得人，为之设法调剂捐户。如果无力完缴，亦不防据实详免。若本末捐设，断不必慕好善虚名，创捐贻思。

非万不得已，止宜率由旧章。与民休息，微特孽不可造，即福亦不易为。不然，如社仓、如书院，岂非地方盛举？而吾言不必创建，独非人情乎能？社仓之弊前已言之，书院之名经始劝捐于民，总不无所费。及规模既定，或简要人情而荐剡主讲，其能尽心督课者，什不得三四。师既公属空名，弟亦遂无实学。以闾阎培植子弟之资，供长吏摩酬情面之用，已为可愧。其尤甚者，资不给用，则长吏不得不解案以益之，而归咎于始谋之不藏，是何为乎？夫书院犹有遗累，况其他哉！故善为治者，切不可有好名喜事之念，冒昧创始。

第二节　社义仓杂文

一、南宋陆游《跋南城吴氏社仓书楼诗文后》

南城吴君子直兄弟作社仓，略仿古者敛散之法，筑书楼，用为子孙讲习之地，其设意深远，流俗殊未易测也。或者乃谓吴氏捐资以为社仓，凶岁免民于死徙，其有德于人甚大，后世当有兴者。子孙不学，则不足以承之，此其筑书楼之意，使吴氏之意信出此。乃市道也。市道不可以交乡党自好之士，其可以与天下交乎？吴君之意盖曰："吾为是举非一世也，吾兄弟他日，要当付之后人。人不可知，吝则啬出，贪则渔利，怠荒则废事，虽面命之，或不听，于遗言何有。惟学则免是三者之患，而社仓虽百世可也。此吾兄弟之本指。若夫富贵贫贱，我且不能自知，乃为后人谋，而责报于荒忽不可致诘之地，亦愚矣。"吴君遣书行千余里，示予以社仓本末，因及诸公书楼纪述。予慨然叹。以为知吴君兄弟心者，莫若予也，故书之。嘉泰四年六月某日，山阴陆某书。

二、明张岱《夜航船》卷二《地理部·社仓》

宋乾道中，县大饥，朱文公请于郡，得粟六百石赈给之，秋成，民偿粟于官，因乞留里中立社仓，夏贷冬收，以为常规。文公自作记。后请颁其法于天下。

第三节　社义仓小说

李逸侯《宋代十八朝艳史演义》

第八十九回　求陵寝遣使议和亲，立社仓及时施仁政

雄奏道："熹乃好学之士，陛下嫉之愈甚，则世人誉之者愈众，适所以高其声望；不若因其长而用之，使他任事，能不能无可掩饰了。"孝宗称善，即

下诏，以熹提举江西常平茶盐。后即调任浙东，适值浙右大饥，兵燹之后，又逢荒年，饥民遍野，惨不忍睹。熹自请入对，面奏天灾之由来，请孝宗修德以禳之，兼陈时弊七事，确切详明，声泪俱下。

孝宗肃然静听，并褒奖他忠直敢言，由是渐加信任。熹即陛辞回任，赶办荒政，一面平粜，一面募集米商，蠲免米税。于是米商都赴各地采米运浙，饥民始无乏食之忧。熹当政事闲暇，便轻车简从，赴各县访察民情吏治。一班官吏都惮他正直，不敢为非。治浙半年，政绩为全国冠。

孝宗得悉，即进熹入直徽猷阁。那时国内烽烟暂息，惟各地旱蝗相仍，天灾流行，民不聊生。熹即入奏道："乾道四年，臣在家乡，适逢荒歉，请诸官府，得常平米六百石，赈贷无食乡民，夏借粟，冬加息，合米清偿，逐年敛散，岁歉减半息，大饥蠲全息。经历十数年，除偿还常平米六百石外，积余二千多石，就将它立为社仓，以后贷出不收息，每石只取耗米三升。由是一乡数千户，虽遇旱灾水患，米珠薪桂之年，非但不愁缺食，并且不粜贵米，赖是以家给户足。行之一乡有效，推行全国其效更大了。"

孝宗道："这个称救荒唯一良策，而且轻而易举，到处可行。卿即草定规则，颁诏各路，一律仿行。"

熹即从身边取出一纸社仓法上呈道："臣已草定，呈请御览，不过须交各该地公正士绅经管，倘入劣绅之手，积余尽饱私囊，甚且强收厚息，利民反足以害民，是则不可以不审慎将事。"

孝宗听罢，披阅社仓法，只见写着：

社仓法：以十家为甲，每甲推一人为首，每五十家则公推一通晓事理、公正无私之人为社首。

创立规例：由社首设法储备米粟，或向官府借贷常平米，限年清偿；或向当地富户及慈善家捐资购米，由社首酌量情形，取其便利者而行之。

账贷规例：凡逃军及无行之士，与有粮税及丰衣足食者，皆不得入甲称贷；其应入甲者，当问其愿与不愿，不愿者除外，愿者明查其家大小人口若干，大口贷一石，小口贷五斗，五岁以下者不贷。

置备簿册两种：一为入甲户名册，一为贷米人名册。

规定息率：每年春夏出贷，初冬取偿，每石收息，最多不得过一斗，既属便民义举，取息以少为贵；或有偿以湿恶之粟，及不实还者有罚；若因特别事故，如天灾人祸等，届期无力清偿，由社首查明属实，亦可准予通融办理；惟藉辞延宕不偿者，限期清偿贷米，取消其人甲户名。

孝宗览毕，即命宰相颁发各路一律仿行。熹即退出。正是：大儒创立社仓法，百姓应无饥馑忧。

第四节 社义仓诗词、楹联

一、宋刘克庄《久雨五首》（其一）

复置汉平准，
稍修隋义仓。
群公犹禹稷，
陛下况尧汤。

二、宋林光朝《代陈季若上仓使》

大块始开凿，娲皇为补天。
天平雷雨正，后稷诲之田。
大浸十二岁，浪金复七年。
幸哉尧汤民，以手摩抚然。
徂丘虐焰起，秦俗相焚煎。
官租夺以半，饱食何夤缘。
自从汉道昌，孰朴乃其先。
初开常平议，聚粟如源泉。
年登谷价贱，散以大农钱。
旱潦或艰食，用之如转圜。
悠悠百王心，皎皎三代前。
井田日以坏，此法当磨镌。
公侯希世珍，秀色媚长川。
官学有根株，诵诗三百篇。

风土无隐情，是为大夫贤。
搏饭哺赤子，当食长尔怜。
江东百万户，雕俗生春妍。
持节闽岭初，有如病者痊。
刘晏取予术，夷吾轻重权。
义仓有粟腐，物价敢喧阗。
斯助阜民政，南风吹五弦。
昼日公侯门，客车动百千。
下吏走尘土，从容愧执鞭。
岂不随吹嘘，譬彼乘风船。
长技非卓鲁，主德奚由宣。
松竹伴孤吟，敢怀岁月迁。
终酬国士知，未甘长弃捐。

三、宋赵蕃《三月十七日以檄出行赈贷旬日而复反自州门至》

参军出郭匪幽寻，使者移文播德音。
石蒜榆皮那得饱，刀耕火种岂能任。
义仓政尔因饥发，赈历兹焉遣吏临。
比屋故知难户晓，分行聊得尽吾心。

四、宋萧立之《黄景纯社仓求诗》

黄君为善不近名，九鼎大吕荆溪评。
贼奴金印弃如唾，未用富民侯汉廷。
只今作仓北原北，肯与贫人供年谷。
乖崖梦中紫府客，君家世美如乔木。
题诗往往来达官，锦标玉轴乌丝栏。
知君见诗应怒骂，百万撑蒲乞鹅炙。

五、宋杨万里《寄题南城吴子直、子常上舍兄弟社仓》

有虞有宋双重华，两圣一心民一家。

绿针刺水农事起，重华愁早从此始。
黄云登场万宝秋，重华对天失却愁。
二十八年临玉座，太半光阴愁里过。
天颜忧喜丞相知，常平使者陈便宜。
倡为社仓首建溪，盱江吴札承君师。
伯霜仲雪发尔私，支奇雹魃手莫施。
活儿俿子几冻黎，诏子又孙孙又子。
个是重华圣人意，无论十世百千世。

六、宋项安世《寄题吴氏社仓》

淹剧无悰易怆神，社仓新记重关心。
前朝诏在恩沦骨，遗老书存泪满襟。
永念君仁多善稼，肯因师死下乔林。
皇天老眼明于镜，勉植书楼万桂阴。

七、宋朱熹《五夫社仓警诗》

度质无私本是公，寸心贪得意何穷。
若教老子庄周见，剖斗除衡付一空。

八、宋朱熹《劝学诗》

宋代，社仓旁立义学，此诗为朱熹为社仓旁义学所题。

少年易老学难成，一寸光阴不可轻。
未觉池塘春草梦，阶前梧叶已秋声。

九、宋姜特立《陈右司挽诗》

麟绝绝学冠名儒，科甲巍峨压隽途。
两作星郎归省户，五持玉节佩州符。
义仓睦族前贤少，犹子推恩举世无。
忝窃亲邻违一奠，不堪老涕落寒须。

十、宋邓剡《摸鱼儿·寿周耐轩府尹，是岁起义仓》

问庐陵，米作何价。棠阴又绿今夏。活人手段依然在，独乐园中司马。初度也。算几处篝香，手额你多谢。风亭月榭。尽隐橘观棋，折荷筒酒，花竹秀而野。

阶庭树，满目鱼鱼雅雅。千金难买清暇。纷纷征榷尘如梦，谁有似公闲者。天怎舍。趁绿鬓朱颜，须入凌烟画。海天不夜。管岁岁安期，采蒲为寿，高宴碧桃下。

十一、元杨载《点义仓即事》

南来受命佐为州，喜遇丰年暂出游。
过岭崎岖寻道路，上山硗确治田畴。
修藤挂树龙蛇走，怪石攒溪雁鹜浮。
赋役已宽词诉简，素餐无补谩优悠。

十二、社义仓楹联

古代义仓楹联尚可见清代深州盈亿义仓楹联，是义仓文化的浓缩和体现。太仓钱伊臣溯耆知深州，喜为楹联，光绪戊戌筑东街义仓落成，题其客厅内屏风联：

节以制度，益以兴利
勤则不匮，敏则有功

题西厢壁联：

黍稷稻粱，宝藏于地
斗升合龠，民食为天

题东厢壁联：

一时佳种芜亭麦
千古良规棠邑仓

仁和王文韶题仓神庙门联：

先农先啬，司下民禄食
天仓天囷，本上界星辰

第五章

社义仓碑记、仓记、图记

本章汇编了多年来收集的社仓、义仓碑文、仓记、图记等文献资料，涵盖内容十分丰富。这些珍贵的文献背后都是一个个鲜活的实践个案，有血有肉。重读这些碑文、仓记，我们可以与古人对话，明白古人在其所处的时代背景下如何运用社仓、义仓救族人、邻里于水旱饥荒。同时，这些碑记更是古人对后人的警示和启发，告诉后人要不忘饥荒，不要将祖先留给我们的义仓、社仓法宝丢掉。

第一节　社义仓碑记

本节收录了各省义仓有关碑记六十六块，其中隋代一块，宋代一块，明代四块，清代四十八块，民国四块，八块年代或地域不详。碑记是中国古代文体的一种，又称“碑志”，古人将文字篆刻在石头上，相比金文、竹简、纸质等文字传承形式，可以较低成本更好地保存当时的历史，因此是古代重要的历史文献，具有很高的研究价值和文物价值，也被称为“会说话的石头”。

部分碑刻来自《三晋石刻大全》，遗憾的是一些碑文无法考证到原碑详细信息，我们仅将这些石碑的简单信息收录于此，以便后人去挖掘寻找。

一、隋代洛阳社仓纳粟砖

相传出土于河南省洛阳市，砖长 32. 5 厘米、宽 16 厘米、厚6. 4 厘米，现藏于中国国家博物馆。

这块砖上端残缺，有铭文为：“大业五年十一月廿三日，纳社仓粟壹万伍仟硕（石）讫，仓吏刘□、史赵方，仓督刘冠、正李玑。”

社仓纳粟砖

二、宋代江西建昌军南城县吴氏重建社仓之记

乾道四年，建人大饥，熹请于官始作社仓于崇安县之开耀乡，使贫民岁以中夏受粟，于仓冬则加息什二，以偿岁小不收，则弛其息之半。大侵则尽弛之期以数年子什其母，则惠足以广。而息可遂。捐以予民矣。行之累年，人以为便。

淳熙辛丑，熹以使事入奏，因得条上其说。而孝宗皇帝幸不以为不可，即颁其法于四方，且诏民有慕从者听，而官府毋或与焉德意甚厚，而吏惰不恭，不能奉承以布于下。是以至今二十几年，而江浙近郡田野之民，犹有不与。知者其能慕，而从者仅可以一二数也。

宋建昌军南城县吴氏重建社仓之记碑

是时南城贡士包扬，方客里中，适得尚书所下报可之符以归，而其学徒同县吴伸与其弟伦见之独有感焉。经度久之，乃克有就，遂以绍熙甲寅之岁，发其私谷四千斛者以应诏旨，而大为屋以储之莅事。有堂燕息，有斋前引，两廊对列六庾外，为重门以严出纳。其为条约，盖因崇安之旧，而加详密焉。即以其年散敛如法乡之隐，民有所仰食无复死徙变乱之虞，咸以德于吴氏。而伸与伦不敢当也，则谨谢曰："是仓之立，君师之教，祖考之泽，而乡邻之助也，吾何力之有哉？且今虽幸及于有成，而吾子孙之贤否不可知。异时脱有不能如今日之志，以失信于乡人者，则愿一二父兄为我教之。教之一再而不能从，则已非复吾子孙矣。盍亦相与言之有司，请正其罪。庶其惧而有改，其亦可也。”于是众益咨嗟叹息其贤，以为不可及，而包君以书来道其语，且遣伦及伸之子振来请记。

熹病力不能文，然嘉其意不忍拒也。乃为之书其本末，既以警夫吴氏之子孙，使其数世之后犹有以知其前人之意如此，而不忍坏；亦使世之力能为而不肯为者，有所羞愧勉慕而兴起焉，则亦所以广先帝之盛德于无穷，而又以少致孤臣泣血号弓之慕也。

庆元丙辰（1196）正月己酉年朱熹记

三、明隆庆苏州府社仓事宜碑记

明隆庆二年（1568），推行社仓法，户部郎中苏州知府蔡国熙立苏州府社仓事宜碑于望亭镇华阳庙内，并撰《苏州府社仓事宜碑记》。

社仓事宜碑记

苏州府社仓事宜碑宽 72 厘米，高 150 厘米。碑圆首，青石质，上额部阴刻篆书：社仓事宜碑记。两侧阴刻曲线云纹图案。碑文内容分为两大部分，上部为《苏州府社仓事宜碑记》碑文，共 24 行，满行 25 字；下部为社仓事宜条款，包括选举、社仓簿设立、所收物、收储日期、放兑日期、收储及放兑方法、社仓初建十年中的利息法及十年后的利息法、荒年时放赈方法等共计 21 条，碑文分 43 行，满行 48 字。《苏州府社仓事宜碑记》比较详细地记载了明代社仓管理制度，是现代研究明清经济和社仓管理方法等有关制度的重要碑刻资料。

四、明隆庆南京高淳凤桥韩氏义田义仓碑

明隆庆二年（1568）九月，高淳知县邓楚望被韩叔阳置办社仓的事迹感动，遂撰写社仓碑记，并于欲仁堂立碑褒扬。

高淳凤桥韩氏义田义仓碑

大台宪凤桥韩公既有义田以赡族人矣，又有义仓以恤乡里之贫乏者。收放借助列为条，则大端师范文正公之意，而仿佛朱文公之法；乃器石湖公，又继美而光大之。使一里之人，凶荒无患，鳏寡孤独废疾者有养也。韩氏之泽大矣，人人皆感发而兴焉。则贫富相依，可以家给人足生养，遂而教化行王道，其易易乎！是用题于偏首，以乐道其盛；且以劝来者亦化民成俗之一端也。

隆庆二年戊辰秋九月，署县事安庆府同知、前进士、礼科左给事中；奉敕整饬杭嘉湖兵备、浙江按察使司副使、麻城东四邓楚望书于邑之欲仁堂。

里人：湖广等处提刑按察使司副使韩叔阳设立

浙江衢州府　知府韩邦宪订定

南京户部湖广清吏司员外郎韩孜校正

河南汝宁府　训导柳梦阳

贵州铜仁府省溪长官司吏目吴钺

篆额：庠生夏应允　书丹：庠生许琇

庠生：柳梦鳞　袁尚悌　韩叔义　袁尚谦

夏应鹗　魏国本　许汝学　杭国宾

吴允才　夏经世　袁日章　夏本清　芮泮

监生：韩邦本

省察：魏爓　柳宗义

社长：夏经言　魏治　柳梦时　许珂　袁尚德

刘守仁　魏国名　韩遇春　黄汝贤　芮俸

吴镗　韩一科

老人：□标

总□□

守仓僧□宿

五、明万历广东番邑黄氏宗祠立义仓碑

立于黄村子贤黄公祠内，刻于明万历元年（1573），重刻于清代嘉庆十八年（1813）。砚石碑。

事至而为之备，不若备于无事之日。患生而为之防，不若防于无患之时。盖思患而预防，则其为力也易。有事而后备，则其为功也难。思其难而图其易，此义仓之所由设也。

且义仓之法何所昉乎？由于唐之戴胄，而始有义仓之建也。义之为名，以其敛散有权，贫富相济，此先人莫大之意也。是盖用之当时而有济，传之后世而可行，可谓预备之善矣！

番邑黄氏宗祠立义仓碑

是故吾之祖公黄孟初，生子九人：长曰迪，次曰琎，三曰富，四曰琏，五曰瑄，

六曰珣，七曰璋，八曰瓒，九曰璇。设立祭流之田，土名村前大片、马口石等处，田地园塘，共税一顷三十亩零，递年租谷四百余石。九房轮收拜扫，计该用银三十两。余则归于当祀之人。此田设而祭祀赖之以不坠矣。又立纳税之山，土名风门坳、大地塘、长冈、酒盏石等处，东至黄骨鱼山，南至旧官路，西至赤岭，北至水流坑，种植松株抵纳粮差之费。此山设而门户恃之以无恐矣！祭流之田无庸议矣！

惟有税山，自梁阁老所占于嘉靖癸未年也，则迫勒黄宏、黄津等，写立前山文契，止与白银二十两，势占一十余年，此先人莫大之耻也！及梁乡官故于霸占之后，则赖有黄一源等力赎回所占之山，仍被指取白银八十两。时因烝尝无积，论丁科银，赎回前山原契，此先人莫大之幸也。

当时通族盟断：此山既已论丁科银收赎，以后必须论丁功力种松。凡有山利，积聚买田，祠内设立义仓贮谷，以备岁凶，以为子孙长久之计。松株既已论丁栽种，则松利亦当论丁均分。

凡有义仓积储，不论尊卑大小，随丁均派，以济通族旱潦之灾。此固今日山利置田至均至平之法，与昔日祭田轮流收管之法不同也。盖祭田未尝论丁而买，而山则论丁而赎矣；祭田未尝论丁而耕，而山则论丁而种矣；祭田未尝论丁而收管，而山则论丁而分谷矣。然今日之义仓，本于赎回冈山之花利，因有冈山之花利，而后有义仓之建立。使日后山地徒存而人力不齐，土名徒有界至之广，松株多消耗之虞，山虽有犹不有也；贮备有仓而或不得其实，簿书空存出纳之名，仓廪曾无庾釜之粟，仓虽备犹不备也。皆非所以望于将来者也。使任是责者皆得其人，则事不虚行，而子孙永受其福矣。虽有天时之变，何足以烦宗族之忧哉？

虽然义仓之法特为子孙思患预防而设也，诚能因此义仓而愤发有为，进德修业，内以成其孝悌忠信，外以成其公卿大夫者，其上也。因此义仓而克勤克俭，增益产业，上有益于祖宗，下有益于通族者，其次也。若夫以私而灭公，谓之不仁；违众而盗卖，谓之不智；以卑而犯尊，谓之无礼；临财而苟得，谓之无义。有一于此，众共教之；有二于此，众共警之；有三于此，众共攻之；有四于此，众共惩之。四者备，即为不孝之大矣！生何以会宗族于祠，死何以见祖宗于地哉？是为记。

每房论丁科，合值事名列：长房碧山、云涧、汝周、一江。二房景辉、济川、启东、文溢、允济、允泽、举之、一清、德良。三房汝明、应举、永茂、廷冕。四房景和、广善。五房世禄、国兴、叔敬、德宗、景隆。七房石泉。八房近佐、汝忠。九房朝用。

龙飞万历元年岁次癸酉仲秋望越谷旦，宗子一源等立。

嘉庆岁序癸酉季秋乙丑之吉，值事等重修仝勒石。

六、明万历云南红河州蒙自县义田碑记

或曰仓何，以义名而田，何以义仓名也。曰行而宜之，谓义也。

夫上古之世，人有恒产，各安其室，乐其业，丰衣足食，养老送终，不必资藉，义在于仁中也。

延及中古，法制渐敝，人自治生，岂能尽遂其生，或天灾流行，或命途多舛，于是乎有饥者、寒者、匮乏者，疾病而乏药剂者、负贷而桁杨率偿者，流亡异域暴白骨于青草者，种种不一。孰非同胞，宁忍秦越视之，故隋度支，尚书长孙平奏令民间，每岁家出粟麦一石，以下贫富为差储之，当社以备赈济，此义仓之所，由始而义，以行仁者也。

我蒙自虽地瘠民贫乎，人各刀耕火种，自力求食，甚至无立锥者，亦耻无故之获，而羞朱门之求无庸济也。惟是四方求食之徒类多，咿唔之市，乃风气燥。湿之不同起居，调剂之失节，常有疾病者、饥寒者、匮乏者、求药饵者、流亡而暴露者，人皆有所不忍，孰无长孙尚书之心乎。

吾友恩选公尹一德同官，令李光表儒官魏之选，春元魏英廪生、李占春、杜学元、李愉、李维棠、饶祖德万邦，庆万汤年，李维楚吾叔，尹廷伟及不佞，各捐资不等，每岁秋粮谷一二十石备赈。而以义士何伟万邦化江、元春主之剩者，则时价粜，年来又复如是，积十余年之后，犹存一百二十余金，诸君子曰："谷多而济不能尽，用时久而银不能常存，须买田以为长远之计。"于是买得李天杞田一段，去银五十二两，随田秋粮一斗三升，额租三十五两，佃户孙光祖、王德章之所开垦而成熟者也。

顾此田乃白谦之水源，时布衣透求为牧地，而不失租额，君子曰：为牧地而求租额，非策也。宁为田而求租便。仍令孙王二户，共耕之，佥曰：可恐其久，而或湮。

乃援皋一毛颖，而命记之，夫贤者作法，智者守焉。诸君子一时美意，

所捐几何。而流衍十余年，来境以内饥寒者，得以衣食，暴露者得以藏病，匮负贷者相恬，以熙信义之时，义大矣。

哉吾愿自今以后，耕者不得失，额收者不得加增，布施者叩之即应会。

友中若令子、若贤孙各念先辈美意，而世守引之即，百世常存可也。

（明·尹绍皋）

七、清康熙山东郓城县法古堂义仓碑

义仓昉于司马温公，常平始于紫阳夫子（此处有误，应为社仓始于紫阳夫子），皆知其为利民善政也。然其间有公私之别焉。常平贵入贱出，以济民艰，操之有司，用之公帑，公中之公也。义仓非关正供，出之义举，虽云私中之公，实则公中之私也。夫幅员之广，天时旱涝，在在有之。而东南则尚可以蓄泄人力，得以挽回其半。东北则惟听之于天，人无所施其力焉。故一遇荒歉，则流殍相属，少壮者奔逃四方，老弱者扃毙一室，人之颀者、皙者隆背，而丰腹者白昼不敢出户，出即为人朵颐，操匕首以相向，涤钻钦以相伺矣。惟恃有司民牧之寄者，为之先期筹画，思所以拯济之而已。

予不敏，奉天子命视事兹土，夙夜冰兢，以负民为惧，而尤刺心于岁之荒歉，思所以拯济之，而又虑力之不逮。孔子曰："事其大夫之贤者，友其士之仁者"，亦惟是二三荐绅先生与诸衣冠士族，共相左右，以赞厥成耳。今朝廷加意民瘼，宵旰不遑。予敢不以朝廷之心为心?！因思备荒救歉，莫善于义仓。而又不敢据以独见为是，复为谘诸荐绅。适荐绅中有黄讳国璨者，将昔治陵川之义仓成书见示。予即循其矩，薙同本宦，竭蹶创始置屋。购粟为捐助，先幸诸荐绅暨阖邑多士，皆克乐输恐后，不数月而得谷二千二百石。从此备虞有恃，予之心稍得自慰矣。且今创始也，劝募者有人，督率者有人。其入粟也，经收者有人，司数者有人。予则但董其成而已。

此固所谓公中之私也，然予复不敢不明之上台，以表绅士好义之善。乃当事者竟达之司农，存诸案牍矣。是又私中之公也。诸绅士属予记之而勒诸石。后之君子，亦当以朝廷之心为心，而并诸绅士及暨予之心为心。毋令胥役得窃其柄而有所那移，侵蚀于其间，借公而遂私，亦即因私而害公，致公私淆混。而沮人乐善之念，是则予有深望厚幸焉。

八、清雍正浙江杭州盐义仓碑记

盐义仓在宝善桥前，建于清雍正六年（1728），有廒一百四十间，可贮盐八万五千石，是杭州的重要仓廪之一。其旨在于平抑盐价，蠲课赈灾。该年竣工后，由浙江巡抚李卫撰《盐义仓碑记》。今仓、碑早毁。碑之全文《两浙盐法志》有载，现录于后。

从古盐策之制，裕国便民，而历代以来，百弊丛生，遂有上亏国课，下瘁民生，至商亦兼受其困，则礼恤之心未至也。伏经世祖仁皇帝轸念浙鹾，恩膏叠沛，我皇上乘干御极，盖以加斤减费，蠲课赈灾。商力既舒，故民价不增而课额易办，于是众商感悦。因见皇上勤求民瘼，岁支正项，储谷备荒，乃愿共捐银一十万两，用襄积贮，亦足以见圣德入人之深而感人之速矣。卫职兼咸务，不敢壅于上闻，既奉谕旨，遂令别建义仓，遴选诚实之商，轮加经理。或当出陈以易新，或当粜三以存七，随年丰啬，与时交通，庶几济谷日益多，济日益普。虽有水旱，可以不为民害焉！夫天下熙熙攘攘，大抵皆为利往来耳！以诸商各出资黄，奔走海滨，驰驱团舍，谁不欲利盈什百，为肥身家贻子孙之计，乃昔之恐失锱铢者。今捐数万金不惜，则岂非厚生正德之化，风动于不自知哉？是仓也，卜筑于艮山门内钱氏园基。其地约四十亩，其廒计百四十间，其贮可八万五千石，其于水近，可便拨运，其为地燥，可免湿蒸，其属禁城，可以数稽查，其远民房，可以避烟火。周围有墙，墙高而厚；廒内有板，板阔而坚；廒外有场，场宽而平；场前有厅，厅高而敞；有门可以杜闲杂，有庙可以作仓神。后有同志，更扩充而推暨之，其愈广皇仁于无际也夫。李卫撰。

（杜荣华整理）

九、清雍正河北保定市博野县东章义仓碑记

东章村义仓为尹会一所建。原碑在东章村，今已不存。翰林院检讨王步青撰写碑文，碑文收入乾隆三十二年《博野县志》。王步青，清初名儒，江苏金坛白塔后村人。雍正元年（1723）中进士，官至翰林院检讨，为人方正有文名。

东章义仓者，两淮巡鹾都宪公为里人建也。公博野尹氏，里居东章，三

岁孤，赖节母李太夫人抚以成立。长好学，禀太夫人教，言行岿然，里中称长德。既成进士，由吏部守襄阳，迎太夫人养。太夫人素仁爱，自其食贫苦节，见里中不能存活者，缩衣食以周之，唯恐不逮。至是，遂以家田百余亩，岁给族亲。未数年，公以太夫人命，节俸钱，遗里人，籴谷二百石贮公所，备里中牛种资。已移守扬州，历运使，至今职，三数年间，太夫人每念故乡茕独，时时馈遗不绝，又常命公出直为里人复所鬻田数顷，俾得耕种。又为设义学，延师诲其子弟。而曩时积谷，念公所非久贮策，特捐资，属里人建义仓一区，贮谷左右楹，择贤者谨管钥，时出纳。虚其中，为父老子弟型仁讲让所。里人尤德之，不远二千里来丐余记。余惟公自奉太夫人教，历官所至，礼士爱民，通商惠贾，民望翕然。帝心简在，行且超迁，政府霖雨天下苍生，何有于一乡一里，是固不足以为公记。虽然，吾闻之也，君子一视而同仁，笃近而举远，由一乡一里，以至于国与天下，必有间矣。公锡类推恩，自近者始放而之于天下，太夫人所以教公者，此固可得其概焉。而桑梓之士薰其德而善良益，讲明朱子社仓遗法，救灾恤患，人知礼义，户说诗书，以永公之泽于勿替，太夫人异日板舆归里，见乡邻风俗之美，欣然乐之，是亦公之所厚望于里中者。爰书以记之，镌诸石，吾言其券矣。

翰林院检讨王步青乙卯年撰文。

十、清乾隆募八达村义仓记

清乾隆二十年（1755）五月勒石。现存晋中市榆次区长凝镇壁达村东北角，嵌于义仓外墙之上。碑青石质，碑版高93厘米、宽49厘米。额圆首，题“流芳百世”。碑文楷书。正文8行，满行36字，约210字，布施文约400字。邑庠生郝世道撰文、书丹。

募八达村义仓记碑

义仓之设，即古睦婣任恤之意。榆邑各处村庄士庶捐置义谷，俱见好善乐施之义，风俗之淳可见矣。乃本村有谷无仓贮藏，司仓正副范应孝等惧红朽之虞，以建立殿屋，造县庭而特请，蒙陆任秦太老爷捐俸银壹拾两，以为急公良民倡。复募化各乡村贰百余金，因弗体县主父母斯民之念而欣然乐和也。夫盛事克勤，势必倡先于长者，而急公尚义，端有厚望于仁人。故斯举也，虽工程浩大，而指日可几，即虑始维艰，而图终良易。用勒项珉，以表敦厚之遗风，垂永久之芳名。

邑庠生郝世道撰并书

司仓正副经理人

李通施银伍两　范应孝施银肆两　刘万仓施银叁两　刘万宝施银肆两　郝世道施银壹两　仝募缘比邱僧人怀溥

西见子施银贰拾贰两　紫坑村施银贰拾贰两　庄子村施银贰拾两　东长宁施银贰拾两

北吕村施银拾捌两　东田村施银拾伍两　六壹村施银拾伍两　西长宁施银拾伍两　东见子施银拾叁两　沙沟村施银拾壹两　榆城平施银捌两　南合流施银柒两　南召村施银柒两　季麻村施银柒两　北头村施银柒两　北兰交施银陆两　上戈村施银伍两　陆钱口壁村施银伍两　小河沟施银伍两　闫家平施银伍两　相立村施银伍两　南兰交施银伍两　下戈村施银肆两肆钱　郑学士施银叁两

本村施银壹两人刘进汉李增刘三璋张显荣刘万粮

施银柒钱伍分人刘金夏刘汉祚任禝刘汉口刘万余刘世俊刘漳鼎白进贵

施银伍钱人刘之珍刘珩刘元动任国俊刘加明任登中范景林任得宝

仓夫刘万金李成应

阴阳生刘加贵

木匠范景吾

泥水匠范进义

十一、清乾隆河北东乡义仓碑记

本文原载清乾隆十二年（1747）《曲周县志》第四册・卷十八・艺文上五十三页、五十四页。作者劳宗发，字锡山，清朝浙江钱塘人。乾隆十年

（1745）进士，乾隆十一年（1746）任曲周县知县，乾隆十五年（1750）任卢龙县知县。

义仓昉于戴胄，而备于朱子。凡以为民谋盖藏，便出易，或曰“社”或曰“义”，名异而实同也。曲邑四乡各有社仓二间，规制卑隘，且门垣不设，出易无方，霉变缺失，俱责诸民惠下之政，几为害薮矣。

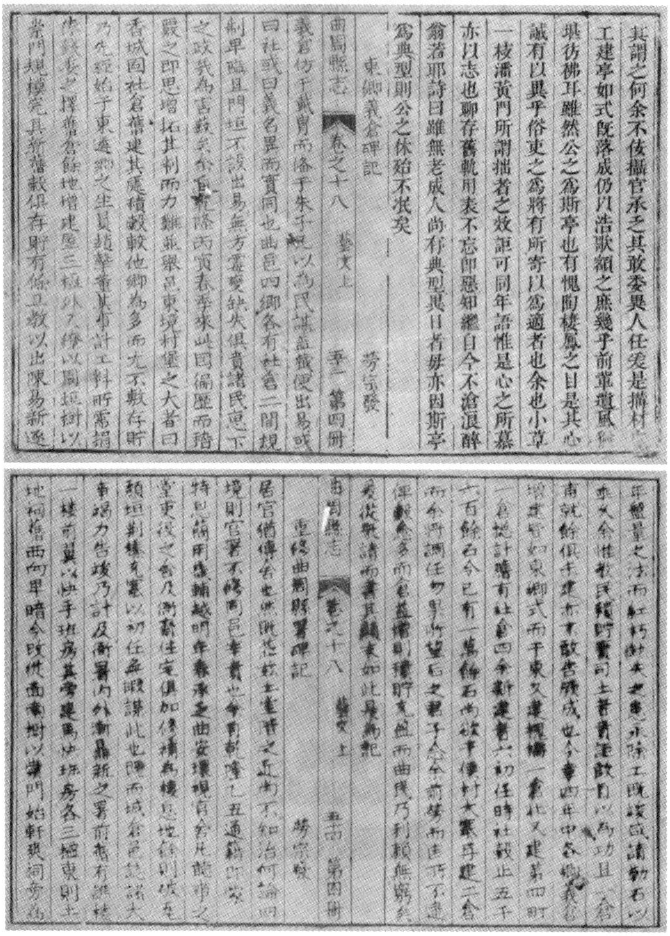
其謂之何余不佞攝官承乏其敢委異人任矣是搆村
工建亭如式既落成仍以浩歎額之庶幾乎前輩遺風
與彷彿耳雖然公之爲斯亭也有愧陶樓鳳之目是其心
誠有以異乎俗吏之爲將有所寄以爲適者也余也小草
一枝濫黄門所謂拙者之效詎可同年語惟是心之所慕
亦以志也聊存舊轍用表不忘卽懸知繼自今不滄浪醉
翁著耶詩曰雖無老成人尚有典型異日者毋亦因斯亭
爲典型則公之休殆不泯矣
東鄉義倉碑記　勞宗發
曲周縣志　卷之十八　藝文上　第二　第四册
義倉仿于戴胄而備于朱子凡以爲民謀蓋藏便出易或
曰社或曰義名異而實同也曲邑四鄉各有社倉二間規
制卑隘且門垣不設出易無方霉變缺失俱責諸民惠下
之政幾爲害藪矣余自乾隆丙寅春季來此因徧歷而稽
覈之卽思增拓其制而力難並舉邑東境村堡之大者曰
香城固社倉舊建其處積穀較他鄉爲多而尤不敷存貯
乃先經始于東遴鄉之生員趙摯董其事計工料所需捐
俸錢委之擇舊倉餘地增建屋三楹外又繚以周垣樹以
崇門規模完具新舊穀俱存貯有餘且數以出陳易新遂

年盤量之法而紅朽耗失之患永除工既竣僉請勒石以
垂久余惟教民積貯責司土者[illegible]以爲功且一倉
甫就餘俱未建亦未敢告厥成也今年四月中各鄉義倉
增建者如東鄉式而于東又建概儲一倉北又建第四[illegible]
一倉統計舊有社倉四今新建者六初任時社穀止五千
六百餘石今已有一萬餘石尚欲[illegible]村大寨再建二倉
而余將調任勿果所望后之君子念余前籌而速行不遽
俾穀愈多而倉益備則積貯充盈而曲民乃利賴無窮矣
爰從衆請而書其顛末如此是爲記
曲周縣志　卷之十八　藝文上　[illegible]　第四册
重修曲周縣署碑記　勞宗發
居官猶傳舍也然既蒞茲土[illegible]之所而不知治何論
境則官署不修司邑者責也余自乾隆乙丑通籍卽[illegible]
特恩簡用[illegible]越明年春承乏曲安環視官舍[illegible]之
堂吏役之舍及衙齋住宅俱加修補[illegible]
頹垣剝蝕充塞以初任無暇謀此也[illegible]
事竭力告竣乃計及衙署内外漸爲新之署前舊有譙樓
一棟前翼以快手班房其旁建馬快班房各三楹東則土
地祠舊西向卑暗今改供面南樹以崇門始軒爽祠旁爲

东乡义仓碑记，记载于《曲周县志》，今河北省邯郸市曲周县

余自乾隆丙寅（1746）春季来此，因遍历而稽核之，即思增拓其制，而力难并举。邑东境村堡之大者曰香城固，社仓旧建其处，积谷较他乡为多，而尤不敷存贮。乃先经始于东遴乡之生员赵挚董其事，计工料所需，捐俸钱委之。择旧仓余地，增建屋三楹外，又缭以周垣，树以崇门，规模完具。新

旧谷俱存贮有余，且教以出陈易新，逐年盘量之法，而红朽缺失之患永除。

工既竣，咸请勒石以垂久。余惟教民积贮，实司土者责，讵敢自以为功。且一仓甫就，余俱未建，亦不敢告厥成也。今幸四年中各乡义仓增建皆如东乡式，而于东又建槐桥一仓，北又建第四町一仓。总计旧有社仓四，余新建者六。初任时，社谷止五千六百余石，今已有一万余石。尚欲于侯村、大寨再建二仓，而余将调任匆果。所望后之君子，念余前劳而匡所不逮，俾谷愈多而仓益增，则积贮充盈，而曲民乃利赖无穷矣。

爰从众请而书其颠末如此。是为记。

（资料来源：河北省邯郸市邱县党史文化研究会成员布铁威初校，邱县文联原主席邵福亮校释。）

十二、清乾隆江西赣州于都易氏长庆堂义仓碑记

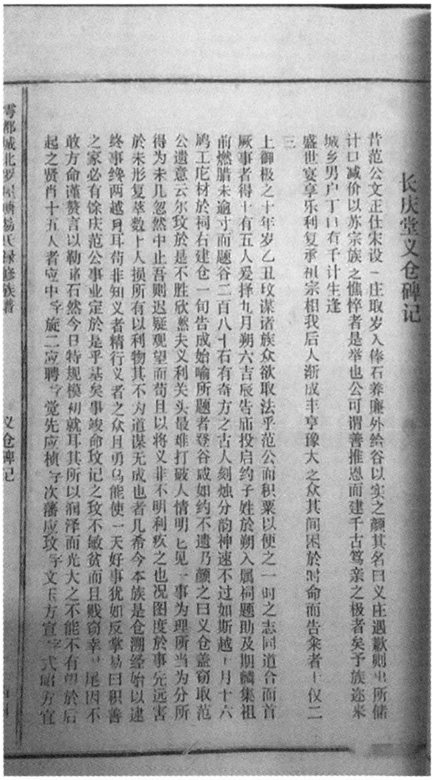

长庆堂义仓碑记

昔范公文正仕宋设一庄取岁入俸石养赡外给谷以实之颜其名曰义庄遇歉则出所储计口减价以苏宗族之憔悴者是举也公可谓善推恩而建千古笃亲之极者矣予族迩来城乡男户丁口有千计生逢

盛世宴享乐利复承祖宗相我后人渐成丰亨豫大之众其间困於时命而告粜者十仅二三

上御极之十年岁乙丑玫谋诸族众欲取法乎范公而积粟以便之一时之志同道合而首厥事者得十有五人爰择九月朔六吉辰告庙投启约子姓於朔入属祠题助及期麟集祖前燃腊未逾寸而题谷二百八十石有奇方之古人刻烛分韵神速不过如斯越十月十六鸠工庀材於祠右建仓一旬告成始喻所题者登谷咸如约不遗乃颜之曰义仓盖窃取范公遗意云尔玫於是不胜欣然夫义利关头最难打破人情明乜见一事为理所当为分所得为未几忽然中止吾则迟疑观望而苟且以将义非不明利犹之也况图度於事先远害於未形复萃数十人损所有以利物其不为道谋无成也者几希今本族是仓溯经始以逮终事绛两越月耳苟非知义者精行义者之众且勇乌能使一天好事犹如反掌易曰积善之家必有馀庆范公事业定於是乎基矣事竣命玫记之玫不敏贫而且贱窃幸尾因不敢方命谨赘言以勒诸石然今日特规模初就耳其所以润泽而光大之不能不有望於后起之贤肖十五人者

义仓碑记

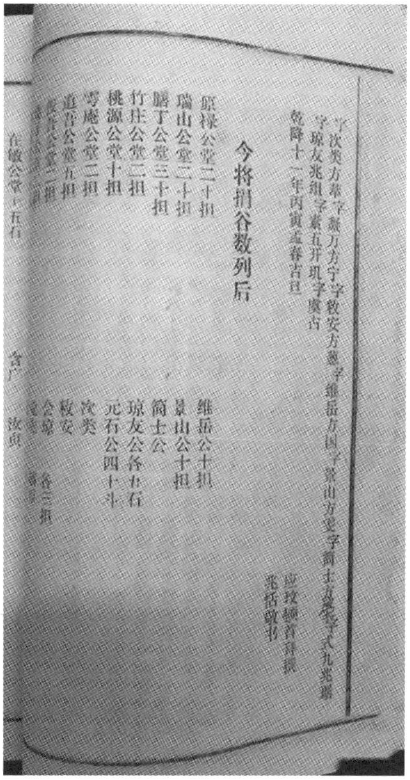

乾隆十一年丙寅孟春吉旦

应玫顿首拜撰

兆恬敬书

今将捐谷数列后

原禄公堂二十担

瑞山公堂二十担

膳丁公堂三十担

竹庄公堂二担

桃源公堂十担

雩庵公堂二担

道香公堂五担

维岳公十担

景山公十担

简士公

琼友公各十石

元石公四十斗

次奭

敬安

汝贞

长庆堂义仓碑记，记载于易氏族谱

十三、清乾隆江西遂川达溪村义仓碑

此碑藏于今江西省遂川县珠田乡达溪村祠堂中，碑文大部分被石灰覆盖，大多难以辨识。

达溪村义仓碑

义仓……

义仓之建于□□□□□来久矣……

组□基于此聚族而□□□耕读风□浮……

朝定□以来百有余年生义日……

同志共义生时□□□捐者若干人同为助者……

□价而罗迨至秋则又卖谷……

古之盛我姓义仓之建有厚望之为是为引……

乾隆三十六年辛卯岁秋倡义仓首事……

十四、清乾隆福建建瓯市郑魏村义仓碑记

此碑刻于乾隆五十年（1785），碑文告示郑魏村村民丰收年间在此储备粮食，以便荒年之用。

郑魏村义仓碑记

十五、清乾隆山西八达等十八村义仓碑

壁达义仓位于山西省榆次市壁村东北角，创建于清乾隆二十年（1755），是榆次6处义仓之一，属榆次区级文物保护单位。该义仓占地7216平方米，坐南朝北，为单体建筑，面宽三间，进深四檐，卷棚硬山顶。屋顶北坡正中有一个长2米、宽0.8米的通风排气天窗，两山墙各有小通风孔一个。前墙西部裱墙嵌有清乾隆二十年（1755）所刻《募八达村建义仓记》、清乾隆四十八年（1783）所刻《八达等十八村义仓碑记》，具有一定的义仓研究价值。

壁达村义仓外景

壁达义仓现状，摄于2022年，微博用户“无心的彗”提供

《八达等十八村义仓碑记》于清乾隆四十八年（1783）六月勒石。现存晋中市榆次区长凝镇壁达村东北角，嵌于义仓外墙之上。碑青石质，高88厘米、宽52厘米，碑额圆首，额书“用垂永久”。碑文楷书，正文11行，满行31字，约460字。邑庠生郑锠撰文、书丹。

八达等十八村义仓碑

义仓之法何始乎？盖长孙平嘘其炉于隋，而戴胄烈其焰于唐也。余乡十八村僻处东山，去城较远。每逢赴县领谷苦弊难堪。乾隆十二年间，幸前任钱天谭之青者，洞悉情弊，传论十八村富民捐谷九百余石，暂贮佛殿，以备荒年。厥后更有秦天谭雄褒者，复论捐银二百余两造仓储积，遂成盛举。二天莅治之日，余乡丰年无入城领纳之劳，歉岁获春秋收效之便。恩泽及人，老幼咸击壤而歌矣。近年来，该房舞弊，前任之美政遂壅塞不行，乡民之受困亦复如故。于乾隆四十八年四月十四日，十八村士民张建中、郑锠、侯林旺、侯宗清、成维城、郑元臣、郝世口、范威然、范成口等无奈串连保结，匍匐禀请，而青天路太爷明并日月，无征不照，批示云："既系该村公捐义举，准如禀，皆领。倘交纳不完，亦惟尔等是问。"饬论该房存案，以垂永久。是前二天之仁心百年如见，而路太天之德政不更，千载长存乎！爰为之歌曰：口山苍苍，涂水泱泱，君子之仁，山高水长。

邑庠生郑锠撰并书

见子村西长宁相立村八达村六台村阔子头东长宁南北田南召村庄子村南合流季麻村北赵村沙沟村上戈村紫坑村东召村下戈村榆城坪北兰交南兰交魏仲玉李之兆

旹大清乾隆四十八年岁次癸卯季夏望吉

十六、清嘉庆、同治、道光重庆市合川县重修二佛寺社仓碑

此碑位于重庆市合川涞滩古镇二佛寺内，现有 4 块。一块为清嘉庆二年（1797）刻立的"孝义仓"碑，一块为清道光九年（1829）己丑十月刻立的

“新义社仓”碑，一块为清同治九年（1870）刻立的“重修二佛寺社仓碑”，另一块为清道光九年（1829）己丑十二月刻立的“社仓章程”碑。4 块石碑并立于上殿大雄宝殿与方丈室墙壁上，基本保持完好。从 4 块清代社仓石碑得知，涞滩二佛寺上殿，还是一处保存比较完好的清代社仓遗址。

重修二佛寺社仓碑

十七、清嘉庆山西龙泉里分仓置地碑记

此碑勒石于清嘉庆九年（1804）六月二日，现存阳城县北留镇海会寺。碑为长方形青石质，身首一体，通高 134 厘米、宽 68 厘米、厚 14 厘米。碑文记录了嘉庆六年奉上谕社仓归民管理，嘉庆九年龙泉里分仓置地事。全文约 309 字，楷体竖书，计 11 列，每列约 39 字。碑面断裂，部分字迹剥泐。

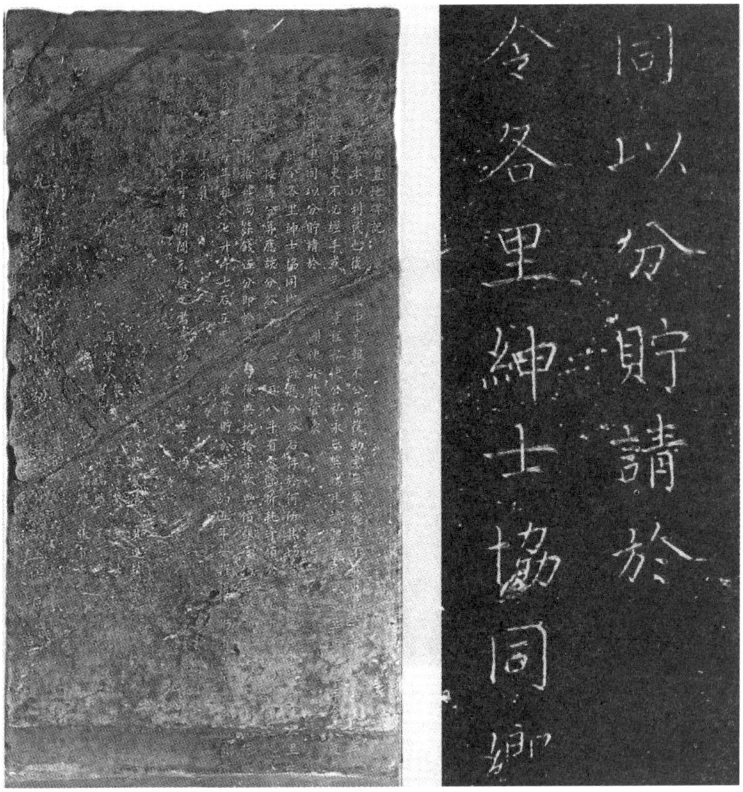

龙泉里分仓置地碑记

古之立社本以利民也，后里中充报不公，胥役勒索无厌，仓长不胜赔累之苦。是以嘉庆六年奉上谕归民管理，官吏不必经手，或另立章程，务使公私永无弊端，此诚体恤民隐之至意也。九年会长裴耀与章训都十里，同以分贮请于以图便于收管业。县主唐太爷，批令各里乡士协同乡仓长，将应分谷石存于何所，具切实甘结，送案准请分贮本里。生员张习书等按簿分算，应该分谷□□零三石八斗有零，除折耗，净领仓谷九十石零四斗，同里人公卖银壹佰捌拾肆两柒钱伍分，即于□□后典地拾柒亩，典价银壹佰柒拾两。余银零星用讫，花账分注账簿。每年租谷七升斗七石，五甲口流收管，贮于寺中，约五年一粜，得价仍置成地。庶本原日增，弊端永绝，上不负国家设仓之意，下可资闾阎不给之需，爰勒贞珉，以垂不朽。

玉工原浩原淳

嘉庆九年六月初二日

十八、清嘉庆山西双泉里存贮社仓谷石碑志

清嘉庆九年（1804）九月勒石。现存山西省晋城市泽州县高都镇泊村三峻庙。碑为长方形，高 50 厘米、宽 80 厘米。碑文记述双泉各里均分社仓谷经过。楷体竖书，全文约 380 字，共 29 行，每行 16 字。保存完好。

双泉里存贮社仓谷石碑志

吾乡社仓，为双泉水磨二里之积贮，由来久矣。缘出入多弊，于乾隆年间始公请入官经理，两里各报殷实社长一人看守，至其出入，悉遵乎官，而社长不得私焉，数十年之间，颇焉赖之。今因社长难得主人，蒙葛慈批谕，着乡地协同社首经营。两里公议，欲轮流看管，蒙恐旧弊复生，不若两里均分收贮，庶免口兢而无债事。是以吾双泉里将分到谷石，亦派给各社各甲收贮，日后归仓之时，如数返还。其收贮谷石姓名开列于左。

计开

西社三班梁思昌等收贮谷壹拾柒石柒斗玖三合半

南社薛金龙收贮谷柒石零式升肆合

中社合社收贮谷伍拾石零伍斗柒升

东社合社收贮谷陆拾柒石捌斗玖升肆合

双泉里头甲未曾收贮

贰甲收贮谷弍拾弍石（经手人略）

三甲收贮谷弍拾弍石

伍甲收贮谷弍拾弍石

柒甲收贮谷式拾式石
捌甲收贮谷式拾式石
玖甲收贮谷式拾式石
外有柒石谷领约存社
以上共收贮谷式佰捌拾式石式斗捌壹合半

嘉庆九年九月吉日双泉里公勒石

十九、清嘉庆山西整饬社义仓圣旨碑

整饬社义仓圣旨碑

清嘉庆十七年（1812）勒石。现存山西省长治市壶关县真泽宫内。碑青石质，圆首，有边饰，额雕双龙。表面剥蚀有缺字。碑高 182 厘米、宽 77 厘米。碑文楷书，共 8 行，满行 28 字，约 190 字。为嘉庆旨社义仓归民办事。保存一般。

社义仓原系本地殷实之户好义捐输以借给贫民之用，近来官为经理，大率借端挪移，日久并不归款。设有余，管理之首士与胥吏亦得从中资卖，倘遇歉岁，颗粒全无，以致殷实之户不乐捐输，老成之首士不愿承办。是向来良法，徒为官吏侵肥，亦应一律查禁。并着各督抚等将各省社义仓仍着本地殷实富户择其谨厚者自行办理，不必官吏经手，杜弊窦而便民食。各督抚务须严饬所属，实力奉行。如有前项弊端，即行据实参奏，倘仍视为具文复蹈前辙，一经访闻，或被科道参奏，必将该督抚重治其罪。将此通谕知之。钦此。

嘉庆十七年三月谷旦

二十、清嘉庆山西社仓归民碑文

清嘉庆十七年（1812）勒石。现存山西省长治市壶关县百尺镇韩庄村。

碑青石质，圆首，额题“流芳百代”四字，有边饰。高 144 厘米，宽 64 厘米。碑文楷书，16 行，满行 36 字，约 360 字。内容记社仓归民缘由。保存一般。

原夫义仓之设肇自长孙平，社仓之建创自朱考亭。尔时原系殷实富户好义捐输，老成首士均司出纳，嗣后有司经理借端挪移，即胥吏亦多从中资卖。偶遇歉岁，而乡里贫民靡所借给，殷实仓首苦于规费，亦不愿承办。况谷粒数年不出，朽烂过半，以致新旧仓正交接，赔累甚伙，种种弊端难以枚举。我皇上洞悉下情，于嘉庆四年八月二十一日一体晓谕各省督抚，痛惩此病，仍着各富民择老成首士自为承办，而官吏不得侵扰，为小民计，洵深且远也。今吾贤邑侯汪太爷莅任以来，兴利除害，百度毕举，复仰体圣天子惠下之意，行义社仓归民之典。因天字约中、东、西三约，士庶公请为北程头村社仓内谷粒旧存千有余石，屡经前任有司借端挪移外，止剩三百二十七石有零，又因数年未开，谷粒糜烂，将就可食用者，仅存一百二十石零三斗，值此米价腾贵之时，欲借给贫民食用不敢擅专。我邑侯委曲筹划，禀请宪示，令三约按数分用，既恪遵天子之纶音，又适惬小民之隐愿，因革尽善，诚盛举也。谨勒贞珉，以志大德于不朽云。

社仓归民碑文

大清嘉庆十七年九月谷旦

韩庄村合社仝立

二十一、清嘉庆山西高都社仓分银碑记

此碑于清嘉庆十六年（1811）十二月勒石头。现存山西省晋城市泽州县金村镇水北村，碑高 40 厘米、宽 100 厘米。碑文记述高都社仓分银经过。楷体竖书，共 17 行，每行 20 字，全文 334 字。保存完好。

高都社仓分银碑记

高都社仓于嘉庆十一年内各里实领分得水北村刘庄里，东社社首司公谭秀蓝，乡约司公谭□□与领，领到高都社仓无丝银贰佰肆拾壹两捌钱，东社与司家等应分一半，尚因社事不通中东西社未曾收领，今两社融通说明，中东西社乡约社首领到东社付给高都社仓无丝银壹佰贰拾两玖钱，内除公费钱拾伍两，净得银壹佰零伍两玖钱，以九五合钱，壹佰□□零陆佰文。但恐日久难稽，特为勒石以记。

本里寄居水西村司张两户，分钱肆仟零贰拾伍文。

本里住西社衡段李张司五户，以地亩分去钱拾仟零捌拾文。

除水西西社分过钱文，净除钱捌拾陆仟四百玖拾□文，中东西社两社均分。

中西社分钱肆拾叁仟贰佰肆拾捌文，入社公用。

中东社分钱肆拾叁仟贰佰肆拾捌文，照口分派。

分使仓谷钱姓名列后（略）

后开勒碑一切使费共享钱六千三百文

大清嘉庆拾陆年岁次辛未季冬谷旦中社立石

二十二、清嘉庆江西遂川乐输义仓碑

此碑现存于江西省吉安市遂川县枚江镇莲溪村，碑名“乐输义仓碑”为篆体，正文为漂亮的楷书，且刻功精湛，是不可多得的碑石精品。乐输：捐助、捐赠的意思；义仓：旧时地方上为防备荒年而设置的公益粮仓。

此碑为长方形，宽 85 厘米、高 198 厘米、厚 4 厘米，重三百斤有奇，落款时间“嘉庆甲戌年秋月”，距今已 209 年。

乐输义仓碑

尝闻欲复民性，先遂民生久矣。夫礼义生于富足，未有生理不遂而欲驱救死，不赡之民，敦礼让、重廉耻，此万万不可得之数也。我莲溪族大人繁，向无义仓，每遇饥荒，苦难告籴。今幸诸首事揭已劝捐，各列粮长指囷相赠，毫无吝容。其余有力无力，咸知尚义，靡不乐输恐后，共勷美举，因得食早谷柒百石有奇，以为义仓。编请公正总理八人，经纪其事，每年仍烦各倡捐首事，竭力勔勷。遇乐岁，出陈换新；逢凶年，减价发粜，立将所粜钱，趁熟买补，将见仓积丰盈，凶荒有备。管子曰：仓廪实而民知节，蓄积饶而民不忒，可以兴仁，可以敦让，所谓遂民之生，复民之性者，其在斯乎。至于赡义田、广积贮，兴利万世，是所望于后有贤达与夫首事、粮长先生，均无懈其初志也。已因将倡捐首事、乐输粮长先生、义仓条规，一并勒石永垂不朽。

是为引。

乐输鸿名开后：

日升堂捐谷壹佰贰拾石正韫德堂捐谷陆拾石正

锦铭堂捐谷伍拾贰石正熹照堂捐谷伍拾石正

秉清捐谷叁拾肆石正声和捐谷叁拾贰石正

尚德堂捐谷叁拾石正重远堂捐谷贰拾肆石正

衢新堂捐谷贰拾石正品馨堂捐谷贰拾石正

理平捐谷贰拾石正楚尚捐谷拾贰石正

蕃萮堂捐谷壹拾石正惠泉捐谷壹拾石正

体仁堂捐谷捌石正仁振堂捐谷捌石正

为贵捐谷捌石正璲环捐谷陆石正

汉广捐谷陆石正正邵捐谷陆石正

佐谟捐谷陆石正宏度捐谷肆石正

焕廷捐谷肆石正立纲捐谷肆石正

彷瞻捐谷肆石正荣聘堂捐谷肆石正

秉懿捐谷肆石正垣瞻捐谷肆石正

定采捐谷肆石正洪才捐谷肆石正

作祥捐谷肆石正院馨捐谷肆石正

兴伟捐谷肆石正芹中捐谷叁石正

秀芹捐谷贰石正定国捐谷贰石正

民安捐谷贰石正炳麟捐谷贰石正

继高捐谷贰石正徹行捐谷贰石正

学高捐谷贰石正

肇修文志才理鸿发鲁瑞堂荣彩君用体尊汝仁兴明志超兴由鼎元兴洼荣高兴晃西彩桂兴才泮佐朗才鉠聚美才清鸿飞用和勋衡蕊荣惠才

以上各捐谷贰石正

一、谷已贮仓，急需总理得人请定公正首事八人，每年总管，鸿名开列于后：

献廷旭亭秉清韫山哲文声和理平粹彰

二、劝捐首事：

宏度焕亭璲环怀白宾衎声和秀清楚尚彷瞻声扬秉清智垣希孟荣高西彩联瑾院馨惠泉倬云作祥体圭恭度立纲汉广

三、义仓数目年清，年款结算勿得迟延；零星碎米、谷头、砻糠每年公存公卖，毋许讨用，即使是首事列者，亦不得携取，查出严罚。

四、粜米须用制钱，并无赊账。每遇年荒，酌量减价发粜，丰年不在此例。日接米钱，值粜首事随交总理并记于簿。如有搀用小钱恃蛮强赊者，公议严罚。

五、买补谷担，每年总理调动勷办，公议融买，务须洁净干谷，依时过风送仓；如有搕交潮湿融买谷担，违期不到者，每谷壹担添罚钱壹佰文，永为定例。

嘉庆甲戌年秋月谷旦合族公立

二十三、清嘉庆陕西商洛征收仓粮定例碑记

首题："征收仓粮定例碑记"；额正书题："皇清"

年代：清嘉庆二十年（1815）十二月

刻立地：陕西省商洛市

原石附注：碑额及四周刻花纹

征收仓粮定例碑记

二十四、清嘉庆福建厦门新建厦门义仓碑记

我国家累洽重熙，民康物阜。虽在海隅日出处，罔不耕凿顺则，休养生息于数百年之深，咸五登三，汉、唐以来所不数见者也。然或旱干水溢，天时不可知；斥卤涂泥，地道不必一；老幼废疾，人事不能齐。于是参赞运其经纶，久大垂为功德；广周礼备荒之政、酌冢宰制用之经，诚莫如义仓之美且备焉。

盖义仓者，所以济天时、地道、人事之穷也。神明乎井田之法，而义取先公；变通夫保甲之名，而意存相恤。当其常，急公共效，量其力以乐输；当其变，任恤咸周，因其利而不费。义仓之有益于储备也，大矣！况朱子崇安小试，尤闽中所传诵弗衰也乎？此制府赵笛楼先生以好古之深情、为救时之善策，而孙制军、韩抚军所继美而赞成者也。盖以实学行实政，本仁心着仁声，受朝廷简任之恩，为庐井救荒之政，谆谆焉以贮谷设仓相劝谕。此足见仁人君子之用心，有非己溺己饥所能尽者；庶几晦翁广惠之遗意，得与凡百执事共

质之而共明之也。夫存心爱物，虽一命其犹有济也；况余忝居词苑、历职谏垣，向者奉命巡视南漕，窃远慕子骏之长材、私淑侯之成法矣。今则洋洋滨海、地广民稠，所谓宣上德而达下情者，其余之职也耶！

然而蛮云瘴雨，则天时之旸燠不能符；海滏山陬，则地道之土宜不能办；蜑民渔户，则人事之错杂不能均。遇丰稔之年，即庚癸毋呼，尚赖全台之输挽；值凶荒之岁，觉丁男渐散，频闻中泽之嗷鸣。此大府所恻然而豫为筹，而在余尤皇然而襄乃事者矣。且夫作事贵乎谋始，为政在于开先；独断者无功，同心者共济。余之有志于紫阳之善政，而欲创立义仓也久矣。所患责人无己而不捐清俸以倡先声，抑或助我何人而弗破悭囊以完善果耳。兹乃乐善好施之士，念及枌榆；急公尚义之俦，情殷桑梓。爰择善地、庀美材、鸠良工，百堵于焉偕作也；且立董事、酌条规、黜胥役，庶事期以不隳也。经始于道光乙酉年，落成于道光己丑年；猗欤休哉！灾祲可不作也，硗瘠可无伤也，缺憾可渐复也。盖义仓者，所以济天时、地道、人事之穷也，余敢自以为功哉？益以思各大府之惠心惠德为不可没矣！而尤幸厦门慷慨捐输、争先恐后之大有人在，是以乐观厥成也。况大府封章入告，天家劝贤奖善之典，正未有艾乎！

余监司厦门，忽忽八春。深愧毫无善政以对诸君子，惟建立此仓差强人意；而尤望后之为监司者增高继长，克成数百年不朽之盛事也！乃乐秉笔而为之。

（清·倪琇）

二十五、清道光山西免出借仓谷碑

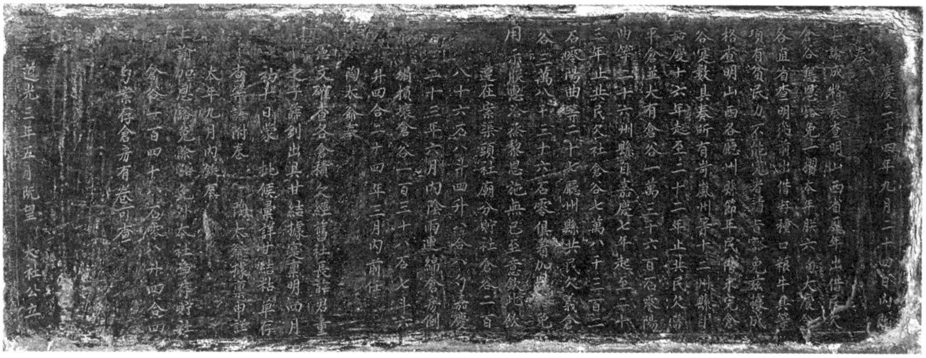

免出借仓谷碑

勒石于道光三年（1823），现存于关帝庙内。碑为长方形，高40厘米，长120厘米。碑文记述渠头里于嘉庆二十四年（1819）遵上谕豁免贫民出借社仓仓谷事。全文30行，满行16字，楷体竖书，共392字。

嘉庆二十四年九月二十四日，内阁奉上谕，成格奏查明山西历年出借民欠仓谷恳恩豁免一折。本年朕六旬大庆，令各直省查明从前出借籽粮、口粮、牛具等项，有贫民力不能完者，请旨豁免。兹据成，查明，山西各厅州县节年民借未完仓谷实数，具奏所有。岢岚州等十二州县，自嘉庆十六年起至二十二年止，共民欠常平仓并大有仓谷一万三千六百石零。阳曲等二十六州县，至嘉庆七年起至二十三年止，共民欠社仓谷七万八千三百二十石零。阳曲等二十七厅州县，共民欠义仓谷三万八千三十六石零。俱着恩豁免，用示朕惠洽烝黎，恩施无已，至意，钦此！

钦遵在案。渠头社庙分贮社仓谷二百八十六石八斗四升八合六勺。嘉庆二十三年六月内，阴雨连绵仓房倒塌，损坏仓谷一百三十八石七斗六升四合。二十四年三月内，前任陶太爷奉宪文，确查各仓积欠。经旧社长薛君重之子薛钊出具甘结，据实禀明。四月初十日蒙批。候彙祥甘结，粘单存查等语附卷。陶太爷据禀申详，本年九月内，钦奉上谕，加恩豁免。除豁免外，本社净存贮社仓谷一百四十八石零八升四合四勺，案存仓房，有卷可查。

道光三年五月既望本社公立

（摘自《金渠头》，杨国庆主编，孔伟整理）

二十六、清道光宁夏平罗县义仓碑记

夫善政莫重救荒，民命莫大积贮。义仓之立，计至深远。然其中弊病百出，在司其事者，为之何如耳。道光五年秋，大俯檄饬各州、县劝捐义粮。时有按田亩者，有均差徭者，有勤追呼而乐比较者，余谓此非所以为劝也。

平邑地瘠民贫，一切寒薄之家，概置勿问。传各堡二三殷户到署，亲自晓谕，随其捐数，书之于簿。旬日间，得仓斗粮二千七百石有奇。内正闸堡俞德涵捐粮三百石，为合邑冠。无一粒索勒百姓，无一粒假手吏胥。唯收市斗一石，而报仓斗一石五斗。不无因地变通，然为积谷翁化悭吝之风，用意亦良苦尔。

（清·徐保字）

二十七、清道光山西正北社刘爷会分贮仓谷记

勒石于道光六年（1826）十二月二十日，现存白衣阁内。碑为方形，高40厘米、宽40厘米。碑文记录本村刘爷会分贮仓谷数量及使用情况。全文15行，满行18字，楷体竖书，共约253字。

正北社刘爷会分贮仓谷记

渠邱村社仓应分贮社仓谷二百八十六石八斗四升八合六勺。嘉庆二十四年二月丙，前任陶太老爷奉宪文，确查各仓称，又经旧仓长薛君重之子薛钊出具积欠共结，据实禀明。八月丙钦奉上谕，加恩豁免，除豁免外本村净存贮仓谷一百四十八石零。案存仓房。道光五年十一月，遵龚太老爷堂断，令西社分贮经理每社应分贮谷三十七石零。张祥典、吴钊、张立成、郭东林出具领状存案。村中四社又分八小社，并北社刘爷会按地亩分贮社仓谷仓二十九石九斗二升八合，其分贮谷旦外，又分社仓余利地价二银三十二两。社中置仓房一所，将利银使讫，另有清账，存社统为经管。

道光六年十二月二十日正北社刘爷会

（摘自《金渠头》，杨国庆主编，孔伟整理）

二十八、清道光山西三官庙仓谷碑记

清道光六年（1826）八月勒石。现存山西晋城巴公镇渠头村三官庙内。碑为长方形，高 37 厘米、宽 60 厘米。碑文记述了本镇社仓于道光五年分贮社谷，渠头村三官庙应贮谷量。行体竖书，全文 13 行，满行 10 字，共约 115 字。保存完好。

三官庙仓谷碑记

本镇额贮社仓谷一百四十八石零。道光五年十一月，遵龚太老爷堂断：令四社分贮，每社分贮谷石三十七石零。村中社又分八小社，三官庙应存贮谷十八石五斗一升六勺，执事社首轮流经管外，分地价银十雨，随谷交代轮管。恐后无稽，勒石焉记。

道光六年八月上浣日

正西社合会公立

（摘自《金渠头》，杨国庆主编，孔伟整理）

二十九、清道光安徽黄山朱旺创捐豫立义仓碑记

豫立义仓建于清道光六年（1826），是朱旺村朱家祠堂储粮赈灾的一个仓库。

创捐豫立义仓碑记

仓名豫立，志备也。古者有备无患，亦不废也。仓人掌粟入之藏以待凶颁，有司秉仓廪之令以赐贫穷，自古国家保庶之谋，即加以富患贫之计，莫善于安其体恤之用不同，而示备豫之义一也。吾族分派肇自文公淳熙六年提举浙江常平公事，后改浙东，时值大饥，公即日单车就道，设立宏规，议定夏受冬偿，不数十年，积贮三千一百余石，因时敛散，民被实惠。其法诏行天下者，此社仓之名为公所立，而公之成谋早已深远矣。历朝以来，天灾流行，何处蔑有，然彻土绸缪，宜先阴雨，掘井及泉，致成毋临。如族内麟书公，昔日倡首捐田为义仓之举，于乾隆年间业经禀请奉行，已历有年，厥后好义者接踵而起，每遇凶年，不惜数千金之费，而究不能为一族长久之计者。缘创始维艰，章程不易，非敢缓也，盖有待也。夫立法期于绵远，必先筹划来源，定制责在速成，难免因循末路。今幸上天降康，屡有丰年，爰集合族父老，共襄善举，捐田捐地捐钱，期年之内，无不各自奋勉，踊跃乐输，其始基矣。适奉陶抚宪告谕谆谆，及时丰备，若不早为积贮，一旦水旱螟蝗，仅可补于目前，终难及之久远也。吾族思患豫防，议立此义仓，倘遇俭收，按户润恤，既无偏颇之忧，水分平施，奚有争论之患，纲领整齐，条目严肃，是诚好义者永垂不朽之功。惟是廒尚须经营，仓名自当素定，须同志者克俭始终，意美法良，世守勿替，虽不能仰体圣主一视同仁之大德，亦不失先公豫立社仓之遗风焉。乃名曰豫立，并志之。道光六年岁次丙戌冬月之吉。里人则班谨撰，德泉书丹。

（李传玺整理）

三十、清道光江西黎川县朱氏义仓碑

位于江西省黎川县德胜镇黎明村，村中还有和丰义仓，其中朱氏义仓碑四边都有破损，碑文字迹模糊，隐约可见“道光七年建”字样。

三十一、清道光福建东平义仓碑记

东平义仓，建于清道光十五年（1835），宋捷登为首建，在东常市（今东平）龙山寺。

风俗之淳厚，视贫富之相安。贫富之相安，在丰荒之有备，顾古来常平社仓、义仓之设，其初皆以便民。而沿袭既久，浸失本意，职在官者，空余饩羊，职在民者，还嗟硕鼠，则得人而理之难也。

吾乡户口殷繁，素称沃土，然黍多稻少，上户岁租所入得早谷十之三，中户则仅足家食。先时岁俭平粜，贫富犹相安也。嗣谷价稍昂，既派殷户减价，又不许将糯米移运，以通有无，而贫富遂交困矣。道光癸未，罗屏山先生集里人立预备仓，其法议自正月，至八月运糯米一船往郡者，纳早谷四桶，九月至十二月，一船纳早谷二桶，行之数年，得谷三千余桶，复为好事者阻挠中止，遇岁歉，中人产至称贷，以益迁徙他乡。不安之患如是，吾父乃请诸梁湘屏邑侯，劝捐义仓，得谷一万四千桶，而自出资建仓厫于龙山寺右。经始乙未，明年告成，予今凡三开粜，庶几有备无患，贫富相安矣。

于是人杰勒石条议而告诸里人曰：屏山先生立预备仓，前功不可忘也。今义仓之设，所以善其后也。梁侯贤令也。扬公德镐首捐五百石，盛德也。诸君子襄成美举，皆善士也。前梁侯欲以其事上闻，而未敢轻许者，恐有官吏侵蚀之流弊也。其两仓管钥、账、簿、钱谷出入，统归上户及典商经理者，恐有散派亏欠之流弊也。

里人请曰：如此可久而无弊乎，曰仓设龙山寺，碑立文昌宫，盟诸神明，以示善人，以长其子孙。后之职是仓者，其将有览于斯文。

道光癸卯中秋月　里人宋人杰撰并书

三十二、清道光福建厦门义仓埭田碑记

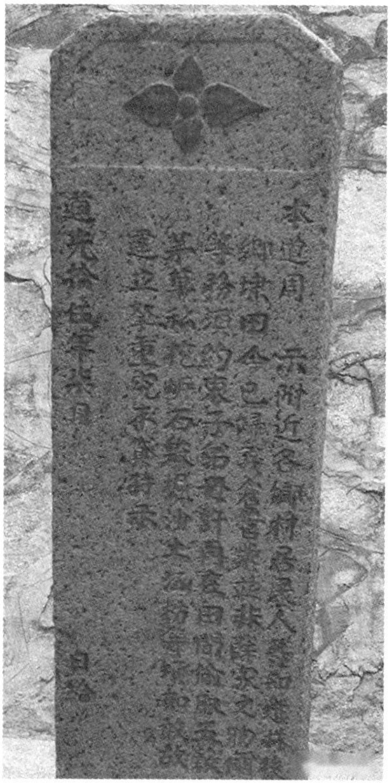

义仓埭田碑记

厦镇义仓，前福建兴泉永道倪竹泉先生奉大府檄所劝设盛举也。士商捐银三万余，建仓于深田，买田湖莲保，岁入租以实仓。其田濒海借堤为护，士人呼堤曰“埭”，亦曰“海岸”，呼田曰“埭田”，言非堤不为功也。

寻为海潮所啮，堤崩；咸水间有侵灌，租入不足。余继斯任，屡思建复而费不支。越五年，仓有赢余，林后乡薛豹率其族愿献废田于仓，请筑堤；询之司事者，佥曰：“可”。道光十四年十二月，余亲往履勘，田与旧所买田相毗连，外堤久废，田成沙卤，故曰废田；薛姓父老泣而言曰：“自堤废，力不能筑；吾族无所耕种，大姓又窃其石去，益废。而粮不得免，催科日迫，人丁流散；与其捐于海，不若捐于仓为佃，犹得岁食租之余。”余心悯之。计外堤长二百一十七丈，需计用石二千八百余丈；内堤长一百一十丈，需土工省，统计工费五千余两。废田计种三十九石五斗九升、旧田计种四十石六斗九升，岁入租可一千六百余石。余曰：“此十世之利也，非惟薛氏子姓得所养，义仓实城乡村社岁荒均得沾溉。”令估值给薛姓废田价赉钱二百算，曰：“无令后世谓为捐献也。”乃鸠工，兴始于十五年正月十有四日。六月，石堤成；闰六月，土堤成。于是分亩丈量、计户授田，共得田若干亩，引泉、凿池、开沟为潴蓄，设涵洞以时启闭，听佃民三年自种杂粮，宣泄卤气；三年后入租，永为义仓之积。报明大府咨部立案。又惧小民之无知也，榜示晓谕，名外堤曰义仓石埭，内堤曰义仓土埭，统谓之义仓埭田，便民称也；俾邻近乡村顾名思义，共相保护，知为义仓之田，非薛姓田也。建房宇，为收租、守堤者之所居；定章程岁时输纳之法，立石记事，垂诸永久。

余之尽其心力者止此，是所望于司事及继任者以时稽察，毋使滋弊云。

（清·周凯）

三十三、清道光台湾嘉义捐题义仓碑记

碑存中国台湾嘉义县中山堂内，高153厘米、宽66厘米，碑体为花岗岩，额镌如题。

徐陶、吴至德，每名捐谷三十四石。高麟、詹文义，每名捐谷三十三石。苏秀峰捐谷三十二石。简士魁、张舜、蔡胡、王世、方流芳、柯登选、许从令、叶队、沈富、曾文哲、赵由庚、徐普、吴旺、李聪殿、郑洪氏，每名捐谷三十石。

邓忠贞、林振兴、顾葛、吴天盛、钟霸、江色、庄秋，每名捐谷二十七石。李连登、赵匏、吴斗、吴知，每名捐谷二十五石。苏秀昆捐谷二十四石。黄合成、简胜兴，每名捐谷二十二石。林永顺、廖捷上、林华岳、林锦盛、廖五显、苏烈、赵五嫂、李光功、林成红、林垫、陈清其、林水鲎、林印、郑日新、吴子来、王珠沛、苏信、林斗、黄秋兰、李鞭、王引、林新居、陈焦、杨链、沈阿灶、林乌、卢光顺、阮乌屿、倪干培、何螺、张出、涂仁和、卢厚、黄全利、张体、吴水标、翁粒、罗势、洪元亨、林阿番、张三槐、柯神助、李阿□、李利记、李士美、叶阿水、叶阿敏、半池庄，各捐谷二十石。

王得意捐谷十九石。吴郡捐谷十八石。吴周、黄绶，每名捐谷一十七石。颜锡圭、王成、黄员、张沙、协顺号，每名捐谷一十六石、赵凤、林枫、吴正锐、陈信记、陈逢春，每名捐谷一十五石。陈标、林孝英、黄贵、简士捷、成记、谢走、许明、黄煎、蔡平山、江骞，每名捐谷十四石。郑清、王寿山、黄岁，每名捐谷十一石。陈天培、芳瑞号、复兴号、茂兴号、德升号、陈盛号、续盛号、茶林号、高员号、裕益号、广源号、王允恭、荣利号、罗水升、新芳利、合兴号、叶何水、徐立、魏�明、林石兔、赵盛、郭子潭、邱球、沈元、吴富、吴九、吴赞、江化，每名捐谷十石。

郑向、吴荣方、张领、张老、张金，每名捐谷七石。江喜、江贱，每名捐谷五石。蔡天祥、蔡在，各捐谷四石。

吴再生捐谷一百一十石。

道光十六年十月（缺）日立

三十四、清道光山西修仓碑记

清道光二十年（1840）勒石，记述石板村修仓之事，碑为青石质，长方形，两侧纹饰，一侧剔底线刻喜鹊登梅，一侧线刻牡丹花纹。高 39 厘米，宽 60 厘米。碑文楷书，20 行，每行 15 字。保存完整。

修仓碑记

尝闻积贮者生民之大命，故古有常平仓、有义仓，至宋朱子又立社仓，法良意美，民称便焉。而行之既久，三者均不能无弊，即如仓之设于下庄也，殷实之家受累者不少。焉此，合社公议，有膺社长者，按地亩起钱，则一人充其名，而众人助其费，庶不至倾一家之产而为害尤甚也。因勒诸石，俾村人勿得首鼠两端尔。

乡约李成喜杨洄

维首李成法杨英淇杨花则杨树声仝合社人等

玉工杨遇唐

大清道光贰拾年新正吉立

三十五、清道光福建珠海景贤谷仓碑记

该碑长 118. 5 厘米、宽 33. 5 厘米、厚 5 厘米，端石基本完整，发现于珠海市香洲区前山街道翠微社区长水街旧乡公所。碑文为清道光二十年（1840）鲍俊所书，书法俊秀，文采斐然，是古代珠海地区民间慈善义举的重要代表

性文物。现藏珠海市博物馆。

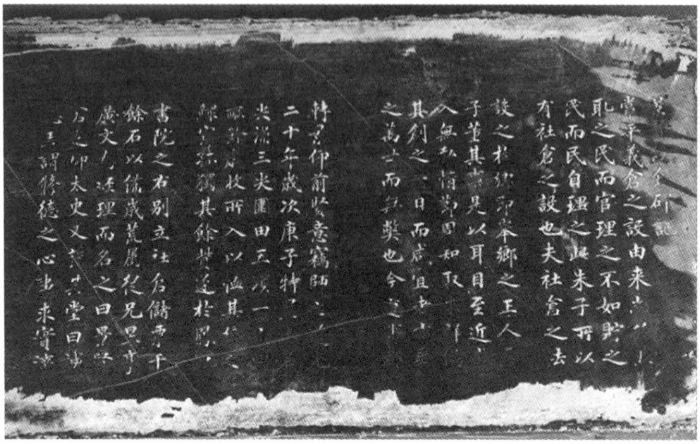

景贤谷仓碑记

三十六、清道光山西上村小水里社义仓碑记

清道光二十一年（1841）立，青石质，圆首方趺，碑高223厘米、宽75厘米、厚13厘米。碑阳额题“树之风声”四字，碑阴额题“相继成美”四字。碑文楷书，共17行，满行48字。现存于翠峰镇上村佛庙内。

小水里社义仓碑记

（碑阳）

从来治法鉴古，治人责今，有治人而后有治法，有治法尤必须治人也，凡事皆然，而尤莫甚于仓储。《周礼·荒政》详于司徒贮散职诸遗人，所以储缓备急，使天时不为害而民生得以常遂也。自汉耿寿昌兴常平，其法贮于官，隋长孙平立社义仓，其法散于民，常平弊而济以义仓，是义仓之大有赖于常平也。社仓之法设于朱文公后真西山先生师长沙时行之，民多利赖焉。其后久而遂弊，岂世无朱子西山真人者，故法良而遂不能行欤。盖常平例应出旧易新，社仓例应借本收息。唯经营之不善，虽徒

法亦不能行也，则亦求功于其人而已矣。诚能清慎廉洁，明察平允，则在官者收发无所不便，在民者欺为亦有所不忍也。

吾乡旧有社义仓，由来久矣，其先在南王中、水峪两村仓中存谷三百石有奇。后以日久损耗，乡村有所不便。因嘉庆年间粜谷，存其价银贰佰柒拾两，定之为谷价。又有乾隆年间，公捐护仓银肆百玖拾陆两，即于里中择其善良殷实者总理之，每年生息若干。社中每年聚会一次，除伙食花费以及方长奔走辛金外，总得利息若干，并本利总算在内，以登账簿。其账目收存纠首之家，诚良法也。而吾以为既见取法之良，亦征择人之当，前此无论已。即如道光二十一年间，系祁、王二公经理，账目现存积贮银两有账可纪，见其综理细密，刻算精严，自非己秉公，少私寡欲，何以能此。予忝居社末，故乐为之记云。

岁贡生王长城撰

廪贡生陈廷玠书

首事人千总张伦元监生何其彬燕长礼

大清道光二十一年岁次辛丑仲冬之月谷旦立

（碑阴）

先年经理纠首杨及霄李允春温良李恒简温志何王元志吴德华李世泰李春元杨建元李希天赵护杨□□张习□王殿良燕文元王思灏李郁辉燕焕桂牛德太杨衍堂何际易宋时连燕焕章赵喜李克璇赵维熊李汝馨温志伸王居正宋成富李顺明张柱题陈廷舰宋元熊曹廷荣陈广业王保和王世昌张汉贤王先枝杨永祯李煜杨为正张建杰郭大景李耀南郭大兴张安汉杨枝花王鹏翼燕在宾梁绪高廷兴张宗载燕熏来

现年经理纠首岁贡王长城廪贡陈廷玠监生张慧深经历王丕绪监生杨大隆李国荣燕裕廷

经理社义仓护仓银纠首监生王统绪

经理社义仓谷价银纠首监生祁成顺

仓长宋士清宋保善

石匠三义厂

三十七、清道光广西桂平永宁圩团练保甲社仓第一碑记

此碑现存于金田新圩三界庙。

壬寅春，予调署斯篆，奉前宪袁面谕："宣里地方，近有外匪盘踞江口，勾结里中匪徒，滋扰闾阎，务必选举保甲，以除盗贼，而安良善。当剀切劝谕绅民，力襄此事，毋忽！"予即谋诸合里绅士，无不乐从。

而典籍云湄先生，居于古程村，首为之倡。众村陆续协议，而保甲之事以成。所有各保经费，听其自行办理。

而本圩捐资之数较多，钟怀远、黄榕楼等，即以经费盈余，买谷出放，仿古社仓之法，春借秋还。为持久之计，现将公议条款，详堂批示立案，勒石永垂远久。

将见练丁踊跃，无或聚或散之虞；仓谷充盈，有可大可久之势，岂非除暴安良之上策哉！

予升补西隆，行期伊迩，惟冀后之来者，与诸君子善始善终，历久而弗替，斯则予之厚望也夫！是为序。

道光二十四年重九日，司大黄江事费有基撰

三十八、清道光台湾嘉义县城工义仓碑记

嘉义为全台中权握要之地，郡城之辅。嘉义一动摇，则郡南之凤山信息犹可相通，郡北之彰化、淡水、噶玛兰道路阻塞。初入版图名诸罗，栽竹为城。乾隆五十一年林爽文之乱，固守经年，高宗嘉其义，改名嘉义。五十五年，请帑筑砖石工，历四十二年。道光十二年十月，张丙等变起，首攻嘉义；福建巡抚署浙闽总督魏公元烺调陆路提督马公济胜帅内地漳、泉兵平贼。围解后，屡经地震，继以霪雨，城遂圮坏。钦差将军瑚公松额、总督程公祖洛办善后，奏请前任水师提督王公得禄督劝绅民捐修。王公之议曰："城虽修，不建月城，不能固也"。乃添建四门月城，以作唇齿之势。再议曰："月城虽建，无炮台不能轰击也。"乃低洼雉洞，铺石置炮，以为平峙之形。再议曰："虽有月城炮台，无粟不能守也。"乃于城西北立义仓，贮谷一万六千石；平时用以备荒，变时用以御乱。凡用银几万几千几百几十几两，兴工于十三年某月某日，告成于十五年某月某日。

今年春，余按部至嘉，公引余周历堞垣，盘视粮储，乞文以志。余谓公以从平林爽文得功，累升至提督闽浙舟师总统，旋以殄蔡牵功封二等子爵，寻加太子少保，受三朝之厚恩，虽在籍犹奉朝命督建城工；盖台湾为沿海七省之保障、嘉义为全台之保障，不独固桑梓、全闾里，古人所谓乃心罔不在王室，公之功直与城俱永也！至于仓以卫城，其规横条例俱详备；宜刻于碑阴，使后之人有所守焉。

（摘自《台湾关系文献集零》）

三十九、清咸丰云南会泽新建义仓碑记

原碑遗失，拓片现藏于云南省曲靖市博物馆。

新建义仓碑记全貌

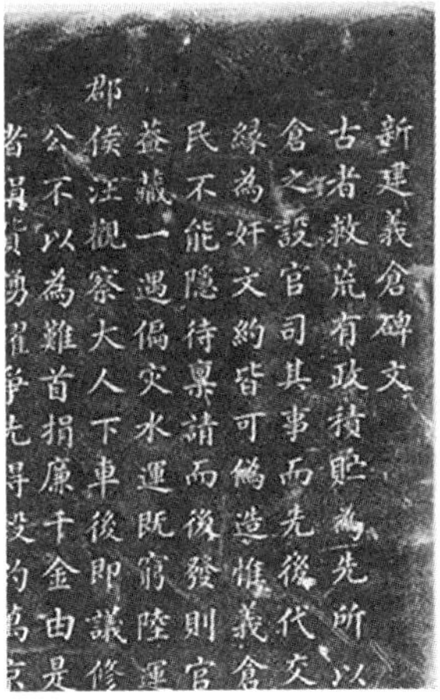

新建義倉碑文
古者救荒有政積貯為先所以
倉之設官司其事而先後代交
緣為奸文約皆可偽造雖義倉
民不能隱待稟請而後發則官
荅藏一遇偶災水運既窮陸運
郡侯汪觀察大人下車後即議修
公不以為難首捐廉千金由是

新建义仓碑记局部

四十、清同治山西创积社仓碑

该碑勒石于清同治元年（1862）正月，现存于附城镇西瑶泉村东庙。碑呈长方形，高37厘米、宽68厘米。碑文记录了清咸丰九年（1859），西瑶泉村时值凶荒，李文标、李文蔚兄弟二人出粮赈灾以及粮价、创建社仓的情况。全文约300字，楷体竖书，计31行。保存较好。

创积社仓碑

闻之太上施德，□□□□无德于世也，顾同一施德，而施之于安全不如施之于危难，其感激为尤切。吾乡国子监太学生李文标、廪贡生李文蔚兄弟二人素称仁厚，咸丰九年时值凶荒，谷价三百余钱一斗，玉子四百余钱一斗，粟甚贵矣。乞籴则囊囊空匮，称贷则亲朋口穷，屯中困饿者几安沟壑，时势至此，殆无可如何矣。二公不忍坐视其死，乃出谷二十五石，玉子五石，输入社中以救穷之。一时活命者弥多，人人颂再生之德。逾年，社将完璧以归，二公却之，谓留此可积社仓，以救补每年春耕之不足者。夫济急于目前，复忧危于异日。二公之仁慈，真令人永矢弗缓也。村中维事者谨依尊命，至春出放，秋后收纳，众共维持，永保勿替，社仓之举不几无负二公之初心也哉。

本村禀膳生员李洙芳撰文并书

四十一、清同治山西重立免领仓谷碑记

清同治七年（1868）冬勒石。碑现存山西省长治市长子县西南呈村天神庙内。青石质，圆首，通高156厘米、宽50厘米、厚21厘米。碑首篆额“万古流芳”四字。碑文楷书，共16行，满行52字。崔汝勤撰文、书丹，车承谟校阅、篆额，王福升镌石。碑身断裂，碑文基本完整。

重立免领仓谷碑记

粤稽社仓，听民自便，官不得以法绳之，例有明条，古碑所载。愚等二十四村，于雍正六年置立益仓，以为济贫之计，诚为美事；无如积弊所流，始有益而终有害。沿至嘉庆十四年，莅任陈太爷将益仓谷粒尽收入官仓，以除其害。嗣后益仓统于官仓，无论出易收放，与二十四村无干。至今五十余年，官仓出易数次，并未差传唤领仓谷。不料仓书舞弊，欲假公务以济私囊，以为代远年湮，无人记忆，巧为机变，上而不查底口呈明县主，下而欲毁旧章毒害生民。突于今岁五月，分票唤领谷。愚等遂以剪仓除害、立有碑记等词，呈明县署。现蒙莅任刘太爷当堂面谕，恪守古碑，依旧免领。《诗》云：“乐只君子，民之父母。”民之所好好之，民之所恶恶之，其斯之谓与！夫益仓之设，本为拯救良谋。民皆愿免除者，何也？盖以始而出谷于民，继而归谷于官。前碑所云，放谷易而收谷难，以致仓老无人敢膺。此益仓之贻害于民，所愿剪除者也。蠹书舞弊，小斗出而大斗入，以致小民衔冤莫伸。此又益仓□于官仓之贻害于民，所愿免领者也。夫如是，苟非有陈太爷剪仓于前，刘太爷免领于后，则具有罹口凶害，弗忍荼毒者尔。兹□免领仓谷，愚等二十四村绅士、社首、村保、民人仝勒碑记，恪遵县主

之命，永除万民之害焉。是为序。

敕授修职郎岁贡生吏部注册双单月铨选并分发试用训导崔汝勤撰文并书丹

例授修职郎岁贡生吏部候选儒学训导车承谟校阅并篆额

今将二十四村开列于后

东王内西王内王内庄东王家堡下霍村上霍村西王家堡交里村交里庄东常村西常村西旺村东旺村西漳堡南呈镇西北呈酒村南漳村鹿家沟中漳村北漳村南李末北李末漳河神

大清同治七年仲冬之月上浣谷旦

玉工王福升镌石

四十二、清光绪青海湟源县社仓碑

权丹噶尔同知　杜世勋撰

昔朱子设社仓以备荒，法至善也。自后世行之不善，名为便民，实以饱胥吏豪奸之溪壑。迨追捕过峻，甚且祸及子孙亲属，而终莫之能偿。始之号为善政者，终且贻害无穷，是果法之不善哉。抑在奉行者之兢兢然杜其弊而防其渐耳。宁属城乡，旧有社仓数处。自同治二年（1863），无一存者。岁壬申（同治十一年，1872），伯相左持节关陇，遣刘京卿毅斋督师平之。凡庙宇、学校、义塾之废堕者，次第兴复。惟社仓一举，则未暇及也。甲戌（同治十三年，1874）春，太守邓公厚斋来守斯邦，不忍贱黎之复沦于饥饿，乃饬各属在于叛绝产内，变价酌提社仓经费，并议借放生息十年，以为久远备荒之计。厅属社仓，计得利豆、麦、青稞共仓斗一千七百五十八石三斗六升八合。前任蒋刺史巘卿经理将次就绪，而又调署西宁，未遑蒇事，予代庖斯土，观察使张公价卿，太守邓公，虑其久而侵蚀焉。乃为详定章程，用纪于石，以志执政者之德义于不朽云尔。光绪三年（1877）。

一、现存社仓三色市石粮四百三十九石五斗九升二合。各乡农民每年借领籽粮，定于清明前半月内为期。秋收归还，定于中秋后一月内为期。按期收放，不得任意先后。至归还之时，每斗加息粮一升八合，以一升五合添储仓内，以三合作为各项经费，亦不得有所增减。今每斗加息一升三合，一升归仓，三合作为各项经费。

二、丹城所属各乡，公举公正绅耆二名，作为仓正、副。公雇斗级二名，书识一名，经管杂物仓夫一名。每遇春耕借出，秋收归还，绅耆督同斗级人等，公平出入，收放登记账目，不得稍有偏抑遗漏。

三、每年乡民借籽及归还之时，由绅耆先期公禀厅主，批准后始行开仓收放，事毕关锁，厅加贴封条，钥匙交在仓正。如不待厅主批准，不赴厅请钥加封，有一于此，均不得行。

四、所属乡民，缺乏籽种，借用社仓，无论多寡，均需取其绅耆及富商人等连环保结，并令书立借券，由绅耆交册汇交厅署存案，再行开仓照数盘结，秋后加息归清，仍将交存结券，抽还收销。倘有拖欠及逾期不交，着落保人赔补。

五、每年收入粮石，绅耆二名，每名准口食粮七斗五升；书识一名，准口食粮六斗；斗级二名，每名准口食粮六斗；仓夫一名，准口食粮一石；催差一名，准口食粮六斗。均在三合余粮下动用。如仓廒渗漏潮朽，责成仓夫，随时报明绅耆、禀官修理。

六、经理社仓绅耆及书识、斗级、仓夫，均以一年为限，另行举充接替。每年四月初间，绅民借籽以后，新旧绅耆在于城隍庙清算账目，逐一交代。如有短少，随时禀官追赔，不得徇情隐饰。并在庙献牲敬神，以尽报赛之忱。一切经费，匀在三合余粮内开销。如再有盈余，并交清新管绅耆收存。每一年所交息粮内，除以三合留备经费外，其余并储仓内，次年搭入本粮，一并出借，以防潮变。其各乡所借之粮，总不过三百石之数，以免空虚而防接济。如遇地方旱、涝等灾，准以本息一并出借，仍着秋收归还。但不得收取息粮，以示体恤。

七、社仓本息粮石，专为备荒而设。如遇地方公事以及官绅因公需用，无论如何紧急，概不准动用颗粒。倘经管绅耆私自通融，先令照数赔还，再行议罚，以免紊章，而杜亏短。

四十三、清光绪福建平和县义仓碑记

此碑现位于福建省漳州市平和县九峰镇，碑文上有“光绪七年岁在辛巳十月，曰署知县事□□□□□”等字样。

平和縣義倉碑記　王士駿

閩省倉穀甲天下今其存者十無二三將槖散有定非人力所能保全耶抑舉辦之初盡經費已不足完之耶余臨平和之初年前政樊君以捐穀五百石番銀三千九百餘兩屬余而言曰邑處萬山時虞水旱某積谷以備之而慮無以善其後子盍爲我成之余敬受教進里胥而問之曰邑户口若干不耕而食者約幾何人耕而食乜不足於儉歲者又幾何户棐備以教余曰是積谷二千已足敷平粜之用矣多而衹飽蠹蠹不如其少之可以經久也爰集衆紳議可以保此二千石者李廉曾崇文首以買田請余曰昔范文正爲義田子孫永賴宋葉水心與永嘉買官田議雖未行至今田爲官産余鄉林秀才綱有宋役法之壞捐置本縣義役田今六百年民夫藉以甚數取瀕施之於家則如此行之於國又如彼寓費於田明效大驗矣今日謹

平和县义仓碑记

四十四、清光绪亲公义仓会碑记

亲公义仓会碑记

四十五、清光绪山西凉楼保社义仓碑记

清光绪十三年（1887）六月勒石，现存于襄垣凉楼庙内。碑青石质，长93厘米、宽60厘米。碑顶与左右两边，有花卉与万字结装饰。碑文楷书，14行，每行18字。连际昌撰书。右上部有裂痕。

凉楼保社义仓碑记

南峰村社，义仓捌拾陆石，仓长连九约。

南峰沟社，义仓壹百贰拾石一斗六升，仓长连七合。

西李村社，义仓贰拾肆石二斗。

东李村社，义仓叁拾五石。

大黄庄社，义仓伍拾柒石。

洛疆满社，义仓伍拾叁石。

侯村社，义仓壹拾玖石。

东周前社，义仓捌拾石零捌斗。

东周后社，义仓壹百零陆石九斗二升。

马家窑社，义仓柒石伍斗。

共计仓谷伍百捌拾玖石伍斗捌升

奉沈大老爷堂谕经理并仓事岁贡生连际昌

大清光绪十三年岁次丁亥荷月五社纠首住持同立

四十六、清光绪湖南湘潭响塘义仓永定章程碑

该碑立于清光绪十四年（1888），为长 1.42 米、宽 0.51 米、厚 0.09 米的长方形汉白玉石碑。正文楷书，共计 811 字。碑文秀美而沉稳，堪称上乘佳刻。该碑现存放于湖南博物院。

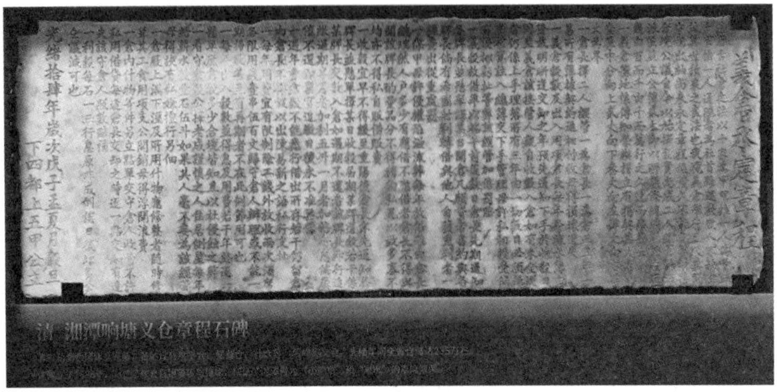

响塘义仓永定章程碑

盖自古社仓之法以十家为甲，甲推一人为首，五十家推一人通晓者为社首，虽遇歉岁人不缺食，诚万世积粟之良法也。我境义仓举行已久，其间守视出纳尚未永定章程，恐积久不能无弊，滋特合境公议，自今以始择殷实老成二人经管，轮流派值并立公簿贰本，即以所议条规胪列于左，庶几由百而千，由千而万，行之久远，而弗替云。

一、义仓基地系傅知荣乐捐立，有捐契，其丈禁自堂屋中分，向上贰丈，向下叁丈，向左肆丈，向右肆丈为界；

二、仓长择二人经营，一为仓长，一为仓正，三年一易，所有簿据、契约递相付收，毋得损坏遗失；

三、义仓谷数及出入用项，仓长每年于流水簿内登载明细，逢交卸之年，预先通知下手于收谷日同至义仓，该接管人亲自收数入仓，如有未全还者，仍系上手理落所有，三年内一切数目必须凭众核算，注入总簿，交下手管理，毋许私相授受，倘有侵挪亏扯等弊端，该经管加倍罚赔；

四、义仓谷放借准以端午前后数日，仓长先期通知各牌长，并凭单择某日开仓，凡原贷者书约与各牌长，倘有希图射利转借与他人，自获重利者，一经查出，从重处罚；

五、保甲毋许侵权，恐滋流弊，每年放借，虽由仓长总理，然人户多少，有应借不应借者，仓长不得与闻，该牌长酌量品分，不得稍徇私见，以致多寡不均，亦不得私自贩借贩卖；

六、收谷宜早，不得缓至重阳后，仓长亦先通知各牌长并悬单择某日收谷，届期某牌还谷若干，系某牌长交数入仓，如逾期不还者，该牌长即行追缴，过期半月者加利五升，一月者加倍行息，倘屡催不还，既禀官追缴，日后永不准再借；

七、遇年丰，仓谷不能悉行借出，所存若干仍留仓内，仓长不得假以出陈易新之语，私行支扯；

八、每年用费宜有限制，除工钱外，放收两次酒席，各限用钱壹串伍佰文，归守仓人办理，或不能一期扫数甚至有再期者不在此例节用也可；

九、每年出入谷数并得息及用费若干，年终逐一悬单庶仓谷多少合境皆知，且以杜侵蚀之弊；

十、看守仓谷公择老成谨慎之人，住居侧屋，每年给薪水谷壹石伍斗，如果其人毫不妄为，该经管毋得挟有私嫌擅行另佃；

十一、仓廒上漏下湿及所用什物应修整者，随时修葺，其工食用项支公开销，毋得浮开浪费；

十二、仓内什物等件另立点单交守仓人收管，不许私用借贷，每逢仓长交卸之时，逐一点交，如有遗失，该守仓人照数赔补；

十三、利谷每石一三行利息，原非成例，俟日后增多公仝议减可也。

光绪拾肆年岁次戊子孟夏月谷旦

下四都上五甲公立

四十七、清光绪西安姜仁廒义仓盈余生息完纳号草碑

该碑现存放于陕西省西安市高新区细柳街道等驾坡村。

姜仁廒义仓盈余生息完纳号草碑

阖廒十五保障，共老烟户一千四百四十七户。每年除领发红对银八两折扣号草八百斛外，应完纳号草七千二百斛，需对半钱至多约得一百五六十贯。常见为此各保障轮充总保，寻向各村包催各村乡地，挨户凑渡不惟频起口角，甚至与讼。更有格外耗费就中侵渔情弊，因自光绪六七年，积谷修仓遵照章节年加息出易，迄今营运十三载，共计盈余对半钱二千贯。兹除立碑费、过年利一分生息，出借与南义里前后十八甲钱七百贯，北张里前后十八甲钱七百贯，姜仁里内前后八甲钱三百贯，姜仁里外前后八甲钱三百贯，立有合同借券存据。该三里，每年利钱二百贯，廒约经手按四季中月讨完，纳四季号草剩余，除支廒差满年工食，对半钱十四贯外，准廒约办公用，各村乡地毋得觊觎滋议。但该三里所借钱文，永不抽还原本。每逢夏六月，粮账须照借铺户债矣。加息公派齐收，仍用完纳秋粮，方为有益无累。窃恐日久或有迷遗，故勒诸石以晓众。知而永垂不朽云。

本县尊谕委绅士。廪膳生姚纪伦、次任廒约郑辉、管大账龙艺梅、附贡生张钠总、姜克禄，初任仓正郑律，初任廒次任仓正刘秉秀、仝勒、生员靳元章、副寇占吉，现任仓正郑向附，贡生郭映青，现任廒约李文，管小账刘步现。仅先选用儒学训导东渠学稼夫张景星撰并书。

光绪二十年岁次甲午八月朔日

四十八、清光绪河北深州义仓碑

自吏治不修，百度弛堕。古昔所垂善政，若保甲常平仓及一切便利于民之事，不择地而可施，不待时而可行，传之久而治以为例者，亦皆废弃而不能举。以其名之美也，未敢公言废之。上官督责属吏，岁使人按人按视所为规，则以辨治告，上官不究也。观其文牒往来，固无法之不美、无政之不举矣。既而进考其实，则所谓督责按视而辨治者，特相应以名，漫不知为何事，而闾巷疲氓，赖吾政以保之者，则生来未见有其事，乃并未尝闻有其名也。

光绪初，冀、青、兖、豫大旱，疆吏以灾闻，天子忧劳，发官藏一振乞籴之。书四达，远近官民争以银米输灾区，自中外大臣、群司百执事奔走营救，类能竭诚洁己，而怠忽侵渔必惩。故灾所被数千里，历三年之久，民虽不免死徙，而无劫夺盗贼之事。是后，谋国者皆以救灾为兢兢。

深州义仓碑

畿辅则自同治季年连遇水患，已有筹赈之局，博畜豫储事至立应，故数十年吏治，独备荒之政多可纪。然州、县自谋于治所者，法固犹未备也。先是太仓钱敏肃公，开藩直隶及巡抚河南，所至皆以积谷为重，而任事皆未久，经画皆未及成。

今河道总督任公道镕为直隶布政时，踵钱公成法、饬所属积谷。前制隶按察使朱公靖旬时牧深州，积谷万石，以旧仓皆废，分藏于州之富人，举契为质。朱公去后，易官则更契不问谷也。间十余年，钱公之子伊臣来为州，乃取富人所藏谷万石者，于城之东建仓储之。四仓环峙以楹计划者三十六，中为听事，其东为宴休之堂，堂三楹，门北向，堂后为仓神祠，基崇屋敞，墙宇峻固，经始于二十三年三月，现已讫工。坚明约束，永守勿替。

州人李君树侯以书来曰：公愿得子文为记。涛以为救荒无善策也，帑国既非可数颁，筹赈局设于都会之地，势难分应而遍给。其谋之州县者，所储虽多，未必能久。而告饥四方，又以致远，稽时为虑。

然则所称荒政可纪者，亦特小补云尔。海外诸国，农政益兴，以气化之学粪田，一机器一用，且十倍人畜之力，故能五六倍于常所获。而火车之轨，交于国中，辇百千巨万钧之重，于数千里外，不崇朝而至土著者，无借于外而能取足于其土，而物之自外至者，又如此其易也，尚何灾歉之足忧。

今朝廷锐意，取外国长技，足资治理者，易我之故。火车之轨，已造端于四冲要之区，其支分歧出行，遍达乎穷僻。而学农之书，且遍布天下，使皆仿行。今钱君廉能爱民，守先公家法，若泯古今中外之见。讨其制、究其学实，而致之其事，以收其效，使远近援以为法，寖推而寖广，将遂成国家新政，驯致于富强。岂特给足其封内，使吾侪小人，无忧灾歉，已乎此固救时之贤所急起而图功者也。

请以斯文为公之左券焉。

光绪二十四年九月

刑部额外主事武强贺涛撰文

廪膳生武强张宠寿书

四十九、清光绪山西立公仓碑记

立公仓碑记

此碑立于清光绪三十年（1904），位于大同市南郊区水泊寺乡寺儿村龙王庙。碑火山岩质，梯首方座，高 188 厘米、宽 62 厘米、厚 12 厘米。碑额横刻“万善同归”四字。碑体完整，字迹较清晰。傅倬撰文，贾纬书丹。

古者民风敦厚，缓急相济，有无相通，故鼓腹嬉游不闻呼。庚癸于盛世，圣人治天下，使有菽粟如水火。诚谓政在养民，命官之首念，阻饥陈畴之不忘稼穑，类以足食为先务。设岁有凶歉，而家无盖藏，将乞籴难遇秦仁，指口孰如鲁义，势必至饿殍载道，老弱转沟壑，壮者之四方而不止。此耕三余一，耕九余三，厚民生□籍以□□政之不□也。夫救荒莫要于积谷，积谷莫善于义仓。宋朱子创立社仓以赡民，穷民感□之。后世□师其意，而到今犹有常平仓。然置于郡县，而乡村则无，一遇兕荒，发放辗转，是何异取西江之水，救涸辙之鱼，水未来而鱼已困乎。吾友杨公□□村中众善人等，心同如一，情深利济，因读史至水旱类书，窃虑天灾□□无代不有，吾晋自光绪三年大祲，十年、十八年、二十六年，岁不登者比比矣。今幸有年，四民心意。庆如雪之禾稼，作未雨之绸缪。爰集同里经理人杨天锡、杨世春、赵连城等会商，谋建义仓，首倡善举，众□□公劝，而乐于后事，踊跃输将。遂择三官圣寺公地一所，随缘募化，捐谷肆拾伍石整，预备年荒。每年出旧入新。富岁则补入公仓，凶岁则散给□□□□。乡之□寡、孤独佥有所养，而务期保全民命，实惠均沾。噫，善矣！可谓有志竟成矣。乡人□公之善行，未忍湮没，属余为文以纪实。余既钦公等□□□□有开必先，而又慕诸信士之从善如登，相助为理。用叙颠末，永勒贞珉，以为上下邻村之观感。倘由是相观而兴起各村置一义仓，则五□八十三村之穷民，皆赖此以生活。公等之功德，佑民岂止一乡一邑而已哉！谨将规条详载于后，谷数钱项另有账目官中所存。

杨如松施谷肆石杨华施谷肆石杨世春施谷叁石郭威施谷叁石赵连城施谷叁石胡永富施谷叁石杨汝施谷叁石杨天锡施谷贰石杨秉口施谷贰石杨汝杰施谷贰石全镇施谷壹石韩凤翔施谷壹石张忠信施谷壹石李万通施谷壹石魏锦施谷壹石杨巍施谷壹石杨世荣施谷壹石杨企春施谷壹石次永裕施谷壹石韩成施谷壹石杨盛山施谷壹石杨富山施谷壹石杨寿施谷壹石杨长寿施谷壹石次泰元施谷壹石杨崇贵施谷壹石彭施谷壹石郭鸿栋施钱伍佰

新旧□会杨□□次饺□彭登朝杨汝杰杨长□杨长□次永裕杨长□杨汝□杨长寿次泰元彭懂

石作李宝张志成

潞城县儒学正堂阳高县举人傅倬敬撰

大同县学增广生员贾纬敬书

大清光绪三十年岁在朔逢□徐姑洗下旬谷旦立

五十、清光绪山西新建社义仓碑记

此碑高 171 厘米、宽 71 厘米、厚 20 厘米，青石石质，表面微有剥蚀，基本完好。为楷书体，王植槐撰文，王孝友书丹，李锦义、张贵镌字。有边饰，碑额书“博施济众”四字。清光绪三十二年（1906）九月立石，今存宗艾镇桑宏村。

碑记该村新建社义仓事由，并立社义仓规条，刻之于石，以利按规章行事。

尝思积谷为民命所关，而实行惟社仓尤便。盖乡村分积，则敛散可以随时；典守在民，则吏胥无由滋弊。历稽前代良法具存。自周礼遗人之掌门关，乡间各有委积，以待艰厄。隋臣长孙平因之义仓之制，今诸州县百姓当社立仓，随所收获，劝课出输，领之社司，以时赈发。唐宋递相遵仿，至朱子而规画倍详。仓虽以社为名，事实与义同例。一切输受之法，条目兼该，而其要由在地近其人，人习其事，良以官之为民计，不若民之自为计。故守以民而不守以官，城之专为备不若乡之多所备，故积于乡而不积于城。其输之也不劳，其散之也易遍，其操之也不迫，其察之也易周。是以积久而弊不生，施博而泽可继。虽有水旱不齐之岁，而无仓皇四出之民，制莫有善于此者也。槐叔祖与先父念义之善法，足资桑梓缓急，于光绪七年，先捐谷壹百石，以为之倡。又村中于丰年按地起谷三次，六十余石，除每年霉烂鼠耗息谷而外，净存谷壹百五十余石。因未建仓不能刻石，今叔祖与村中父老，念有谷而不建仓，其事可虑。踊跃输将，共捐钱四十四吊以为建仓之用。借义学公地，建仓三间。功已告成，谨将规条捐数立石，以期久远遵行。是为记。

新建社义仓碑记

五品衔考授直隶州州同州判孝廉方正王植槐志子孝友书丹并篆额

经理

光禄寺典簿王秉钧

孝廉方正王植槐

耆民王祝年

佾生王艺槐、王梦龄

社义仓规条

一、经理择人。村中公举端谨殷实之人，充当办理仓中事务，如有徇私者议罚，侵食者赔补，后有告退者续举。

一、出纳积息。每年于青黄不接之时，分三分之一出借，定于三月内开仓，限于十月内还仓。预期出帖，实贴仓门。愿借者互保具领。如秋后交还不到，保人抵还。游手不事生业之人不准借，无地者不准借，非本社之人不准借。每户借数以数斗至两石篇止。按二分行息。

一、广为储蓄。如遇丰年，陆续按地起谷，每亩以半升为定，第上中下户捐谷收仓。凶岁计户给散，准谷之多少以算户，视口之众寡以贷谷，先中下者，后及上户。有田者来岁还仓，无田者免偿。

一、盘查秉公。每年出入，六家乡约齐到，不到者罚。仓中置斛斗升各一，俱经理监管，乡约轮盘。借户将谷晒干，重扇，再盘入仓，所□正数若干，息簌若干，注账存查。乡约办公，每人每日从息谷内出饭食钱一百文。

大清光绪三十二年菊月谷旦

邑人李锦义徒张贵镌字

五十一、清光绪云南昆明县义仓碑记

清光绪三十二年（1906）刻石。嘉善鲍春生书丹。委管昆明义仓绅士吕德洋、张联森、周嘉兴、雷受绅立石。

谨将奉管义仓各节叙胪于左

窃查昆明县义仓前所存谷，因咸丰七年丁巳，省城被困，计日按丁发粮，城民赖以生活，仓谷为之一空。

迨至同治十一年禀奉府、督宪岑、刘批准，将同治八年各绅民汇借军饷发给银票准抵捐纳，官职卖出票价作为义仓存谷之项。通计卖出票价银八千六百六十二两四钱，此重立义仓款项之始基也。今数十年之久，历年既多经管，各绅亦属不少，均系各专责成次第接管，所有历年出入谷米银两俱系源源呈报，均蒙查覆，奉批转行，谕饬各在案迨。

昆明县义仓碑记拓片正面

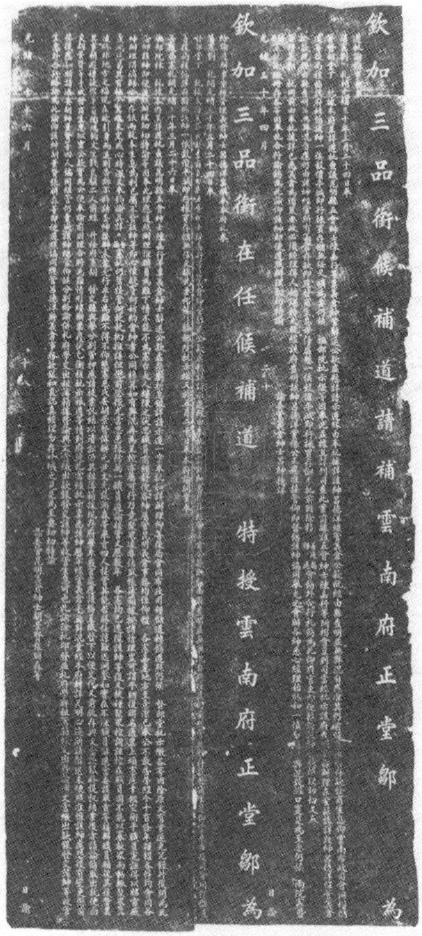

昆明县义仓碑记拓片背面

至光绪十八年，经会城绅士吕绅德洋、张绅联森、张绅廷梁、曹绅琳等接管所有粜籴谷米，出入银钱均经随时分次禀呈。县、府通报查考批复立案历十余年之久，均无舛错。截至光绪二十八年十二月底，除谷米粜尽无存外，实存放商本息银两万一千八百七十两零八钱五分，又零收铺房田地租息，除开支岁修工料暨上纳条粮及书斗看伺人等各工食外，实存租息银八百二十五两七钱一分二，共合存银两万二千六百九十六两五钱六分。

曾经禀报县、府转报。各宪并禀明接管年久，再请另行遴委殷实公正绅士接管，以专责成，正德候批示间，乃于光绪二十九年正月，公集益文庙桂香楼，突有云南府学文生钱良骥挟嫌冤诬，当众声言经管绅士挪用公款，把持侵吞等词，急于索取勒令交出。因将前项放商生息银两如数收回，于正月二十四日挑赴文庙桂香楼，邀集昆明五会绅耆交代接管，而各绅耆均推辞不允。

经公同酌议权将此银暂行寄存兴文公当听候。府宪详核遵乃未及奉批该生，钱良骥复纠聚多人，于二月二十日在文庙内估将义仓历年账目簿据索去，详细查毕，逐一苛求一月之久。计驳询账目十条，分别开列清折联名通禀。府宪邹札委发审局委员会同昆明县桂大令，传集具禀各人及五会绅士齐集县署，四面当同，逐一查算，明确均无私弊，而具禀各生一一折服，亲书已名画押，按条登明，计阅两日一夜，始蒇其事，该生等复加具切结呈备条。当经两大令据情禀覆。旋即由府通详。

各宪于光绪三十年六月奉，抚部院林札局行府内开查控案，应有曲直。关守虽已赴任，该守何以不将原案迅速议结。如果原管绅并无弊混，即不应任听劣绅诬控不予惩儆，更不能任其因被控推辞，转遂劣绅干预之计。事关地方公举款项不少，亟应妥为维持，勿稍迁就，因循致有废坠。

札蒇局即便核饬，该府遵照逐一详出明晰，据实禀覆核办等因。惟查义仓公款共计两万两千余金。因该生等漫谓侵吞索取交出，又不接收。故寄存兴文公，当听候议结，先后年余之久。计耽延息银两千有奇。前经算明账目之后，曾由府禀覆复奉府宪林批禀及清折均悉此案。该府督通桂令范令传集两造调簿，按款查算各节，各节均极明晰。吕德洋经营义仓公款。既称通盘澈算，绝无丝毫弊混，自可毋庸置疑。惟该原告等不查虚实，实辄行攻，虽控告不为无因，此等刁风已不可长。况聚众文庙既不宜稍有宽纵，且因讼而悬息如许，并无原告摊赔息银照例坐诬以儆等因。

批局札府行县速遵集原告等到案着落。摊赔息银照例坐诬专办各等因。即经由县差传各生到案饬令交赔息银。当事该生以家事贫难，实在无力赔缴息银，自怨自戒，恳祈再再，邀免赔缴，从宽了息。始蒙县尊悯其寒微，不忍坐诬，乃将该举贡等严加申斥而禀附各生。随即发学戒饬并蒙为之转详邀恩，奉抄发详覆内开。诸生不查虚实，先于文庙之内立逼清算账目，随又捕风捉影，冒昧具呈，致吕绅负气辞退，息银久悬，着令分赔息银，照例坐诬，实属罪有应得，但家事贫难，核计悬旷息银为数甚巨，在义仓少此一款。尚不致支出诸生缴此多金，实属无从措办。仰恳俯念该原告等教读为生，家本贫寒，吕绅亦代邀恩从宽免其摊赔并免照例坐诬，予以自新之路。举人赵珍、张泗传由卑职严加申斥，其余禀附诸生分别发学戒饬并以儆将来各等因。详请示遵嗣奉谕知照内开案奉。善后局宪札开奉。督部堂丁。批据属昆明县桂令禀遵札提訊控告吕绅德洋之原告举人赵珍等家均贫难，无力赔缴息银并请免其坐诬各情，伏乞批示饬遵一案。缘由奉批此案。若果系该原告等自知唐突，委出一时误控，尚足以儆将来，自可姑从宽免，恐系该县为之弥缝，则是宽免其咎，若辈茫昧无知，即无以为妄。仰云南善后局会同布政司粮储道遵照缴等因。奉此除分移外合，行札饬为此札仰该署县遵照，毋违特札又奉。善后局宪札开。

光绪三十年十一月十九日奉。抚部院林。批据署昆明县桂令禀遵札提訊。控告吕绅德洋之原告举人赵珍等家均贫难，无力赔缴息银并请其坐诬各情，伏乞批示饬遵一案奉批如禀从宽准照，所拟完结，仰善后局移会布政司转饬遵照仍候。督部堂批示等因奉此善后局除移布政司查照内外合行此饬为此札仰。该署县即便办理特札等因奉此合行谕知为此谕仰吕绅德洋遵照。

宪批情节办理，切特谕计抄发禀稿一纸随奉。云南府邹。谕转奉此合宪批示原管绅士毫无弊混，饬令仍前经管（此谕全文备录，碑首兹不复赘）。本谕之下，实以前车可鉴，复恐因公受累，现既经算明账目，且趁此银存公当，便于交代，因复具禀告辞，请另委绅接管，以期早日交替，旋奉批示，仍前经管，未许辞退（此批注全文已备载，前谕不复赘）。并添委绅士胡景贤、张联森、周嘉兴、雷受坤等同为经管，当奉谕饬兴文当呈缴纳前项寄存银两，由府转发共银两万两千七百二十一两七钱七分，如数承领遵照。具领呈府备案，随即分放各商号生息，自光绪三十年七月初一起，遵谕每月每两以六厘生息，按年具报，此复行接管义仓之实在情形也。曾经禀覆具报在案。自兹以往官督绅办，按年禀报以示清白而昭慎重，并以杜后来之讼端也。故特举颠末而勒石以志之。

光绪三十二年岁次丙午二月

（杨若虚根据孔夫子网拓片照片整理）

五十二、清光绪江苏长元吴三县丰备义仓碑

潘遵祁撰，吴大澄篆，吴大衡书。碑文内容暂缺。

五十三、清光绪江西遂川复兴义仓丁教碑记

此碑藏于今江西省遂川县珠田乡达溪村祠堂中，碑文大部分被石灰覆盖，大多难以辨识。

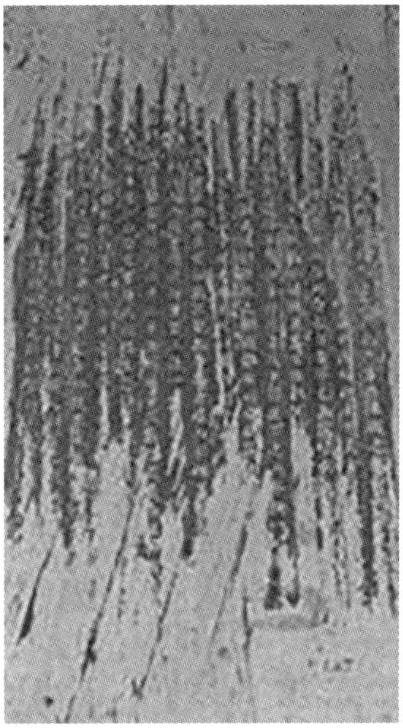

复兴义仓丁教碑记

……凶荒而为一族久远之□也然事往行之□前而……

……人之不善□终□我族□□□□于此向来有义仓，自……

……石之□碑记至今尚存而义仓谷自昔年已□亦不乏而卒兴一人□心此……

……生息□哉亦积谷至□百余石又……

……旦也迄今有叁拾年矣，乐善好施者族中谅……

……以前此之□举不成则后此之兴？必以故？

……无爰易则以今视昔因不可以昔而□今……

……可无愿贫者家无□石则饥岁不能无忧倘金……

……司志数人按丁□谷每男丁派谷一□有谷……

……当□行□□居亦□乐为解□或数……

……共有若干当部工举首事□人经理生息□……

……若干□示□□则所以筹之于今日……

……成则今日之举何患善始而不能善终哉

……不朽俾后之览者知前人……

……前人□□之计为是则经始者之所切望于宋…

五十四、民国年间江西吉安渼陂村七十六都义仓碑记

七十六都义仓碑记

此碑现存放于江西吉安青原区渼陂村义仓院内。

古者耕三余一，耕九余三，盖重储蓄以备荒歉也，管子曰："仓廪实则知礼节，衣食足而知荣辱。"然则遇有干旱水溢，贫民迫于饥荒，将何以策？救治乎曰：莫如义仓。义仓者，仿古之常平仓之遗意，于公无损，于私有益。

飞鹏曰：余向有志未远焉，旋商诸胞叔赓臣堂叔发煌及诸弟庆绪、炳星、鼎铭、邵君、致中等劝其捐出重资，首先倡议，而诸公亦乐于赞成解囊相助，一时都中好善乐施之士，闻风而起，大书特书者踊跃而前，不数月而欸集。飞鹏恐难持久，复又向家族谋一地点，建造积谷公所曰：义仓，由都中公举廉能正绅，长于计学者经理其事，以专责成自时厥后所存之谷，夏放秋收，计口领粮，乡里称便者，垂数十年于兹矣。父老子弟，身被其泽者成鼓腹而嘻曰：盛哉，此举特不可无以表彰之也，语云：有功德于民者，宜俎豆以祀之，用视乐输之，多寡定主位之等级，输三百石者为上主，二百石者为中主，一

百石者为次主，每逢岁冬举行祭典，亦崇德报功之。

然天下事，莫为之前，虽美弗彰，莫为之后，虽盛弗传，今者事已告竣，因特纪其事之缘起，并将各乐输鸿名勒碑以志不忘，殆亦所谓饮水思源，由是为引。

五十五、民国时期湖南乌冲积谷会碑

这是一块湖南乌冲的积谷会石碑，下款是“民国辛酉十年夏，聪房积谷会刊，雁鸣氏荣汉敬立”。碑文记述了该房自光绪丁酉田稷开劝办，经甲午疫疠、乙未旱干，殷实之户告匮，后经劝道踊跃捐谷四百余斗。会成立后，相约有弊共除，有利共守，不举经理，公放公报，限一日毕。此会到二十五年，族人其见其闻，无侵渔、无隐晦，会产会谷，蒸蒸日上。记文后列均户名单。此碑是一块民间家族的义仓碑。

乌冲积谷会碑

五十六、民国时期青海西宁县五川公民义仓碑

义仓和碑都由蔡占斑所立。蔡占斑，青海地方名士，生卒年不详，字笏臣，互助人，清德宗光绪二十三年（1897）举人。民国初年，任甘肃省参议会议员、西宁县参议会议员、国民党甘肃支部西宁县分部分部长等职。为人刚正不阿，有气节。1916 年袁世凯复辟倒退。1917 年，西宁县知事刘炳坤以各种名义摊派赋税，百姓不堪其苦，蔡占斑联络乡绅进行揭露斗争，最终刘退还赃款。1925 年，蔡占斑在西宁新街创办西宁五川公民义仓，春收秋放，救济百姓。

碑文内容不详。

五十七、民国山西创修义仓记

此碑为卧式，砌于墙体，高 67 厘米，宽 109 厘米，青石石质，保存完好。为楷书体，李光尊撰文，教员白嵩年书丹，白鸿銮镌字，民国二十二年（1933）瓜月立石。今存西洛镇南东村。

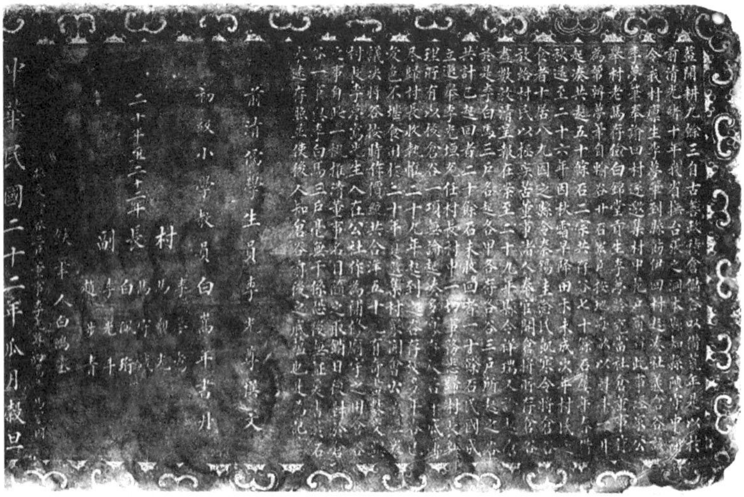

创修义仓记

盖闻耕九余三，自古善政。积仓储谷，以备荒年。是以于前清光绪十年，我省抚台张之洞，本县知县陈守中，谕令我村廪生李梦笔到县，饬伊回村起凑社义仓谷。李梦笔奉谕回村，遂邀集村中花户商办此事。经众公举村老马存俭、白锦堂，贡生李梦龄充当社仓董事，作为帮办。梦笔自输谷廿石，众户按地每亩以斛斗一升起凑，共起五十余石，二宗共存谷七十余石。屡年春借秋还，至二十六年，因秋霜早降，田禾未成。次年村民乏食者十居八九，因之县令秦锡圭，念民饥寒，令将仓谷放给村民，以拯疾苦。董事诸人奉官开仓，将所存仓谷尽数放清，呈报在案。至二十九年，县令祥瑞又谕起仓。于是李白马三户各起各甲，各存各谷，三户所起之谷共计已起回者二十余石，未收回者一十余石。民国成立，选举李光垣充任村长。村中一切事务，悉归村长办理。所有以后仓谷一项，无论起凑多寡，存放若干，底簿尽归村长收执。惟二十九年起到之谷存放多年，谷已变色，不堪食用。于三十年夏，邀集村众开会公议。经众议决，将谷按时作价，统共合洋伍拾元有奇，尽数交与村长李梦鸾先生，入在公社作为补修庙宇之用。仓谷之事，自此一概推清，董事名目随之取消。日后对于仓谷一事，与李白马三户毫无干系。恐后无证，爰书于石，永远存照，并使后人知仓谷前后之底蕴也。是为记。

前清儒学生员李光尊撰文

初级小学教员白嵩年书丹

二十年至二十二年村长副：李梦鸾、马观光、马守诚、白佩珩、李光斗、赵步青

铁笔人　白鸿銮

推交仓谷三户董事：李光尊、白嵩年、马家图

中华民国二十二年瓜月谷旦

五十八、山西原平赵公川源义仓碑记

赵公川源义仓碑记封面

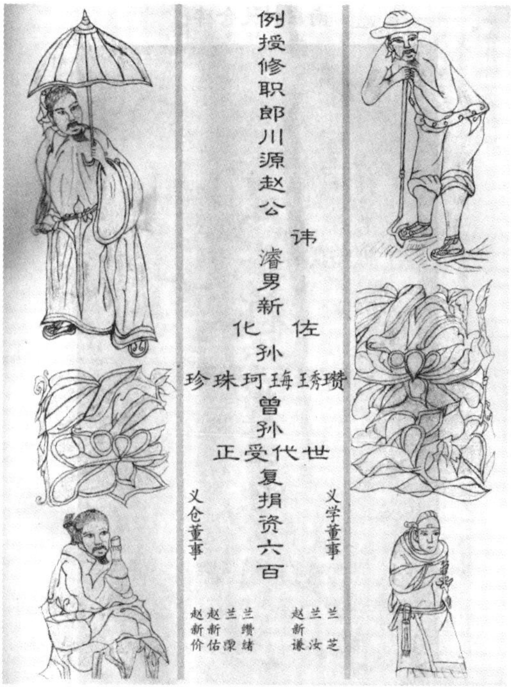

赵公川源义仓碑记内文

（摘自郝崇荣《古今同川》）

五十九、安徽阜阳义仓碑

碑文内容暂缺。

六十、山西沁州创建义仓碑记

碑文内容不详。

六十一、江西吉安县安塘乡淡江义仓碑记

位于吉安县安塘乡淡江村宗祠有序堂内，具体碑文内容不详。

六十二、江西抚州市南城县新丰汾水村潘氏社仓石匾

潘氏社仓石匾

六十三、云南石屏南关义仓碑记

碑文内容暂缺。

六十四、兴地村社仓碑记

碑文内容暂缺。

六十五、庐公祖建义仓福名碑

碑文内容暂缺。

六十六、张宋两氏新创大冶义仓碑记

具体内容不详。

第二节　社义仓记

一、南宋朱熹：福建《建宁府崇安县五夫社仓记》

乾道戊子，春夏之交，建人大饥。予居崇安之开耀乡，知县事诸葛侯廷瑞以书来，属予及其乡之耆艾左朝奉郎刘侯如愚，曰："民饥矣，盍为劝豪民发藏粟，下其直以赈之?"刘侯与予奉书从事，里人方幸以不饥。俄而盗发浦城，距境不二十里，人情大震，藏粟亦且竭。刘侯与予忧之，不知所出，则以书请于县于府。时敷文阁待制信安徐公嘉知府事，即日命有司以船粟六百斛溯溪以来，刘侯与予率乡人行四十里，受之黄亭步下。归，籍民口大小仰食者若干人，以率受粟，民得遂无饥乱以死，无不悦喜欢呼，声动旁邑，于是浦城之盗无复随和而束手就擒矣。

及秋，徐公奉祠以去，而直敷文阁东阳王公淮继之。是冬有年，民愿以粟偿官贮，里中民家将辇载以归有司，而王公曰："岁有凶穰，不可前料。后或艰食，得无复有前日之劳，其留里中而上其籍于府。"刘侯与予既奉教，及明年夏，又请于府曰："山谷细民无盖藏之积，新陈未接，虽乐岁不免出倍称之息贷食豪右，而官粟积于无用之地，后将红腐不复可食。愿自今以来，岁一敛散，既以纾民之急，又得易新以藏，俾愿贷者出息什二，又可以抑侥幸、广储蓄。即不欲者，勿强。岁或不幸，小饥则弛半息，大侵则尽蠲之，于以惠活鳏寡，塞祸乱原，甚大惠也。请著为例。"王公报皆施行如章。

既而王公又去，直龙图阁仪真沈公度继之。刘侯与予又请曰："粟分贮民家，于守视出纳不便，请仿古法，为社仓以储之。不过出捐一岁之息，宜可办。"沈公从之，且命以钱六万助其役。于是得籍坂黄氏废地，而鸠工度材焉。经始于七年五月，而成于八月。为仓三、亭一，门墙、守舍无一不具。司会计董工役者贡士刘复、刘得舆、里人刘瑞也。既成，而刘侯之官江西幕

府，予又请曰："复与得舆皆有力于是仓，而刘侯之子将仕郎琦尝佐其父于此，其族子右修职郎玶亦廉平有谋，请得与并力。"府以予言悉具书礼请焉，四人者遂皆就事。方且相与讲求仓之利病，具为条约，会丞相清源公出镇兹土，入境问俗，予与诸君因得具以所为条约者迎白于公。公以为便，则为出教，俾归揭之楣间，以视来者。于是仓之庶事，细大有程，可久而不坏矣。

予惟成周之制，县都皆有委积，以待凶荒。而隋唐所谓社仓者，亦近古之良法也。今皆废矣，独常平义仓，尚有古法之遗意，然皆藏于州县，所恩不过市井惰游辈，至于深山长谷，力穑远输之民，则虽饥饿濒死，而不能及也。又其为法太密，使吏之避事畏法者，视民之殍而不肯发，往往全其封鐍，递相付授，至或累数十年不一訾省。一旦甚不获已，然后发之，则已化为浮埃聚壤，而不可食矣。夫以国家爱民之深，其虑岂不及此？然而未之有改者，岂不以里社不能皆有可任之人，欲一听其所为，则惧其计私以害公；欲谨其出入，同于官府，则钩校靡密，上下相遁，其害又必有甚于前所云者，是以难之而有弗暇耳。今幸数公相继，其爱民虑远之心皆出乎法令之外，又皆不鄙吾人以为不足任，故吾人得以及是。数年之间，左提右挈，上说下教，遂能为乡闾立此无穷之计，是岂吾力之独能哉！惟后之君子，视其所遭之不易者如此，无计私害公，以取疑于上，而上之人亦毋以小文拘之，如数公之心焉，则是仓之利，夫岂止于一时！其视而效之者，亦将不止于一乡而已也。因书其本末如此，刻之石，以告后之君子云。淳熙甲午夏五月丙戌新安朱熹记。

二、南宋朱熹：浙江《婺州金华县社仓记》

淳熙二年，东莱吕伯恭父自婺州来访。余于屏山之下，观于社仓发敛之政。喟然叹曰：此周官委积之法，隋唐义廪之制也。然予之谷取之有司，而诸公之贤不易遭也。吾将归而属诸乡人士友相与纠合，而经营之使闾里有赈恤之储。而公家无龠合之费，不又愈乎。

然伯恭父既归，即登朝廷与病还家又不三年而卒，遂不果为其卒之年。浙东果大饥，予因得备数推择奉行荒政，按行至婺，则婺之人狼狈转死者，已籍籍矣。予因窃叹以为向使伯恭父之志得行，必无今日之患，既而尚书下予所奏，社仓事于诸道。募民有欲为者，听之民盖多。慕从者而未几予亦罢归，又不果有所为也。

是时伯恭父之门人，潘君叔度感其事而深有意焉。且念其家自先大夫时已务赈恤，乐施予岁捐金帛不胜计矣。而独不及闻于此也。于是慨然白其大人，出家谷五百斛者，为之于金华县。婺女乡安期里之四十有一都，敛散以时规，画详备一都之人。赖之而其积之厚而施之广盖未已也。

一日以书来曰：此吾父师之志，母兄之惠，而吾子之所建。虽予幸克成之，然世俗不能不以为疑也。子其可不为我一言以解之乎。予惟有生之类，莫非同体。惟君子为无有我之私，以害之故。其爱人利物之心，为无穷，特穷而在下则禹稷之事，有非其分之所得为者，然苟其家之有余，而推之以予邻里乡党。则固吾圣人之所许，而未有害于不出其位之戒也。况叔度之为，此特因其坟庐之所在，而近及乎十保之间，以承先志，以悦亲心，以顺师指，且前乎此者，又已尝有天子之命于四方矣。而何不可之有哉。抑凡世俗之所以病乎此者，不过以王氏之青苗为说耳。以予观于前贤之论，而以今日之事验之，则青苗者，其立法之本意。固未为不善也。但其给之也，以金而不以谷其处之也，以县而不以乡其职之也。以官吏而不以乡人士君子其行之也，以聚敛亟疾之意而不以惨怛惠利之心，是以王氏能以行于一邑，而不能以行于天下，子程子尝极论之，而卒不免于悔。其已甚而有激也，予既得辞于叔度之。请是以详著其本末，而又附以此意。

婺人盖多，叔度同门之士，必有能观于叔度所为之善。而无疑于青苗之说者，焉则庶几乎。其有以广夫君师之泽，而使环地千里，永无捐瘠之民矣。岂不又甚美哉。叔度名景宪与伯恭父同年进士，年又长而屈首受学无难色，师殁守其说不懈，益虔于书无不读，盖深有志于当世。然以资峭，直自度不能随世俯仰，故自中年不复求仕，而独于此为拳拳也。

十二年岁，乙巳冬十月庚戌朔

三、南宋朱熹：福建《建宁府建阳县长滩社仓记》

建阳之南里曰“招贤”者三。地接顺昌、瓯宁之境，其狭多阻，而俗尤劲悍。往岁兵乱之余，萑莠不尽去，小遇饥馑，辄复相挺，群起肆暴，率不数岁一发，虽寻即夷灭无噍类。然愿民良族，晷刻之间，已不胜其惊扰矣。

绍兴某年，岁适大祲，奸民处处群聚，饮博啸呼，若将以踵前事者，里中大怖。里之名士魏君元履，为言于常平仓使者袁侯复一，得米若干斛以贷。于是物情大安，奸计自折。及秋将敛，元履又为请得筑仓长滩，廐置之旁，以便输者，且为后日凶荒之备，毋数以烦有司。自是岁小不登，即以告而发之。如是数年，三里之人，始得饱食安居，以免于震扰夷灭之祸，而公私远近无不阴受其赐。

盖元履少好学，有大志，自为布衣，而其所以及人者已如此。蒙其惠者虽知其然，而未必知其所以然也。其后元履既没，官吏之职其事者，不能勤劳恭恪如元履之为，于是粟腐于仓，而民饥于室。或将发之，则上下请赇，为费已不赀矣。官吏来往又不以时，而出纳之际，阴欺显夺，无弊不有。大抵人之所得，秕糠居半，而偿以精凿。计其候伺亡失。诸费，往往有过倍者。是以贷者病焉，而良民凛凛于凶岁，犹前日也。

淳熙十一年，使者宋侯若水闻其事，且知邑人宣教郎周君明仲之贤，即以元履之事，移书属之，且下本台所被某年某月某日制书，使得奉以从事，盖岁以夏贷，而冬敛之，且收其息什之二焉。行之三年，而三里之间人情复安，如元履无恙时，什二之收，岁以益广。周君既已增葺其栋宇，又将稍振其余，以渐及于傍近。盖其惠之所及，且将日增月衍而未知其所极也。周君以予尝有力于此者，来请文以为记。

予与元履早同师门，游好甚笃，既追感其陈迹，又嘉周君之能继其事而终有成也，乃不辞而为之说，如此则又念昔元履既为是役，而予亦为之于崇安，其规模大略仿元履，独岁贷收息为小异。元履常病予不当祖荆舒聚敛之余谋，而予亦每忧元履之粟久储速腐，惠既狭而将不久也。讲论余日，杯酒从容，时以相訾謷，而讫不能以相诡，听者从旁抵掌观笑，而亦不能决其孰为是非也。及是宋侯周君卒用予所请。事以成元履之志，而其效果如此。于是论者遂以予言为得。然不知元履之言虽疏，而其忠厚恳恻之意，蔼然有三代王政之余风，岂予一时苟以便事之说所能及哉？当时之争，盖予之所以为戏，而后日之请，所以必曰“息有年数以免”者，则犹以不忘吾友之遗教也。因并书之以示后人。使于元履当日之心有以得之，则于宋侯、周君今日之法有以守而不坏矣。元履名掞之，尝以布衣召见，天子悦其对，即日除太学录，寻以数论事，不得久居中，既而天子思复召用之，则元履既卒矣。上为怅然久之，诏有司特赠直秘阁云。

四、南宋朱熹：《建宁府建阳县大阐社仓记》

招贤里大阐罗汉院之社仓，新侯官大夫周君某之所为，而长滩之别贮也。始秘阁魏君之筑仓于长滩，非择其地而处之也，因其船粟之委，于是藏焉耳。故仓之所在，极里之东北，而距西南之境，远或若干里，贷者多不便之。而是时，率常数岁乃一往来，则犹未甚以为苦也。

淳熙甲辰，周君始以常平使者宋公之檄，司其发敛之政，而以岁贷收息之令从事。既为之更定要束，搜剔蠹弊，而以时颁焉，民已悦于受赐矣。周君因益问以因革之宜，而有以道里不均之说告者，且曰："自今以往，一岁而往来者再，则其劳佚之相绝，又非前日比矣。"周君于是白之宋公，而更为此仓，以适远近之中，且令西南境之受粟者即而输焉。来岁遂以远近分土，使各集于其所以待命。民既岁得饱食，而又无独远甚劳之患，于是咸德周君，而相率来请文以记其成。昔予读《周礼》旅师遗人之官，观其颁敛之疏数、委积之远迩，所以为之制数者甚详且密，未尝不叹古之圣人既竭心思而继之以不忍人之政，其不可及乃如此。及今而以是仓之役观之，则彼其详且密者，亦安知其不有待于历时之久、得人之多，而后乃至于此耶？因为之记其本末，以为后之君子或将有考于斯焉。

周君字居晦，好读书，有志当世之务，吏事亦精敏绝人，不但此为可书也。仓凡二间，高若干尺，广若干尺，深若干尺。始作以某年某月某日，越某月某日成，用工若干，钱若干，佐之者里之某人也。

五、南宋朱熹：福建《邵武军光泽县社仓记》

光泽县社仓者，县大夫毗陵张侯欣之所为也。光泽于邵武诸邑，最小而僻。自张侯之始至，则已病。夫市里之间，民无盖藏，每及春夏之交，则常籴贵而食艰也。又病夫中下之家，当产子者，力不能举，而至或弃杀之也。又病夫行旅之涉吾境者，一有疾病，则无所于归，而或死于道路也。

方以其事，就邑之隐君子李君吕而谋焉。适会连帅赵公，亦下崇安建阳社仓之法于属县，于是张侯乃与李君议，略放其意，作为此仓，而节缩经营，得他用之余，则市米千二百斛，以充入之。夏则捐价而粜，以平市估，冬则增价而籴，以备来岁。

又买民田若干亩，籍僧田、民田当没入者，若干亩，岁收米合三百斛，并入于仓以助民之举子者，如帅司法，既又附仓列屋四楹，以待道涂之疾病者。使皆有以栖托食饮，而无暴露迫逐之苦，盖其创立规模，提挈纲领，皆张侯之功，而其条画精明，综理纤密者，则李君之力也。邑人既蒙其利，而歌舞之。部使者亦闻其事，而加奖劝焉。

于是，张侯乐其志之有成，而思有以告来者，使勿坏则以书来，请记予读古人之书，观古人之政，其所以施于鳏寡、孤独、困穷、无告之人者，至详悉矣。去古既远，法令徒设，而莫与行之，则为吏者赋敛诛求之外，亦饱食而嬉耳，何暇此之问哉。

若张侯者，自其先君子而学于安定，先生之门则已悼，古道之不行，而抱遗经以痛哭矣。及其闻孙遂传素业，以施有政，宜其志虑之及此，而能委心求助以底，于有成也。李君于予，盖有讲学之旧，予每窃叹其负经事综物之才，以老而无所遇也。

今乃特因张侯之举，而得以粗见其毫末，是不亦有感，夫故予既书张侯之事，而又附以予之所感于李君者。

俾来者，尚有考云，绍熙四年春二月丁巳，新安朱熹记。

六、南宋朱熹：江苏《常州宜兴县社仓记》

始予居建之崇安，尝以民饥，请于郡守，徐公喜得米六百斛以贷，而因以为社仓。今几三十年矣，其积至五千斛，而岁敛散之里中，遂无凶年，中间蒙恩，召对辄以上闻，诏施行之，而诸道莫有应者。独闽帅赵公汝愚，使者宋公若水为能广其法于数县，然亦不能远也。

绍熙五年春，常州宜兴大夫、高君、商老，实始为之，于其县善拳、开宝诸乡，凡为仓者十一，合之为米二千五百有余斛。择邑人之贤者，承议郎赵君善石。周君林承直郎，周君世德以下二十有余人，以典司之，而以书来属予记。予心许之，而未及为也。

会是岁浙西水旱，常州民饥尤剧，流殍满道，顾宜兴独得下熟，而贷之所及者，尤有赖焉。然予犹虑夫贷者之不能偿，而高君之惠，将有所穷也。

明年春，高君将受代以去，乃复与。赵周诸君，皆以书来趣予文，且言去岁之冬，民负米以输者，襁属争先视贷，籍无龠合之不入。予于是益信高君之惠，将得以久于其民，又信其民之信爱其上，而不忍欺也。则为之记，其所以然者，抑又虑其久，而不能无弊，于其间也。

则又因而告之曰：有治人无治法，此虽老生之常谈，然其实不可易之至论也。夫先王之世，使民三年耕者，必有一年之蓄，故积之三十年则有十年之蓄，而民不病于凶饥，此可谓万世之良法矣。其次则汉之所谓常平者，今固行之其法，亦未尝不善也。然考之于古，则三登泰平之世，盖不常有。而验之于今，则常平者，独其法令、簿书、管钥之仅存耳。是何也，盖无人以守之，则法为徒法，而不能以自行也。而况于所谓社仓者，聚可食之物，于乡井荒闲之处而主之，不以任职之吏，驭之，不以流徒之刑，苟非常得聪明仁爱之令，如高君又得忠信明察之士，如今日之数，公者相与并心一力，以谨其出纳，而杜其奸欺，则其法之难守，不待异日，而见之矣。

此又予之所身试者，故并书之以告后之君子，庆元元年三月庚午既望具位朱熹记。

七、南宋朱熹：《浦城县永利仓记》

浦城县迁阳镇永利仓者，故提举常平公事，黄侯某之所为也。

闻之故老，某年中，黄侯以乡人奉使本道，奏立是仓，其里中岁时敛散，以赈贫乏，且使镇官兼董其事，行之累年。近村之民，颇赖其利，后以兵乱废，息无余岁，或不收。民辄告病，于今若干余年，而吏部之调，镇官犹袭故号也。中间知县事王君铅视邑之仁风，诸里社仓颇有成效，欲取其法，以复此仓之旧，而议不克合。

今知县事括苍，鲍君恭叔之来，乃复有请，而使者吴兴、李侯沐深然之。于是鲍君得致其役，营度故壤，筑仓若干楹，不日告成，略如旧制，遂移县庾之粟若干斛，以贮焉。夏发以贷，冬敛以藏，一以淳熙，某年社仓制敕从事，盖凡贷之所及者，某里某都之人，固皆有以望于其后，而无复凶年之虑矣。其所未及，则亦欣然相告曰：是仓息滋，而藏羡，其肯卒遗我哉。

鲍君闻之，以书来告曰：邑人之情如此，不忍以无记也。予观黄侯当日之权，足以制一道，而其后为此，乃仅足以恤其乡邻，盖未尝不叹其心之仁，而病其不广。以今推之，则未必其势之有不能也。是安得以今日社仓之法，告之哉。若李侯、鲍君之是役，则既足以使黄侯之心，愈久而不泯，而又能承天子之诏，以广其惠于无穷，是皆可书也。已独后之人，能推所余，以遍乎其所未及，则有未可必者，故特为之书其本末，而并以告焉。庶乎有所考，而不亡也。

绍兴五年夏四月己酉，朝散郎秘阁修撰，新权发遣潭州主管荆湖南路，安抚司公事朱熹记。

八、南宋刘辰翁：《社仓记》

巽翁先生无位而一食三叹，无食而急人朝饥，他日怀编书示予，独欣然如有饱色。曰："此喻邑西溪刘氏社仓约也。人人有此心，亦人人能之而不为，盖吾与子之所共愧也。彼将蕲予记其仓，予欲传其约予乡。"自是常慨然为来客诵之，而未及记而先生卒。然其邑彭君幼远犹望焉，为是记来也。义哉彭君！来庐陵盖三数，既恨不可得，则委先生诺责于予。

予潸然受之，曰："此先生志也。前年吾乡旱，既甚，大家逆劝分，闭余粟，冬春无所得籴。乡人之携持叩关者，累累不能归，则徘徊浮桥间中江赴焉；市而夺饼饵盘飧以饱者，起责之金，则含哺而走桥，亦中江赴焉。盖桥者告余，曰：'夜夫妇相泣，既而水声如投石者不绝，常数人，及旦，来者乃已，殆不可数也。'于是巽翁流涕解衣易米，更相为粥，以食饿者，游手四望取餍，而颓檐曲巷，衣冠困敝，阴雨连月不能出者，又未有省焉。暨乡都转致，强者干没伪占，弱者择轻受少，独区区藉虚声出藏粟耳。此无他，无社仓之故也。使庐陵所在有社仓者，何得后时辗转望于天上，亦或及或不及，乃知政术不存，仓卒补救，虽仁心仁闻无益。"

今世訾无能为者必曰士，士亦妄自菲薄。如西溪刘氏才二三十人，人贷谷二三十石或百石二百石止。然既得千七百余石，贷之三谷，岁收息，视乡人杀其一，再岁杀其二，三岁则谷本可偿矣。又三岁十岁以至于无穷，子子孙孙，与是仓终始，而谷亦不可胜用矣，此社仓法也。夫数石之谷，节于口腹，岂人所不能哉。士皆若此，何事不可为。喻西无富家，刘固士族仅足尔。闻社仓者，不暇自量，沛然各修其可愿。吾庐陵其独无西溪刘哉！顾其力有十西溪者，乃亦与吾等无异，可叹耳。

天下之重，未必一人所能任也。人为其所可能，而不可能者从是举矣。而人以善小不足为，诞曰濡煦而已，孰知斗升之水有大于西江者哉！以吾庐陵之所睹，故知西溪活者众也。嗟乎！人命亦大矣。西溪有社仓，西溪之人未病也。天地能生，而不能使其无饥；父母能生，而不能使其无困。于天地之不能而能之者，是仓也。

是仓名堂曰集义，翼以两廊六仓，其积可万石。为是仓者，奉新监酒刘梦麟少游。彭君名程，其父子屡贡其乡，亦佳士。

（选自《刘辰翁集》，有删改）

九、南宋黄榦：江西《袁州萍乡县西社仓絜矩堂记》

晦庵先生初创社仓以惠其乡人，欲以闻于朝颁之州县，江浙间好义者争效焉。

袁州萍乡社仓九，县西其一也，钟君唐杰为之记。有堂焉，未名，胡君叔器谋于榦以“絜矩”名之，叔器归，以语唐杰，唐杰曰：“可乎哉?”以书来曰，子为我记之。榦闻之师曰：絜，度也，矩，所以为方也。处己接物，度之而无有余不足方之谓也。富者连阡陌而余粱肉，贫者无置锥而厌糟糠，非方也。

社仓之创，辍此之有余，济彼之不足，絜矩之方也，君子之道必度而使方者，乾父坤母而人物处乎其中，均禀天地之气以为体，均受天地之理以为生，民特吾兄弟，物特吾党与，则其林然而生者未尝不方也。

恻隐之心人皆有之，赤子入井，一牛觳觫，于己何与而怵惕生焉。一原之所同出，自不能已耳。则方者又人心之同，然也，饥而食、寒而衣，仰事而俯育，人之同情也。

是以古之帝王设为井田，家受百亩，上有补助之政，下有赒救之义，于吾心有病焉，此方之政也。己欲立而立人，己欲达而达人，老吾老以及人之老，幼吾幼以及人之幼，因其分殊原其理一方之所以为教也，夫稽之天理，验之人心，参之帝王之制，质之圣贤之训，君子之道孰有大于絜矩者乎，若夫横目自营，拔一毛不以利天下，充其小己自私之心，虽一家之内，父子兄弟尚有彼此之分，而况推之人物乎，故不能以絜矩为心者，弗天理、逆人心，帝王之所必诛，圣贤之所必弃也。

然则知社仓之为义而置者絜矩者也，不知社仓之为义而不置者不絜矩者也，既不知之又欲坏之，是自不能絜矩而又恶人之絜矩，贤不肖之分晓然矣。

又尝即钟君之记而考之，萍乡之为邑久矣，为令、为尉于其邑者，不知几人，而孙公、潘公独能留意为士，而生且长于其邑者，又不知其几人也。彭君虽不知其人，而钟君、胡君则贫不能自立者也，而亦拳拳于此是四五人者，其贤于人可知矣。

因是推之，则向之捐米以置仓如柳如宜者，其人又可知矣。又尝考之钟君尝求记于先生，而先生为之跋，考其岁月，盖属纩之前二十日也，其词抑扬感慨有遗义焉，其天地生物之心至于老且殁而不衰也。

某年某月某日具位黄榦记。

十、明黄淮：《义仓记》

国家惠养斯民，以固邦本，恒恐闾阎厄于饥馁不得，以遂其生。

上烦圣虑，宵旰靡宁，重念朝廷旧设预备仓廪，岁久驯致废弛，于是慎简廷，臣授以玺书，条画事宜，分诣各道，以经理之。仍命藩宪重臣之廉敏者，以为之左。刑部署郎中事员外郎刘广衡承命往浙江，偕布政使司方延玉、按察副使王豫协修预备之政，按行郡邑，宣扬德意，仍召区里之长，及乡之耆民，群聚于廷，谆切训饬，益加详焉。

邑中富羡之家，仰聆玉音感激奋励，愿出谷输于官，未浃旬得谷米麦一万四千七百三十石。敕使同藩宪喜其民之效义也，劳以羊酒，荣以缯彩，即日具名以闻。既而鸠工庀材构四仓，一百二十楹，以备储蓄。钦遵敕旨，选忠厚公正耆民，及殷富淳良之家，严慎守护，兼知出纳之数，府委同知张本，县委县丞赵恭总其政，申明戒约，委曲详备，大要以绝私无扰，为本里社细民皆叹忻感悦，仰戴圣恩，生成之赐也。

郡县乐其事之有成，征文为记，勒石以垂示永久，淮惟成周之世，县都皆有委积以备凶荒。自汉以来，迭至常平社仓、义仓，大率皆仿周制。世殊事异，更变不一，皇上远稽古典，近追祖宗成法，遣使巡历修复旧政，而光大之。俾得便宜，行事务期，民受实惠，纶綍焕颁而效义之民云集响应，仓廪充实，赈贷于是仰给焉。

《传》曰：“未有上好仁，而下不好义者，此之谓也。”敕使同心协义，克称任使，皇华辉赫，遐迩具瞻，郡邑官僚，祇承惟谨，不烦而事集，防闲有方，侵渔之弊消于法，皆当得书其义民，姓氏具刻碑阴，使观者视效兴起，后克有继也，是为记。

十一、明王演畴：《义仓记》

考周礼司徒氏，以十二荒政聚万民，必以散利，居先则利之需于民至急也。第不有积，何由散，故古者三年九年之蓄，以三十年之通制国用，即时有凶荒，而民无菜色，遐哉不可尚已。嗣是惟常平社仓，若耿寿昌、长孙平、郑公、朱元晦诸君子，先后行之，得荒政遗意，当其时亦先后赖焉。相传至今，诚足述也。国家着令所在州县，设预备仓，积谷备赈，轸念非不殷，恐贮有限，而徼惠者无穷，是杯水车薪之喻也。矧公帑出入非申请得允，不敢发文，移往返动，更月朔纵得发，未免后期所云，缓急有赖者，不然矣。故敛散便民整齐，惟上而利病，每相乘无论封仓劝粜，称敝政不可行，即如春放秋收，权子母持券索负，未能实沾升斗，徒苦追呼，三家村里，固不少此守财虏，又何俟从事者，争道而驰耶。以斯知积贮之法，官仓不如社仓，议贷不如议赈，此确论也。

不佞受事大埔，见四境萧条，因思仿古创仓，以佐百姓之急，会歉月奉上檄，减价粜官谷千石，就中权宜从事，粜数稍溢所定，幸秋稔易还原数，积羡得六百石。清远旧社仓，早为豪猾干没，因里排具呈召谕，减追得九百余石，并民间升斗义输亦不下千石，因分建仓共五处，度地方广狭，将前谷多寡贮之。议丰年不散，凶年全散。年在丰凶间半散半留，采舆论谓积而散，诚便矣。第后不能继，无若以谷易价，官买义田，其利济当未有涯，遂如议行薄俸，仅足糊口，原不能捐，乃民间鬻田具领，率称本县捐俸，予甚愧焉。因量捐俸薪一季，以实其言余，一切不侵官损民者，悉为铢积，除建仓外，通计得七百余金，易田百亩。诸仓最巨者，惟湖寮田租实仓倍他处，是仓也，匪直贫民资焉。赉节孝，以兴行也；赡保甲，以苏疲也；设津渡，以利攸往也。至于祭乡，厉祭骆冢以仁鬼神。

于是乎在矣，顾湖寮仓东山渡夫，非其旧设乎，乃未几没于豪民。今复之而已，晚也。以旧无籍可稽，故至此，愿吾民觉察世守之傥有侵渔，出此相证，不待干没而议复焉。不庶几，永存无替哉。存心济物一命之士，当然今兹之役，姑以试吾愿耳。至如追踪汉宋先民之程，以祈不谬于周礼，则以俟君子不佞，又何敢希也。

十二、明张文达：浙江衢州《西安县乐丰义仓记》

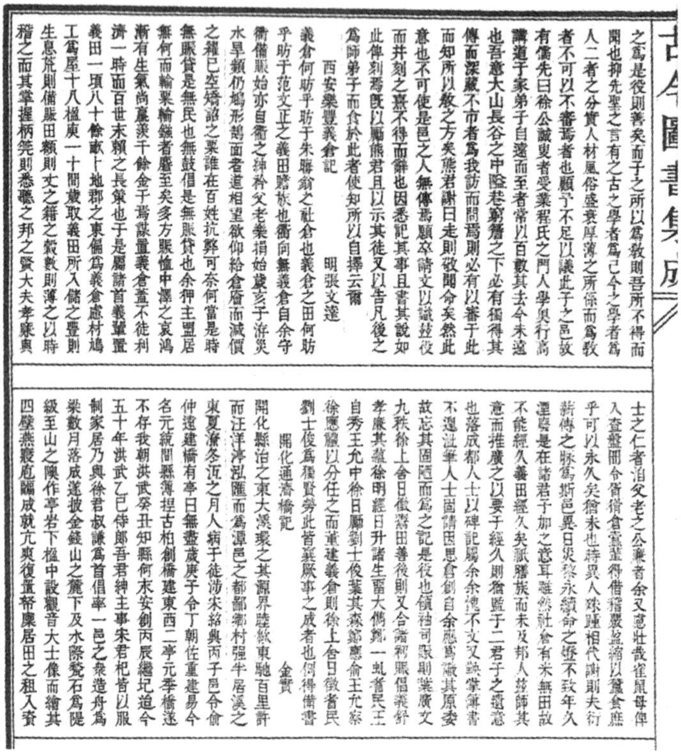

古今圖書集成

之爲是役則善矣而子之所以爲教則吾所不得而聞也抑先聖之言有之古之學者爲己今之學者爲人二者之分實人材風俗盛衰厚薄之所係而爲教者不可以不審焉者也願子不足以議此子之邑故有儒先曰徐公誠叟者受業程氏之門人學與行爲講道于家弟子自遠而至者常以百數其去今未遠也吾意大山長谷之中險巷窮簷之下必有獨得其傳而深藏不市者爲我訪而問焉則必有以審于此而知所以教之方矣熊君謝曰走則敬聞命矣然此意也不可使是邑之人無傳焉願卒請文以識茲役而并刻之熹不得而辭也因悉記其事且書其說如此俾刻焉既以屬熊君且以示其徒又以告凡後之爲師弟子而食於此者使知所以自擇云爾

西安樂豐義倉記　明張文達

義倉何昉乎昉于朱晦翁之社倉也義倉之田何昉乎昉于范文正之義田贍族也衢向無義倉自余守衢備賑始亦自衢之紳衿父老樂捐始歲亥子洊災水旱頻仍鳩形鵠面者道相望欲仰給倉廥而減價之糴已空矯詔之粟誰在百姓抗弊可奈何當是時無賑貸是無民也無鼓倡是無賑貸也余狎主盟居無何而輸粟輸鏹者麕至矣多方賑恤中澤之哀鴻漸有生氣尚贏羨千餘金于焉謀置義倉蓋不徒利濟一時而百世永賴之長策也于是屬諸首義輩置義田一頃八十餘畝卜地郡之東偏爲義倉慮材鳩工爲屋十八楹庚一十間歲取義田所入儲之豐則生息荒則備賑田額則丈之籍之穀數則薄之以時稽之而其掌握柄筦則悉聽之邦之賢大夫孝廉與士之仁者洎父老之公廉者余又慮壯哉雀鼠毋俾入查盤冊令胥猾倉蠹輩得借稽覈盈縮以蠶食庶乎可以永久矣猶未也特異人殊踵相代謝則夫衍薪傳之脉爲斯邑異日災祲永續命之燈不致年久湮廢是在諸君子加之意耳雖然社倉有米無田故不能經久義田經久矣祇贍族而未及邦人茲師其意而推廣之以要于經久則猶賢于二君子之遺意也落成都人士以碑記屬余余愧不文又缺掌簿書不遑泚筆人士固請因思倉創自余恐爲識其原委故忘其固陋而爲之記是役也領袖司賬則葉廣文九秩徐上舍日徵[illegible]田善後則又合諸[illegible]賑倡義紳孝廉其蕃徐明經日升諸生留大儁鮑一虬耆民王士自秀王允中徐日勵劉士俊葉其森鄭應俞王允察徐應龍以分任之而董建義倉則徐上舍日徵耆民劉士俊爲獨賢勞此皆冀厥事之成者也例得備書

開化通濟橋記　金實

開化縣治之東大溪環之其源界睦歙東馳百里許而汪洋泓匯而爲潭邑之都鄙鄉村强半居溪之東夏潦冬沍之月人病于徒涉宋紹興丙子邑令俞仲遠建橋有亭曰無盡歲庚子令丁朝佐重建易今名元統間縣簿揑古柏創橋建東西二亭元季橋遂不存我朝洪武癸丑知縣何木安創丙辰繼圮迨今五十年洪武乙巳侍郎吾君紳主事宋君杞皆以服制家居乃與徐君叔謙爲首倡率一邑之衆造舟爲梁數月落成遂披金錢山之麓下及水際甃石爲隄級至山之陳作亭若下楹中設觀音大士像而繪其四壁燕寢庖湢成就亢爽復置帑廩居田之租入資

《西安县乐丰义仓记》（摘自《古今图书集成》）

义仓何昉乎，昉于朱晦翁之社仓也。义仓之田何昉乎，昉于范文正之义田赡族也。衢向无义仓，自余守衢备赈，始亦自衢之绅衿父老乐捐。始岁亥子，荐灾水旱频仍，鸠形鹄面者，道相望。欲仰给仓廥，而减价之籴已空，矫诏之粟谁在。百姓抗弊，可奈何。当是时，无赈贷，是无民也。无鼓倡，是无赈贷也。余狎主盟，居无何，而输粟输镪者麇至矣。多方赈恤，中泽之哀鸿，渐有生气，尚赢羡千余金于焉。谋置义仓，盖不徒利济一时，而百世永赖之长策也。于是属诸首义辈，置义田一顷八十余亩，卜地郡之东偏，为义仓。虑材鸠工，为屋十八楹，庚一十间。岁取义田所入储之，丰则生息，荒则备赈。田额则丈之籍之，谷数则薄之，以时稽之，而其掌握柄筦，则悉听之邦之贤大夫孝廉，与士之仁者，洎父老之公廉者。余又虑壮哉雀鼠，毋俾入查盘册，令胥猾仓蠹辈，得借稽核盈缩以蚕食，庶乎可以永久矣。犹未也。时异人殊，踵相代谢，则夫衍薪传之脉，为斯邑异日灾，黎永续命之灯，不致年久湮废。是在诸君子加之意耳。虽然，社仓有米无田，故不能经久。义田经久矣，只膳族而未及邦人，兹师其意而推广之，以要于经久，则犹监于二君子之遗意也。落成，都人士以碑记属余。余愧不文，又鞅掌簿书，不遑泚笔。人士固请。因思仓创自余，应为识其原委。故忘其固陋而为之记。是役也，领袖司赈则叶广文九秩、徐上舍日徵。鬻田善后，则又合诸初赈倡义舒孝廉其蕴、徐明经日升、诸生留大俊、郑一虬、耆民王自秀、王允中、徐日励、刘士俊、叶其森、郑应俞、王允察、徐应礼以分任之。而董建义仓，则徐上舍日徵、耆民刘士俊为独贤劳。此皆襄厥事之成者也。例得备书。

（摘自《钦定古今图书集成·方舆汇编·职方典·衢州府部》第一千零一十六卷）

十三、清蒋文祚：陕西西安蓝田县石佛寺社仓《劝捐社谷示》

本文为清代乾隆年间蓝田县令蒋文祚所写的一篇奖励创办石佛寺社仓及捐社谷之人的告示，详细记述了县令本人恢复石佛寺社仓的起因及经过。在古代，民间互助性社会公益事业的创办，背后离不开政策的大力倡导，特别是地方政府的大力推动，但也不失内生的动力。

岁书大有，劝捐余粟，设立社仓，以济贫农缓急事，照得蓝邑比岁丰登，今年较为更稔。凡我绅民，莫不欢乐，共庆升平。但趁此耕九余三之候，正当撙节备贮，以防水旱不齐。而备贮之法，莫善于社仓。

陕省社仓废置已久，雍正二年，钦奉上谕，令直省督抚董率有司，酌量设立，前抚图公，首创捐银，通饬劝捐，于雍正七年，前餐岳公奏请：将五分耗银买谷，分贮各县。动用帑金，修建社仓。至雍正八年，始得立定规条，相沿到今。

蓝田已立七社，现在资借源源，惟石佛寺旧仓未经举复。附近居民不能于青黄不接之时借领接济，深为扼腕。

本县久有成心，欲为兴复。惟以贮谷非千石以上，不敷出入资借。自揣力绵，恐贻道旁作室之诮。

今岁幸各村田地丰收，愈于他处，昨本县亲诣该所，邀集绅士乡耆，告商其意。忻得诸贤义一仁同，咸相踊跃，各愿捐输，落成斯事。正毅气之可嘉，乐善之可敬，不胜为之忻愉。

即捐谷五十石，以为之首创。第所籍甚多，非数绅士乡耆力能擎此巨任，犹赖吾民各破悭囊，共襄义举。庶可告竣于今冬，出借于来春也。除出示劝谕外，合给印簿，送交首善，分村广劝。

如在糊口维艰，家无余粟者，不必勉强。其他则挨户劝输，自二三斗起至数斗一石，及数石至数十百石，各随其力量。在丰裕之家，不可悭吝，致贻鄙啬之讥。乐善之人，须当自量，万物有登而无给。务期颗粒合勺，俱归实在，毋使千百石斗，纸上空谈。又当知今日输之仓者，明年即领食于家，名曰好施，实乃自备。如此名实，兼收之善举，谅吾民无有不乐从。所有社仓条约，给发存公，以便出借收入时，遵着办理。所有捐谷至条约各等数目者，本县自当分别奖励，以风乐善好施，决不没人之德也。

幸共体余诚，勿辜所望。

（摘自《蓝田县志》第三章文告《附录》）

十四、东章义仓记

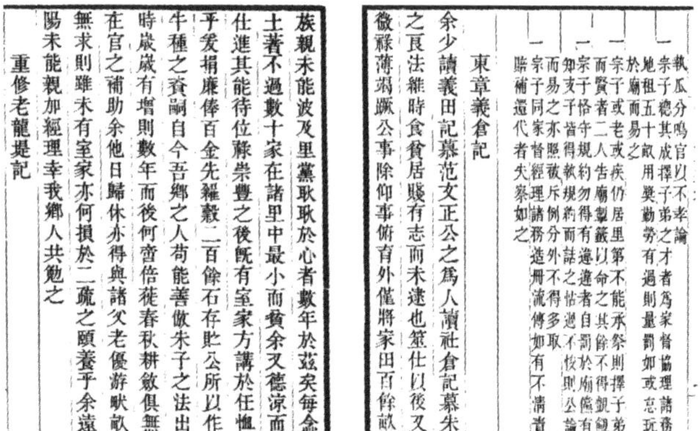
執瓜分鳴官以不孝論
一 宗子總其成擇子弟之才者為家督協理諸務歲給
地租五十畝用獎勤勞有過則量罰如或怠玩則告
於廟而易之
一 宗子或老或疾仍居里第不能承祭則擇子弟之賢
而賢者二人告廟製籤以命之其餘不得覬覦
一 宗子支子恪守規約勿得有違違者自罰於廟儻有過不
知支子皆得執規約而詰之怙過不悛則公論於廟
而易之亦照被斥例分外不得多取
一 宗子同家督經理請務造冊流傳如有不清責令分
賠補還代者失察如之

東章義倉記

余少讀義田記慕范文正公之為人讀社倉記慕朱文公之良法維時食貧居賤有志而未逮也筮仕以後又以官微祿薄竭蹶公事除仰事俯育外僅將家田百餘畝歲給族親未能波及里黨耿耿於心者數年於茲矣每念吾鄉土著不過數十家在諸里中最小而貧余又德涼而濳於仕進其能待位祿崇豐之後既有室家方講於任恤之義乎爰捐廉俸百金先糴穀二百餘石存貯公所以作明春牛種之資嗣自今吾鄉之人苟能善倣朱子之法出納以時歲歲有增則數年而後何啻倍蓰春秋耕斂俱無待於在官之補助余他日歸休亦得與諸父老優游畎畝共樂無求則雖未有室家亦何損於二疏之頤養乎余遠守襄陽未能親加經理幸我鄉人共勉之

重修老龍堤記

东章义仓记

余少读义田记，慕范文正公之为人；读社仓记，慕朱文公之良法，维时食贫居贱，有志而未逮也。筮仕以后，又以官微禄薄竭蹶公事，除仰事俯育外，仅将家田百余亩岁给族亲，未能波及里党，耿耿于心者数年于兹矣。每念吾乡土著不过数十家，在诸里中最小而贫，余又德凉而澹于仕进其能，待位禄崇丰之后既有室家，方讲于任恤之义乎。爰捐廉俸百金，先籴谷二百余石存贮公所，以作明春牛种之资。嗣自今吾乡之人苟能善仿朱子之法，出纳以时，岁岁有增，则数年而后，何啻倍菸春秋耕敛，俱无待于在官之补助。余他日归休，亦得与诸父老优游畎亩，共乐无求。则虽未有室家，亦何损于二疏之颐养乎？余远守襄阳，未能亲加经理，幸我乡人共勉之。

十五、辅平仓记

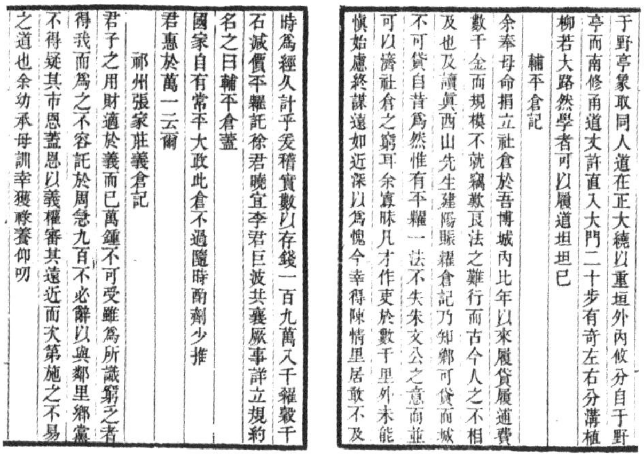
于野亭象取同人道在正大繞以重垣外內攸分自于野
亭而南修甬道丈許直入大門二十步有奇左右分溝植
柳若大路然學者可以履道坦坦已
輔平倉記
余奉母命捐立社倉於吾博城內比年以來屢貸屢逋費
數千金而規模不就竊歎良法之難行而古今人之不相
及也及讀眞西山先生建陽賑糶倉記乃知鄉可貸而城
不可貸自昔爲然惟有平糶一法不失朱文公之意而並
可以濟社倉之窮耳余寡昧凡才作吏於數千里外未能
愼始慮終謀遠如近深以爲愧今幸得陳情里居敢不及
時爲經久計乎爰稽實數以存錢一百九萬八千糴穀千
石減價平糶託徐君曉宜李君巨波共襄厥事詳立規約
名之曰輔平倉蓋
國家自有常平大政此倉不過隨時酌劑少推
君惠於萬一云爾
祁州張家莊義倉記
君子之用財適於義而已萬鍾不可受雖爲所識窮乏者
得我而爲之不容託於周急九百不必辭以與鄰里鄉黨
不得疑其市恩蓋恩以義權審其遠近而次第施之不易
之道也余幼承母訓幸獲祿養仰叨

辅平仓记

余奉母命，捐立社仓于吾博城内。比年以来，屡贷屡逋，费数千金而规模不就，窃叹良法之难行，而古今人之不相及也。及读真西山先生建阳赈粜仓记，乃知乡可贷而城不可贷，自昔为然。惟有平粜一法不失朱文公之意，而并可以济社仓之穷耳。余寡昧凡才，作吏于数千里外，未能慎始虑终，谋远如近，深以为愧。今幸得陈情里居，敢不及时为经久计。

乎爰稽实数以存钱一百九万八千，籴谷千石，减价平粜。托徐君晓宜李君巨波共襄厥事，详立规约，名之曰：辅平仓盖。

国家自有常平大政，此仓不过随时酌剂，少推君惠于万一云尔。

十六、祁州张家庄义仓记

君子之用财，适于义而已。万锺不可受，虽为所识穷乏者，得我而为之不容。托于周急九百不必辞，以与邻里乡党不得疑，其市恩盖恩以义，权审其远近而次第施之，不易之道也。

余幼承母训，幸获禄养仰叨。余为诸生时，年甫弱冠，奉太夫人馆于张家庄，乡人无不起敬，七载无间，然不独及门士也。讲课之余，观于乡，而知王道之易易，圣贤良非虚语矣。庄距州治最远，赴城领粮不便，乃所目击而心恻者。爰设义仓一，遵朱子之法，以时出纳，董其事者张奇瑛，司管钥者杨宏绪，皆吾徒也，余则择乡人之老成者，分任其劳。而三十年来，乍见恻隐之心于兹，乃稍慰矣！生等勉乎哉！古之学者非经义则治事，事既治而义益明，嗣今以往能守社仓成法，有增勿坏，永垂不朽。庶读朱子之书，匪徒托诸空言而素位之行，实有合于乡里乡党相周之义也夫。

余爲諸生時年甫弱冠奉太夫人館於張家莊鄉人無不
起敬七載無間然不獨及門士也講課之餘觀於鄉而知
王道之易易聖賢良非虛語矣莊距州治最遠赴城領糧
不便乃所目擊而心惻者爰設義倉一遵朱子之法以時
出納董其事者張奇瑛司管鑰者楊宏緒皆吾徒也餘則
擇鄉人之老成者分任其勞而三十年來乍見惻隱之心
於茲乃稍慰矣生等勉乎哉古之學者非經義則治事事
既治而義益明嗣今以往能守社倉成法有增勿壞永垂
不朽庶讀朱子之書匪徒託諸空言而素位之行實有合
於鄉里鄉黨相周之義也夫

祁州张家庄义仓记部分内容

十七、自赡清水区义仓述略

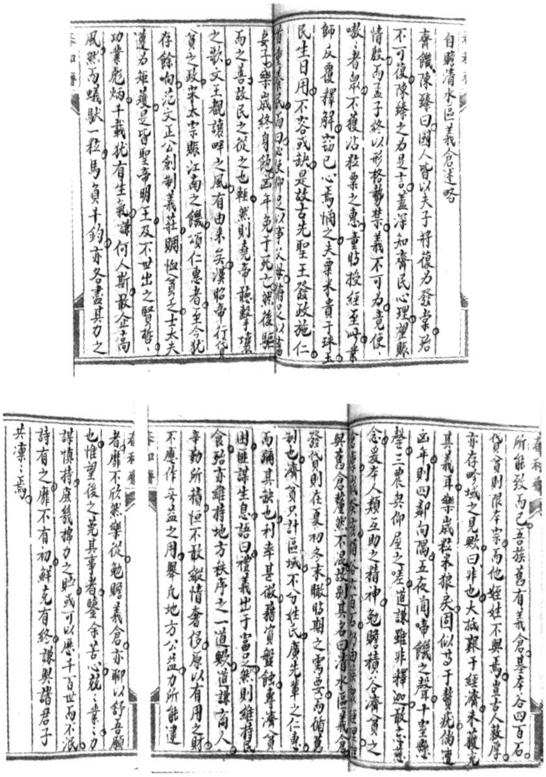
自贍清水區義倉述略
齊饑陳臻曰國人皆以夫子將復為發棠殆
不可復陳臻之為是言蓋深知齊民心理望賑
情殷而孟子終以形格勢禁義不可為竟使
嗷嗷者衆不獲沾粒粟之惠童時授經至此輒
師反覆釋解竊已心焉惘之夫粟米貴于珠玉
民生日用不容或缺是故古先聖王發政施仁
首重養民而曰必使仰足以事父母俯足以畜
妻子樂歲終身飽凶年免于死亡然後驅
而之善故民之從之也輕然則堯帝擊壤
之歌文王靈臺謳呼之風有由來矣漢昭帝行
貸之政宋太宗賑江南之饑頌仁惠者至今猶
存餘如范文正公創制義莊賙恤貧乏之士大夫
遵為矩矱是皆聖帝明王及不世出之賢哲
功業彪炳千載猶有生氣誰何人斯敢企高
風然而蟻馱一粒馬負千鈞亦各盡其力之
所能致而已吾族舊有義倉基本谷四百石
貸貧則限本宗而他姓不與焉豈古人敦厚
亦存畛域之見歟曰非也大抵艱于經濟未獲充
其義耳樂歲穀米狼戾固似易于贅疣倘遭
凶年則四鄰向隅五夜嗷嗷之聲十室懸
磬三農興仰屋之嗟道謙雖非釋迦敢忘慈
念爰本人類互助之精神勉贍積谷濟貧之
倉[illegible]穀六百石仍由[illegible]經理惟
與舊倉釐然不混設別其名曰清水區義倉
發貸則在夏初冬末賑貸期之需要而循舊
制也濟貧只計區域不分姓氏廣先輩之仁惠
而彌其缺也利率甚微藉資盤蝕專濟貧
困匪謀生息語曰禮義出于富足然則維持民
食殆亦維持地方秩序之一道歟道謙商人
事勤所積恒不敢縱情奢侈原以有用之財
不應作無益之用舉凡地方公益力所能逮
者靡不欣然樂從勉贍義倉亦聊以紓吾願
也惟望後之蒞其事者鑒余苦心兢兢業業力
謀慎持庶幾棉力之贍或可以歷千百世而不泯
詩有之靡不有初鮮克有終謹與諸君子
共凜凜焉

自赡清水区义仓述略

第三节　社义仓图记

一、清江苏丰备义仓图

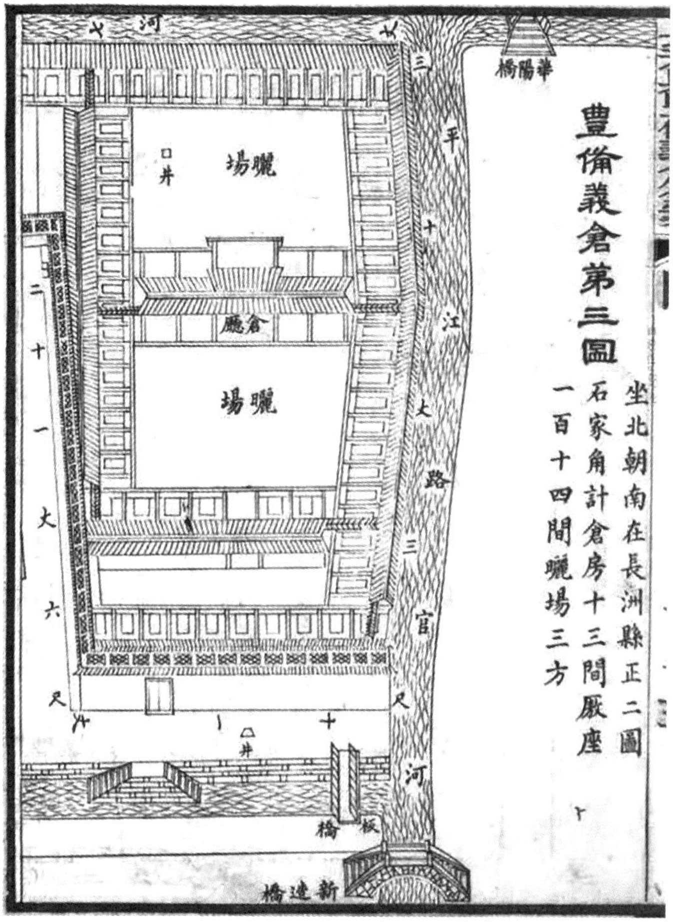

丰备义仓第三图，载于《长元吴丰备义仓全案》

二、清山西解州同善义仓图

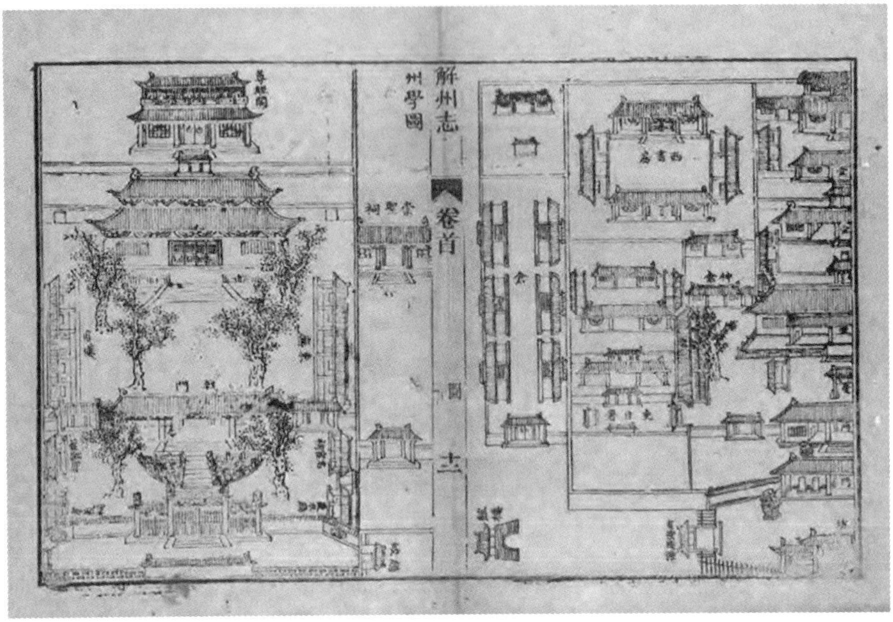

同善义仓图，载于《解州志》

三、清河北深州盈亿义仓图记

现藏于河北省深州市盈亿义仓内，具体内容不详。

第六章

历代义仓实物资料

本章汇编了我们近年来通过各种途径抢救性收集到的近现代义仓相关实物资料，包括仓志、章程、账簿、票证、老照片等，希望能够对尚存于世的义仓实物文献、文物进行保护、整理和研究。但是囿于精力、财力，这项工作目前只是刚刚开始，未来仍需要对义仓研究与实践感兴趣的学者和公益人士的加入和共同努力。

第一节　义仓仓志

一、江苏苏州《丰备义仓全案四续编》（共八册）

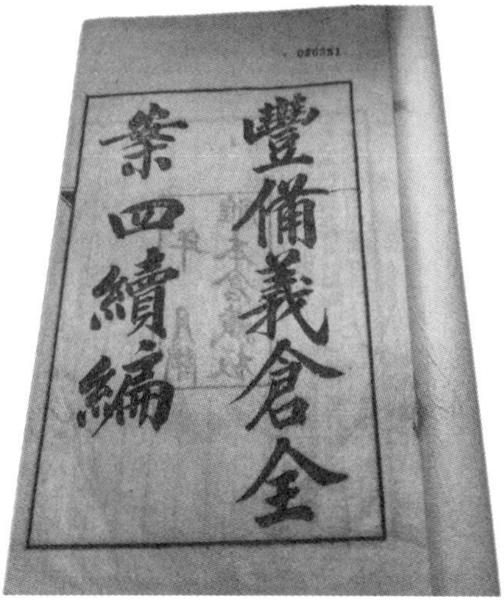

《丰备义仓全案四续编》封面

清末吴大根编著。全书共八卷。道光十五年（1835）陶澍、林则徐创办苏州丰备义仓，潘顺之首董其事十二年，辑有《丰备义仓全案》十卷，此编即继之，辑录档案、册籍等而成。凡创始兴复原委、前编补遗、添置田亩、添造仓廒、收租、积谷、存当、寄存藩库、协贴饭粥局、发账、平粜、报销、识余等类，均收录其中，并附义仓全图。

目前该书收藏于陕西大荔丰图义仓。

二、陕西《朝邑丰图义仓新章》

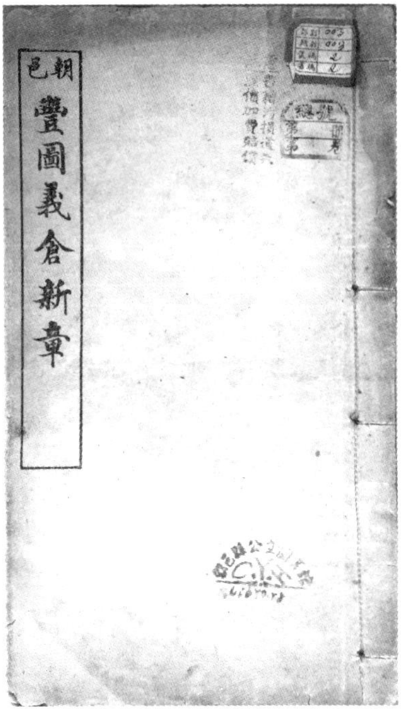

《朝邑丰图义仓新章》封面

张明善编著，现藏于陕西大荔丰图义仓。

【序】

邑旧有常平仓，实为官仓。自道光后，历年出陈易新，名曰换仓，吏胥为奸，民不堪扰。经老民刘加恩宿儒李时齐厉揭其弊，迄未尽革。

同治十三年，邑宰黄碧川以换仓累民禀准常平仓永不积储，又允邑绅阎文介公之请，仿照苏州丰备义仓及陶文毅公义仓各章程，于县城设立丰图义仓，纯然民仓，性质绅办官督，有利无弊。光绪八年于邑南寨建筑仓厫凡五十有八，缭以墉垣，上列女墙，为邑中洋洋大观。倘储谷而满之，可六万石，从兹实事求是，虽遇凶荒无饥矣。

洎入民国，纪纲渐弛，人不畏法，吾邑丰图义仓竟有司事侵蚀公款之事发觉，经查明弊，寔集众处罚，并公拟丰图义仓善后章程二十二条，籍杜流弊。既脱稿，又集地方各机关暨十四局士绅传阅，均经赞同，今将付梓，诸绅嘱予为序，援拾芜词略志，颠末所望后之司仓务者外鉴覆辙，内守新章，并于民食加之意焉，庶不负吾邑诸先达艰难缔造之苦心也，夫是为序。

中华民国十四年夏历九月十八日邑人张明善谨序。

【正文】

一、丰图义仓设仓正一人，主持仓正，设仓副一人，辅佐仓正，管理仓内一切事务；

二、丰图仓仓正、仓副任期两年，每届任满，两人不宜同退，必须相错一年，俾常川有旧绅在仓，籍资熟手，免致同时全易新班诸事不相衔接，今拟每人任仓正、仓副各一年；

三、丰图仓仓绅每班六人，期思念，每届期满先于夏历九月十六祭文介日，由同义文会会绅邀同地方各机关及十四局诸绅按照自治六区，公举六人为一班，新充仓绅，又由该六绅互推二人接充仓正副，即以次年正月为到仓任事之期，届满两年，腊月底为卸任之期；

四、有下列资格者得被举为丰图义仓仓正、仓副：

（子）曾经管理同义文会者；

（丑）老成练达，学品兼优，素孚众望者；

五、丰图仓各项存款只能发商生息，一遇年丰谷贱时，储粟备荒，不得以仓款私行营运，或与他人合股经营；

六、丰图仓会计专司各种账项，不得兼管银钱，所有登记各账目须按日呈送仓正副，逐条查核相符惠盖私戳；

七、每月终由仓正副将手存折据与本月流水账目逐一核对相符，再按流水账核对已登过之底簿，以防走底账，不走流水弊混；

八、丰图仓各项出入账目，每届年终由仓正副督同会计结算清楚，开列总单油印多份，连同全年各种账据，于夏历正月二十以前送交同义文会，再由会绅邀及地方各机关士绅查核一次，以明财政公开之义；

九、丰图仓账项名目太多，散漫难稽，函应酌量归并，以期简提，并按月由会计查照文会结束方法，将各项原有银数放出，现存数分类统计，详细列册，以清眉目，而便钩稽；

十、丰图仓厫旧有地板及一切器具什物，必须逐一登簿，每届任满，作为交代，偶有无故遗失者，应由接任仓正副责成旧主管人赔偿；

十一、丰图仓仓正、仓副及各员役薪工并旧有各项应守规则及雇佣仓伕斗级名额均应照旧办理；

十二、仓正副及各员役薪工除本月照旧额给外，不得预支及长支分文以免亏公而滋流弊；

十三、丰图仓出入各款向以两计，此后应顺潮流，改两为元，以免商人从中巧取，其过出入外债时应照文会办法，察商情增加利率；

十四、丰图仓与各商号银钱来往皆有折据，每届岁首换折时，应于折首书明丰图仓内司事人等，如有不携此项，折据在贵号，私行挪借银钱者，丰图仓概不负责字样，以免私人暗挪公款、秘密营业；

十五、有下列职务者不得被举为丰图仓仓正、仓副：

（子）现充地方各学校校长者；

（丑）现充地方各机关主任者；

（寅）现充县署科长、科员者；

十六、丰图仓设会计一人，受仓正、仓副之指挥，专管出入一切账目，并保管各项簿册文卷；

十七、丰图仓设庶务一人，受仓正、仓副之指挥，办理仓内一切杂务，并缮写公文函件；

十八、丰图仓会计、庶务由仓正、仓副选任之，每两年更换一次，但会计、庶务不宜同时更换，例如甲年易会计，乙年换庶务，以免同时俱易，生手致多不便，如至必要时，会计或庶务经取得文会同意者，得连任一次；

十九、丰图仓银钱折据，应归仓正仓副直接保管，遇有收支，经会计员报明数目，由仓正副亲司出纳，如款存商号，尤须仓正副亲往兑拨，不得假手别人致滋流弊；

二十、丰图仓向储谷豆两项，取其耐久不易霉腐，如遇年丰，粟贱时应由仓正副商同各局绅设法积储，愈多愈善；

二十一、每遇民食稍缺粮价稍昂，或青黄不接时，应由仓正副呈明县署办理平粜，如岁遭遇奇荒，尤须呈请开仓赈济；

二十二、查同治十三年黄县尊禀准常平仓章程十二条，其中名称事实除了与丰图仓现状不符或与本章程两相抵触者，不计外余于丰图仓均适用者；

二十三、丰图义仓纯系民食，性质与常平仓社仓不同，自应按照光绪六年阎文介公等禀请曾宪核准，仿照苏州丰备义仓及陶文毅公义仓各章程办理；

本章程如有未尽事宜，得随时集众修改呈明县署立案。

三、《华娄义仓征信录》

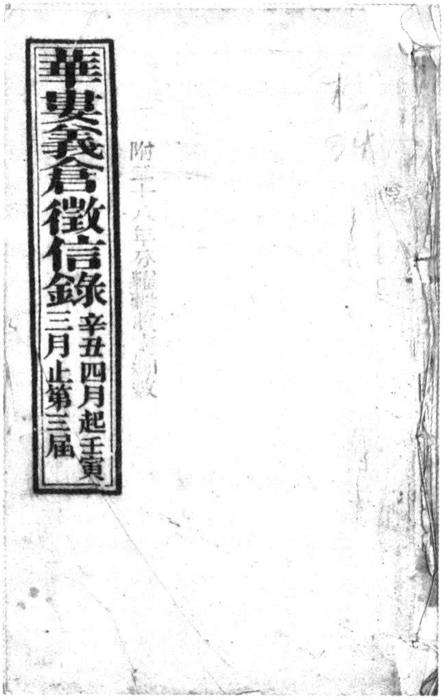

《华娄义仓征信录》封面

四、浙江温州《义仓上米章程》

孙诒让等编著于清光绪二十年（1894），共一册，电子藏品现存于温州博物馆。

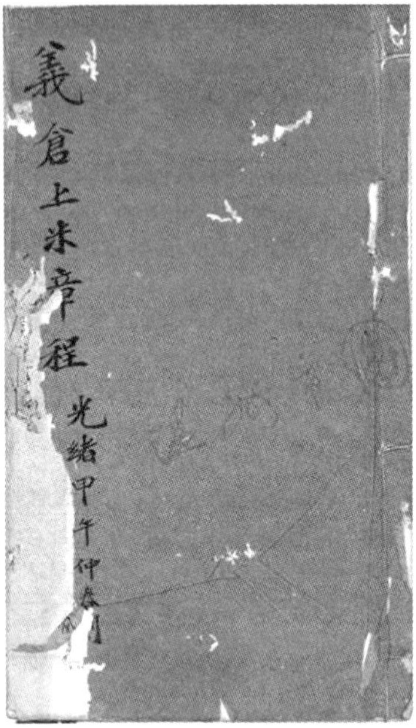

《义仓上米章程》封面

五、江西宜春《株潭义仓册》

这是民国时期江西省宜春市万载县株潭义仓的文献记录，共一册，由龙赓言修撰。主要内容为株潭义仓建立始末、捐款人名单，并附有附属慈善组织育婴因心堂的相关记载，现藏于陕西大荔丰图义仓。

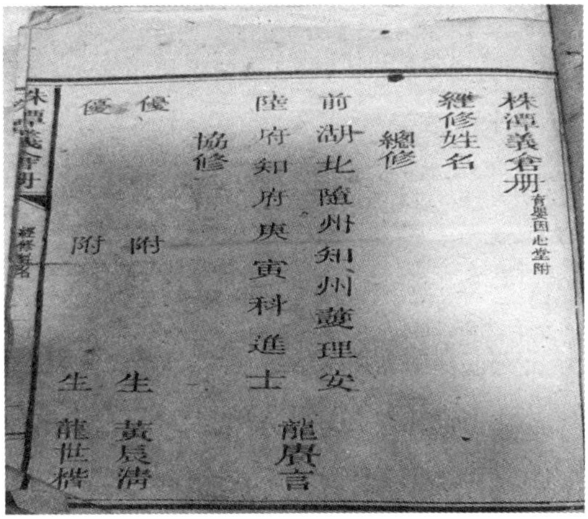

《株潭义仓册》部分内容

六、广东《佛镇义仓总录》

古籍《佛镇义仓总录》，共四卷二册，道光二十七年（1847）纂，线装，木版刻印，记载了佛山义仓独具特色的经营管理模式，现藏于佛山市博物馆。

《佛镇义仓总录》封面

序云：佛镇义仓之设，缘乾隆四十八年乡先生陈梦光等劝捐银六百余两，在正埠官地两旁建铺收租以为公费。迨乾隆五十五年，叶司马集乡先生劳莪野等议立章程，以该铺租银除文武社祀典、书院开课各费用外，将羡银买地建仓、积谷备赈。至乾隆六十年六月，始买麒麟社街屋地建仓两所、厅舍二间。时值棍徒何万藻据埠头私抽，乡先生李醴泉等控拿讯究，遂因此置横水艇，批与疍户彭恒高开摆，以渡行人过往文鹰二沙，藉租银添买谷石，均奉大宪批行，此义仓之所由设也。

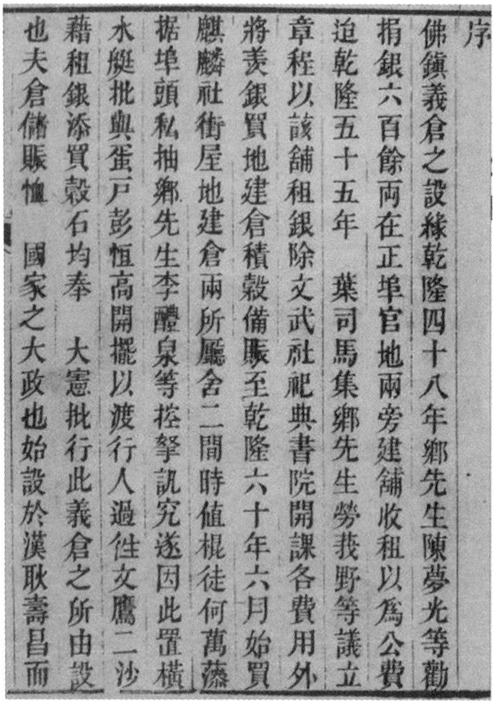

序

佛鎮義倉之設緣乾隆四十八年鄉先生陳夢光等勸捐銀六百餘兩在正埠官地兩旁建舖收租以為公費迨乾隆五十五年　葉司馬集鄉先生勞莪野等議立章程以該舖租銀除文武社祀典書院開課各費用外將羨銀買地建倉積穀備賑至乾隆六十年六月始買麒麟社街屋地建倉兩所廳舍二間時值棍徒何萬蔭据埠頭私抽鄉先生李醴泉等控擊訊究遂因此置橫水艇批與蛋戶彭恒高開擺以渡行人過往文鷹二沙藉租銀添買穀石均奉　大憲批行此義倉之所由設也夫倉儲賑恤　國家之大政也始設於漢耿壽昌而

《佛镇义仓总录》序

上图记载了关于佛山义仓的故事。乾隆四十八年（1783），乡绅劝捐六百余两银建了十间铺，以其收取铺租来支持各项公共支出，除去祭祀庆典、书院开课的费用之外，还用于买地建仓、储备粮食。嘉庆二年（1797）六月，台风袭击佛山，船户彭恒高等人的渡船损坏，无以为生。绅士李天达等人筹议将上年佛山镇士民捐输修造灵应祠的工费羡银，请船匠装造船只，租给彭恒高等人，收取船租作为义仓积谷费用。这样既解决了船户的生计，又增加了义仓的积谷来源。

据记载，清代佛山商业繁荣，店铺和船只出租自然很受欢迎，故义仓规定，店铺的出租以三年为期，定期更换，如拖欠铺租或倒闭，将另赁他人；船只出租亦以三年为期，投标出租，出银多者得中，投中者须先交纳定金才得开摆。租赁店铺和船只所得用以采购粮食，以备赈灾之用，同时也为大批的雇佣劳动者提供了工作机会。

佛山义仓可靠的经济来源，为无偿赈济提供了有力保障。佛山义仓规定：“惟所碾米石，只准无业贫民赴领，其有业之家，以及有手艺工作人等均不准赴仓领食。”据记载，嘉庆十一年、十四年，道光十一年、十三年、十四年，义仓均进行了大规模的赈济活动，领受赈济的均是赤贫及工作栈房人。由此可见，佛山义仓不但为雇佣劳动者提供粮食帮助，而且为他们提供各种工作机会，为安定社会生活、促进社会经济持续发展起到了积极作用。

（文字：邝倩华；拍摄：梁志斌；源自佛山市博物馆）

七、江西《兴国县西隅义仓四修须知册》

该书出版于 1947 年，纸张为竹纸，刻印方式为木刻，线装，尺寸为 25cm×15cm×3cm，以图文并茂的方式详细记载了兴国县西隅义仓的田产、学校等内容。

《兴国县西隅义仓四修须知册》封面

八、成都义仓委员会档案

此处文献现藏于成都市档案馆，收录于《成都慈善档案选编（1911—1951）》。成都市义仓委员会相关档案由杨若虚先生提供。

(一)《成都市义仓委员会简章》

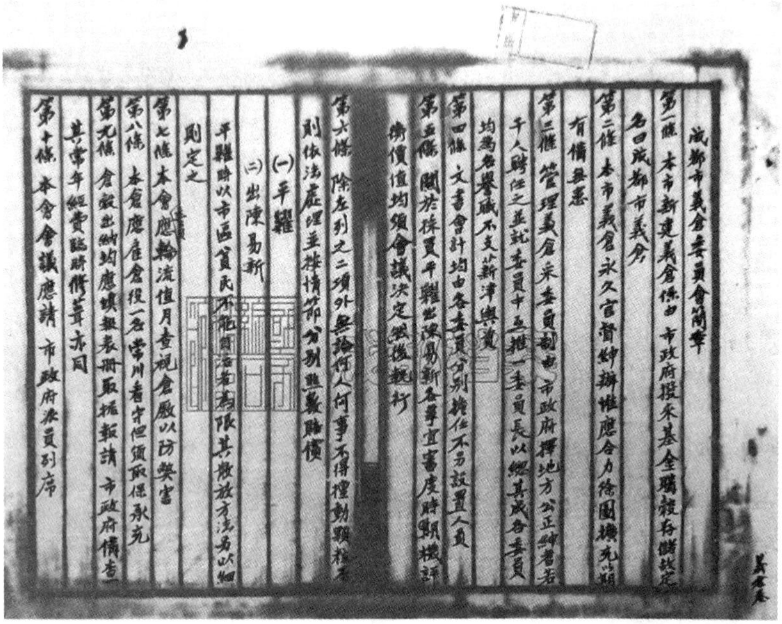

成都市義倉委員會簡章

第一條 本市新建義倉係由 市政府撥來基金購穀存儲故定名曰成都市義倉

第二條 本市義倉永久官督紳辦惟應合力徐圖擴充以期有備無患

第三條 管理義倉采委員制由 市政府擇地方公正紳耆若干人聘任之並就委員中互推一委員長以總其成各委員均為名譽職不支薪津與夫

第四條 文書會計均由各委員分別擔任不另設置人員

第五條 關於採買平糶出陳易新各事宜審度時價機評衡價值均須會議決定然後執行

第六條 除左列之二項外無論何人何事不得擅動顆粒否則依法處理並按情節分別照數賠償

(一)平糶

(二)出陳易新

平糶時以市區貧民不能自活者為限其散放方法另以細則定之

第七條 本會應輪流值月查視倉廒以防弊害

第八條 本倉應雇倉役一名常川看守但須取保承充

第九條 倉穀出納均應填報表冊取據報請 市政府備查其常年經費臨時修葺亦同

第十條 本會會議應請 市政府派員列席

第十一條 本會委員以 年為期期滿由請 市政府改聘其續聘者得連任充之

第十二條 本會事務交替時應取總結報請 市政府備查

第十三條 本會對於 市政府往來公文用函由委員長署名但遇連帶關係事件應由經手委員或連帶關係人副署

第十四條 本簡章經議決後即日實行其有未盡事宜得隨時提議開會修改

成都市义仓委员会简章

（二）《成都市义仓委员会委员》

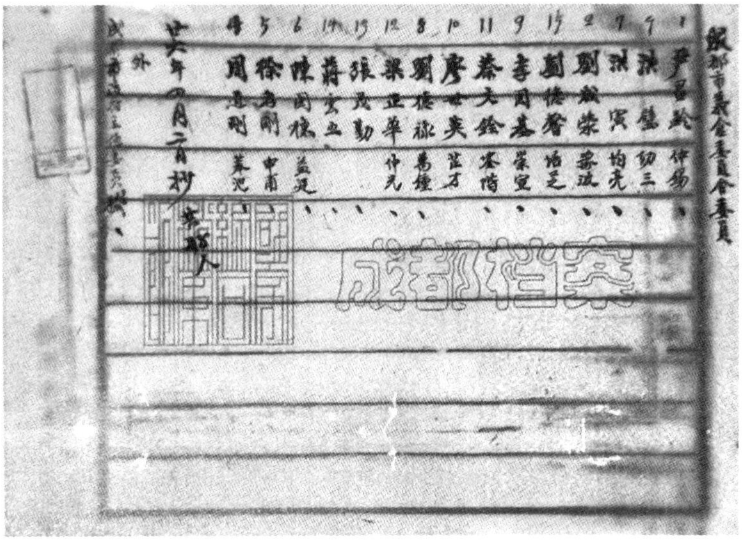
成都市義倉委員會委員

成都市义仓委员会委员名单

（三）《各地方仓储管理规则》

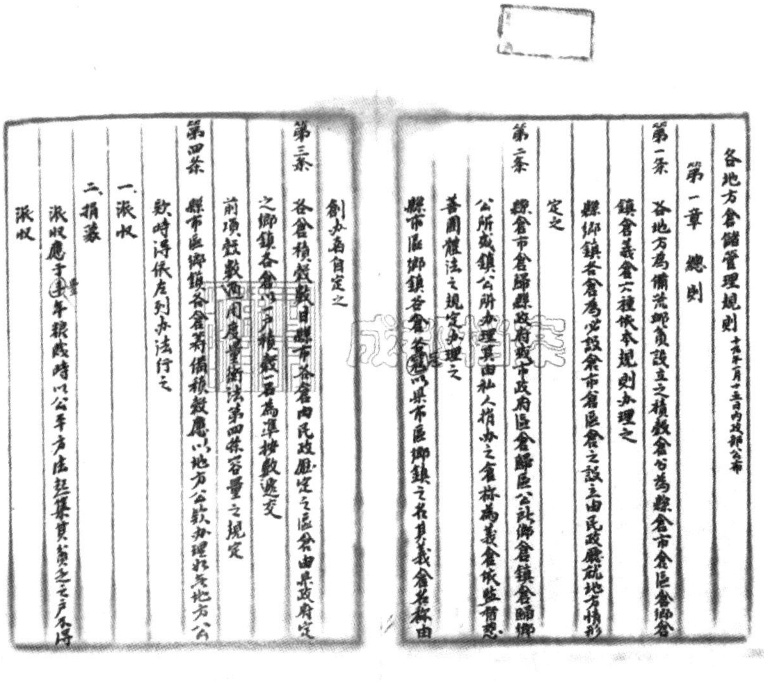
各地方倉儲管理規則　十九年一月十五日内政部公布

第一章　總則

第一条　各地方為備荒卹貧設立之積穀倉分為縣倉市倉區倉鄉倉鎮倉義倉六種依本規則辦理之

縣鄉鎮各倉為必設倉市倉區倉之設立由民政廳就地方情形定之

第二条　縣倉市倉歸縣政府或市政府區倉歸區公所鄉倉鎮倉歸鄉公所或鎮公所辦理其由私人捐辦之倉稱為義倉依監督慈善團體法之規定辦理之

縣市區鄉鎮各倉名稱以縣市區鄉鎮之名其義倉名稱由創辦者自定之

第三条　各倉積穀數目縣市各倉由民政廳定之區倉由縣政府定之鄉鎮各倉以一戶積穀一石為準按數遞交

前項積數適用度量衡法第四條容量之規定

第四条　縣市區鄉鎮各倉籌備積穀應以地方公款辦理於無地方公款時得依左列辦法行之

一、派收

二、捐募

派收

派收應于豐年穫收時以公平方法按其貧富之七戶不得

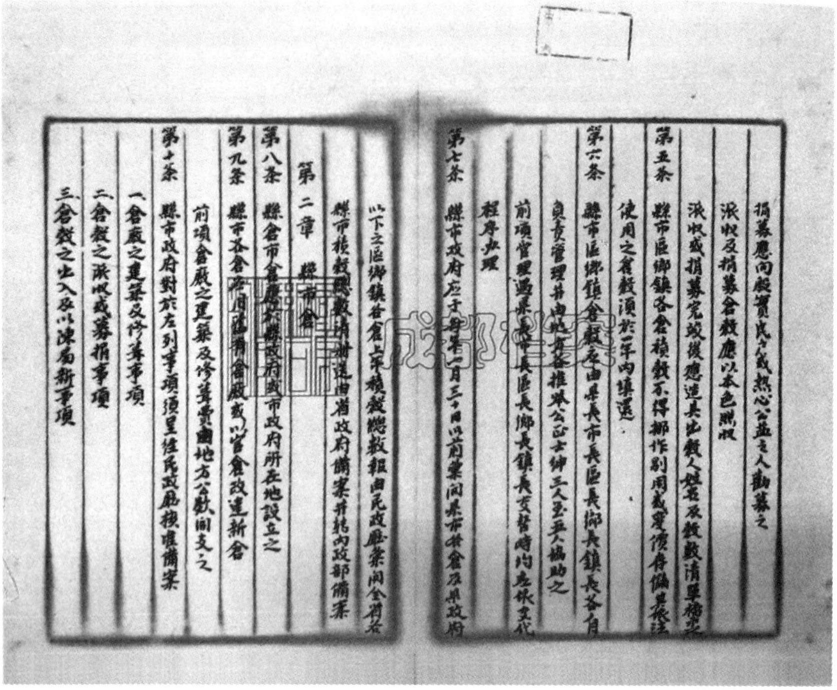
捐募应向殷实良民及热心公益之人劝募之
派收及捐募仓谷应以本色照收
派收或捐募完竣后应造具出谷人姓名及谷数清单榜示
第五条 县市区乡镇各仓积谷不得挪作别用或变价存储
使用之仓谷须于一年内填还
第六条 县市区乡镇仓谷应由县长市长区长乡长镇长各自
负责管理并由地方各推举公正士绅三人至五人协助之
前项管理遇县长市长区长乡长镇长交替时均应依交代
程序办理
第七条 县市政府应于每年一月三十日以前汇案开具市各仓及县政府
以下之区乡镇各仓上年积谷总数报由民政厅汇案开全省各
县市积谷总数清册送由省政府备案并转内政部备案
第二章 县市仓
第八条 县仓市仓应于县政府或市政府所在地设立之
第九条 县市各仓应利用旧有仓厂或以旧仓改建新仓
前项仓厂之建筑及修葺费由地方公款开支之
第十条 县市政府对于左列事项须呈经民政厅核准备案
一、仓厂之建筑及修葺事项
二、仓谷之派收或募捐事项
三、仓谷之出入及以陈易新事项

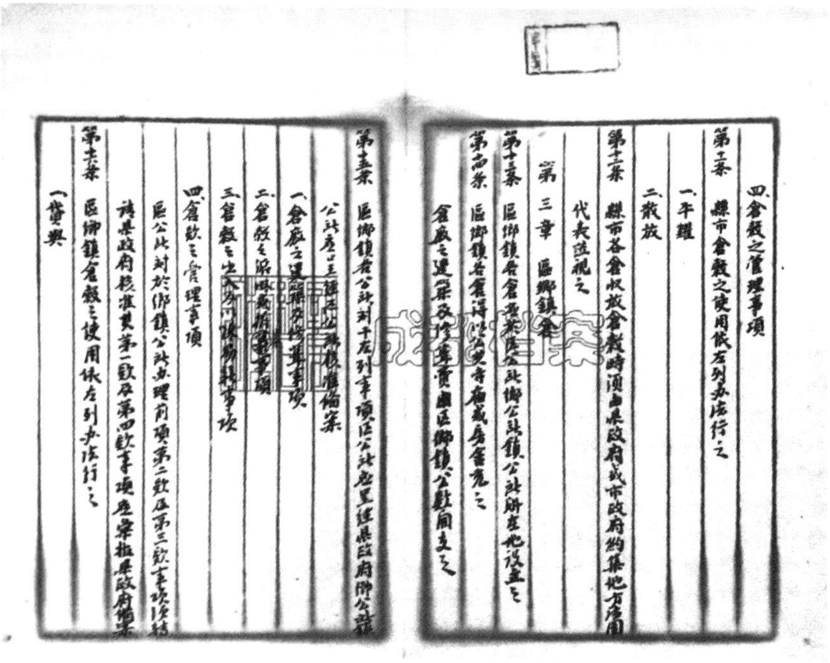
四、仓谷之管理事项
第十一条 县市仓谷之使用依左列办法行之
一、平粜
二、散放
第十二条 县市各仓收放仓谷时须由县政府或市政府约集地方法团
代表监视之
第三章 区乡镇仓
第十三条 区乡镇各仓应于区公所乡公所镇公所所在地设立之
第十四条 区乡镇各仓得以公有寺庙或房屋充之
仓厂之建筑及修葺费由区乡镇公款开支之
第十五条 区乡镇各公所对于左列事项应呈经县政府转区公所
公所应呈请县政府核准备案
一、仓厂之建筑及修葺事项
二、仓谷之派收或募捐事项
三、仓谷之出入及以陈易新事项
四、仓谷之管理事项
区公所对于乡镇公所办理前项第二款及第三款事项除转
请县政府核准其第一款及第四款事项应呈报县政府备案
第十六条 区乡镇仓谷之使用依左列办法行之
一、贷与

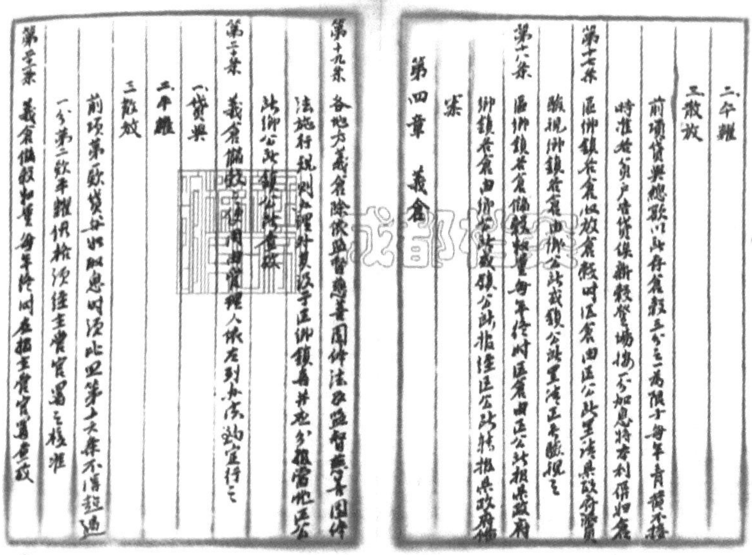

二、午糶
三、散放
前項貸與總額以存倉穀三分之一為限于每年青黃不接時准各貧戶借貸俟新穀登場按分加息將本利偕歸倉
第十七條 區鄉鎮倉收放倉穀時區倉由區公所呈請縣政府派員驗視鄉鎮倉由鄉公所或鎮公所呈請區公所派員驗視之
第十八條 區鄉鎮倉倉儲穀數量每年終時區倉由區公所報縣政府鄉鎮倉由鄉公所或鎮公所報經區公所轉報縣政府備案
第四章 義倉
第十九條 各地方義倉除依監督慈善團体法及監督慈善團体法施行規則辦理外并須受區鄉鎮長并報當地區公所鄉公所或鎮公所查核
第二十條 義倉儲穀之使用由管理人依左列各款酌定行之
一、貸與
二、午糶
三、散放
前項第一款貸谷收取息时須比照第十六條不得超過一分第二款平糶價格須經主管官署之核准
第二十一條 義倉儲穀數量每年終時應報主管官署查考

各地方仓储管理规则

第二节　义仓账簿

一、清道光二十七年（1847）河北吴桥县义仓交接册

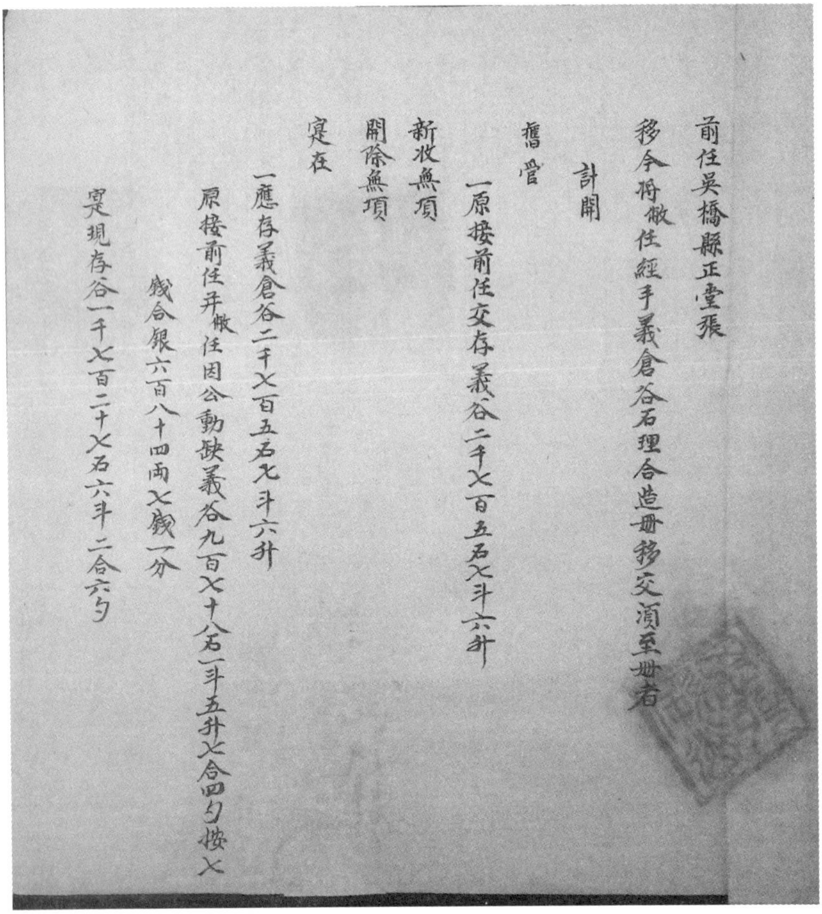
前任吳橋縣正堂張
移今將敝任經手義倉谷石理合造冊移交須至冊者
計開
舊管
一原接前任交存義谷二千七百五石七斗六升
新收無項
開除無項
實在
一應存義倉谷二千七百五石七斗六升
原接前任并敝任因公動缺義谷九百七十八石一斗五升七合四勺按七
錢合銀六百八十四兩七錢一分
實現存谷一千七百二十七石六斗二合六勺

吴桥县义仓交接册

二、民国十四年（1925）栗溪社仓放收社谷各开销流水簿

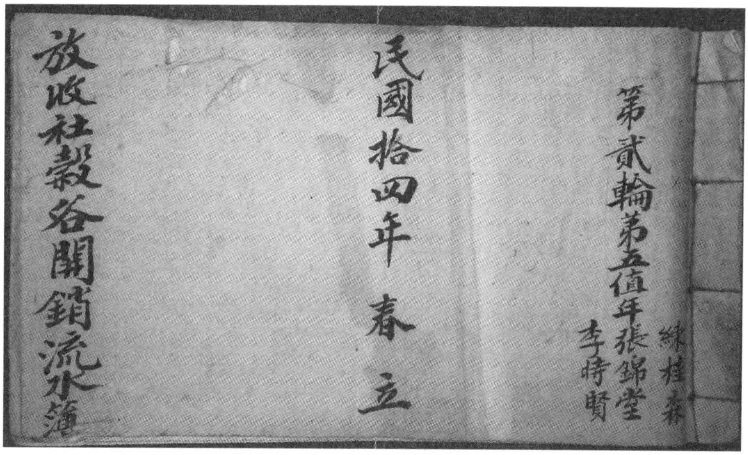

栗溪社仓放收社谷各开销流水簿

三、民国二十五年（1936）兴隆庙积谷会册

兴隆庙积谷会册

四、民国二十六年（1937）、三十四年（1945）贵州天柱窝溪积谷贷放册、底簿

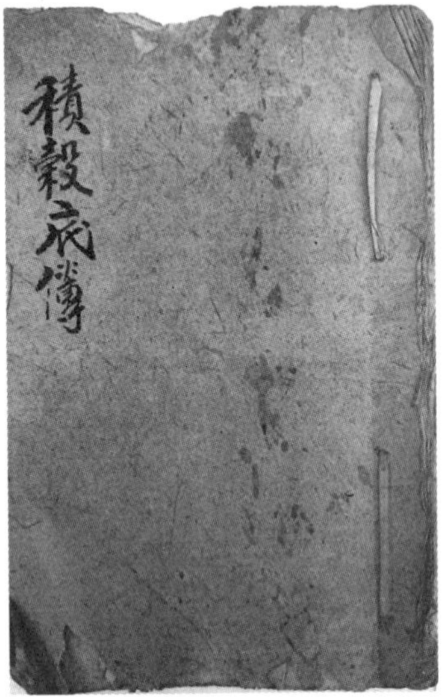

窝溪积谷底簿

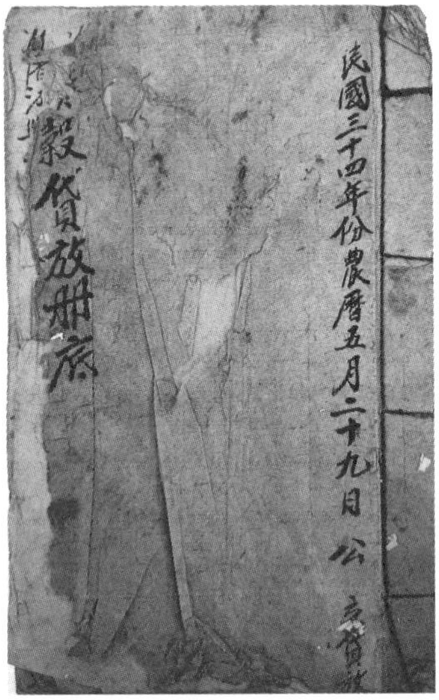

窝溪积谷贷放册

五、民国三十七年（1948）象轩义仓会议记录

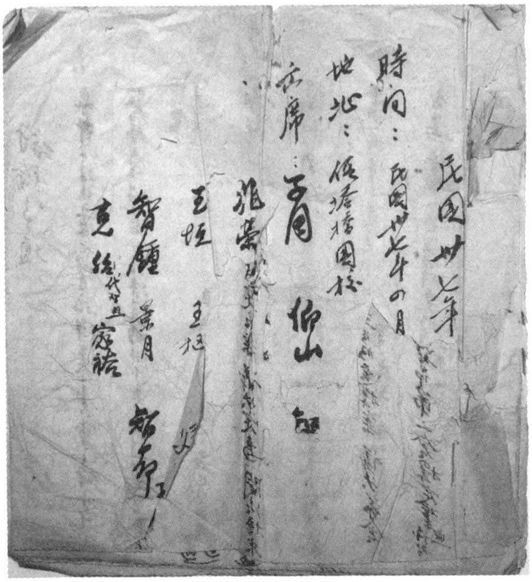

象轩义仓会议记录

第三节　义仓票证

一、光绪社仓捐票

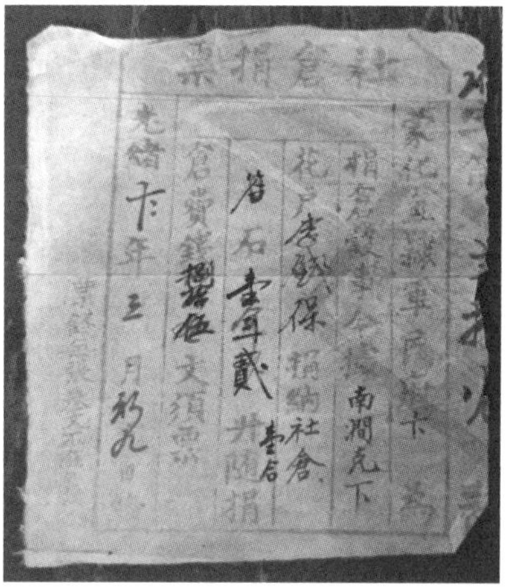
社倉捐票

社仓捐票

二、民国十三年（1924）、十四年（1925）广东梅县罗衣堡陈坑村陈氏义仓公告两张

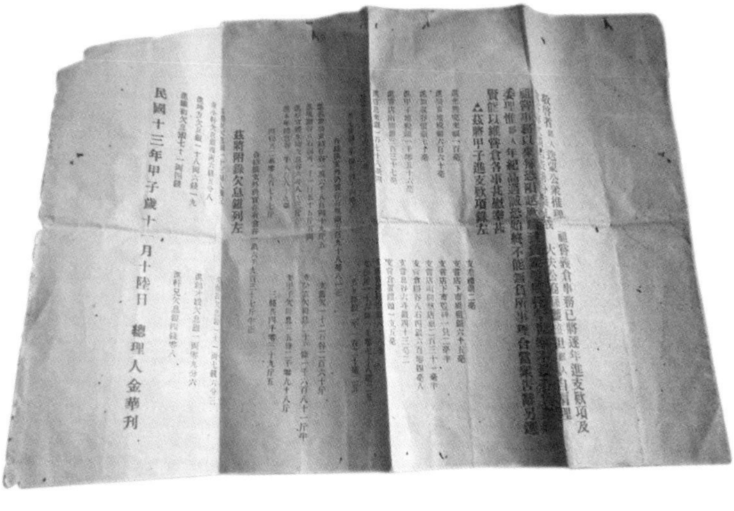
茲將甲子進支款項錄左

茲將附錄欠息銀列左

民國十三年甲子歲十一月十陸日　總理人金華刊

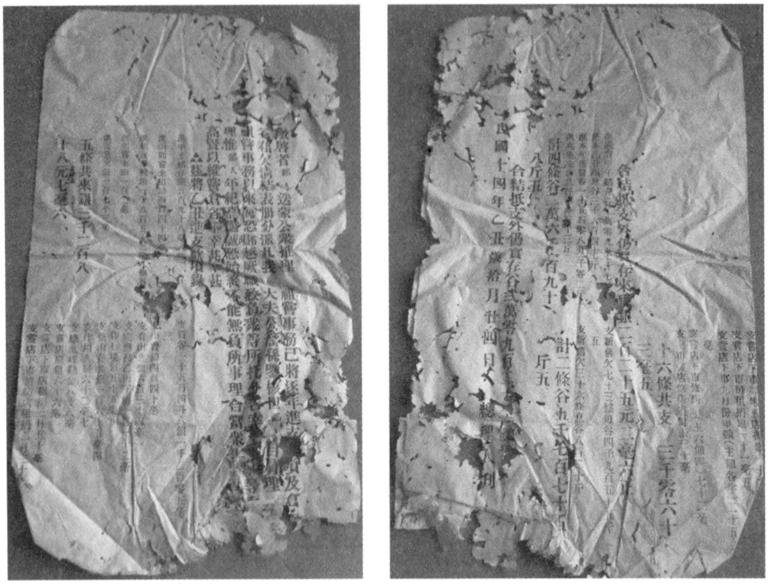

陈氏义仓公告，共两张

三、民国三十一年（1942）陶义庄栈田租收据

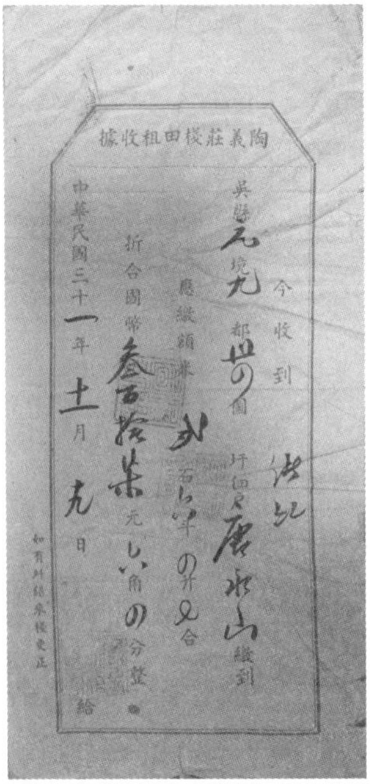

陶義莊棧田租收據

今收到

吳縣 都 圖 圩 繳到

應繳額米 石 斗 升 合

折合國幣 元 角 分整

中華民國三十一年十一月九日

如有糾紛來棧更正

給

陶义庄栈田租收据

四、民国贵州安顺义仓领款经费存查单

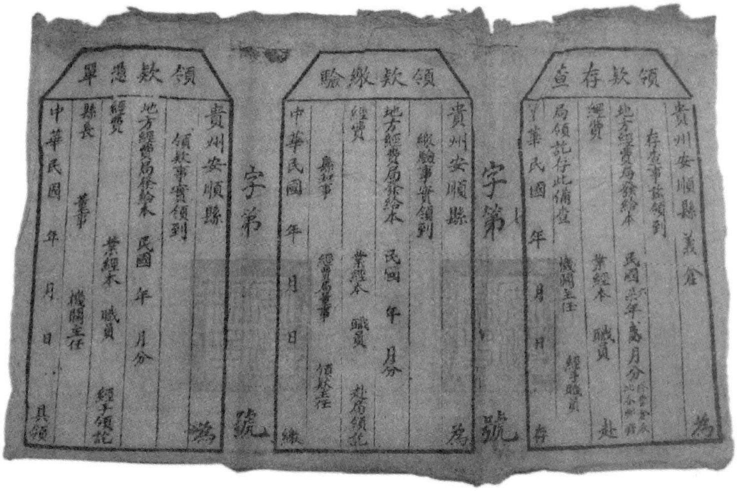
领款存查

贵州安顺县义仓　为
存查事兹领到
地方经费局发给本　民国　年　月分
经费
局领讫存此备查
中华民国　年　月　日　存

字第　号

领款缴验

贵州安顺县　为
缴验事实领到
地方经费局发给本　民国　年　月分
经费　业经本　职员　赴局领讫
中华民国　年　月　日　缴

字第　号

领款凭单

贵州安顺县　为
领款事实领到
地方经费局发给本　民国　年　月分
经费　业经本　职员　经手领讫
县长　董事　机关主任
中华民国　年　月　日　具领

义仓领款经费存查单

五、1953 年陕西省绥德县八区乡义仓贷粮领据

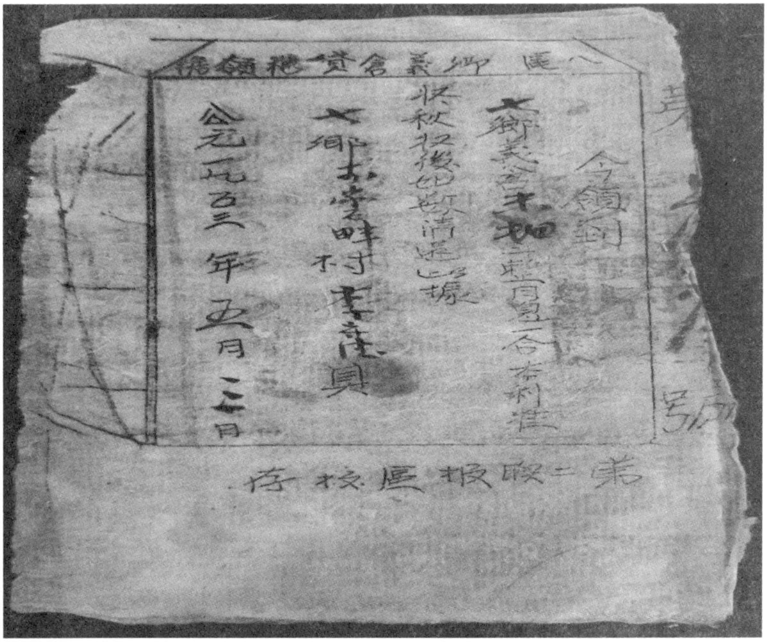
八区　乡义仓贷粮领据

公元一九五三年五月二十日

八区乡义仓贷粮领据

六、1953 年陕西省绥德县义仓贷粮领据

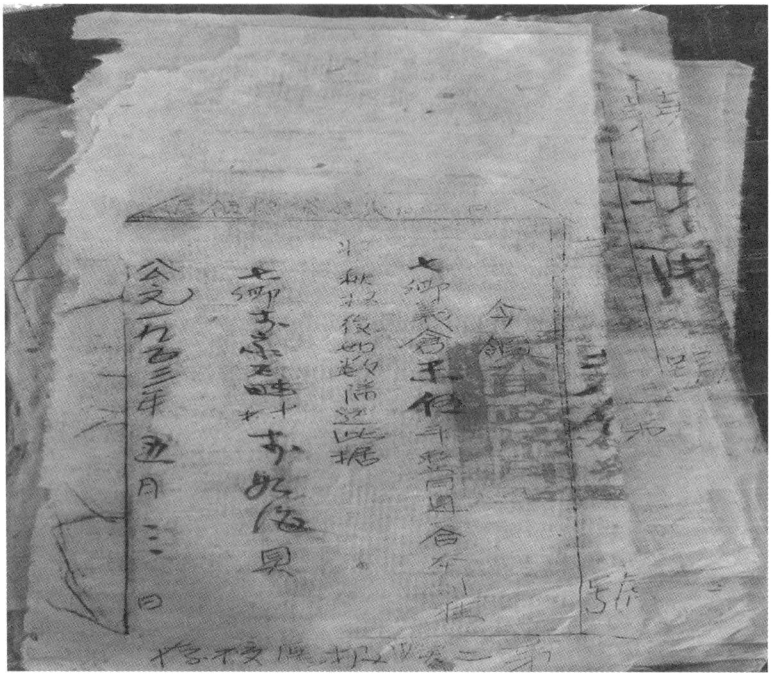
今領
秋收後如數償還此據
公元一九五三年五月二日

绥德县义仓贷粮领据

第四节　义仓老照片、实物

本节汇编了我们近年收集的散落于网络的义仓相关老照片。这些资料从侧面呈现了近代义仓的景象。

一、陕西大荔丰图义仓

该照片为朝邑县南寨子（今丰图义仓）外景，尺寸为 7cm × 10cm，由邓之诚拍摄于 1928 年。

朝邑县南寨子（今丰图义仓）外景

该照片为朝邑县阎公祠外景。阎公祠为丰图义仓倡办者阎敬铭的祠堂，后改为文介书院，位于丰图义仓外仓城内，又改为南寨子小学，20 世纪 60 年代拆除。照片尺寸为 7cm ×9cm，由邓之诚拍摄于 1928 年。

朝邑县阎公祠外景

二、云南普洱墨江义仓楼

墨江义仓楼位于碧溪古镇。

墨江义仓楼

三、程水义仓公义桶

公义桶设于义仓之中，是粮食的标准量器，代表公平正义，用于避免劣绅恶霸骗取仓谷（大斗进，小斗出）。

程水义仓公义桶

四、清代中期江西高安县城图木印版

该木印版刻画的是清代中期江西高安县城图，正反两面完整反映了高安古城布局，包括城外锦江、城门六处，还标注了高安县、瑞州府（营）、庙、祠、义仓、书院及风景名胜谯楼夜月、碧落朝晖、鼓楼、浮桥、部察、古桥、进龙池，等等。高安是江西拥有两千多年历史的十八古县之一。该木印版尺寸为 24cm × 10cm。

高安县县城图木印版

五、清宣统江西安福县彭氏义仓画报

该画报摘自清宣统《神州日报画报》，内容为彭氏义仓开仓赈灾的故事。

彭氏宗祠，位于江西省吉安市安福县羊狮慕镇楼下村。彭时家族祖籍鄱阳县。宋哲宗年间，有名彭忠泰者以判官知安福县，遂家焉。宋元之后，该家族枝繁叶茂，闻人辈出，成为当地的世家大族。彭氏自宋至清，世代甲科联翩，特别是明代，该家族先后有彭时和彭华位居内阁执政，成为当地最负盛名的名门望族之一。

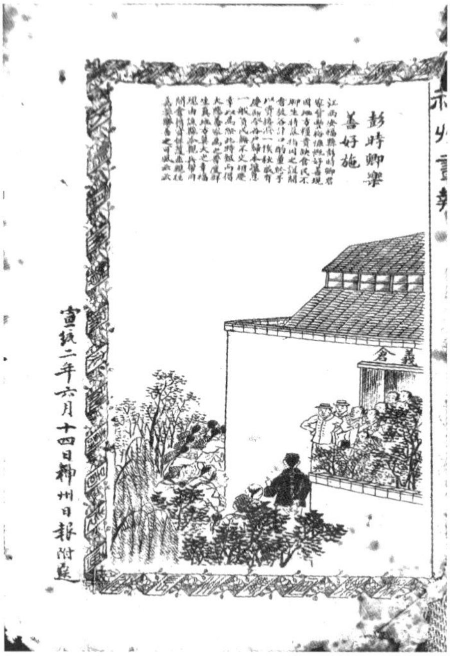

彭氏义仓画报

六、民国《山西村镇自治人员训练课本目录》仓储篇

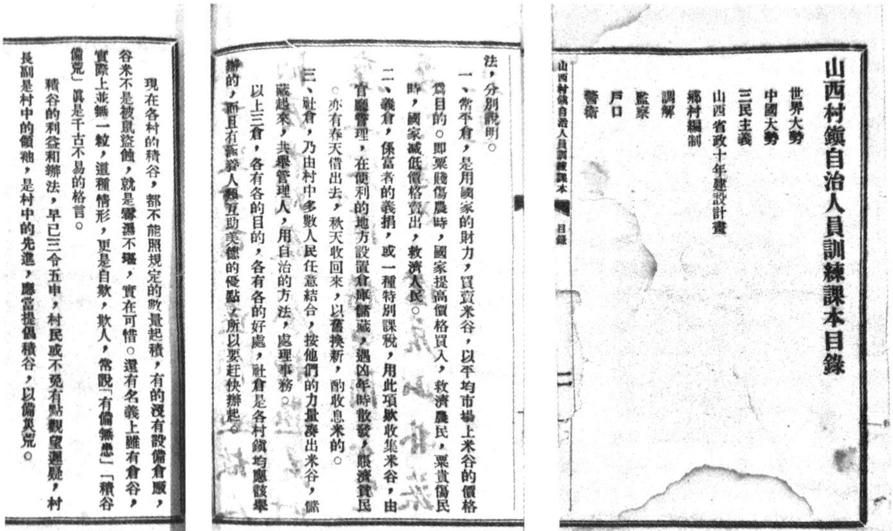

山西村鎮自治人員訓練課本目錄

世界大勢
中國大勢
三民主義
山西省政十年建設計畫
鄉村編制
調解
監察
戶口
警衛

山西村鎮自治人員訓練課本 目錄

法，分別說明。

一、常平倉，是用國家的財力，買賣米谷，以平均市場上米谷的價格爲目的。即粟賤傷農時，國家提高價格買入，救濟農民，粟貴傷民時，國家減低價格賣出，救濟人民。

二、義倉，係富者的義捐，或一種特別課稅，用此項款收集米谷，由官廳管理，在便利的地方設置倉庫儲藏，遇凶年時散發，賑濟貧民。亦有春天借出去，秋天收回來，以舊換新，酌收息米的。

三、社倉，乃由村中多數人民任意結合，按他們的力量湊出米谷，儲藏起來，共舉管理人，用自治的方法，處理事務。

以上三倉，各有各的目的，各有各的好處，社倉是各村鎮均應該舉辦的，並且有發揚人類互助美德的優點，所以要赶快辦起。

現在各村的積谷，都不能照規定的數量起積，有的沒有設備倉廒，谷米不是被鼠盜蝕，就是霉濕不堪，實在可惜。還有名義上雖有倉谷，實際上並無一粒，這種情形，更是自欺，欺人，常說「有備無患」「積谷備荒」眞是千古不易的格言。

積谷的利益和辦法，早已三令五申，村民或不免有點觀望遲疑，村長副是村中的領袖，是村中的先進，應當提倡積谷，以備災荒。

《山西村镇自治人员训练课本目录》仓储篇

下篇 当代义仓探索研究

本篇汇编了我们近年来对义仓的研究及各地义仓考察笔记，希望能够以一种当代义仓文化研究的视角，在田野调查中与历代义仓实践者对话。通过古今中外对比，总结义仓发展经验和规律，推动当代义仓实践，探索中国特色社区治理义仓模式。

第一章
当代义仓研究文章

第一节　当代义仓探索

中国“义仓”发展研究：互助网络意涵探析[①]

一、国外研究现状

义仓作为我国公益的“根”，包含了大量慈善思想与文化。国外也依据各国的慈善文化建立了适宜于本国的慈善事业发展模式。美国把基金会纳入公共事业，成为政府社会福利保障的补充，与其他非营利组织一起形成以民间主导为主要形式的慈善公益事业传统。英国政府高度重视与民间公益组织的合作，各级政府通过签署协议的形式，积极推动与民间组织的合作，形成以官民合作为主要形式的英国模式。日本则注重对学生互助意识的培养，为高中生创造机会与当地居民交流，尤其是老年人与残疾人，以此培养学生的善心与互助思想。企业在日本慈善公益事业中扮演重要角色，它们通过多种方式开展慈善活动，形成了以企业公益为主要形式的日本模式。

国外虽然没有关于义仓文化的表述，但是体现义仓文化精神的形式依然存在。从古代义仓的互助共济性到现代义仓的社区互助网络，均体现了互助和增加社会资本。国外着重于对社会资本和互助网络进行研究。在当代公共危机背景下，社区组织内部的互助和共同行动有利于社会的稳定，Izuhara 和

① 作者：刘黄娟，西南财经大学。

West 也指出社区和社交网络中非正式支持的普遍性和重要性，并认为互助不仅限于物质的互助，还可以是精神的互助。例如，知识也可以作为一种社会资本，通过知识共享，建立一个以信任为基础的社区互动场所，通过社区内部的互动增加人与人之间的交流，可能会为其成员带来心理社会效益，有助于增加社区内的社会资本。关于社会资本的研究，罗伯特·帕特南的《独自打保龄：美国社区的衰落与复兴》一文，描述了美国人政治参与、公民参与、宗教参与、工作联系、社会联系、志愿活动、慈善活动、社会信任等方面出现的变化趋势，并分析为什么会出现这样的问题，阐释了时间与金钱的压力、流动性与扩张、科技与大众传媒、代际更替等因素是如何使教育与儿童福利、安全与有益的邻里关系、经济繁荣、健康和幸福等受到影响的。面对这些影响，在吸取镀金时代与进步时代的经验与教训的基础上，有学者提出了建设公民社会的政策建议，针对美国公民社会的衰竭开出了良药。有学者通过研究发现，社会资本存量增加，能有效缩小社区范围内的社会经济差距，社区内部的居民健康状况也会有一定提升。因此，社会资本在社区生活各个领域的运作中都发挥着重要作用，分析社区社会资本状况、原因及解决策略，对于明确我国社区互助网络的构建与社区社会资本的变化具有重要的作用。

二、国内研究现状

（一）古代义仓文化发展

义仓是中国古代一种制度化的灾害救济设施，即所谓“荒政”措施之一。义仓源于隋代，唐朝进一步发展，其制始创于隋文帝时期。公元 585 年（开皇五年）工部尚书、襄阳县公长孙平指出“古者三年耕而余一年之积，九年作而有三年之储。虽水旱为灾，人无菜色，皆由劝导有方，蓄积先备。请令诸州百姓及军人劝课当社，共立义仓”（《通典》卷十，《食货》卷十二），即由国家派员在平常年景时通过劝募，动员“诸州百姓和军人”根据自愿原则在秋收后按照贫富差别拿出一定数额的粮食作为储备，以备灾荒年度使用。义仓是民办、民管、民用的一种粮食储备仓。义仓的粮食来源是“随其所得，劝课出粟及麦”，带有很大的劝赈和自愿性质。[①] 到了唐朝，唐太宗肯定了戴

① 郁长荣，王璋．中国古代粮食经济史［M］．北京：中国商业出版社，1987：123.

胄的建议，命户部制定了义仓的具体征收条例。规定每亩庄稼交粮二升，至于粟、麦、稻的品种，由各地按种植的具体情况确定。义仓建立在州县所在地，用来预防灾害发生①，义仓在武则天时代逐步走向衰落。多年的征伐导致百姓虚弊、国用不足，在这样的历史背景下，义仓更多是用来补充财政不足。《旧唐书》卷四十九《食货志》记载："贞观二年四月……自是天下州县始设义仓，每有饥馑，则开仓赈给。以至高宗、则天，数十年间，义仓不许杂用。公私窘迫，渐贷义仓支出；自中宗神龙之后，天下义仓费用向尽。"② 后唐玄宗重新意识到义仓对于社会安定的重要作用，重置义仓税，对义仓实行国家保护政策。安史之乱后，义仓储粮被大量盗用，完全失去了赈灾济贫的功能。宋代继承了隋唐以来的义仓制度并有所发展，历经宋太祖、宋仁宗、宋神宗三朝几个时期的反复置废之后，义仓逐渐进入成熟期，成为实践儒家政治理想和社会情怀的最佳平台。其中北宋范仲淹设立的"范氏义庄"具有代表性意义。订立章程和制度，开辟义学，标志着义仓的内部治理开始步入成熟阶段，成为相对成熟的民间非宗教慈善机构。南宋时期朱熹于乡村创设民办社仓，并制定了"社仓法"，对社会稳定做出了不可低估的贡献。直至清朝，其仓储系统包括政府掌控的常平仓、官民合办的社仓，以及民间主导的义仓，三大骨干仓储在救荒活动中发挥了积极作用。清代的义仓仍承袭隋朝长孙平的义仓制，属于民间自储自救性质。但其形式有所发展，不仅有民间输捐的一般义仓，还有商人捐款兴建的盐义仓。③ 但到了太平天国时期，清政府由于财政困难，无力全面恢复官办常平仓，只能依靠民间力量兴建义仓。时人认为"常平仓既废，义仓不得不兴"④，义仓甚至取代了常平仓。回望历史，义仓自隋朝以来便发挥着赈灾济贫的功能，义仓制度也是古代社会保障的核心内容之一，具有明显的互助共济性和公益性，以义仓为核心的民间公益体系也逐步形成。

---

① 郁长荣，王璋．中国古代粮食经济史［M］．北京：中国商业出版社，1987：140.

② 刘昫．旧唐书［M］．北京：中华书局，1973.

③ 郁长荣，王璋．中国古代粮食经济史［M］．北京：中国商业出版社，1987：364.

④ 翁天祜，吕渭英，翁昭泰．中国地方志集成·福建府县志辑 7·光绪续修浦城县志［M］．上海：上海书店出版社，2000.

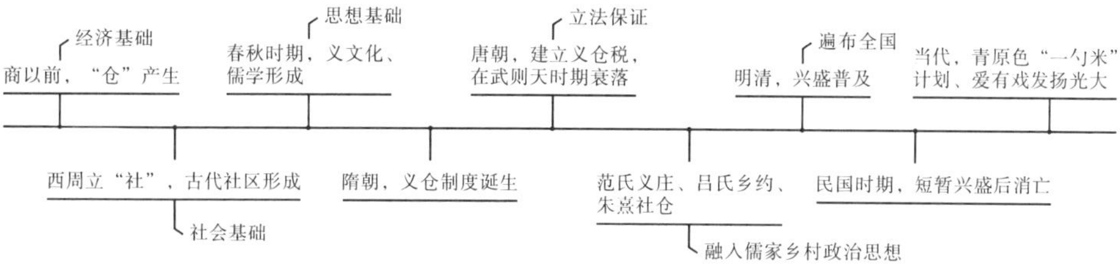

千年义仓发展史（图为作者自制）

（二）现代义仓文化发展

现代义仓在借鉴古代义仓的基础上进行了创新与发展，其核心内涵是建立社区互助体系和增加社会资本。

社会资本（Social Capital）理论于20世纪70年代开始在西方学界兴起，早期学者主要是从个体间关系网络的角度对其进行界定，后帕特南开始将社会资本研究扩展到群体层面，他认为社会资本是指诸如信任、规范和网络这些社会生活的典型特征，它们能够促进个体行动者的合作行为以达成共同目标和提高社会效率。按此观点，社会资本是内生在人们的关系结构中的，只有与他人建立联系，才能产生社会网络、社会关系、规范和信任等，从而形成社会资本。林南更是强调在社会网络中“互动”的重要性，认为资源的获得很大部分取决于互动。从对社会资本的探讨来看，社区网络是社会资本研究的重点，在此基础上可探讨社区社会资本，其形成基础便是社区成员的共同生活实践，其动力机制便是社区成员之间由频繁的交往互动、持续的合作参与而形成的社区互助网络，形成载体与受益群体均是社区及生活于其间的居民。目前从社会资本视角研究现代义仓文化的学者较少，赵小平在《重构城市社区的社会资本——“三位一体”的参与式互助体系》中提出，应通过“三位一体”的参与式互助体系，即“义仓”“义集”“义坊”的良性运转，以重构城市社区的社会资本。王海洋在《创新社会治理背景下社会工作的实践路径与策略——以X社工中心建构社区社会资本实践为例》中提出，X社工中心通过义仓、义集的实践形式发展出以建构社区社会资本为核心的社会工作实践路径。由此可见，义仓文化的发展能够推动社区社会资本的重构，促进社区居民关系的建立，拉近社区居民之间的距离，建立互助友好的城市社区。

“现代义仓”最初是由爱有戏社区文化发展中心（简称爱有戏）在成都市锦江区水井坊街道发起的一个公益服务项目，是义仓在社区中的一种发展与创新，是指利用社区自身资源和能力，在社区中建立以义仓文化为核心的社区参与式互助体系，使居民具有“家园感”。爱有戏在前期对水井坊街道的居民进行走访的过程中发现了社区居民之间关系冷漠、社区支持网络不足等诸多问题，所以决定通过重建社区社会资本来构建参与式社区互助体系，具体包括如下三个阶段：建立“义仓”，即社区互助资源流动的“计划调控”阶段；建立“义集”，即社区互助组员流动的“市场运作”阶段；建立“义坊”，即帮助社区贫困家庭构建生计发展网络的新尝试阶段。义集是立足社区，用定期集市的方式为社区居民搭建的二手货交易市场；义坊是一个希望为困难家庭提供持续稳定生计的平台。具体的做法是，在政府的支持下，在临街的公共场地上建立一些格子铺①，如果有困难家庭希望通过租用格子铺经营获利，可以向机构申请，申请通过后，贫困家庭象征性地缴纳极少的租金，便可以成为格子铺的铺主，在格子铺做买卖。“义仓”“义集”“义坊”相互匹配、相互促进，共同支撑着互助体系的良性运转。目前，我国义仓文化的发展形式除了义仓、义集、义坊之外，还有社区厨房、社区图书馆、社区影院、社区文化节等。现代义仓不像古代义仓那样，储存的不仅仅是粮食，更多是流动的关怀，存储了代表捐赠人对他人的关怀的各种物资，包括食品、日用品等。它倡导社区持续、定期地将小额生活物资捐到义仓，愿意付出时间的居民同工作人员一道，以社区志愿者的身份将代表社区邻里爱心的物资送到困难家庭。现代义仓不仅限于物质上的帮助，更多的是精神层面的关怀。同时，人们还借助移动互联网技术设计出了义仓管理系统，用于义仓物资的收集和管理等，以实现义仓的全国性联网。综上，现代义仓的形式多种多样，其核心要义就是盘活社区资源，增加社会资本存量，将“陌生人社区”转变为“熟人社区”，打造社区互助网络，实现社区资源共享。

---

① “格子铺”源自日本，是在城市繁华地带的商铺内放置标准尺寸的“格子柜”，人们只需每月支付很少的费用，就可以租用格子寄卖自己的物品。“格子铺”适用群体广，其运营模式具有双赢、低成本、低风险、高收益等特点。

三、各省市典型案例

在爱有戏的组织下，现代义仓不断完善并形成了一套标准的操作、管理流程，同时向全国推广，目前已有多省开展义仓服务。爱有戏联合其他开展义仓服务的公益组织构建了义仓全国发展网络，在全国形成 6 个区域支持中心，大力推广“现代义仓”服务模式和理念。

（一）江西吉安青原色义仓——“一勺米”计划

“一勺米”的慈心之举，传承庐陵“义仓”美德。“青原色”是江西吉安一个全方位记录和讲述城市及居住在城市的个人的历史故事的公益性文化艺术机构，前身是青原色井冈山大学人文纪录中心。该中心主要借助学生志愿者和社团的力量，通过影片、图片、口述历史和剧场作品全方位记录中国最普通的小城市的历史与现状，构建民间记忆并通过“记忆博物馆”进行分享和传播。2009 年 3 月，青原色创始人和志愿者在吉安市毛家村发现一块破损的石碑，上面写着一段关于“义仓”的故事，他们感慨于碑文中的古代义仓精神，便自此开始了现代义仓的探索。他们倡办了第一个现代义仓——青原色义仓。志愿者决定秉承义仓精神，结合创新公益模式启动青原色的文化项目“义仓 · 一勺米”。“一勺米”活动是以社区为单位开展的公益募捐，发起人邀请社区居民一起参与募米，旨在增进邻里关系，打造社区互助网络。起初，青原色义仓只有 7 户慈心家庭，寻找到了 30 户困难家庭，慈心家庭承诺每周捐“一勺米”给困难家庭。同时困难家庭也承诺每接受一次支持，就会做一件小的善事作为回馈。历经几月，义仓影响力逐步扩大，慈心家庭增多，还增加了口述历史、记录影像的创作，并且拥有了国际志愿者。

（二）济南市舜义社区——舜义仓、舜义集

传承“舜文化”，打造社区参与式互助体系。“舜”是济南这座历史文化名城的重要名片，济南市恰恰处于齐鲁两地之间，而儒家学派即诞生于齐鲁大地。济南历山（俗称千佛山）是龙山文化时代的领袖舜的孝悌力田的发迹之地，因此舜文化也成为济南文化的重要组成部分。济南市舜义区打造了社区互助服务项目“舜义集”“舜义仓”，建立了社区参与式互助体系。“舜义

集”是社区的公益集市，是一个继承古代传统、传承舜文化，为社区居民搭建的以互助和公益为主题的互动交易和参与社区公共事务的平台。居民在义集上免费申请公益摊位，通过将出售闲置物品的收益捐赠给义仓来帮助困难群体。义集还设有义诊、义演、社会服务展示等区域。“舜义仓”是一个社区爱心仓库，倡导社区居民的不定期、非现金小额互助，捐赠品包括旧物资、食品、洗化品、时间，用于帮助项目辖区内收入低、负担重的困难家庭，尤其是孤寡老人、残疾人家庭等。每件义仓物资都有捐赠收据及唯一编号，社区居民可参与物资的派发，每件物资的去向都是透明公开的。“舜义仓”“舜义集”的最终目标是通过社区居民的自治管理，真正构建起社区的参与式互助体系，促进社区融合发展。

（三）南京市秣陵街道——“壹家驿爱心筑邻里”义仓项目

街社共建，打造邻里互助空间。“壹家驿爱心筑邻里”义仓项目是南京市秣陵街道2022年度首批启动的“三微”工程A类项目，是将原有的东南社区慈善超市提档升级为义仓小站。秣陵街道和东南社区共同整合资源，倡导社区居民认识义仓项目、了解义仓文化，号召更多人加入邻里互助的队伍，逐步在社区范围内营造互帮互助、共促发展的良好氛围，不断提高社区居民的幸福感和凝聚力。社区邻里、爱心摊主合力开办义集，开展爱心义卖，售卖的东西大多为家中闲置的图书、衣物等。除了社区居民的“跳蚤”市场，义集上还有糖人糖画、面塑、手工棉花糖、竹编等爱心公益摊点，所得款项全部捐给“壹家驿爱心筑邻里”义仓。通过开展义集、义卖活动，“壹家驿爱心筑邻里”义仓所获得的善款和爱心物资将发放给东南社区内的困难家庭，发挥慈善救助功能，实现身边救助、临时救助和及时救助，帮助社区困难居民渡过难关。南京市秣陵街道街社联合共建的“现代义仓”不仅创新了公益活动形式，同时也搭建了社区邻里互帮互助的空间。

（四）爱有戏现代义仓——义仓精神的传承与创新

义仓自隋朝创立至今，已有一千多年的历史。可以说义仓制度是我国历史上社会保障制度的一项创举，同时义仓背后的价值观体现了儒家以“仁者爱人”为核心，以“博施而济众”为手段的“出入相友，守望相助，疾病相扶持，则百姓亲睦”的社会理想。①

爱有戏成立于2009年，发起人刘飞受江西青原色井冈山大学人文纪录中心“一勺米”计划的启发，以成都市锦江区水井坊街道作为现代义仓文化的试验田。在现代义仓理念得到水井坊街道的支持后，爱有戏与辖区内党员、社区和街道工作人员签约，组建了首批水井坊街道现代义仓的爱心家庭。以解决社区问题为导向，经过多年的探索，爱有戏形成了“五义体系”，即以义仓为核心，以义集、义坊为辅助，以义学为支持，以义网为保障的社区居民参与式互助体系。2011年10月爱有戏举办了第一期义集，将其划分为爱心摊位和义演两个区域，爱心摊位的摊主将收益捐给义仓以帮助困难家庭，而义演能够扩大对现代义仓文化的宣传，吸引更多爱心人士。爱有戏为了给困难家庭提供更多帮助，开始建立“格子铺”，即“义坊”。困难家庭可以向爱有戏申领格子摊位，象征性地缴纳少量租金，根据自己的情况在格子铺做小生意。通过逐步探索，爱有戏将区域内的格子铺联合成了一个共同体，慢慢形成了“义坊合作社”。随着影响的扩大、人员的增多，爱有戏发现居民志愿者的一些意识需要提升，观念需要改变，便于2013年成立了友邻学院，由专业的义工老师为辖区内的居民志愿者进行志愿服务和公益项目的系统化培训，并以此为基础，后续又发展出了其他居民教育项目，形成了爱有戏义学体系。随着互助组织的增多，义仓物资的“进出”更需要专业化的管理。本着信息公开、透明的原则，爱有戏对义仓物资的“进出”管理从最初的Excel表格到如今的手机软件，在之前单纯的爱有戏义仓物资追溯平台内整合了街道便民服务、政务公开、信息反馈、社区新闻和居民社交功能，成为全方位的居民事务“义网”，直至今日已经走过了十年的历程。如今，爱有戏的现代义仓项目已经形成了以义仓为中心，以义集、义坊、义学、义网为辅助、支持和保障的社区参与式互助体系。十年时间，爱有戏的现代义仓实施地已从最开始的成都市锦江区发展到整个四川省。放眼全国，越来越多的社会组织认识了义仓、了解了义仓，并提出希望复制爱有戏的现代义仓模式。2017年，在壹基金的支持下，由爱有戏牵头成立了“义仓发展网络”，其口号是“复兴义

---

① 康晓光，冯利主编．中国第三部门观察报告（2019）［M］．北京：社会科学文献出版社，2019：225－250.

仓文化、推动社会互助”。截至2018年底，义仓发展网络已经吸纳成员机构149家，在20个省（直辖市）71个城市开展活动，覆盖了1500多个社区，核心志愿者人数达到15748人。[①]

爱有戏现代义仓项目是以中华传统文化“义仓”为基底的。现代义仓与古代义仓都具有四大特征，即公益性、利他性、民间性、独立性，它们都是在与政府良好合作的基础之上，解决社区居民的需求。如今，爱有戏倡办的现代义仓运营模式——“五义体系”，是古代义仓思想在新时代的传承与创新，与古代义仓相比，受助者不再局限于接受物质方面的帮助，还能接受时间、知识等精神层面的帮助。现代义仓更具专业性，组织凝聚力更强，且在互助组织的基础上实现了网络化，其价值理念更是我国传统慈善文化的一种传承。

新中国成立初期义仓的作用和历史演变[②]

义仓是民间为了防备灾荒，在丰年的时候，拿出一部分粮食储存而建立起来的公益粮仓，在我国已有一千多年的历史。新中国成立初期，党和政府对旧有的义仓进行整顿，并陆续举办新的义仓。义仓在灾荒年月为农村灾民提供帮助和救济，是民间救灾的重要方式。随着乡村社会变革的展开，另一种群众性的经济组织——农村信用合作社建立起来，义仓逐渐被其取代，在我国存在了一千多年的义仓最终退出了历史舞台。

一、义仓的历史溯源

义仓源于隋，正式设立于隋开皇时期。开皇五年（585），由工部尚书长孙平奏请设立义仓，“令诸州百姓及军人劝课当社，共立义仓。收获之日，随其所得，劝课出粟及麦，于当社造仓窖贮之，即委社司执账检校，每年收积，勿使损败。若时或不熟，当社有饥馑者，即以此谷赈给”（《隋书·食货志》）。义仓制度在唐宋沿用并得到发展。元朝政府也在乡社设立义仓，且对

① 康晓光，冯利主编．中国第三部门观察报告（2019）［M］．北京：社会科学文献出版社，2019：225－250．

② 作者：石武英，上海交通大学；文章来源：《光明日报》理论版，有删改。

义仓粮的征收、管理、使用都有详尽的规定。明代将其称为社仓，粮谷由社民捐输，以备饥荒。清康熙十八年（1679），诏乡村立社仓，市镇立义仓，广积储以备灾荒，其仓谷均由士民捐输。

民国时期，有些地方的义仓制度中断了。1930 年，南京国民政府内政部规定义仓由民间慈善团体兴办，当地政府负责监督。部分地区又恢复了义仓，一些义仓确实起到了救荒作用，但多数义仓为地主豪绅所把持，甚至有人利用义仓的名义，向群众勒索粮款，侵吞挪用，导致义仓实际上起不到积谷防荒的作用。

抗日战争时期，中国共产党领导的陕甘宁边区政府倡议各级政府积极劝导人民建义仓。当时义仓粮的来源有两种：一是有的地方开垦荒地作为义田，义田收入归义仓；二是有的地方在丰年时将农民的余粮存入义仓。管理方面，一般村义仓由村中“有威仪的公正人”组成委员会共管，县区义仓则归参议会管理。义仓在应对根据地灾荒特别是 1942 年夏荒时起到了较大作用，但一些乡村由于没有余粮充实义仓，使之变得有名无实。解放战争时期，部分解放区也开始整理旧义仓、建立新义仓。例如，1948 年黑龙江省遭受严重水灾，省政府决定将过去旧义仓的财产积存、外借、房屋、器材一律加以彻底清理，然后在较大的乡村建立新义仓。当年 11 月，省政府发布《黑龙江省义仓暂行办法》，规定义仓粮积存，按每垧粗粮 5 斤，依照公粮征收办法办理，防止与公粮混同及简单行政摊派。积存之义仓粮食定为谷子，其他粮不收。义仓地点暂定为县区分存，县 50%，区 50%。在省、县、区、社设立各级义仓管理组织，负责义仓一切事宜。动用义仓粮救灾，年息 5 厘。① 黑龙江省这种办法一直沿用到新中国成立后。

二、新中国成立初期义仓的发展和历史作用

新中国成立后，各地普遍对民间旧有义仓进行了清理。中南、西北、西南、华东许多地区结合减租、退押、反霸等运动，对义仓进行整顿，清理出大批积谷，有的地方以这些积谷为基础，继续举办义仓。例如，1950 年春荒

---

① 朱建华主编. 东北解放区财政经济史资料选编：第 4 辑［M］. 哈尔滨：黑龙江人民出版社，1988：370.

发生后，中南军政委员会发布《关于推广全面减租和加紧生产救灾工作的决定》，指出南方各省义仓积谷为数颇大，各地人民政府必须协同各地农民协会清理此项积谷，按低利贷给当地贫苦农民，等到夏收秋收之后，再行收回储藏，作为下年备荒之用。决定发布后，中南各省清算了过去为地主劣绅把持的义仓积谷、公堂粮食等，解决了农民粮食青黄不接的困难。

1950年7月20日，内务部副部长陈其瑗在全国民政工作会议上指出，应妥善保护公粮，整理义仓，在可能的条件下建立新义仓，让人民树立有备无患、积谷防饥的观念。于是，多地开始整理旧义仓或举办新义仓。东北区和西北区对这一工作比较重视，较早开始整理和建立义仓。松江（现黑龙江省南部）、黑龙江两省从1948年到1951年，各积义仓粮3000万斤以上；西北区陕西省渭南、咸阳、榆林、绥德等地都建立了义仓；甘肃省约有义仓粮1000万斤。① 华东区的山东、福建、苏北等地都重点试办和逐步推广义仓。中南、西南各省对旧有义仓粮进行了清理，个别地区也在试办新义仓。在义仓粮的来源上，大部分地区是采取募集方式，一般都是在主要农作物收获后进行募集（荒歉年除外），数量一般不超过应征公粮的1%～3%。在粮食使用上，大都按照“储粮备荒”的原则，遇荒年时，用于救济灾民；一般年景可以在春天按低利借贷给贫困农民，以利生产；丰年时可以有计划地利用备荒粮举办福利事业，如修桥补路等；如邻区有灾荒，也可用以调剂。在粮食储藏方面，开始办义仓时，一般借用群众粮仓，待工作有了一定基础后，再建立固定仓库。在义仓管理上，大部分地区组织了义仓管理委员会，由群众选举的代表和政府有关部门的代表共同组成。

各地义仓粮不但解决了灾民渡荒的困难，而且支持了生产。1951年春季，松江省（现黑龙江省南部）14个县发生火灾，秋季24个县发生水灾，均用义仓粮及时救济。1952年春荒时，又贷放义仓粮900多万斤，使20万人得到救助。黑龙江省的部分农民在青黄不接时也多靠义仓粮解决困难。1952年，西安市郊区30余万斤义仓粮解决了春荒时期2200多名最困难的灾民的生活和生产问题。② 山东昌潍专区（现潍坊市）6个县的义仓举办后，第二年便解

---

① 全国各地举办义仓储粮备荒［N］．人民日报，1952－6－28.

② 全国各地举办义仓储粮备荒［N］．人民日报，1952－6－28.

决了春荒问题。1950 年益临县四区仙壮乡因遭受雹灾未办义仓，1951 年春该乡有灾民 60 户 240 人吃饭困难，后经其他乡调集义仓粮 5000 斤度过了春荒。[①] 此外，在华北、东北和山东某些老解放区的劳动互助组中也出现了积谷义仓。山西屯留杨喜成互助组，于 1950 年举办了义仓，一年内贷粮贷款给群众买下 9 头牲口、8 辆大车，还解决了副业生产中的资金困难[②]，受到了群众的欢迎。总的来说，各地清理旧义仓或举办新义仓，在灾荒期间对支持灾民生产渡荒发挥了显著作用。

为了在全国各地推广义仓，1952 年，中央人民政府多次发出通知，要求各地推广和试办义仓。5 月 29 日，内务部发布《关于提倡民间节约储蓄、积谷防荒的通知》，指出建立义仓是积谷防荒的好办法，因此，已经有义仓基础的地区要逐步推广，凡未举办的地区应争取在夏收后重点试办。10 月 10 日，中央人民政府内务部和粮食部共同发出《关于秋收后必须注意节约、储蓄及举办义仓的通知》，指出当此全国丰收之时，除各级人民政府粮食部门要有计划地储藏一定数量的粮食外，可在群众中提倡举办义仓，并重申：已经举办义仓的地区，应在秋收后大力推广；尚未举办义仓的地区，应重点试办、逐步开展。于是，1952 年后又有许多地方进行了募粮填仓或试办新义仓，义仓数量增多了。据内务部 1953 年 10 月统计，全国 19 个省和 6 个市的郊区，共有义仓 3082 个，储粮 24572 万斤。其中东北区最多，达 10196 万斤，中南区 5855 万斤，西北区 4923 万斤，西南区 2708 万斤，华东区 890 万斤。[③] 这些义仓粮在灾荒期间对支援灾民生产渡荒起到了雪中送炭的作用，特别是在交通不便、粮食供应困难的地区作用很大。1953 年春河南省遭受严重霜灾，邓县（现邓州市）等地在粮食一时供应不上时，用义仓粮临时调剂，迅速稳定了粮食市场和灾民情绪，群众反映："有了义仓，荒月就不愁有困难。"[④]

---

① 《江西省人民政府关于举办义仓积谷防荒的指示》［J］．江西政报，1952，(35)：58－59．

② 贾子珍．一九五〇年农村劳动互助的新发展［N］．人民日报，1951－3－5．

③ 中华人民共和国内务部农村福利司编．建国以来灾情和救灾工作史料［M］．北京：法律出版社，1958：75．

④ 中华人民共和国内务部农村福利司编．建国以来灾情和救灾工作史料［M］．北京：法律出版社，1958：75．

三、农村信用合作社的建立和义仓的历史演变

农村信用合作社并不是新中国成立初期的全新事物，在中国共产党领导的抗日根据地，边区政府也曾扶持义仓为粮食信用社。农民以自己的粮食自愿入股，发生灾荒时，入股者优先取得红利，贫困者也可以低利贷粮。粮食信用社具有义仓和信用社双重性质，受到群众欢迎。

1950 年，随着新区土地改革运动和老区互助合作运动的开展，农民对生活、生产资料的需求日益扩大，他们急需大量的生产资金；国家银行的贷款难以满足农民需要，有些地区甚至开始滋生高利贷。另一方面，在已经土改的地区，由于生产恢复，一部分生活逐渐富裕的农民要求积储余粮并扩大再生产。因此，一些地区的银行及基础较好的供销合作社在党和政府的领导下组织、试办农村信用合作社。信用合作社一般以收放货币为主，同时还存储一部分实物（主要是粮食），它是农村新型的群众性经济组织，其资金和粮食主要来源于社员的股金及存款存粮。同时，国家银行给予必要的信贷。可见，农村信用社实际上涵盖了义仓的积谷防荒功能，但有所不同的是，其受益对象不仅是灾民，而且是全体农民。

1950 年底，华北、东北、华东三大区已建立信用部（供销合作社的附属组织，功能与信用社同）550 个，信用社 97 个，其中华北占 80% 以上。[①] 信用社、信用部在组织借贷中，宣传自由借贷政策，规定存借手续，保证按期归还，建立信用；以合理的利息吸收余粮余款；以零存整付、存农产品还生产工具与工业品的方法，帮助农民积累资金；帮助贷款户制订生产计划，督促其搞好生产。1951 年 5 月，中国人民银行总行召开全国第一次农村金融工作会议，指出要大力发展农村信用合作社。随后，一些省开始宣传和试办农村信用合作社。据不完全统计，截至 1953 年 8 月初，全国的农村信用合作组织已有 27433 个，其中包括 5559 个信用合作社，19231 个信用互助组，2643 个供销社的信用部。[②] 全国约 50% 的县有了农村信用合作组织。农村信用合作业务的开展，对吸收社会闲散粮款、活跃农村金融、限制高利贷、扶植农

① 中共中央文件选集：第 6 册［M］. 北京：人民出版社，2013：17 -18.

② 稳步开展农村信用合作事业［N］. 人民日报，1953 -8 -6.

业生产、推动农村互助合作及供销业务的发展起到了积极作用。

与此同时，义仓制度在发展和实施过程中逐渐暴露了不少问题。第一，有些地方在募集义仓粮的过程中发生了强迫摊派的现象，而且年年募捐，增加了农民的负担，把活粮变成了死粮，不但收效不大，而且影响了农民特别是中农的生产情绪。第二，义仓粮分散储存，影响了国家对粮食的统一掌握。第三，义仓在支持群众生产渡荒上虽有一定的实际作用，但它是旧的防荒组织，妨碍农村信用合作社的发展。因此，对其进行改革也就顺理成章了。

1953 年 10 月至 11 月，中央人民政府内务部召开第二次全国民政会议。会议指出，对义仓组织今后不再推行，已经举办义仓却无信用合作社的地区，应整顿办好，不应重新填仓。已经举办义仓并有信用合作社的地区，为适应农村互助合作发展的方向，可将义仓逐渐过渡到信用合作社。有供销合作社而无信用合作社的地区，可商请供销社同意，通过订立合同将义仓粮转入供销合作社。未举办义仓的地区，不再提倡。以后应稳步发展信用合作社组织，来代替义仓解决群众生产及渡荒上的困难。可见，农村信用合作组织兼具义仓和银行的双重功能，方便农民生产生活；更为重要的是，创办农村信用合作社是农村互助合作运动的重要组成部分。因此，信用合作社取代义仓是历史发展的必然趋势，同时也表明，随着国家计划经济体制的逐步形成，我国逐渐确立了由官方主导救灾的思路，政府成为灾害救济的主要承担者。

“现代义仓”的十年探索之路[①]

我国古代义仓起源于隋代，是旧时各地储粮备荒的机构，也是我国古代备荒体系中的主要构成部分。区别于政府设立的常平仓，义仓和社仓由当地乡绅在丰年提出倡议，当地居民出钱或出粮创办，属民间行为，起到了在灾年赈灾、丰年济贫的作用。民间义仓弥补了官办常平仓管理模式和运作机制上的不足，立足社区内部，充分调动社区内部资源，在社区互助、社区救灾、

① 作者：康晓光等，中国人民大学；文章来源：《中国第三部门观察报告（2019）》。

社会稳定三个层面均发挥了较大功能。尤其是宋代时期，义仓的发展达到了高潮，一些全国闻名的先贤大儒将义仓融入儒家乡村政治理想，在各地开展义仓实验，如范仲淹在家族内部创办范氏义庄、陕西蓝田吕氏兄弟设立吕氏乡约、朱熹设立朱子社仓，这些大儒将义仓制度与保甲制度、社学制度统一纳入乡约制度，不仅实现了区域内的赈灾济贫和乡里自治，更重要的是实现了乡民教化。及至明清，义仓实现了全国范围内的兴盛和普及，义仓体系也更加完善，包括救灾、养老、资金互助、教育和基金会的综合功能。可以说义仓制度是我国历史上社会保障制度的一项创举，同时义仓背后的价值观体现了儒家以“仁者爱人”为核心，以“博施而济众”为手段的“出入相友，守望相助，疾病相扶持，则百姓亲睦”的社会理想。晚清时期由于原有仓储体系的衰败和社会经济状况的变化，以及西方救助思想对中国的影响，各地的义仓陆续荒废，义仓文化也逐渐式微。此后百年，中国再无义仓及义仓文化的复兴。

社会学家许烺光提出，中国人的生活方式是情境中心的，它的特征是有一个将近亲永久地连接在家庭和宗族之中的纽带。在家庭这个最基本的人类群体中，个人相互制约、相互依赖，由它延伸开去形成各种相互依赖的关系网。因此不论是在家庭内部还是宗族内部，中国人都本能地渴望一种交流、关怀和互助。但是进入现代文明之后，城市化和现代化打破了中国原有的熟人社会格局，社会结构分化加速，尤其在城市地区，家族、宗族的概念不复存在，核心家庭的出现宣告了城市居民“家”的范围逐渐缩小，人与人之间的传统连接越来越少，亲人、邻里之间的关系甚至从熟络走向淡漠，原本人与人进行交流的熟人网络基础被瓦解。改革开放以来，中国城市中的社区主要包括街道社区、单位社区和商品楼社区三种基本类型。无论是传统型城市社区还是新型城市社区内部的人际关系均出现了比较严重的社会疏离现象，表现为居民对社区的认同感降低，社区内联系减弱，居民缺乏归属感。在这一背景下，消除社区互动障碍，重建邻里之间的情感桥梁，建立互帮互助、相互关怀的情感纽带成为人心之所向。

爱有戏成立于2009年，其发起人刘飞受江西青原色井冈山大学人文纪录中心“一勺米”计划的启发，从2011年5月开始，正式以项目的方式对“现代义仓”进行探索，以“解决邻里关系疏离和社区公共生活匮乏”为目标，直至今日已经走过了十年。如今，爱有戏的现代义仓项目已经形成了以义仓为中心，以“义集”“义坊”“义学”“义网”为辅助和保障的社区参与式互助体系。十年时间，爱有戏的现代义仓实施地已从最开始的成都市锦江区发展到整个四川省。放眼全国，越来越多的社会组织认识了义仓、了解了义仓，并提出希望复制爱有戏的现代义仓模式。2017 年，在壹基金的支持下，由爱有戏牵头成立了“义仓发展网络”，其打出的口号是“复兴义仓文化、推动社会互助”。截至 2018 年底，义仓发展网络已经吸纳成员机构 149 家，在 20 个省（直辖市）71 个城市开展活动，覆盖了 1500 多个社区，核心志愿者人数达到 15748 人。

当下，爱有戏的现代义仓模式到底是怎么一回事？它具有何种文化特征？它与古代义仓有何异同？它是如何摸索出来的？又是如何掀起全国“义仓热”的？对我们而言，它具有何种启示？

一、“现代义仓”的试验田

（一）中心城区的老小区

2011 年，爱有戏进驻水井坊街道，成为成都市锦江区孵化的第一个社会组织。水井坊街道位于成都市锦江区东部，一环路以内，街道下辖四个社区（水井坊社区、锦官驿社区、交子社区、点将台社区），辖区文化底蕴丰厚，众多文物古迹和非物质文化遗产诞生于此，如“水井坊酒窖遗址”、世界第一张纸币“交子”的发祥地——交子街、保存川西民居特色的百年古街道——锦官驿街和水井坊历史文化保护街区等。与这些千百年的人文积淀仅一江之隔的太古里、香格里拉酒店、东方广场等商业楼盘又代表着现代文明的繁荣。辖区内既有老旧院落，也有拆迁后的新兴楼宇；既有祖祖辈辈生于斯长于斯的“老成都人”，又有赴蓉打拼、满怀希望的“新成都人”。小小的水井坊街道辖区承载着传统与现代、“熟人社会”与“陌生人社会”。

最初，爱有戏试图在这样一个复合型的社区开展社区文化项目，在项目筹备前期的社区摸底过程中逐渐发现了水井坊街道的一系列问题。

（二）老小区中的“大问题”

爱有戏意识到，要想让社区项目真正落到实处，发挥作用，就需要树立问题意识，以问题为导向，从问题出发设计项目、实施项目并做最后的项目评估。在水井坊街道工委书记朱烈的支持下，爱有戏志愿者和街道人员共同开始了辖区内的调研，发现主要存在三类问题。

1. 贫富悬殊

调研涉及2586户居民，其中困难家庭576户，而需要经济和物资资助的有158户。除了政府和亲朋好友提供的一些极为有限的救助外，这些困难家庭几乎得不到任何来自社区和社会的救助。贫困家庭包括孤寡老人家庭、残疾人家庭、大病家庭等，他们不仅没有工作能力，还缺乏社会网络，只能依靠政府的低保贫苦度日。

地处中心城区繁华地带的水井坊街道居然存在如此多的困难家庭，这让刚刚进驻社区的爱有戏十分震惊。最初爱有戏负责人刘飞依靠人脉关系找到一些朋友，希望他们对这些城市贫民进行资金帮扶，但是她很快就意识到要想解决这个问题必须要有更持久、持续的方式。

2. 人际关系冷漠

水井坊街道是中心城区的老街道，辖区内既有高档楼宇也有老旧棚户，虽然街道历史悠久，原有居民具有一定情感基础，但是随着旧屋改造、老房拆迁，部分原有居民迁出，同时辖区内的新楼盘也吸引了外来人口的大量涌入，传统社区内部的熟人关系格局逐渐瓦解。由于不了解、不信任，缺少互相之间“知根知底”的机会，社区内部邻里之间不仅关系冷淡而且相互提防，甚至经常因为一些小的纠纷和矛盾而闹到社区和街道办，本可以通过相互协商解决的问题，却因有隔阂而互相埋怨，心存芥蒂，邻里之间成了“最熟悉的陌生人”，社区和街道管理者也苦不堪言。

除了邻里事务，爱有戏工作人员调研发现一些孤寡老人、失独家庭虽然物资并不匮乏，但是内心孤独、情感痛苦、无法倾诉困扰着他们，甚至影响了他们的正常生活。俗话说“远亲不如近邻”，但或许是因为不了解情况，或许是由于情感上的疏离和淡漠，辖区内各个家庭之间甚少往来。

3. 社区公共生活缺乏

解决人际关系冷漠的途径，是加强人与人之间的互动，只有真正做到让居民之间真实地接触，才能实现人与人的沟通和交流，进而加强理解。而共同的活动、频繁的互动可带给原本陌生的居民以共同的回忆和故事，通过这些故事大家能够联系到一起，有了共鸣，情感的壁垒才能逐渐打通。但是爱有戏在调查中发现，水井坊街道内缺少将大家真正联系在一起的项目和活动，甚至有些中青年对公共事务的态度更是“不屑一顾”，即便是社区的老居民，其社会参与也大多停留在政府政策的服从和执行上。

缺少社区公共生活及居民参与平台，让原本就已经打破了熟人结构的社区中的人情疏离问题更加难以解决。

（三）初步探索“现代义仓”

2009 年 6 月，井冈山大学教授简艺带领他的学生们成立了青原色井冈山大学人文纪录中心（以下简称青原色），这是一家全方位记录和讲述城市、社区、家庭和个人故事的公益性艺术文化机构。青原色受古时江西吉安新圩镇义仓的启发，发起了“一勺米”计划：慈心家庭加入“一勺米”计划后，承诺每周捐赠一勺米，义仓的义工负责将这些米和其他粮食交给受助家庭，爱心人士在帮助贫困家庭的同时，推动建设和谐社区。此外，慈心家庭还可以捐赠时间，作为志愿者实现对孤寡老人的陪伴。青原色希望从小的社区做起，逐步影响到整个城市，为吉安的城区和农村社区建立起人与人之间信任、互爱的纽带，提升社会中善的力量和信念。

刘飞和团队在网上了解青原色“一勺米”计划后，意识到这个项目既承载着中国传统的“义文化”，符合国情和民众的期待，具有心理上的亲切感，又能通过邻里间的互动和互助来对困难家庭进行持续帮助，便开始了最初爱有戏现代义仓的运作。

爱有戏对“义仓”最初的设想是在社区内选定爱心家庭和受助家庭，爱心家庭定期向义仓捐赠食物、洗化用品、二手衣物，由爱有戏牵头带领志愿者和爱心家庭定期把这些物资送到受助家庭中，在派发物资的过程中淡化爱有戏的角色，建立爱心家庭和受助家庭的情感纽带。

义仓是作为新鲜事物出现在水井坊街道的，居民一开始不了解，就必然不会认可。资源从哪儿来，谁来做爱心家庭，如何在社区内对活动进行宣传，敲开居民的门后对方是否接受，均成为难题。当刘飞向水井坊街道的领导介绍爱有戏的义仓设想之后，对方非常支持，马上召开了党委会议，辖区内的党员、社区和街道的工作人员签约，成为首批水井坊街道现代义仓的爱心家庭。

在派发物资的过程中，为了让居民对“现代义仓”项目有所了解，消除抵触感，爱有戏的志愿者和专职社工身着统一的义仓服饰，主动热情地宣传义仓项目；进入受助家庭后也注意斟酌语言，用“我们来看你了”而不是“我们来给你送东西了”，以此减少受助家庭的戒备心。久而久之，普通居民慢慢了解了爱有戏的义仓项目到底在做什么，逐渐加入爱心家庭，还有的主动报名成为志愿者；受助家庭得到了爱有戏义仓的帮助也十分想要回馈邻里、回馈社区，因此义仓的捐赠物资类别里又加入了“时间”这一选项，普通居民和受助居民都可以在爱有戏的义仓中捐赠时间，成为志愿者，提供志愿服务。值得一提的是，除了物资帮扶，爱有戏义仓项目最初启动时即注意到了精神陪伴的重要性。与物资帮扶不同，精神陪伴带来的反馈是双向的，爱心家庭与受助家庭在义仓的活动中相识相交，双方都获得了一种精神上的满足和愉悦，因此不仅受助家庭获得了帮助，爱心家庭也从中收获了心理上的幸福。随着项目的开展，参加爱有戏义仓项目的爱心家庭和热心的居民志愿者越来越多。就这样，爱有戏逐渐把居民从观望者变成了捐赠者和物资派发者。与此同时，爱有戏建立了“单件物资可追溯”的制度，即每件捐赠物资都有一个属于自己的编码，爱心家庭捐赠之后可以通过编码查询物资去向。此举，一方面做到了对爱心家庭的信息公开，提高透明度，另一方面也让爱心家庭有了助人的成就感和动力。在派送物资的过程中，社区内的爱心志愿者和受助家庭增进了解，互话家常，原本冰冷的社区人际关系开始解冻。下图是爱有戏义仓初始运作模式。

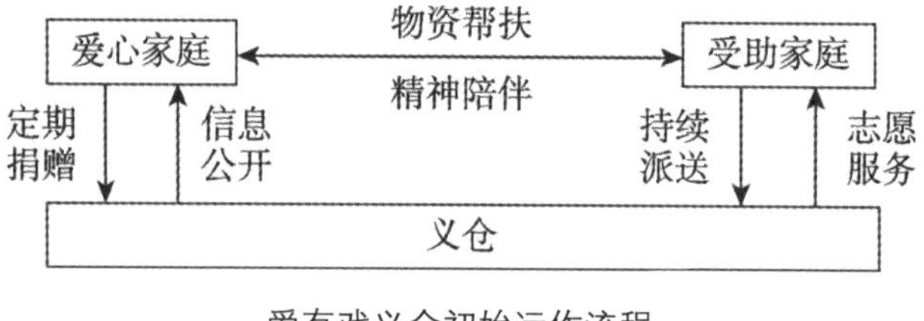

爱有戏义仓初始运作流程

（四）逐步深入，形成“五义体系”

1. 义集——让爱心物资“流动”起来

爱有戏义仓在社区的知名度和接受度越来越高，居民的捐赠热情也不断高涨，但是随着捐赠数额的增大，原本由爱有戏专职社工完成的物资接受、登记、整理的工作量也逐渐增加，工作效率无法得到保证。同时，爱有戏在最初设计时是接受二手衣物的，不仅考虑到社区内物资的流通，也考虑到了资源的可持续利用，但二手衣物清洗和消毒的开销不断上升，加重了爱有戏的财务负担。2011 年 10 月爱有戏举办了第一期义集，让爱心物资“流动”起来，以解决工作低效和财务负担问题。

爱有戏对义集的定位是“公益庙会”，分为两个区域：一是爱心摊位；二是义演区域。义集的活动区域一般设在社区内比较宽阔的广场或步行街，如果辖区内有较大的商场，商场会把门前较大的广场给义集用，一方面作为辖区内企业对社区的反哺，另一方面也是希望招揽更多的顾客。如果辖区内没有商场，则由社区或街道为义集提供场地和安保。居民可以向爱有戏申请义集摊位，在摊位上出售自制小物件、小食品或者二手物资，价格一般低于市场价。没有申请摊位的居民，可以申请提供义集服务。售卖的钱按一定比例或者全部用于购买生活用品，再捐赠给义仓，于是义集和义仓有了连接。辖区内的企业为了树立良好的形象和履行社会责任，也会在义集现场进行义卖，所获资金同样会换成日用品捐给义仓。

除了爱心摊位外，义集还有义演区域。每期义集都会确立一个主题，一般由社区、爱有戏和居民志愿者共同商议决定。义集设置义演区域主要是为了面向社区进行宣传，包括征兵、党建、安全生产、居民互助等。

义集实施前，2011 年 5 月至 10 月，爱有戏义仓在水井坊辖区共募集物资 289 件，总价值约 4000 元。义集实施后，2011 年 11 月至 2012 年 11 月，爱有戏义仓在水井坊辖区共募集物资约 3400 件，总价值约为 15 万元。一年中，爱有戏共帮扶困难家庭 718 户（次），动员、吸纳了爱心家庭 511 户。在爱有戏义集中，实现了超过 1.6 万人（次）的二手物资交换。下图是爱有戏义集运作模式。

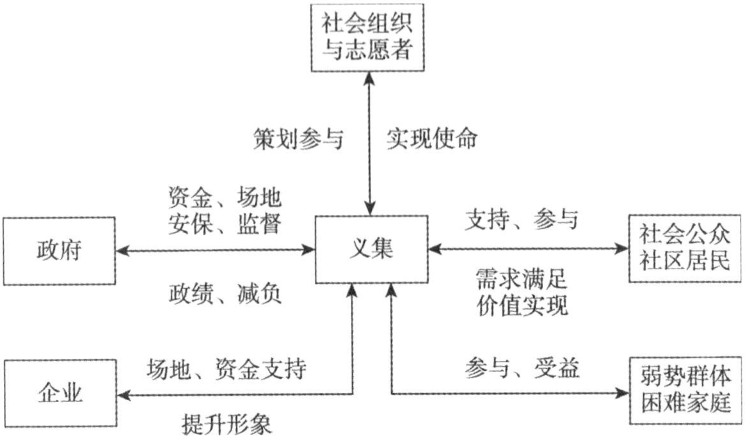

爱有戏义集运作模式

2. 义坊——从“授人以鱼”到“授人以渔”

在义仓和义集发展得如火如荼的时候，爱有戏发现，困难家庭和弱势群体并不是很多人所认为的好吃懒做、仅依靠政府的“吊脚户”，而是他们普遍缺乏施展才能的机会和平台。参加义集的困难家庭向爱有戏提议，可以延长义集的举办时间或者增加举办频率，以使他们能够获得工作机会。

政府将社区内一些临街的空地提供给爱有戏，由爱有戏负责在这些空地上建立格子铺，即“义坊”。困难家庭可以向爱有戏申领格子摊位，象征性地缴纳少量租金，根据自己的情况在格子铺做小生意。最初，格子铺主们各自经营，容易出现不良竞争，破坏了通过义仓、义集建立起的邻里感情。于是，爱有戏对义坊进行改革，将区域内的格子铺联合成了一个共同体，慢慢形成了“义坊合作社”（未注册）。在合作社内大家协作共赢，实现了经济上和情感上的互助。

2015 年底，由于各类成本增加，再加上社会资源注入匮乏，义坊合作社的收入慢慢减少。爱有戏此时引入了“爱心股东”机制，社区的爱心居民和爱心企业作为股东，可以为义坊商户提供资金、技术、人力的资助，股东不拿分红，也无须固定。爱有戏希望通过这一方式建立义坊商户的社会支持网络。成本低，又有社会帮助，而且没有税收负担，义坊格子铺的贫困家庭一个月最多可以盈利 3000 元，是一笔较为可观的收入。

但是最近几年随着网购的兴起，义坊格子铺渐渐衰落，目前爱有戏还在探索义坊未来的方向。

3. 义学——重视居民教育

社区居民越来越认可爱有戏的义仓项目，但是，爱有戏也发现了一些问题。比如，参加义仓项目的志愿者越来越多，但是，有些人在为困难家庭派发物资时，仍然抱着救世济人的心态，甚至居高临下。爱有戏意识到，居民志愿者的观念需要改变。为此，2013 年，爱有戏成立了友邻学院。

在友邻学院，专业的义工老师将为辖区内的居民志愿者进行志愿服务和公益项目的系统化培训。目前，学院已经建立了一套课程体系，共 24 门课，内容涉及志愿者的态度、知识和能力。同时也包括培养居民“社区主人”的意识，辅导居民绘制社区地图、查找社区资源，引导他们在社区内学做公益项目、学习撰写项目书等。

截至 2018 年底，已有 400 多名居民学员从友邻学院毕业。这些学员大多是社区内退休的老人，他们时间充裕而且对社区事务十分热心，在友邻学院的帮助和爱有戏的孵化下，社区内的老人们自发形成了居民互助组织，并且针对社区特点设计了不同的主题。例如“肖家河之星”微电影剧场，主要负责院落和社区内的影像记录与公益剧本编写及拍摄；肖家河“心连心”小组，主要负责辖区内重疾家庭、失独老人、残疾家庭的心理、情感帮助工作；锦官驿互助养老小组，主要针对辖区内高龄老人提供物资帮助和精神慰藉。这些社区内的互助组织在爱有戏的帮助下成立了居民互助联盟，形成了一个小范围的志愿者共同体，爱有戏每月给予互助联盟资金支持，用于团队的日常运营和建设，这些由志愿者组成的互助联盟，内部形成了更为紧密的情感联系。

以友邻学院为基础，辖区内后续又发展出了其他居民教育项目，形成了爱有戏义学体系。

4. 义网——信息技术助力传统智慧

义仓项目启动之初，本着信息公开、透明的原则，为便于过程跟踪和事后评估，爱有戏十分重视单件物资信息追溯查询，从入仓编号到派发入户，都一一对应。

最初，爱有戏对义仓物资的“进出”管理只用 excel 呈现，2012 年 5 月爱有戏开发了义仓管理软件 1.0，2015 年 3 月义仓 App 投入使用。现在，已经有了义仓管理软件 3.0 版。在之前单纯的义仓物资追溯平台的基础上，融入街道便民服务、政务公开、信息反馈、社区新闻和居民社交等功能，成为全方位的居民事务“义网”。

以解决社区问题为导向，经过多年的探索，爱有戏形成了“五义体系”，即以义仓为核心，以义集、义坊为辅助，以义学为支持，以义网为保障的社区居民参与式互助体系（见下图）。

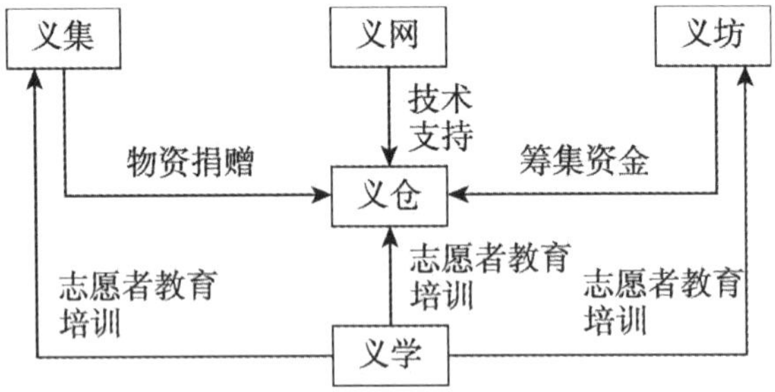

爱有戏“五义体系”

爱有戏现代义仓与古代民间义仓既有相同之处，也有不同之处。相同之处有五点：第一，公益性、利他性；第二，民间性、独立性；第三，与政府有良好的合作关系；第四，以满足社区居民的需求为导向；第五，不仅是社会救济、社会保障的补充，也是社会治理的一部分。不同之处有十点：第一，现代义仓不局限于“助”，而成为新时代下以社区为单位的人与人之间社会网络构建的桥梁；第二，受助者得到的帮助不局限于物质或基本生活需求，还有发展性需求；第三，受助居民不是单纯的、被动的、彼此割裂的受助者，而是积极主动的参与者、互助者、贡献者；第四，施助者不局限于社区内部，已经拓展到社区之外；第五，施助者赋予的不仅仅是物资，还有时间、知识、技能、平台；第六，施助者与受助者之间的关系更为平等，互动机会更多；第七，资金来源更为广泛、多元；第八，方式、方法更为多样；第九，专业性更强，并且实现了组织化、网络化；第十，价值理念更为丰富，融入了慈善是一种权利的理念，强调公民性以及社区的公共性，为公民参与公共活动创造机会。

（五）“现代义仓”遍地开花

近年来，爱有戏的现代义仓开始走向全国各地。为此，爱有戏确立了推广原则：依据每个社区面临的问题，以及每个社区的优势，“量身定制”方案，因地制宜，就地取材。凡是符合义仓设立条件的，应不过多限制，以益于解决邻里情感疏离和社会公共生活匮乏的问题。

2013 年，爱有戏发起创建了全国义仓学习网络，广泛吸纳全国范围内对义仓感兴趣的机构。这些机构在不同程度上促进了各地义仓文化的复兴。到 2018 年底，义仓学习网络中的机构已经达到 855 家。

随着爱有戏将现代义仓推广到全国各地，为了更好地为义仓伙伴提供支持并促进义仓发展，2016 年底在壹基金的支持下，义仓发展网络理事会与义仓发展网络办公室正式成立。义仓发展网络由认同义仓理念，致力于传播义仓文化，推动社区互助的公益组织与个人共同发起。与义仓学习网络组织结构较为松散不同，义仓发展网络主要侧重于义仓文化的推广，加入义仓发展网络的机构需要签订协议，保证在实践中联合行动，共同探索。

2017 年 5 月 22 日，义仓发展网络正式启动。截至 2018 年底，义仓发展网络已经吸纳成员机构 149 家，在 20 个省（直辖市）71 个城市开展活动，覆盖了 1500 多个社区，核心志愿者人数达到 15748 人。仅 2018 年度，义仓发展网络成员机构累计筹资 1700 万元，直接帮扶家庭 12223 个，累计受益对象超过 1000 万人。

1．按需定制服务

针对贫困邻里，爱有戏通过义仓和义集进行物质帮扶。除此之外，还有“芳邻驿站”这样的义仓子项目，通过建立互助小组让居民走出家门互相认识、互相帮扶。现代义仓除了扶危济困，更希望邻里间充满温情，在社区内部，大家跳出原有的社会身份，不因金钱、权力、利益而交往，而是出于内心深藏的情感需要和“家”的意识，像家人一样帮助邻居，重建现代情境下的熟人社会。

针对并不贫困的普通邻里，爱有戏着重解决其情感疏离的问题。具体做法如前文所述的向邻里募集一勺米，还有“你好，邻居”子项目。在社区内居民佩戴爱有戏负责设计的 Logo，有了共同符号标识的居民见面问好并一起拍张照片发到社交网络，通过这种方式在居民间营造共识，增进情感。

高龄老人更需要精神上的陪伴和关怀，爱有戏便为他们研发了“一个观众的剧场”。即，社区志愿者到高龄老人家中，或为其表演节目，或陪其聊天。水井坊街道互助养老小组的志愿者贺阿姨说："他需要什么，我们就表演什么。可以唱歌，可以跳舞，也可以打太极，甚至为老人做一顿饭也有可能。"这种定制志愿服务受到了高龄老人的热烈欢迎，志愿者也在此过程中体会到了"送人玫瑰，手有余香"的快乐，从而更加积极地参加志愿活动，实现了受助人、志愿者及社区三方共赢。因地制宜、定制服务的工作原则大大优化了爱有戏义仓的项目效果。

定制服务的理念不仅深植于爱有戏项目设计者的头脑中，也是社区志愿者的共识。锦官驿社区有一个低龄老人敬老服务队，成员最低年龄为 60 岁。服务队的骨干阿姨骄傲地说："我们去看望他们，他们需要什么我们就提供什么，他们需要听歌，我们就唱革命老歌；他们想看跳舞，我们就跳舞，我们是低龄老人服务高龄老人，在这个互动里面他们高兴我们也开心！"

肖家河街道的刘阿姨家是重疾家庭，曾经也是义仓项目的重点帮扶对象，在受到爱心邻居和爱有戏志愿者的帮助后，刘阿姨逐渐打开心扉，曾经眉头紧锁、日日以泪洗面的她开始走出家门，主动找到小区内和她家情况类似的邻居谈心。刘阿姨说："像这些重疾家庭、精神病患者家庭，物资的帮助其实还是其次，最重要的是心理和情感的帮助。因为我走过这条路，我之前也是见到人就哭，就希望有人能来陪我说说话、聊聊天。"刘阿姨的行动感染了越来越多同样情况的人，他们组建了"心连心"爱心互助小组，专门针对小区内情感缺失的家庭，对他们进行心理上的劝慰和情感上的疏导。"心连心"小组的成员不断增多，目前已经有数十位骨干志愿者。"心连心"小组的这种方式不仅对受助家庭是一种安慰，同时也让志愿者在此过程中解决了自己的生活苦恼，受助人和帮扶人的双赢让社区内的志愿者团队不断发展壮大。

2. 因地制宜，就地取材

针对老旧院落，爱有戏除了对贫困家庭进行物资帮扶之外，还注重通过社区的历史故事来唤起居民的共同记忆和自豪感。以锦官驿社区为例，杜甫诗作《蜀相》中的"锦官城外柏森森"就是指该地，作为古代成都城区的第一大驿站，锦官驿历史悠久，社区内的部分老人世世代代都生活在这里，他们对锦官驿有着深厚的感情，同时也对区域内的历史文化和历史故事非常熟悉，希望将此传承下去。因此爱有戏协助创建了社区老居民口述历史的项目，老人或通过口述或通过画画的方式将社区内的历史名人或重大事件或原始地图呈现给其他居民，让社区居民感受到一种自豪感和把本社区历史传承下去的责任感，无形之中建立起了居民间的情感纽带。

针对新兴社区，爱有戏提供平台让居民讲故事，以营造共同感。来自天南地北的居民聚到一起，讲述自己的故事，通过引起共鸣，打破彼此间的情感壁垒；通过举办义仓和义集以及义仓体系下的其他小项目，让居民真正参与进来，创造共同的新故事，使彼此走得更近。刘飞说："每个社区都是有机体，它是生长出来的，是每个人带着自己的故事和自己对社会的理解组织起来的。所有社区是不一样的。爱有戏在每一个社区开展工作都很用心，要研究社区。"爱有戏通过讲故事，让新兴社区的居民渐渐打破陌生人社会的格局，彼此之间熟络起来。

3. 重视居民力量——主动与互助

爱有戏认为要解决社区内部的问题，必须依靠社区内部的资源，只有充分调动社区居民的热情和积极性，才能实现社区内的良好互动。这也是爱有戏义仓项目的使命和要求。

在锁定受助家庭并识别其问题的阶段，其实最有发言权的是困难家庭的邻居。通过日常接触和观察了解，他们清楚困难家庭到底缺少哪类帮助，清楚困难家庭成员的脾气秉性，也有助于之后帮助方式、帮助程度和帮助边界的确定，使项目效果最大化。经过对"现代义仓"的十年探索，目前各个社区内部已经形成了一整套完全由居民自发主导的发现问题、识别问题、反馈问题的工作流程。第一，由居民志愿者发现邻居的问题，并在定期召开的志愿者议事会上汇报，议事会通常由爱有戏社工代表和居民志愿者共同参加；第二，议事会根据爱有戏义仓受助用户的标准来讨论其是否能够进入受助范围，进入受助范围之后如何救助，以及救助的程度和边界；第三，实行爱有戏义仓帮扶；第四，每隔一段时间，居民志愿者都要向议事会反馈受助家庭的改善情况，在会上讨论是否终止帮扶并提出新的帮扶对象。

爱有戏信任居民、充分调动和发挥居民的想象力，并十分重视对社区内居民的教育。除了前文提到的友邻学院之外，具体到义仓和义集项目，爱有戏都会对居民志愿者进行"上岗培训"，使其了解古代义仓历史和爱有戏义仓价值观，并依照平等、尊重的原则对居民志愿者派送物资实施帮扶进行具体行动指导。

社区内部乐于参与志愿活动的老人经过友邻学院专业社工的培训后，自发创建了各种各样的互助小组和异彩纷呈的公益项目。如每逢腊八节或端午节，他们组织志愿者在社区内各家各户募集一勺米，将募集到的米熬成百家粥再送给邻里，增进邻里感情。在这个过程中，不仅老年居民参加，中青年和儿童也积极参与进来，大家在感受到温暖的同时也希望有机会尽到自己的义务和责任，在义仓和义集或其他社区公共事务中贡献出自己的力量。

目前，爱有戏孵化的社区居民自组织已达 739 个，种类众多，既有文化类剧团，又有低龄老人服务高龄老人的互助小组，也有主打情感陪伴的心理互助帮扶小组。这些居民自组织在社区内成立互助联盟，制定了入会标准、议事机制和流程、考核评估的原则与指标，在成都市的各个社区内开展了丰富多彩的义仓子项目。

目前，在一些居民互助比较活跃和完善的社区，爱有戏已经开始筹备“撤出”机制，在“居民社工”的带领下，使社区居民的主动性充分发挥出来，建立真正属于社区的自助和互助体系，这也正是现代义仓所强调的主动、参与、互助和邻里关怀。

二、“现代义仓”的三个面相及其意涵

（一）传统慈善文化

1. 儒家之“义”与义仓文化

“義”是“义”的繁体字写法，最早见于甲骨文和金器铭文中。“義”字从“我”从“羊”，原有己之威仪、美善、适宜之意，后来逐渐成为表示应该做到的准则和规范的总称，是我国古代重要的伦理道德概念。孔子提倡“义”：

> 君子义以为质。
>
> 君子义以为上。
>
> 君子之于天下也，无适也，无莫也，义之与比。
>
> 君子喻于义，小人喻于利。

儒家思想认为，“义”是由个人自身的仁爱道德情感和社会礼仪规范共同作用而产生出来的道德义务和伦理责任，是一种与利益相对，旨在追求社会公利的价值合理性实践活动。因此我国传统文化中的“义”文化有两层语境：一是人在内在仁爱感情驱动和社会规范要求下做出的善行、善事；二是追求社会公利，而不是单纯追求个人和家族的利益。

中国古代义仓将传统的“义”文化和仓廪制度有机结合起来，形成了中国传统慈善智慧和独特的文化。

大同社会是儒家的终极社会理想，即一个安定和谐、讲信修睦、物同一体、财富均分的社会。孔子将之具体描述为“人不独亲其亲，不独子其子，使老有所终，壮有所用，幼有所长，鳏、寡、孤、独、废疾者皆有所养”。亚圣孟子也设想了一个“出入相友，守望相助，疾病相扶持，则百姓亲睦”的理想社会，与孔子的“大同”之说交相辉映，一起构成儒家大同思想的精华。儒家的大同思想为中国乡土社会内部的行为准则和道德规范制定了一个蓝本，即以家庭为基本单位，将“孝、悌、敬、信”由家庭推向整个家族、村庄乃至社会，最终实现“大道之行也，天下为公”。针对仓廪制度，孟子也提出了劝种备荒的思想，“五谷者，种之美者也。苟为不熟，不如荑稗。夫仁亦在乎熟之而已矣”。《一切经音义》对此引用《尔雅》注释：“荑似稗，布地秽草也。……按荑稗俱堪水旱，种无不熟，北方农家种之，以备凶年。”

作为中国传统慈善文化源流之一的墨家文化强调粮食积储对救灾备荒有着十分重要的意义。墨子引述《周书》：“国无三年之食者，国非其国也；家无三年之食者，子非其子也。”他进而提出：“故备者，国之重也”，“凡五谷者，民之所仰也，君之所以为养也。故民无仰，则君无养，民无食，则不可事。故食不可不务也，地不可不力也，用不可不节也”。墨家明确提出了储备粮食对国家长治久安的重要性，为仓廪制度的设立提供了理论依据和思想来源。

战国时期的政治改革家李悝在经济上推行“尽地力”和“善平籴”的政策，在变法中设立“平籴法”——国家在丰年以平价购买粮食储存起来，发生饥荒时又平价卖给农民，取有余以补不足，以防谷物甚贵而扰民，或甚贱而伤农。作为法家的启蒙思想，李悝的变法思想对后来的商鞅、韩非影响很大，商鞅十分重视发展农业生产，丰仓裕廪，他认为：“民之欲利者，非耕不得。”

无论是儒家、墨家还是法家思想，均为在中国延续几千年的义仓文化提供了丰富的理论渊源，也为今天义仓文化的复兴打下了坚实的基础，为当代义仓的复活提供了有益的借鉴。

从实践的层面来看，宋朝时期的吕氏乡约和朱熹创办的朱子社仓是历史上较为成功的义仓案例。吕氏乡约以乡为单位，人民自发、自愿地缔结公约，将“德业相劝、过失相规、礼俗相交、患难相恤”十六字作为共同的道德标准和礼俗标准，除了解决物质资源流通、救济贫困家庭的问题之外，更重要的是教化乡约制度下的每一位成员，使大家认识到乡人休戚相关、利害相同，从而生出互帮互助、共生共存的理念，最终实现儒家大同社会的理想。朱子社仓由乡绅、士官、儒生参与，州县不得参与干预，保持了社仓的独立性和民间性，同时也避免了社仓“人亡政息”的问题，保障了社仓的持久性。从社会治理的角度来讲，自下而上形成的义仓也是社区自组织的一种形式，通过善俗的培养达到了善治的目的。

2. 传统慈善文化为何在现代中国“胜出”

如前文所述，一次偶然的机会，刘飞及其团队在网上发现了青原色。它发起的“一勺米”计划深深打动了刘飞，她认为这个项目以中国传统熟人社会的互帮互助为载体，承载了中国传统的义文化，其无形的力量能够深入人心，同时传统文化色彩浓厚的义仓项目十分适合历史悠久的水井坊街道。青原色的创始人简艺为有人开始关注义仓文化而十分高兴，经双方沟通，青原色无偿为爱有戏提供了“一勺米”计划的整套操作流程和规范，希望双方共同摸索“现代义仓”之路。遗憾的是，因种种原因，青原色最终解散。爱有戏在青原色“一勺米”计划的基础上针对水井坊街道的特点对项目进行了改造和研发。2011 年 5 月爱有戏正式开始了对“现代义仓”的探索。

现代义仓深受居民欢迎，爱有戏在与居民的共同探索中逐渐摸索出了现代义仓的发展路径。其成功看似具有偶然性，实际却有必然性，一个具有历史感的“名词”为何能够在现代化的城市中有如此高的接受度呢？除了科学的项目设计和运作、完善的组织管理之外，其历史性和中国人根深蒂固的“家”文化，以及人们的心理需求都发挥了作用。

儒家文化中理想人格的“家、国、天下”的进阶逻辑把家庭放在了承上启下的位置。儒家文化背景下的中国社会，不是个人本位也不是社会本位，它所宣扬的“仁”，从人从二，以二人为准绳，从家庭出发，不断将外围的人网罗进“仁爱”的范围，最终达到四海之内皆兄弟的理想境界。古代的中国，血缘关系决定地缘关系，即人们依据氏族或者宗族关系确定居住地，因此家庭的概念便从最狭义的“小家庭”扩展到以家族为主体的“大家庭”，进而扩展到国家，扩展到天下。在这个“家庭”中，人们组成一个荣辱与共、休戚相关的命运共同体。在共同体中，人们形成了以“仁爱”为核心思想、以“救老扶弱”为具体准则、以“礼”与“让”为核心措施的亲密关系。两宋时代盛行的乡规民约正是成功把这一体系落实到现实生活的创举，其中较为有名的如吕氏兄弟的吕氏乡约和朱熹创办的朱子社仓。

“家文化”是中国文化的一大特色，家在中国人的心目中有着不可替代的地位，中国的一切政治经济文化活动都是以家为核心而展开的，无论传统文化和人的精神层面发生怎样的变化，“家”依旧是维系所有中国人的纽带，“家”对中国人有着特殊的意义。“家文化”是传统文化中最重要的内容，也是最主要的部分，而“互助”是其主要元素。随着物质生活得到极大满足，精神生活得到提升，人们开始在文化传统中寻求自己的根基。

在科技飞速发展的今天，通信工具的升级换代让人们失去了很多面对面交流的机会，人们逐渐忽视了与家人的沟通和对家人的关怀。然而人是有向往亲密关系的心理诉求的，在原本的熟人社会，人们可以寻求其他的亲密关系，如氏族成员、邻里街坊等，但是城市的“感情空巢者”却难以获得邻里的关注。在现代社会，人们越来越希望走出这种困境，从邻里中得到情感的慰藉和支持。

“心理—社会均衡”理论认为人处在一个人与人、人与物、人与文化规范互动的“场”之中，是一个心理与社会的动态平衡体。当某一类互动缺乏时，人们会动用其他互动来弥补，以达到平衡。爱有戏现代义仓的出现刚好弥补了这一空缺，基于中国传统的慈善文化，并鉴于人们对精神层面的诉求，对于社区居民乃至社区外各类人士而言，物资帮扶并不是最重要的，更重要的是缓解邻里关系疏离的问题，重构邻里之间的亲密关系，从而达到“心理—社会均衡”的状态。因此，现代义仓的出现有时代的必然性。

现代义仓抓住了时代的痛点，尝试医治日趋匿名化、冷漠化的现代城市之“病”。

（二）现代公益理念

爱有戏的现代义仓除了从传统文化中汲取营养之外，还注意融入现代价值观，它认为必须将现代的价值理念融入项目中，着眼现实，才能更好地解决当代的社会问题。

1. “现代义仓”强调平等、尊重和权利

最初，在水井坊做“现代义仓”摸底调研工作时，爱有戏发现社区内有很多“边缘”群体。爱有戏现代义仓坚持道德价值中立，强调只要符合爱有戏制定的受助者标准，这些“边缘”群体也可以参与到现代义仓中。现代义仓一直以来都强调每一个人都是平等的，要接纳、尊重任何人，因为每个人都有向好的力量，应用一种博爱的胸怀去关怀每一个人。在这个过程中，爱有戏的现代义仓借鉴了西方慈善价值观的权利、义务概念和社工工作伦理。爱有戏认为，帮助社区内的居民包括处在社会边缘的“特殊”群体，是辖区内每个居民的责任和义务，帮助他们的过程是爱心居民释放爱，实现自身对邻里、社区的责任的过程。爱有戏始终相信，每个人都有向好的力量，只要营造出好的环境，就能唤醒受助人的居民责任意识。

义学体系的构建也是为了教育和培训居民志愿者以更专业的态度和技能服务社区，摒弃原来的家长式的施善，打造邻里平等的互助体系。

爱有戏的行动指南是“着眼新文化、采取新行动、构建新传统”。因此，现代义仓既融入了中国传统义仓的价值观，又吸纳了西方慈善的价值观；既有古代文化的血液，又有现代文明的烙印；既讲“仁爱”，又讲“博爱”。现代义仓不是居高临下的施舍，不是济世悯人的雄心，不是助人自助的概念，而是让每一个人基于爱而交往。

爱有戏十分注重平等、尊重、权利与义务，这与它专业社会组织的定位密不可分。

爱有戏创始人刘飞从 1998 年便开始了志愿者服务，对志愿工作有着极大的热情。2009 年，刘飞基于自身的号召力集合了 300 多名志愿者成立了“爱有戏公益戏剧社”，分设编导部、演员部、动漫部，旨在通过拍摄文艺作品，宣传无偿献血活动。其间，爱有戏拍摄了数部作品广泛传播于网络甚至电视台，为其后来的发展奠定了基础。2010 年爱有戏内部人员变动，开始转型为面向社区的专业社会组织，成立了盲童广播剧团。在这期间，已经陆续有报纸、电视台和网络传媒对爱有戏进行宣传，在继续扩大知名度的同时，爱有戏吸引了四面八方志愿者的关注。这一时期的爱有戏虽然靠着刘飞的热情和之前文艺创作的知名度会聚了不少的志愿者，但大家都没有受过专业的社会工作训练，依然是一个靠着志愿者“满腔热血”做事的“草台班子”。

通过熟人介绍，恩派公益组织发展中心（以下简称恩派）对爱有戏进行了考核与评估，将爱有戏纳为孵化伙伴，给予技术和资金的支持。非科班出身的刘飞此前认为做公益最重要的是“志愿者就要做到哪里有问题就冲向哪里”的精神，专业的知识和技能以及管理能力并不重要。恩派对爱有戏的孵化让其认识到专业性是组织长久发展的重要因素，这成为尚在发展初期的爱有戏迅速成长的助推器。

从最开始的公益戏剧社到盲童广播剧团，虽然定位为文化类公益组织，但此时爱有戏对文化项目的理解还是相当“肤浅”的，刘飞认为社区内的文化公益项目只是唱歌、跳舞、拍电影等简单的艺术活动。机缘巧合之下，香港社区伙伴（PCD）了解到刘飞和爱有戏，开始对爱有戏进行资助。2002 年 1 月由嘉道里基金会创办的 PCD，其愿景和使命是“人与人、人与大自然和谐共处”，“社区伙伴与社区和相关人群一起努力，恢复人们内心与大自然的联结，探索实现可持续生活的道路和方法”。PCD 认为社区要团结起来，反思社区与大自然的关系，重寻传统文化的根，传承和创新乡土文化。PCD 对爱有戏的帮助主要是从项目背后的理念和文化价值观出发，引导其对社会问题、文化项目进行深层次的思考。通过一系列的学习和培训，刘飞认识到作为一个文化类的公益组织需要找到自己的意蕴和人文性，同时也开始关注中国传统文化。

2. “现代义仓”通过专业化营造共同体环境

刘飞意识到传统文化的重要性和力量，她希望利用中国传统文化，通过凝聚社区内居民的共识，唤醒属于中国人的“家”观念。

“现代义仓”项目的初衷是要解决邻里关系疏离和社区公共生活匮乏的问题，其中最重要的目的是要社区内的居民相熟、相知起来，义仓项目在这个问题上具有天然的优势。隋代时期已经有设立义仓的传统，千年的义仓文化在中国这片大地上生根发芽，已经浸润到每个人的血液中。儒家讲求“仁者爱人”，人者仁也，以自我为中心，不断推己及人，通过修身、齐家、治国、平天下的顺序最终实现社会理想；通过在“家”的单位中做到“爱人”，并将这份仁爱扩展到四海之内，达到“老吾老以及人之老”“幼吾幼以及人之幼”的大同社会。“义”文化是儒家文化的重要部分，而中国人从古至今都在不同程度上受着儒家文化的教育和熏陶，即便“终身由之而不知道”，每个人心中也有“义”的“基因”。因此，在这样的土壤上，现代义仓容易扎根生长，也易获得居民的认同，更易牢牢凝聚居民，在此基础上创造新的共同的符号和仪式，构建属于今日社区的独特文化，唤醒当代城市居民心中已有的意识和冲动，鼓励居民走出家门去认识和帮助邻居，去分享和创造共同的邻里故事。

如果说恩派的孵化让爱有戏认识到了“术”的重要性，那么 PCD 的帮助则让爱有戏了解并体会到什么是“道”，即文化类公益组织要有其独特的灵魂。2010 年，爱有戏转型为专业的社会组织。截至 2018 年底，机构共有 200 余名专业社工，爱有戏十分重视提升社工的专业技能，频繁开展社会工作理论和实践的培训。队伍中的社工老师也会对居民志愿者开展专业技能培训，以此为基础的友邻学院已经培养出了若干“社工居民”。

爱有戏通过一系列的组织化、专业化机制，突出社区居民个体的作用，强化居民的权利意识、主体意识、责任意识、自主意识、参与意识及程序规则意识，引导居民积极而负责地参与社区公共生活和公共事务，为居民参与公共活动创造良好环境。例如，孵化、组建各类互助小组，各小组接受一定程度的“规范化”“标准化”建制，而义仓、义集、义坊、义学、义网构成的“五义体系”，更使现代义仓广泛地将现代慈善理念与传统慈善文化进行有效的融合。

（三）社区治理

爱有戏构建了一套以解决社区问题为核心，集居民、社区自组织、社会组织、政府及基层群众自治组织（居委会）、企业在内的社区治理体系（见下图）。

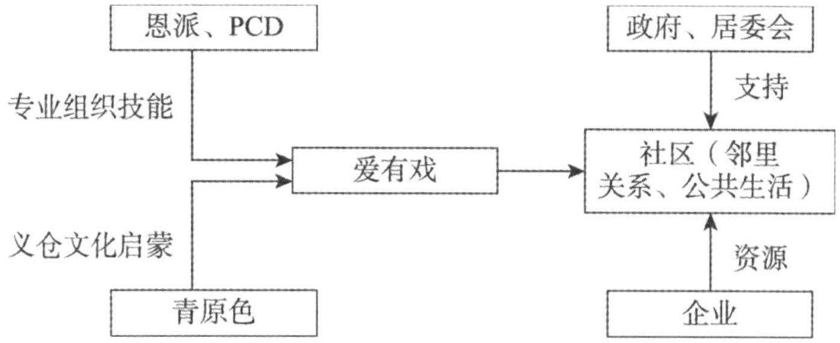

以解决社区问题为核心的社区治理体系

在该体系中，各方力量优势互补。有关居民自组织、社会组织（青原色、恩派、PCD）的作用上文已有阐述，下述政府及企业的作用。

1. 政府主动邀约，并与社会组织密切合作

爱有戏与政府合作起源于政府的主动邀请。2008 年“5·12”汶川特大地震之后，全国各地的社会组织涌入成都。作为中心城区的锦江区正在进行三大改革：一是街道管理体制改革，街道剥离经济职能；二是社区治理体制改革，将政府职能从社区居委会中完全剥离出来，实现社区自治；三是社会组织管理体制改革，大力发展社会组织。2011 年爱有戏在锦江区登记注册为“成都市锦江区爱有戏社区文化发展中心”，成为锦江区孵化的第一个社会组织。与此同时，爱有戏正与 PCD 合作一个社区文化类项目，由 PCD 提供资金支持，爱有戏设计并实施项目。时任水井坊街道工委书记朱烈认为这既不需要政府出资，又能实现社会创新，同时能响应大力发展社会组织的号召，由此，爱有戏开始进驻锦江区水井坊街道。

水井坊街道所在的锦江区属于成都市中心城区，水井坊街道与成都商业中心仅一河之隔，占地 1.06 平方千米，辖区内共有两个社区，历史十分悠久，常住人口和流动人口共 4 万多人。在三大改革的背景下，街道书记找到刘飞，希望能够尝试做居民自治的工作，提出的工作愿景是“进千家门，结百家亲”。“居民自治”对爱有戏来说是一个新鲜的名词，刘飞认为无从下手，但是街道给予了爱有戏极大的信任和活动自由，“放手去做，允许出错”。

2011 年爱有戏进驻水井坊街道之初，街道已经向其提供了一份社区内部贫困人群的名单及其家庭详细情况，包括贫困程度、致困原因等，让爱有戏在确定义仓的受助者名单时更有针对性和目的性。爱有戏在社区内摸底调研

和义仓项目最初实施的阶段，社区内居民对其并不熟悉，因此如果只有爱有戏的社工上门调研和派发物资往往会吃闭门羹，但只要街道和社区的领导与工作人员陪同爱有戏社工一道，派发物资就异常顺利。同时，街道和社区的领导向居民介绍爱有戏及其义仓项目也让居民逐渐消解了对新组织和新项目的抵触，为后期居民深度参与义仓项目奠定了基础。

爱有戏义仓的第一批爱心家庭主要是街道和社区的领导及工作人员，他们积极向义仓捐献物资并参与派发，使得爱有戏义仓项目的“试水”大获成功。从2011年爱有戏义仓项目开展以来，社区和街道的工作人员发挥了充分的模范带头作用，无论是义仓还是义集，他们都号召亲朋好友积极参加，积极捐赠。除个人层面外，2012年，爱有戏义仓的“老家”水井坊街道成立了专项资金，每年为义仓项目拨款30万元的托底资金，用于保障爱有戏的日常办公开支和人头费支出。

政府除了提供资金支持以外，还提供场地支持，包括办公场地和活动场地。以水井坊街道锦官驿社区为例，锦官驿党群服务中心划拨出两个办公室作为爱有戏的办公室和义仓物资储存室。

2. 与辖区企业合作共赢

除了政府和本社区的居民，辖区内企业为了树立良好的形象和履行社会责任，也积极参与到爱有戏的现代义仓体系中来。与其他公益项目——企业捐钱做好事的逻辑不同，爱心企业的身份从单纯的一次性捐赠者变成了深入持久的义仓参与者。在这一过程中，社区困难家庭得到了帮扶，企业树立了品牌形象，提升了社会责任感，捐赠不再是企业单方面的输出，而成为双向互动的过程。

企业参与的方式主要是对爱有戏的义仓提供资源支持，包括五种资源的捐赠。

辖区内的爱心企业为举办义集提供场地。以锦官驿社区为例，该社区的义集就办在社区内某商场门前的广场上。热闹的公益庙会和义演区吸引了大量的市民关注并参与，也为商场招揽了客源，双方实现了共赢。

爱有戏服务的某些街道内成立了具有公募资格的慈善会，可以接受资金捐赠。辖区内甚至社会上的企业将资金捐到街道慈善会，以项目制的形式对爱有戏义仓进行支持，如针对辖区内大病家庭、残疾家庭设立的个案管理中心（注：个案管理中心也是隶属于爱有戏义仓体系的子项目）。

物资捐赠包括两种途径。一是爱心企业直接向义仓捐献物资；二是参加义集活动，用在义集中所赚取的资金购买物资再捐到义仓中。

为了培育员工的社会责任感，企业会组织员工参与志愿者活动，同时爱有戏也会和企业协商，根据企业的特点，为其“量身定制”一些社会志愿服务。员工通过参与义仓的志愿服务，不仅提升了社会责任感，也对企业多了一份认同感和归属感，从而在具体工作中提高效率。

企业作为义坊的“爱心股东”，为居民商户提供经营技术、专业知识和经验，提高困难居民的经营水平，帮助其增加家庭收入。爱心企业无形中也成为这些困难家庭的人脉资源，由此打开了义坊商户的社会支持网络。

三、“现代义仓”背后的思考

纵观爱有戏的组织成长史和“现代义仓”项目的发展史，我们看到了爱有戏希望通过将中国传统的慈善文化与西方现代公益理念结合，以解决邻里关系和社会公共生活问题的有益尝试。“现代义仓”的十年发展历程，也在一定程度上反映了中国“草根”组织的发展特征。

（一）“体用”解析

“体用”是中国古典思想中的重要范畴。在观察和分析当下的中国慈善时，我们将其作为一种分析框架，其中“体”是根本性的，表现为基本理念、规律与价值观；“用”是从生性的，表现为工具、行为方式、组织制度等。

在“现代义仓”的十年探索中，中体、中用、西体、西用既有碰撞，又有融合。爱有戏义仓项目的文化口号是“着眼新文化、采取新行动、建构新传统”，希望通过融合古今中外的慈善价值观的方式来对中国的古代义仓进行改造，创建现代义仓回应现实问题。正如前文提到的，爱有戏的现代义仓希望既融入中国传统义仓的价值观，又吸纳西方慈善的价值观；既有古代文化的血液，又有现代文明的烙印；既讲“仁爱”，又讲“博爱”。我们也意识到，古今中外的慈善活动大多涉及物质和精神上的扶贫济困、扶老济幼，最终的结果也是达到个人和社区、社会、民族、国家的和谐发展，但是支持其活动的逻辑确实截然不同。中国古代的慈善价值观是以“人性本善”为逻辑起点而发展出的“仁者爱人”，人与人之间有相亲相爱的潜能，而最完美的人际关系是家庭内部的人际关系，大家无条件地相互关心、相互爱护，支持帮助，从而生发出对家族、民族、国家的爱，最终达到“大道之行也，天下为公”的社会理想。而西方的宗教慈善虽然也是以同情心生发出的爱为出发点，但它背后的逻辑是上帝之爱，人们信仰上帝，严格遵守教义去无差别地爱所有人，它的背后是由上帝之爱衍生出的“博爱”。无论是中国传统的“仁爱”还是西方宗教的“博爱”，都是从人的内心生发出的、无须受到外力约束的慈善价值观，因此一旦有了“爱人之心”，便会坚定地行“爱人之事”。进入资本主义社会之后，西方个人主义的慈善价值观逐渐脱离“同情心”和“爱”的范畴，而更多的是以权利和义务为中心，以法律关系为约束条件。“现代义仓”背后既有中国式的慈善观，又有西方以个人权利为核心的价值观。在现代义仓中，西方个人主义的慈善观与中国的慈善观，其“统治力”哪个更强，哪个更弱，难以判断。并且，二者具体是如何结合的，彼此谁主谁次也较为模糊。因此，我们还难以准确地知道爱有戏现代义仓的价值观背后到底是一种怎样的“一以贯之”的逻辑。

康晓光在《中体西用新论》中提出：现代世界不可抗拒，传统世界必然要离我们远去，现代化是中国的宿命；但是，告别传统世界并不意味着彻底抛弃传统文化，进入现代世界也不意味着全盘西化，中国必须也必然要在本土传统文化要素与西方现代文化要素之间进行取舍，以创造自己的现代文化，即以中国传统的“体用”思维范式为方法论，以“体用二分”方式处理传统与现代的关系，以中国传统文化之体为中国未来文化之体，以西方现代文化之用为中国未来文化之用。

从这一角度而言，尽管现代义仓发展顺利，并且在一定程度上解决了邻里情感疏离的问题，增加了社区公共服务，起到了前述诸如推动社区居民自治、自主行动，以及为居民参与公共活动提供共同体环境的作用，等等，但是搞清慈善文化背后的逻辑，对此有正确的判断和清晰的梳理后再运用到具体实践中，对推动现代义仓的持续发展意义更甚。当然，在中国社会中，“搞不清楚”并不会阻碍行动的步伐，可以在实践中边做边思考。而且，中国慈善文化的“体”也并非一成不变，它本身也在适应和发展的过程中。

需要说明的是，本文的重点不是探讨慈善文化及其“体用”，因此，本文的结构也不服务于这样的目的，此处的思考只是作为靶子“抛出”，供读者与执笔人共同思考。

（二）一叶知秋

改革开放 40 年来，中国的第三部门发生了很大变化，尤其对于“草根”组织来说。进入 21 世纪之后，“草根”组织逐渐从默默无闻到走上历史舞台，扮演着积极的角色。爱有戏根植于一个受政府管理的有着传统社区文化基因的社区，同时它又处在一个市场开放、公益理念受外来因素影响的环境中，它一方面要生存，另一方面又要现实地回应和解决社区问题，需要资源，需要合规，其中的酸甜苦辣和五味杂陈，大概只有最前线和最基层踏实做事的“老兵”才能体会。爱有戏的现代义仓正是中国发展中的“草根”组织，或者说是最基层的社会组织的缩影。

虽然从宏观上看，中国的“草根”组织依然属于“依附式”发展。但是我们欣喜地看到像爱有戏这样的组织，面对多元和复杂的文化格局，在政府和企业的力量之外，依然用十年时间做出了有益的探索。无论是自身的局限还是时代的复杂性都没能阻止一群有激情的立志服务社区的人，以自己的见识和智慧实践现代义仓文化。正是在他们的影响下，中国古代义仓历史和义仓文化为更多的人所了解并熟知，也有更多的人加入实践“现代义仓”的活动中，共同探讨“现代义仓”的文化价值观和运作模式，希望义仓改变社区，进而推动社会进步，最终助力民族和国家的发展。更令人欣慰的是，通过网络，重塑新型邻里关系，构建社区公民文化，共治共享和谐社区的理念已经为越来越多的人接受并付诸实践。

梁漱溟先生说：“在自己感触亲切之问题上为大众发愿，奋不顾身，不顾一己力气单薄，只将大众问题一力承担起来，放在自己肩膀上，心中念念只此一事，则凡百问题都成小问题，都不成问题。”这是对爱有戏“现代义仓”十年探索的概括，也是对中国如星火般的“草根”组织的最好概括！

第二节　义仓与社区治理

重构城市社区的社会资本
——“三位一体”的参与式互助体系[①]

一、社会资本的缺失是导致社会问题丛生的根本原因之一

随着社会的工业化以及住房的商品化，传统意义上邻里守望、鸡犬相闻的社区在现代城市中几近消失，取而代之的是现代意义上的商品楼住宅和邻里之间“画地为牢”式的生活方式。“陌生人”“解体”“碎片化”成了形容现代城市社区人际关系的颇为传神的词汇。

这意味着传统意义上的社区已经不再存在，剩下的只是一片空城、一个地域而已，我们称之为“小区”。一个小区内可以有不许“陌生人”进入的严格的门禁，可以有周到的物业服务，但却只是一个小区，而不再是一个社区。从功能上讲，它们已经退化为一个仅供人住宿的“睡城”。人与人之间的关系呈原子化状态，信任缺失、横向纽带薄弱成为现代社区的常态，人们甚至相互提防，担心过多的信息透露与亲密会让自己的安全遭受威胁。于是，我们不得不面对这样一个事实：社区社会资本不仅仅是缺失，而且已经是跌入了“负值”的境地。国际经验表明，社会资本的提升，一方面需要政府的支持，但更重要的还得依赖社区内横向纽带的发育，而这正是社会组织的特长。于是，利用社会组织的作用提升社区社会资本储量是一个不错的选择，而这正是本案例所要描述和分析的关键。

成都市锦江区爱有戏社区文化发展中心（后简称爱有戏）是一个扎根在成都市水井坊街道所辖社区中的社会组织。与其他社区一样，水井坊辖区内的社区也面临着社会资本贫瘠的难题。但是，自 2011 年 4 月爱有戏进驻以

① 作者赵小平，为清华大学 NGO 研究所博士后，北京七悦社会公益服务中心副研究员。本文选自清华大学公共管理学院教授邓国胜主编的《社会创新案例精选》，于 2013 年由社会科学文献出版社出版。

后，经过两年的努力，项目社区已经有了显著的改善：第一，社区信任明显改善。第二，居民公益参与程度和公民意识明显提升。第三，建立了一个可持续运作的参与式互助平台。2011 年 11 月到 2012 年 11 月间，为 125 户贫困家庭提供持续帮扶，发展爱心家庭 511 户，筹集并递送物资约合 12 万元。第四，孵化了 4 个社区志愿服务组织、10 个院落自治组织，并辅助其运作起来。

于是，在本研究中，我们将以爱有戏的社区实践为例，详细描述社会组织在重建社区社会资本的过程中如何发挥作用。具体包括：第一，爱有戏是如何通过创新的方式重建社区社会资本的？效果怎样？第二，这些创新举措的动力来源和发生条件是怎样的？

二、案例描述

（一）社区社会资本重建的方式：构建参与式社区互助体系

爱有戏是民政局登记注册的公益性社会组织。因为在社区建设中能力突出，爱有戏虽成立不久但发展迅速，已经从只有 3 个志愿者组成的小团队发展到拥有 24 位全职员工的组织。爱有戏现有社区项目 13 个，涉及参与式互助、社区文化艺术、社区居民自治等多个方面，已经从水井坊街道所辖社区拓展到了肖家河街道。本文中，我们主要以其服务最久、模式最为成熟的水井坊辖区参与式互助体系为例，展示爱有戏重建社区社会资本的整个过程。

水井坊街道办事处辖区面积为 1.06 平方千米，居民 1.2 万户，常住人口和流动人口 4 万多人，有两个社区（水井坊社区、交子社区）。2010 年初，水井坊街道办事处按照锦江区委、区政府的要求，开始着力于培育和发展社会组织。地方政府认为，社会组织是党委政府工作的延伸，街道应当“立足特色挖资源，筑巢引凤求发展”，因而培育和发展了一批特色鲜明的社会组织，爱有戏就是其中的一家。

2011 年 4 月，在水井坊街道的积极支持下，爱有戏进驻水井坊辖区，开始了其工作的第一步：社区需求调研。在调研过程中，爱有戏发现了大量的社会问题，最集中的体现便是社区贫富悬殊，互助网络匮乏，人际关系冷漠。在工作人员调研的 2586 户中，困难家庭有 567 户，其中需要经济和物资帮助的有 158 户。除了政府和亲戚提供的一些极为有限的救助外，他们几乎得不到任何来自社区的救助。由于能力和社会网络等方面的局限，孤、残、病家庭生计艰难，有的家庭甚至一个月才能吃上一顿肉。此外，由于城市老街区改造、租住户数量激增等原因，传统社区中的熟人关系逐渐瓦解。尽管生活在同一社区，但是各个家庭之间非但关系冷淡而且相互提防；人们（尤其是中青年）对公共事务的态度更是“不屑一顾”。即便是社区的老居民，其社区参与也大多只停留在对政府政策的服从和执行上。因此，与其他地方一样，水井坊辖区的社区也面临着社会资本缺失严重的问题。

那么，如何才能打破僵局，让社区重新回暖、让弱势群体得到帮助呢？除了存在的问题，调研中发现的一些机会也令爱有戏兴奋不已。虽然社区冷漠是摆在面前的事实，但是多数居民却也并非安之乐之，而是积极地表达了改善现状的期望。此外，工作人员还发现，社区中有许多居民不乏一颗善良而乐于助人之心。当听说身边就有如此众多的城市贫民及其艰难的生活现状时，许多人在震惊之余也积极地表达了乐于施助的愿望。

因此，在调研的基础上，爱有戏得出了这样的判断：在水井坊辖区的社区中，既有受援的需求，也有救助的资源和动机，而主要缺乏的就是能够提供组织资源、将这些供需进行有效整合的主体——爱有戏正好可以担任这样的角色。

（二）建立义仓：社区互助资源流动的“计划调控”阶段

建立义仓是爱有戏构建参与式社区互助体系的第一阶段。义仓，简言之即是一个由爱有戏发起成立的爱心仓库，倡导社区居民持续、定期地将小额生活物资（油、盐、酱、醋、面条、被褥等）捐到义仓。然后，那些愿意捐赠时间的居民可以同爱有戏的员工一道，以社区志愿者的身份将代表社区邻里爱心的物资送到困难家庭手中（见下图）。

由于义仓既接受物资捐赠也接受时间捐赠，所以爱心家庭和受助家庭是没有绝对界限的。无论贫富，只要有一颗友爱之心，都能成为义仓的捐赠者。比如，贫困家庭也可以通过时间捐赠成为义仓的志愿者。因此，与传统的救助理念不同，这里的施与受不是截然而分的。爱心家庭在帮助别人的时候，自己也有诸多受益，比如帮助自己保持一份清净、慈爱、互助的心境，满足自我实现的需求，给予下一代积极的价值观教育。在一个充满关爱和信任的社区中，人人都能从中获益。对于接受帮助的家庭而言，既没有因为外界的援助而损害自尊，更没有养成“等、靠、要”的习性，而是通过志愿服务，甚至有时也进行实物捐赠来表达对社区的感激，关心社区其他需要帮助的友邻。

"义仓"物资流程图

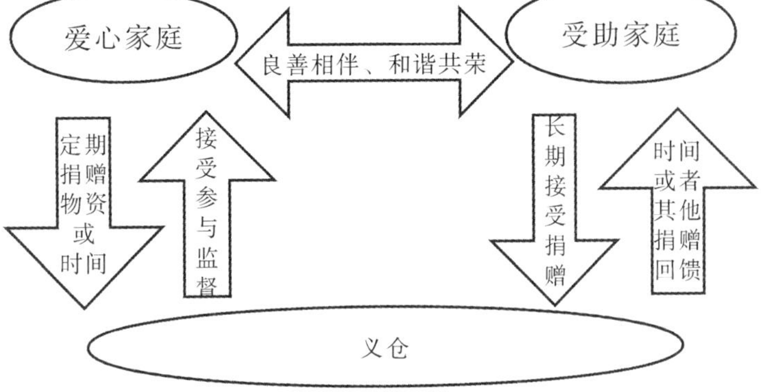

义仓运作示意图

此外，爱有戏对义仓的管理规范、透明。工作人员将每一份爱心捐赠的来源和使用均做详细登记，在尊重人们隐私的前提下，定期贴在博客和布告栏中向全体居民公示（见下图）。2013 年 1 月，义仓物资管理软件正式投入使用，极大地提高了物资管理的科学性和透明度。虽然随着捐赠物资的增多，工作人员的工作量也不断加大，但是如此详尽的公开透明着实赢得了人们对爱有戏的信任。

物资编	具体物资	数量	计量	捐赠时间	捐赠任	收据编号	受助人	受助人编号	受助人电址	领物确号	领物日明	经手人	审核任
B1727	醋	一瓶	——	2012.05.0	[redacted]	'0018T58	[redacted]	D11071510	[redacted]	20112070011	2012.07.03	[redacted]	张[redacted]
B1734	盐	一袋	——	2012.05.0	[redacted]	'0017742	[redacted]	D11071510	[redacted]	20112070011	2012.07.03	[redacted]	张[redacted]
E1752	盐	一包	——	2012.05.0	[redacted]	'0017742	[redacted]	D11071510	[redacted]	2012070307	2012.07.03	[redacted]	张[redacted]
B1755	盐	一包	——	2012.05.0	[redacted]	'0017T5	[redacted]	D11071510	[redacted]	2012070302	2012.07.03	[redacted]	张[redacted]
B1777	盐	一包	——	2012.05.0	[redacted]	'0018T58	[redacted]	D1107150	[redacted]	2012070305	2012.07.03	[redacted]	张[redacted]
E1792	生抽	一瓶	——	2012.05.0	[redacted]	'0017742	[redacted]	D11071510	[redacted]	2012070302	2012.07.03	[redacted]	张[redacted]
V1799	面	一把	——	2012.05.0	[redacted]	'0017742	[redacted]	D1107070	[redacted]	2012070301	2012.07.03	[redacted]	张[redacted]
B1802	优酸乳	一瓶	——	2012.05.0	[redacted]	'0017T5	[redacted]	D11071510	[redacted]	2012070302	2012.07.03	[redacted]	张[redacted]
11840	面	一把	——	2012.05.0	[redacted]	0017T2	[redacted]	D1202130	[redacted]	2012070307	2012.07.03	[redacted]	张[redacted]
C707	肥皂	一盒	——	2012.05.1	[redacted]	'001835	[redacted]	D11071510	[redacted]	2012070302	2012.07.03	[redacted]	张[redacted]
C712	肥皂	一盒	——	2012.05.1	[redacted]	'0018359	[redacted]	B1107150	[redacted]	2012070305	2012.07.03	[redacted]	张[redacted]
C713	肥皂	一盒	40g	2012.05.1	[redacted]	'0018380	[redacted]	D1107200	[redacted]	2012070310	2012.07.03	[redacted]	张[redacted]
C714	肥皂	一盒	40g	2012.05.1	[redacted]	'0018T58	[redacted]	D1107200	[redacted]	2012070310	2012.07.03	[redacted]	张[redacted]
C718	肥皂	一盒	40g	2012.05.1	[redacted]	'0017742	[redacted]	D1107070	[redacted]	2012070301	2012.07.03	[redacted]	张[redacted]
C721	肥皂	一盒	130g	2012.05.1	[redacted]	'0017742	[redacted]	D11071902	[redacted]	2012070306	2012.07.03	[redacted]	张[redacted]
C724	肥皂	一盒	130g	2012.05.1	[redacted]	'0017T5	[redacted]	D11071403	[redacted]	2012070303	2012.07.03	[redacted]	张[redacted]
C727	肥皂	一盒	130g	2012.05.1	[redacted]	'0017742	[redacted]	D11071403	[redacted]	2012070303	2012.07.03	[redacted]	张[redacted]
C743	肥皂	一盒	——	2012.05.1	[redacted]	'0017T5	[redacted]	D1107070	[redacted]	2012070301	2012.07.03	[redacted]	张[redacted]
C5001	肥皂	一盒	——	2012.05.1	[redacted]	'0018T58	[redacted]	D1107070	[redacted]	20112070311	2012.07.03	[redacted]	张[redacted]
C5003	洗洁精	一瓶	——	2012.05.2	[redacted]	'0017742	[redacted]	D1202130	[redacted]	2012070307	2012.07.03	[redacted]	张[redacted]
B5011	挂面	一把	——	2012.05.2	[redacted]	'0017742	[redacted]	D11071403	[redacted]	2012070304	2012.07.03	[redacted]	张[redacted]
B5015	盐	一包	——	2012.05.2	[redacted]	'0017742	[redacted]	B11071403	[redacted]	2012070303	2012.07.03	[redacted]	张[redacted]
B5020	醋	一瓶	——	2012.05.2	[redacted]	'0017T5	[redacted]	B1107070	[redacted]	20112070311	2012.07.03	[redacted]	张[redacted]
35022	醋	一瓶	——	2012.05.2	[redacted]	'0018T58	[redacted]	D1107200	[redacted]	2012070307	2012.07.03	[redacted]	张[redacted]
B5023	醋	一瓶	——	2012.05.2	[redacted]	'0017742	[redacted]	D1107070	[redacted]	2012070307	2012.07.03	[redacted]	张[redacted]
B5024	面	一袋	——	2012.05.2	[redacted]	'0017742	[redacted]	D11071902	[redacted]	2012070312	2012.07.03	[redacted]	张[redacted]
C764	牙膏	一支	——	2012.05.2	[redacted]	'0017742	[redacted]	D11071403	[redacted]	2012070306	2012.07.03	[redacted]	张[redacted]
C768	香皂	一快	——	2012.05.2	[redacted]	'0017T5	[redacted]	D11071510	[redacted]	2012070307	2012.07.03	[redacted]	张[redacted]
C767	洗衣粉	一只	——	2012.05.2	[redacted]	'0018T58	[redacted]	D1202130	[redacted]	2012070305	2012.07.03	[redacted]	张[redacted]
C771	牙膏	一支	——	2012.05.3	[redacted]	'0017742	[redacted]	D11071510	[redacted]	2012070312	2012.07.03	[redacted]	张[redacted]
C778	香皂	一块	——	2012.05.3	[redacted]	'0017742	[redacted]	B1107150	[redacted]	20112070311	2012.07.03	[redacted]	张[redacted]

义仓互助资源使用信息公开

因此，通过“义仓”项目，爱有戏让社区互助资源及其承载的友好、关爱与尊重在社区居民之间流动起来并传播出去。随着时间的流逝，原本冰冷的社区开始“解冻”，社区社会资本开始增多。

（三）建立义集：社区互助资源流动的“市场运作”阶段

义仓虽然让互助资源流动起来，但随着捐助数量的增加，劳动成本成为一个大问题。由于所有捐赠物品的接收、登记、分类整理以及派发都需要有专人组织完成，所以随着社区捐赠的不断增多，爱有戏工作人员的工作压力也不断加重，对机构的可持续发展带来了不利的影响。此外，旧衣物捐赠在互助资源中所占比例不断上升，因而清洗、整理、消毒、包装等费用也不断攀升。

事实上，许多社区居民的家里都会有一些“食之无味，弃之可惜”的物品，而同一社区中却又总有那么一些贫困家庭为了获取这些物品而四处奔波或囊中羞涩。如果依然按照义仓的模式让爱有戏作为递送渠道，实际上资源流动的效率比较低。那么，怎样才能让社区互助资源高效且精准地匹配呢？在义仓的基础上，爱有戏设计并实施了“义集”。

义集，顾名思义，就是立足社区，用定期集市的方式，为社区居民搭建以互助和公益为主题的二手货交易市场（见下图）。政府为义集提供活动场地、安保，爱有戏则进行策划、组织。社区居民可以在义集上申请公益摊位，将二手货卖出，所得收益由捐赠人自主地按不低于一定比例或者全数购买成生活物资捐给义仓以帮助困难群体。当然，社区居民、个体户或者企业也可以选择直接捐赠生活物资到义仓。困难居民也可以申请摊位出售自己并不需要的“被捐赠”之物（如一些来自政府的慰问品），或者出售自己在批发市场中购买的货物并赚取利润，同时向义仓捐赠一元钱的物资。为保证义仓的严谨性，捐赠给义仓的物资不能随意进行买卖。但是，捐赠给义仓的物资中比较难链接到受益人的，爱有戏可以动员捐赠人直接到义集售卖。义集中所有公益资源流动均公开透明，接受社会和政府的全程监督。

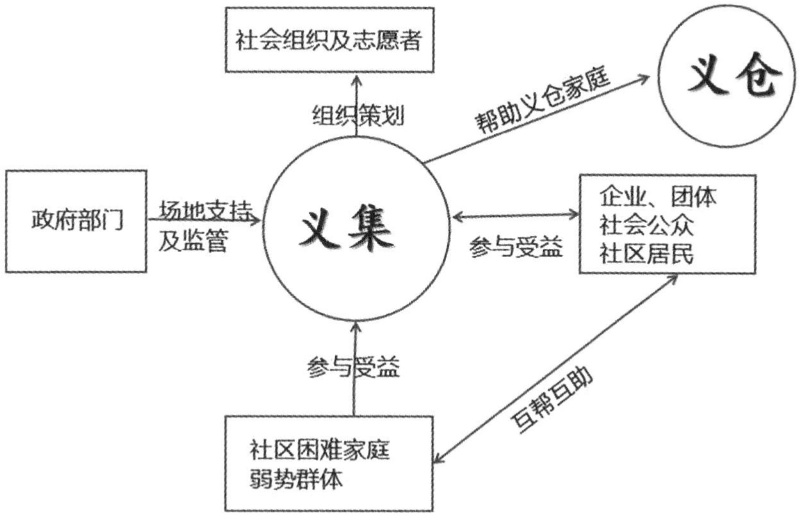

义集的运作模式

（四）建立义坊：帮助社区贫困家庭构建生计发展网络的新尝试

义坊是一个希望为困难家庭提供持续稳定生计的平台，具体做法是：在政府的支持下，爱有戏在临街的公共场地建一些格子铺（小商品买卖摊位）。如果有困难家庭希望通过租用格子铺买卖获利，可以向爱有戏申请。申请通过后，贫困家庭象征性地缴纳极少的租金，便可以成为铺主，在格子铺做买卖。

当然，做买卖是需要本钱的，而贫困家庭往往拿不出来，于是便由爱有戏帮其寻找爱心人士捐赠，爱心人士被称为“爱心股东”。除了资金，做买卖还需要一些好的经验、渠道，这也由爱有戏去寻找一些经验丰富的个体户或商户为这些新的铺主做义务辅导、咨询或培训。

由于没有税务负担，又有大家的帮助，有的贫困家庭一个月就能靠义坊商铺收入3000多元的纯利润。对贫困家庭来说，这可是一笔较为可观的收入。当然，也有一些铺主因为懒惰或经营不善而出现亏损，最终退出义坊。

义仓、义集和义坊，三者共同构成了爱有戏在水井坊所辖社区中实施的参与式互助体系。

三、义仓、义集和义坊的功能与特征

爱有戏的参与式互助体系主要由义仓、义集、义坊三部分构成，它们各具优势且相互匹配、相互促进，共同支撑了互助体系的良性运转（如下表所示）。这种模式运作机制顺畅、自我调节功能以及可持续性较强，故而在社区互助资源动员、社区社会资本储量提升方面，具有较强的创新意涵和推广潜力。

参与式互助体系各组成部分的功能及优劣势比较

	义仓	义集	义坊
功能	汇集、整理、储存、发放互助资源。	利用市场交换匹配、汇集互助资源。	利用市场机制和社区网络发展生计。
优势	蓄水池效应：能持续、实时地匹配社区需求； 点火效应：有利于互助网络的构建。	社区动员度高，匹配效率高，效果好；有利于互助网络的扩展。	扶助受助者自立自强，从根本上解决贫困问题，是扶贫互助的高级形式。
劣势	漏斗效应：依赖人工计划调控，需求匹配效率较低，人力资源成本较高。	现收现付，没有蓄水池效应。	门槛较高，需要社会网络的支撑以及外部的经营能力帮扶。

（一）义仓的功能与特征

义仓的功能主要是汇集、整理、储存并发放社区互助资源。它的优势主要体现在“蓄水池效应”和“点火效应”两个方面：有了义仓，爱心人士可以随时将互助资源汇集在一起，一旦社区出现需求，工作人员可以及时地予以满足。此外，对一个互助网络贫乏的社区，义仓相较于义集和义坊更容易为社区居民所理解，因而更容易起到爱心资源动员的“点火效应”。但是，随着捐赠数量和种类的不断攀升，义仓的弱点逐渐凸显出来，而最为突出的问题就是“漏斗效应”以及过高的成本：由于互助资源的集散完全依赖于爱有戏工作人员和志愿者的人工调控，而爱有戏人力资源毕竟有限，于是出现了“捐赠和需求数量都很大而递送能力不足”的问题。于是，互助资源的匹配效率和效果都受到制约。与此同时，人力成本和物资整理（如消毒、清洗）开销均大幅上升，机构负担越来越重，可持续发展受到威胁。

（二）义集的功能与特征

义集的功能主要是利用“类市场交换”的方式来匹配互助资源，同时也为爱心资源向义仓汇集提供机会。如下表所示，义集刚好与义仓形成匹配。

第一，因为利用了市场运作的方式，参与机会人人平等，于是社区内外不同类型的主体均能加入进来；第二，义集将互助行为扩展为一个既有意义又有意思的公益集会，从而极大地提升了社区参与的广度——不仅具有公益动机的人参与进来，也吸引了那些怀有好奇心的、爱热闹的人群；第三，与自由市场类似，义集突破了传统救济中钱物单向传递或以物易物的交换模式，取而代之的是以货币为媒介的自由交换，这样就极大地提升了互助资源供需匹配的效率和精度。因此，义集的优势正好解决了义仓的困局。

当然，义集也有不足之处。因为是“现收现付”式的实时交换，但又并不能真如农贸市场般天天举行，所以，单有义集，互助网络便缺乏对以下情形的应对能力：社区突发需求、社区常规高频需求、对捐赠周期性起伏的平衡。但值得注意的是，义仓的“蓄水池效应”正是对义集这一弱项的有效补充。

由此可见，在互助网络中，义仓和义集在功能上各有优势，同时也呈现出相互匹配、相互促进的局面。

（三）义坊的功能与特征

义坊是在义仓和义集的基础上发展起来的，主要是利用市场机制和社区网络来帮助弱势群体发展生计。这是一种通过发展的理念来实现扶贫济困的方式，与简单的救济相比，更具根本性意义。

当然，这种方式的实践难度也相对更高。义坊带有创业的性质，且让贫困家庭自主管理，那么势必需要外部主体（如爱有戏）提供多种支持。第一，帮助贫困家庭逐渐掌握基本的管理和经营能力；第二，通过社工服务，使困难家庭在挫折中依然自立自强，而不是“等、靠、要”；第三，培养困难家庭的合作能力；第四，外部主体还要帮助弱势群体构建社会支持网络，打开市场。

义坊的顺利进行，得益于义仓和义集的实践为其奠定了良好的社会基础。一方面，义仓和义集所构建的互助网络有利于义坊中受助人群能力的提升，例如一些经营经验丰富的企业家或个体户通过义仓（集）获悉义坊项目，并成为该项目的志愿培训师；另一方面，义仓和义集在社区中的影响力也在义坊的市场拓展方面起到积极的作用。

因此，作为爱有戏参与式社区互助体系的三个核心组成部分，义仓、义集和义坊之间是互为协同、相互促进的关系（见下图）。而相对于传统的社区救助模式而言，参与式社区互助体系是一个有机的整体，它不仅让社区互助资源流动起来，而且有效地动员了社区成员的公益参与。在此过程中，人们在互助的同时也传递着信任、友好、尊重与爱心，还逐步构建起一些正式和非正式的社区网络。所以，参与式社区互助体系的构建为社区社会资本的提升发挥了积极的作用。

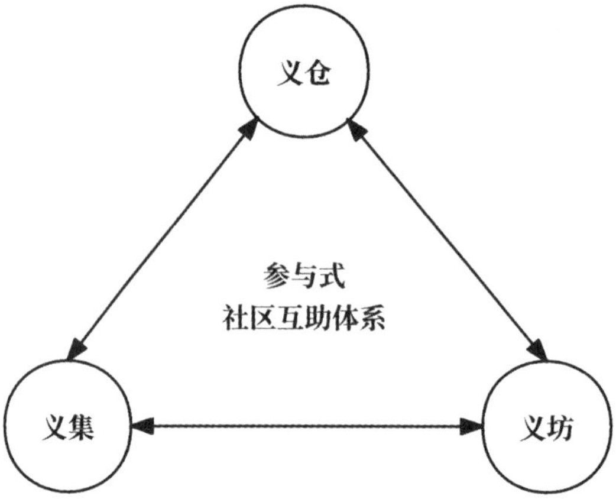

爱有戏参与式社区互助体系

四、效果：增加城市社区的社会资本

（一）从不信任、信任公益组织到信任社区的逐步演变

社区信任的变化是衡量社区社会资本变化的重要方面之一。经过爱有戏、政府、居委会以及社区积极分子的共同努力，在水井坊辖区的社区中，我们可以明显地看到居民从信任缺失到对公益组织产生信任、再到对整个社区信任增加的演变过程。

X 爷爷是一位 90 岁的老人，与一位 60 岁患有智障的女儿相依为命，家庭非常困难，一个月才能吃到一次肉。2011 年 6 月，当爱有戏工作人员第一次去看望他们并送去爱心物资时，X 爷爷认为这是作秀，尤其对拍照（目的是给互助资源的流动留下证据）环节甚为反感。第二次依然如此。但是，爱有戏坚持每个月都前去探望他们，并且帮助解决诸如看病等实际问题。看到爱有戏工作人员在社区中持续、热情而真诚地工作，X 爷爷深受感动。虽然爱心物资是在爱有戏的组织下发放，但却是来自社区中不同的、不知名的爱心家庭。因此，随着时间的流逝，像 X 爷爷这样的受益者感受到的不仅仅是公益组织的援助，更是来自社区街坊邻居的热情关照和互助情谊。为了对社区邻里表示感谢和敬意，X 爷爷也力所能及地开始了捐赠。第一次，他将自己珍藏多年的一副象棋送到了义仓；第二次，他又将残联慰问的一床棉被捐了过来，他说道：“这床棉被是残联送来的，我们家现在不缺棉被，捐出来送给更需要的居民。”

L 大叔是一个残疾人，脾气很大，经常与人争吵，邻里关系紧张。以往，每当居委会或政府工作人员去送温暖时都少不了挨一顿骂。于是，社区居民都对他敬而远之，不敢有交往。经过爱有戏的持续努力，L 大叔逐渐被来自社区邻里与公益机构的真情关爱感动。他的脾气逐渐变好，并表示要尽自己的能力去改善家庭经济状况，他对爱有戏的工作人员说：“社会组织关心我，社会关心我，政府关心我，我也应该尽我的力量去创造价值，不能像原来那样了。”现在，这位大叔已经成为爱有戏社区工作的积极分子、街道社区工作的组织者。

在义仓中，除了实物捐赠，也可以志愿服务的形式进行时间的捐赠。许多受助家庭都成了义仓项目的志愿者，积极主动地配合工作人员在社区中配送物资。虎娃是一个患有智障的孤儿，也是义仓的受益人。每个月给社区贫困家庭分发物资的时候，他都按时前来帮着义务运货。在爱有戏开展工作的社区中，类似 X 大爷、L 大叔和虎娃的案例还有很多。

（二）社区规范的变化

在爱有戏开展工作的社区中，社区规范变化最明显的体现便是社区居民公益参与和社区公共事务治理的意识与行为的改变。参与式互助体系的构建过程也是一个社区公众公益理念教育和公益行为动员的过程。以往，社区居民对公益的认知往往是以下几种。一是功利主义论：“在现在这个物欲横流的时代，天上没有凭空掉下的馅饼，公益的背后往往是功利的”；二是道德制高点论：“公益是一种居高临下的施舍，对受助者而言，施助者是高尚的，受助者应感恩戴德”；三是富人或圣人论：“公益行为是那些有钱人或者大公无私的圣人才有资本（格）去做的事情”。但是，在义仓和义集中，公益参与的门槛很低，人人都可以贡献一份力量；公益捐赠既包括物资也包括时间，受助者也完全可以成为施助者。正所谓“赠人玫瑰，手有余香”，施助者在帮助他人的过程中也享受了自我实现的幸福。

此外，义坊更是体现了社区贫困家庭自立自强的宝贵精神。所以，在互助体系的构建中，更加贴近人本身的公益理念不仅被提出而且被设计进了项目的具体运作里，于是社区居民只要参与其中，就会不同程度地被引导和教育，从而改变自己对公益行为的认知和实践。

在爱有戏介入之前，社区利益的分配是一个很困难的问题，基层政府和居委会经常为一些社会救助或者福利资源的分配大伤脑筋。居民们经常抱怨：“都是社区的，你们凭什么给他不给我?”经过爱有戏的努力，这样的情形开始改善。

首先，爱有戏在社区内部的院落中支持了一些自治小组，并将义仓的管理向基层下沉，由自治小组参与互助物资的筹集、分配和递送。因为公开透明且贴近社区，所以人们对互助资源分配的公平与公正十分认可。因此，以公益、赋权、透明、公正为元素，以社会组织为载体成为社区资源递送的一种新的范式。

此外，在义仓、义集的基础上，爱有戏又利用“开放空间”等开会技巧在社区中实施了“市民论坛”的试验，组织居民讨论和解决社区中的公共问题。截至2012年12月，这个论坛已经持续开展了20多期，起初场面冷清，接着争执无序，后来理性、尊重、协商与民主逐渐成为主旋律。虽然在公共事务的解决过程中，依然困难重重，但是经过爱有戏的努力，一些居民开始懂得倾听和尊重对方。与此同时，基于罗伯特议事规则改良版的开会方式也逐渐被介绍到社区公共事务的讨论中。

（三）社区网络和横向纽带的生长

在爱有戏开展工作的社区，社区网络和横向纽带开始生长，主要表现在以下几个方面。第一，社区互助网络被构建了起来。在水井坊辖区，自2011年11月至2012年11月，共募集物资3489件，总价值12余万元。一年中，共帮扶困难家庭718户（次），动员并吸纳爱心家庭511户；举办义集共16

期，设立义坊格子铺共 8 个，吸纳贫困家庭 10 户，建立义坊合作者社 1 个。

第二，社区自组织的培育。2011 年 11 月至 2012 年 11 月间，爱有戏在水井坊辖区共举办了市民论坛 20 场，涉及居民 5500 余人；动员并建立院落组织 10 个，发展积极分子 100 余人；组建居民志愿服务队 1 支，帮扶困难家庭就医 30 余次。此外，爱有戏还帮助成立了社区内企业志愿服务队 3 支（东方广场物业、索菲特万达酒店、时代豪庭物业），其中物业公司成立的志愿服务队及其活动为改善物业冲突发挥了很大的作用。

五、案例分析

（一）创新发生的条件及其动力来源

1. 社会需求对创新的呼唤

正如杰夫 · 摩根[①]所言，社会创新起始于发现一些未被解决的社会问题有可能通过新的方法得到解决。公众通过各种方式对社会需求进行认识，而其中一些最好的社会创新者会凭借其敏锐的洞察力和深入事物的理解力迅速发现需求并投入到应对的行动中。因此，与社会问题相对应的社会需求往往是社会创新最为原始的起点。

在本文的案例中，爱有戏原本只是一个以文娱活动、社区微电影等方式来丰富社区文化生活的志愿组织，并没有扎根社区并构建一个参与式互助体系的构想。而当其进入社区，挨家逐户完成基础调研以后，才发现现实的社区中存在着大量的社会问题，尤其是贫富悬殊下城市贫民的生活拮据以及社区成员之间的态度冷漠，让调查人员唏嘘不已。但与此同时，基层政府的积极态度以及社区中蕴含的公益潜力又让爱有戏看到了希望。于是，这才有了后面建立义仓、义集和义坊的举措，也才有了“参与式社区互助体系”的构建。

2. 领导人在价值理念和专业能力上的特质

正如杰夫 · 摩根所言，变革从来都是在一些勇敢的人愿意冒风险提出自己的主张时才有可能发生。本案例中的几个关键人物正是如此，不仅仅包括爱有戏的负责人，还包括水井坊街道那些开明、务实的政府官员。

---

① 杰夫 · 摩根（Geoff Mulgan），英国社会创新之父。

第一，从价值理念讲，慈善之心、社会公正、社会责任感是爱有戏负责人和当地官员共有的特征。人们时常认为，NGO 的负责人具有以上价值理念是理所当然的事情，但却忽视了一些政府官员也同样具有这些品质。一旦有机会，他们也很愿意突破现有的束缚，做一些具有创新价值且对社会有实际意义的事情。除此之外，NGO 负责人和政府官员具有开阔的心胸、包容和理解的品质以及敢于冒险的精神也是爱有戏的社区社会创新能够发生的重要原因。

对于爱有戏而言，慈善之心、社会公正和社会责任感自然不必说，因为这是许多公益组织都有的价值基础。在这里，更值得肯定的是爱有戏开阔的心胸、包容的态度和欣赏并理解他人的品质，尤其体现在他们与政府合作的过程中。首先是欣赏政府乐于改善的动机，其次是理解政府自上而下的办事逻辑并加以包容，再次是找到社会组织和政府在社区建设的结合点，在实际行动中影响政府。与一些 NGO 抱怨甚至与政府对立的情形不同，爱有戏通过尊重、理解和包容获得了政府的支持与尊重。爱有戏的具体做法，在下文有关“争取政府支持”部分还将详细阐述。

对水井坊街道而言，主要领导的社会责任感、开明的态度、创新的意识以及敢于承担风险的勇气也对社区创新起到了至关重要的作用。在中国的社区中，政府依然掌握着丰富的资源和绝对优势的权力。没有开明政府的支持，社会组织进入社区都是个难题，更不用谈创新了，所以政府主要领导的观念和态度非常重要。

爱有戏之所以落户水井坊，完全是街道政府“慧眼识马”，将爱有戏“抢”过来的。2011 年 4 月，水井坊街道的领导在一次偶然的会议上遇到了爱有戏，并获悉其要到成都市另一个街道开展社区工作。在了解了具体情况以后，政府领导向爱有戏抛出了橄榄枝，希望其能够考虑落户水井坊，并愿意为其提供诸多支持。而事实上，街道政府也的确是这样做的。首先，街道主要领导向爱有戏表达了希望通过社会组织参与社区建设的方式改善社区治理，并允诺给予积极的支持；其次，街道政府为爱有戏提供免费的办公场所和办公设备，甚至提供项目资金；再次，街道政府鼓励爱有戏通过创新的方法解决社区问题，并主动允诺允许失败；最后，在支持的同时，街道政府密切关注爱有戏的活动，及时提醒其规避政治上的风险和体制上的障碍。街道主要领导还不断学习有关社区建设和创新的理论，将一些好的文章推荐给爱有戏参考。正是因为有这样一些有眼光、有能力、有智慧的开明官员作为后盾，爱有戏才能够放开手脚地投入到社区建设的事业当中。

第二，从专业性讲，爱有戏在项目设计与运作中的专业能力也是促使其创新行为得以发生并取得成效的前提条件。以社会问题为导向，以社区需求为起点是爱有戏公益项目运作专业性的重要体现。以社会问题为导向对爱有戏社区工作的开展有两个重要的作用：一是通过对社区社会问题的调研，爱有戏才准确地认知了现实社区中的需求并进行排序，也才能够将构建社区互助体系、提升社区社会资本储量作为其社区工作的优先目标；二是因为以社会问题为导向，爱有戏才能设计出有层次、有实效的项目。比如，义仓的设计就是基于社区互助网络缺乏、社会资本储量很低的问题，而义集的出现又是为了解决义仓运作中成本过高的问题。此外，爱有戏的项目运作专业能力，也是保证其项目质量的重要基础。

3. 积极争取政府的支持

在社区中，政府既掌握丰富的资源也拥有巨大的权力。因此，如果 NGO 在社区工作中能与政府良性合作，那么其政治合法性、活动空间以及资源环境都会赢得较好的条件；如果相反，NGO 连社区准入的资格都成问题，更谈不上什么创新。因此，在中国的现实环境里，社区工作取得持续成功的 NGO，几乎无一例外地与政府保持着互惠合作的关系。

那么，NGO 应该怎样获取地方政府的支持呢？它与地方政府合作的空间在哪里呢？就社区发展而言，地方政府与 NGO 既有相同的目标，也有不同的目标；这些目标可以是冲突的，也完全可以互惠。NGO 要选择与地方政府互惠的目标，争取与之合作。比如，对地方政府而言，除了让社区朝向更好的方向发展之外，他们还希望获得上级政府的肯定和嘉奖，获得人民群众的认可；而对于 NGO 而言，第一个目标与政府是一致的，可以成为合作者；但切记，不要在第二个目标上成为政府的阻碍者、在第三个目标上成为政府的竞争者。

爱有戏的做法正是如此。在社区活动的重要事件中，它始终尊重政府的参与，越是理念和做法上有差异的地方，他们与政府的沟通越充分。因为社区互助境况的改善与发展是爱有戏最核心的工作目标，所以无论是在上级政府考察时，还是在社区群众动员中，爱有戏绝不与基层政府“争功竞宠”，而是处处突出政府在推进社区建设中的积极作用。

对此，有人可能会产生另一个疑虑：与政府关系密切的同时，NGO是否会丧失自己的独立性呢？实事求是地说，这样的情形或多或少存在。但是，从爱有戏的实践来看，NGO自身的专业能力，即它是否能够在社区中取得单靠政府力量无法企及的成果，是决定其独立性的一个重要变量。只有那些具有较强专业能力的NGO，才能得到政府的认可、尊重甚至敬佩和依赖，否则“一味地配合”只能增强对政府的依附性。

此外，从爱有戏的实践中，我们还发现，在与政府的合作中，NGO要保持包容的心态、建设性的态度以及足够的耐心。对政府官员来讲，从政府包办一切到引入社会组织参与社区建设的思路转变，是一个渐进的过程。对于社会创新，并不可能奢望所有的利益相关方都能站在同一起跑线；更何况社会创新之路往往充满风险，是非对错并非一时一地可以判定。因此，NGO需要较大程度地包容与政府在理念和行为方式上的差异。与此同时，NGO应当通过自己的努力做出实际的效果，在实践中用理念、行动和实效来展现自身，同时也虚心接受来自政府的意见和建议。

正是由于秉持上述的理念和做法，爱有戏才获得了地方政府的高度认可，并从政府方面得到了诸多重要的支持，比如，免费的办公场地、免费的办公设备、大型活动的场所与安保、社区活动的政治合法性、部分项目经费，等等。

（二）创新举措成功的理论逻辑：动机、市场与资源流动

在参与式互助体系的设计中，最为重要的创新之处便是利用了市场机制的运作逻辑来实现社区互助资源的流动。在此过程中，社区成员颇具广度的参与加强了社会资本的积累。然而，虽然是利用市场机制，但这与一般的社会企业模式并不相同。社会企业是将自身作为市场的主体，通过市场行为获取利润，进而实现机构在资源上的可持续。爱有戏则是在一个区域内（如一个街道的辖区）“创建”了一个“公益交易市场”，让社区内外各类主体会聚于此，进行类似市场的交换，进而实现公益互助资源的自发多向流动。这样的方式极大地提升了公益资源流动的效率和需求匹配的精度，而在这

个特殊的“市场”中，我们看到的是一套从动机到市场再到资源流动的完整逻辑。

首先是动机。从自由市场理论讲，人们进行交易行为的基本动机是为自己牟利，这符合经典的经济理性人假设。在这里，当然也有这样的动机存在，比如居民将部分闲置的物品拿出来卖。但是，吸引人们参与这个“市场”的动机绝不仅限于此，还包括以下动机。一是利他的公益动机，比如将交易所得按比例或者全部捐赠给义仓。二是满足好奇心、寻求刺激的动机，比如，除了跳蚤市场，义集中还有许多公益宣传、参与式游戏、文体节目，俨然成为时尚而热闹的公益庙会。这吸引了各个年龄段的居民前来参加，尤其是青年人。三是亲子教育的动机。一些聪明的家长乘机和孩子共同参与公益活动，通过志愿服务与捐赠行为来培养孩子的公益意识和社会责任感。因此，这个看似简单的“公益市场”，其实有效地“迎合”了人们各种各样的动机，也正因如此才使得其动员社区的能力比一般的社区活动更为强劲。

其次是市场。动机往往是行为的驱动力，爱有戏的成功之处便是创造条件将这些动机汇集并表达了出来。于是，在社区中，无论男女老少，都被“卷入”了这场热闹且饱含温暖与人性的公益庙会之中。有了人们的积极参与，便逐渐构建起了一个能有效运转的公益市场。

再次是资源。有了有效运转的市场，那么资源的流动便是必然。与传统方式相比较，这里的公益资源流动方式也有一个较为根本性的变化。传统的社区公益资源流动，主要是单向传递的模式，即热心居民将物资或善款捐给居委会或慈善机构，然后再传递给需要帮助的人群。比如，在义仓项目中，爱有戏工作人员收集社区爱心家庭的捐赠，在进行大量需求调研和分类工作后，再将物资递送给贫困家庭。此过程存在的问题是，工作人员承担了大量琐碎的工作，人力成本很高。

但现在的情况却大不相同，有了义集和义坊，热心居民可以将诸多闲置的物品低价卖给需要的家庭，再将收入捐给义仓；义仓也可以将部分与贫困家庭需求不匹配的物资变现；另外，贫困家庭也可以将自己“被捐赠”或者某一时期并不需要的物资在公益市场中卖出，用所获货币购买更加需要的物品。可见，在此过程中，货币已经成了公益资源交换的媒介，而且实现了公益资源的多向交互流通，这样便极大地提高了资源交换的效率。

从人类社会的经济发展来看，物物交换变为以货币为媒介的交换是一个十分重要的进步。而在中国传统的公益领域，甚至都谈不上公益资源的物物交换，而只是单向的施舍式的流动。但是，在这里，公益资源却实现了以货币为媒介的多向交换，于是更高效地解决了社会问题、满足了社区需求。在当代中国，现代公益事业无论是在研究还是事务上，均处于起步阶段，这个案例对于我们利用其他领域（如市场）的运作规律发展公益事业提供了一个良好的启示。

通过类似市场运作的机制来完成公益行为和互助资源的动员——这就是爱有戏参与式互助体系的精髓所在，也是其创新举措能够取得成功的理论逻辑。当然，在此过程中，社区居民在参与当中，彼此的横向纽带不断增强，而蕴含其中的信任、欣赏与尊重等成分也逐渐增多，于是社区整体社会资本储量开始提升。

六、结论与建议

通过对爱有戏构建社区参与式互助体系的案例展示，可以得到以下结论：

第一，社会需求和NGO的价值观是NGO实现社会创新的动力来源，NGO的专业能力、政府的支持是当前中国社区社会创新能够发生的前提条件。

第二，社会组织参与社区建设有利于社区社会资本的增加。作为一个社会组织，爱有戏的介入是水井坊社区发生改变的一个重要转折点。在政府的支持下，通过一系列的举措，爱有戏让社区互助资源有效地流动了起来，同时也增强了社区成员中的横向纽带联结，进而促进社区社会资本储量的提升。

第三，参与式互助体系能够在社区治理中发挥积极作用，同时具有较强的可推广潜力。爱有戏构建的参与式互助体系由义仓、义集和义坊构成，它们优势互补，相互促进，是一个“三位一体”的有机组合，对提升社区社会资本的储量、促进社区有效治理具有非常积极的意义。由于该体系并不涉及社区重大利益的调整与分割，所以操作难度相对较低，对推广到其他社区具有较大的潜力。

第四，借用市场机制可以提升公益参与动员和互助资源流动的效率，并增强其效果。在常态下的经济活动中，市场经济比计划经济在资源配置和行为动员上更有效率、更具活力是一个被多次证实的结论。公益领域也有类似的情形。爱有戏通过义集和义坊的形式，将有着各类动机的人群均吸引到以公益为主题的活动中，而且实现了以货币作为媒介的公益资源多向流动，也极大地提高了公益活动的效率，强化了公益活动的效果，消除了计划调控模式下义仓的“漏斗效应”。

第五，有机生长是 NGO 进行社会创新的路径之一。有机生长是指 NGO 以机构使命为引导，以解决明确的社会问题为目标，逐渐积累专业能力、铸造品牌项目的生长过程。NGO 从实施单个项目，到创建多个品牌项目，这些项目在组织使命的引领下形成战略协同，共同构成一个逻辑整体。爱有戏的发展亦是如此，从最初对社区需求的不甚了解，到社区调查后的需求排序，再到义仓、义集和义坊的逐渐建立，每个突破都是基于之前工作的积累。最终，义仓、义集和义坊相互协同，共同构成了参与式社区互助体系。

通过爱有戏推动社区社会创新，促进社区建设的案例，可以得到以下启示：

第一，深入社区调查社会问题，在真正明确了社会需求之后再制定项目目标和工作计划是社区建设最重要的原则之一。调研中，一位在社区挂职的政府官员笑谈道：“社区建设就像请客吃饭。爱有戏先挨家挨户地调研居民的需求，然后根据居民的口味买菜做饭。花钱不多，但赢来的全是掌声！”但事实上，现实中许多 NGO 却是先申请了项目再进入社区，或者较为肤浅地做了社区调研便着急开展工作。这反映的不只是技术问题，而且是一个机构对项目质量的专注程度以及其是否具备不骄不躁、沉稳踏实的工作品质。对此，我们既可以向爱有戏这样的国内组织学习，也可以向许多成熟的国际 NGO 取经。

第二，爱有戏的参与式互助体系是一个富有价值的社区建设模式，值得其他地方政府和 NGO 结合本社区的实际情况予以借鉴并进行二次创新。其中，该模式“三位一体”的功能组合、义仓义集义坊的产生次序，以及在公益活动中引入市场运作机制都值得借鉴。由于每个社区均有自己的特性，因此单纯的“拿来主义”并不能取得良好的效果，而是需要领导者在结合本地情况的基础上进行二次创新。

第三，社会组织参与社区社会创新不仅在理论上得到学术界的一致认同，而且在实践中也不断涌现成功的案例。因此，对政府而言，应当积极营造政策环境和资源环境，支持社会组织参与辖区内的社区建设和社会创新。与此同时，政府应当对社会组织的公益理念和专业能力进行严格的评估，因为这些都是社区建设能够取得成效的重要条件。因此，在当地缺乏有能力的社会组织的情况下，引入外来社会组织或通过外来社会组织带动本地社会组织的发展就成为优先选项。

第四，对 NGO 而言，爱有戏与政府合作的理念和方式非常值得借鉴。爱有戏以低调、开放、独立、相互尊重的心态与地方政府合作，用自己的公益理念、专业能力和实干精神，通过实实在在的成果获得政府、社区的认同与支持，反过来又影响政府的工作方式。正因如此，爱有戏才能在与政府密切合作的同时保持机构自身的独立性。

参考文献：

[1] 孙璐. 缺失与重建：中国城市社区社会资本探析 [J]. 理论导刊，2007 (05).

[2] 赵小平，陶传进. 社区治理：模式转变中的困境与出路 [M]. 北京：社会科学文献出版社，2012.

[3] 郝彦辉，刘威. 转型期城市基层社区社会资本的重建 [J]. 东南学术，2006 (05).

[4] 杰夫·摩根，N. Wilkie，Simon Tucker. 社会硅谷：社会创新的发生与发展 [J]. 经济社会体制比较，2006 (05).

中国社区慈善与“义仓”关系研究①

社区慈善作为一种具体的公益行动，逐渐成为现代社会关注的焦点。社区慈善注重社区居民之间的相互关系和互助合作，通过组织各种慈善活动改善社区内弱势群体的生活状况。然而，社区慈善的理念和实践并非新鲜事物，它在中国有着悠久的历史渊源，与义仓文化密切相关。义仓作为古代中国慈善文化的重要组成部分，是旨在为贫困人群提供食物、衣物和其他物资的机构。义仓文化强调互助、共享和奉献的价值观，代表了古代社会对弱势群体的关怀。随着时间的推移，义仓文化得到了广泛的传承和发展，逐渐成为中国慈善传统的重要组成部分。

本论文旨在探讨中国社区慈善与义仓文化之间的关系，并阐明其意义和

---

① 作者：刘黄娟、彭诗情，西南财经大学。

现实价值。首先，我们将回顾中国慈善传统的文化渊源和义仓文化的历史发展，深入了解社区慈善与义仓文化的根源和演变过程。其次，我们将探讨社区慈善与义仓文化之间的内在联系和共同价值观，分析二者相互借鉴和传承的意义。再次，我们将通过实践案例研究，深入分析社区慈善与义仓文化的实际应用和相互影响。最后，我们还将探讨社区慈善与义仓文化对社区凝聚力、社会公平和可持续发展的共同价值和现实意义。

研究中国社区慈善与义仓文化关系的意义不仅在于传承慈善精神、探索社区慈善模式，更重要的是探求如何推动社会公平与包容，构建和谐社区。通过研究社区慈善与义仓文化之间的关系，我们可以深入思考如何在现代社会借鉴古代义仓文化中的智慧，提升社区居民的参与意识和能动性，激发社会创新和社区发展的活力，推动社区慈善的可持续发展。

一、社区慈善与“义仓”概念阐释

（一）社区慈善研究的文献梳理

1. 中国社区慈善作用的相关研究方兴未艾，间断式政策爆发下社区慈善本土优势被挖掘

第一阶段（1986—1999 年）：中国慈善社区化阶段。1986 年民政部正式提出“社区服务”的概念。学界注意到第三次分配过程中传统力量和道德力量等社会机制具有弥补政府和市场的作用。第二阶段（2000—2018 年）：从“社区服务”到“社区慈善”，2008 年“5・12”汶川特大地震后中国进入“民间公益慈善元年”。关注藏富于民财政政策构建和弥补民间医疗不足、照顾弱势群体的服务机制。《慈善法》等 400 多项法规出台，建立健全慈善法治体系，为“社区慈善”的探索打下基础。社区居委会、社会组织和社会工作者在社区服务、社区建设、社区治理方面“三社联动”，发挥社区资源动员、社区公民培育和社区合作媒介三大核心功能。第三阶段（2019 年至今）：从“三社联动”到“五社联动”，即社区、社会组织、社工、社会资源及社区自治组织联动。第三次分配已经超越了财富分配，而是指向财富的升维、人与社会文明程度的提高。推动共同富裕的路径开始被学术界关注和讨论，包括慈善募捐作用，社区志愿服务、共享经济、宗教信仰、社会企业、文化艺术，邻里互助、善意传播、社会规范，基于利他心理的微观助推路径等。

2. 对国外社区慈善作用的相关研究持续推进，但总体仍属政—企—社三圈互动的现代化范式

第一阶段（约18世纪末—20世纪50年代）：社区救助制度建立和各国响应联合国推进的“社区发展计划”阶段。社区作为能够解决济贫、医疗健康、教育、照顾弱势群体等事务的基层单位而被重视。第二阶段（约2000—2010年）：社区管理模式总结阶段。形成以美国为代表的自治型社区管理模式、以日本为代表的混合型社区管理模式、以新加坡为代表的政府主导型社区管理模式。第三阶段（2010年至今）：注重社区慈善的社会资本作用和服务民生作用阶段。国外的慈善思想由针对个人的救济扩大到对全人类福祉的增进，慈善捐赠理念深入内心；社区慈善的社会资本作用和影响社区慈善功能发挥的因素被进一步挖掘；注重民生、发挥社区居民管理主体作用以及倡导志愿者服务。该阶段，美国的社区基金会、社区文化治理、慈善医疗救助、社区养老模式、社区合作网络，日本的社区医养护融合，韩国的官、民伙伴关系社会服务网络，加拿大的社区志愿服务，新加坡的社区邻里中心等为我国社区慈善的发展提供有效参考。

3. 国内外社区慈善作用研究前沿和评价

在比较视野下，西方慈善文化和博爱思想促使西方社区成为提供公共服务、改善社会福利、促进国家发展的重要主体，由滕尼斯的“社区共同体”理论予以解释。中国慈善事业社区化起源于清道光年间。现阶段中国社区慈善呈现出以下三个特征，这也是其与西方式现代化的“异”。第一，中国式现代化社区慈善不仅关注物质富裕，也关注精神富裕，包括公民精神培养、社区慈善氛围营造。第二，中国式现代化社区慈善在现代化进程中建立了专业的社会组织和志愿服务队伍，寓管理于服务，同时满足社区需求溢出和社会组织专业服务的需求。第三，中国式现代化社区慈善体现儒家“仁爱”“博施于民而能济众”的精神，可以利用“吕氏乡约”等中国传统精神资源，对弱势群体进行就近救助和伦理关怀。现阶段社区慈善整体呈现出非强制性和非经济诱导性的特征。同时，基层治理新问题、社区发展新要求的出现对社区慈善提出了更高要求。我国学者对社区营造的研究主要采用理论分析和对国外研究进行综述的方式进行，相较而言，从经验角度对社区营造过程的深入探析尚显匮乏，这显然存在一定的问题。尽管国外研究能为我们开展社区营

造提供理念和经验上的指引，但由于国内外社会文化生态不同，我国的社区建设不应该是对国外的理论与研究结论的生搬硬套，而是要因地制宜地发展适合当时当地的社区营造内容和方法。因此，我们认为，相较于社区共同体理论，中国社区慈善作用研究采用文化动力学、基层治理和社区治理理论更恰当。

（二）义仓研究的文献梳理

1.“义仓”的定义

“义”一直是我国传统文化的核心概念之一。义的繁体字为“義”，传说先民看到有强壮的公羊为捍卫自己的领导权和主动权，或为保护自己的羊群而与敌对公羊搏斗，因此把“羊”和“我”组成“义”字。可以看出，“义”在早期含有正当合宜的意思。春秋孔子、宋代朱熹皆用“义”来教育世人要实行自我约束、遵循社会规范、超越个人利益。义仓是中国古代社会中的一种慈善机构，也被称作“公仓”“济仓”“官仓”等。义仓，据字义解释，“谓分富赈贫，其利合议，故曰义仓”。义仓始于隋朝开皇五年（585），系采纳度支尚书长孙平的建议而设置：“令诸州百姓及军人劝课当社，共立义仓。收获之日，随其所得劝课出粟及麦，于当社造仓窖储之。即委社司，执账检校，每年收积勿使损败。若时或不熟，当社有饥馑者，即以此谷赈给。”从这里可以看出，义仓组织在其初兴之时，从仓谷来源、建仓地点、聚谷途径、管理方式直到行使职能，都属于“取之于民，用之于民”的民间自救性粮食储备设施，因其设于当社，故又名社仓。义仓通常由富有的士绅、商人、官僚等自愿出资，用来存放粮食、衣物等物资，用于帮助穷苦人、灾民和族中贫困人员，进行救济和赈济活动；义仓本是隋代长孙平设立于州县的具有官办性质的仓储制度，后来有人仿照官办义仓的形式，将之引入宗族内部，成为专济族人的小型义仓。在中国古代，义仓大多数由官方设立或由家族、寺庙等团体创办。清末广东一些义仓在建立过程中有官府参与，特别是位于省城和府城等官府控制力较强地方的义仓。不管是士绅还是政府，建立备荒仓储的根本目的都在于维护社会秩序的稳定；而在现代，义仓则大多为民间公益组织或由政府部门设立，旨在提供社区居民的基本救济和福利服务。

2. 义仓的历史渊源与变革

义仓起源于隋代，是旧时各地储粮备荒的机构，也是我国古代备荒体系中的主要构成部分。区别于政府设立的常平仓，义仓和社仓由当地乡绅在丰年提出倡议，当地居民出钱或出粮创办，属民间行为，起到了在灾年赈灾、丰年济贫的作用。民间义仓弥补了官办常平仓管理模式和运作机制上的不足，立足社区内部，充分调动社区内部资源，在社区互助、社区救灾、社区稳定三个层面均发挥了较大的作用。

宋代，一些全国闻名的先贤大儒将义仓融入儒家乡村政治理想，在各地开展了义仓试验，如范仲淹在家族内部创办的范氏义庄、陕西蓝田吕氏兄弟设立的吕氏乡约、朱熹设立的朱子社仓。这些先贤将义仓制度与保甲制度、社学制度统一纳入乡约制度，不仅实现了区域内的赈灾济贫和乡里自治，更重要的是实现了乡民教化。

明清时期，义仓实现了全国范围内的普及，义仓体系也更加完善，涵盖了救灾、养老、资金互助、教育等综合功能。晚清时期，由于原有仓储体系的衰败和社会经济状况的变化，以及西方救助思想对中国的影响，各地的义仓陆续荒废，义仓文化也逐渐式微。

在当代，义仓的作用逐渐被其他慈善机构代替，比如“救助站”“爱心超市”等。可以说，义仓制度是我国历史上社会保障制度的一项创举，同时义仓背后的价值观体现了儒家以“仁者爱人”为核心，以“博施而济众”为手段的“出入相友，守望相助，疾病相扶持，则百姓亲睦”的社会理想。

3. 义仓文化的定义和内涵

义仓文化指的是在我国古代兴修义仓的过程中产生出来的一种慈善文化。它体现了中国人对于慈善和人道主义的崇尚；它不仅代表了一种慈善和助人为乐的精神，同时也是中国传统文化的重要组成部分。

义仓文化是中国慈善和公益文化的一个重要组成部分，其内涵主要包括“慈善救济”“社会公益”“团结互助”“社会责任”“传统文化”等方面。慈善救济：义仓文化的核心是慈善救济，即对贫苦百姓和灾民进行救济和帮助。义仓是一种集体救济机构，通过自愿捐赠和物资储备的形式，为需要帮助的人们提供救济和支持。正如王思斌所说：“‘义仓’提倡社区居民定期的、非现金的小额相助，包括旧物资、食物、洗化品、时间四大类，用于救助社区内的低收入贫困家庭，尤其是孤寡老人家庭、残疾人家庭等。受助家庭可以通过时间的捐赠成为爱心家庭，所以‘义仓’中没有绝对的受助与施助，每个人都生活在社区共同体中，用自己的方式参与社区建设，并在义仓中感受到尊重、平等。”社会公益：义仓除了救济贫苦百姓和灾民，还支持兴办学校、修建桥梁等社会公益事业。义仓成为社会精英自发组织公益事业的重要平台，凝聚社会力量为社会进步做出贡献。团结互助：义仓的建设和运作需要社会各界的支持和参与，它通过集体捐赠和分配物资的形式，促进了社会各阶层的团结和互助。同时，义仓也代表了一种相互关爱和相互扶持的文化，弘扬了“众人拾柴火焰高”的精神。社会责任：义仓文化强调社会责任，即富有者应该有义务为社会贡献一份力量，为弱势群体提供帮助和支持。义仓的存在和运作不仅为社会带来了实际的利益，也提高了精英的社会责任感和社会道德水平。传统文化：义仓文化作为中国传统文化的重要组成部分，具有深厚的历史渊源和文化传承意义。义仓的建设和运作反映了中国社会的慈善思想和慈善文化，体现了中华民族的传统美德和道德观念，对维护社会和谐、促进人类文明进步具有重要意义。

二、社区慈善与“义仓”双重关系研究

（一）作为社区慈善项目的义仓文化建设

1. 已有研究结论

义仓文化建设作为社区慈善项目的重要方面，吸引了众多研究人员的关注。他们通过实证研究、案例分析和文献综述等方法，探索了义仓文化的形成、影响因素以及对社区发展的作用。

一是社区参与和意识影响机制。学者发现，社区成员的参与意愿与慈善项目的目标和社会意义密切相关。当社区居民意识到他们可以通过参与慈善项目来改善社区状况和帮助他人时，他们更有可能积极参与，并为义仓文化的形成做出贡献。研究表明，定期的社区会议、宣传活动等可以提高社区成员的参与意识，并激发他们参与慈善项目的热情。

二是信任和社交资本影响机制。信任被认为是义仓文化建设的重要基石。研究发现，社区成员之间的相互信任可以促进合作和互助，形成积极的义仓文化。社交资本，即社区成员之间的关系网络和互动方式，也对义仓文化的形成和发展起到关键作用。较高水平的社交资本有助于信息传播、资源共享和合作行动，能进一步强化义仓文化。

三是动机和激励影响机制。研究表明，个人动机是影响社区成员参与慈善项目的重要因素。自我实现、社会认可和道德责任感等内在动机，以及个人利益、社交奖励和物质回报等外在动机，都可以对义仓文化的建设产生影响。研究者也探讨了激励机制在义仓文化建设中的作用。奖励和认可机制，如志愿者证书、公开表彰和优惠待遇，可以激发社区成员的积极参与和贡献，从而强化义仓文化。社区文化中的互助、合作和社会责任观念，可以为义仓文化的形成和发展提供坚实基础。研究者发现，一些社区具有强烈的社会凝聚力和共同体意识，对社区成员的参与和互助行为起到积极影响。同样重要的是，社区居民对慈善和公益事业的认同和支持。研究发现，社区成员的社会责任感和道德价值观，与其参与慈善项目和建设义仓文化密切相关。

四是领导力和组织支持影响机制。社区领导力和组织支持是促进义仓文化建设的重要因素。研究表明，有能力的社区领导者和组织机构可以发挥重要作用，激发社区成员的参与热情，并提供资源和支持来推动慈善项目的发展。同时，研究者也关注到领导力的可持续性和参与模式。长期稳定的领导力、透明的决策过程和民主参与机制，有助于建立健康和持久的义仓文化。

五是社区特征和环境因素影响机制。社区特征和环境因素也对义仓文化建设产生影响。社区的经济状况、教育水平、社会资本和社会支持网络等因素，都与社区成员的参与度和义仓文化的发展相关。研究者还关注到社区规模和多样性的影响。较小规模的社区可能更容易形成紧密的社交网络和相互依赖关系，促进义仓文化的形成。而多样性的社区可能面临不同的挑战，需要采取针对性措施来促进包容和合作。

总体而言，社区参与、信任、动机、社区文化、领导力和环境等多个因素相互交织，共同影响着义仓文化的形成和发展。前人的研究揭示了义仓文化建设的复杂性和多维度性，有助于我们更好地理解义仓精神的传承脉络，并开展实践。

2. 现实案例

案例一：重庆市九龙坡——体系义仓

重庆市九龙坡区杨家坪街道兴胜路片区，作为重庆社区慈善发展的典范，是主城区近几十年来城市发展、演变过程的生动缩影。义仓作为参与式互助体系工作的典型品牌项目，能够尊重新时代邻里需求，聚焦新时代表达，精准识别需求、抓实活动载体、增进邻里互信，系统性、常态化、接地气地开展邻里活动，对社会组织参与社区治理工作起到推动作用。杨家坪兴胜路社区开展“义仓”系列活动，设立多个不同区域，尽可能覆盖各年龄段居民，调动更多的居民参与其中，具有弥漫性和体系性。主要设置舞台区、创客区、义集义卖区、居民体验区、趣味游戏体验区、义仓展示区、老旧物件展示区、“百家粥”分发区等区域，每个区域都有自己的特色。参加活动的既有社会组织、辖区企业、文创工作室，也有普通居民、爱心志愿者。与此同时，活动现场向广大市民展示老重庆手艺，增强群众对传统手艺的了解，提升市民的参与感，使他们真切地感受到“公益在身边”。兴胜路的一位老奶奶说：“我是一名独居孤寡老人，今年已经 85 岁了。老人家身体总会有几处不利索，除了低血压、结石这些老毛病外，日常最困扰我的就是双眼越发看不清了。平常我的侄媳妇都会过来探望我，帮我买菜，其他亲戚、邻居也时常问候。7 月的某一天，社工带着一群小朋友和他们的爷爷奶奶来探望我，说小朋友们特地准备了好久的节目，要过来表演给我看，他们管这叫‘一个观众的剧场’。那天我家第一次来了这么多人，小孩儿围着我叫‘婆婆好’，他们的爷爷奶奶拉着我的手，一边嘘寒问暖一边替我量血压，嘱咐我要注意饮食。我一直笑呵呵的，那天我说了很多话，一直到他们要离开了，我还意犹未尽。”“一个观众的剧场”作为全国品牌项目“义仓”当中的一个子项目，旨在促进社区内生力量的形成，增强社区文艺爱好者、亲子家庭与社区空巢、高龄老人间的联系。在我国社会老龄化的大背景下，通过社区慈善组织孵化培育的理念与方法，成功撬动了社区居民的参与，重建了社区关系，营造了邻里互助的友好氛围。

案例二：德州市德城区——红色义仓

“红色义仓”是德城区新湖街道城隍庙社区党总支 2022 年党建品牌创新项目，是对我国传统义仓文化的延续和发扬。这一项目建设的核心理念是从居民的生活需求出发，以居民的需求为导向，以社会力量的融合为支撑，以义仓为载体，汇集爱心物品放入义仓中，帮助服务对象解决实际困难，为服务对象提供精准的支持，推动营造睦邻友好、守望相助的社区互助文化氛围。在这一慈善项目中，社区党总支鼓励居民积极参与，将爱心物品捐赠到“红色义仓”中。食品、衣物、日用品等物品通过社区党组织的统筹安排，提供给有需要的服务对象。这种物品的循环利用不仅减少了浪费，将闲置的物品充分合理配置，同时还发扬了传统义仓的精神。社区慈善项目的义仓文化建设的目标是帮助解决服务对象的实际困难。通过精准的物品供应，社区居民得到了实际的支持，缓解了生活中的困难。更重要的是，这一过程促进了社区居民之间的互动和互助。居民们在参与捐赠和领取的过程中建立了紧密的联系，形成了一个充满邻里友爱和关怀的社区。社区相关工作人员表示，义仓文化在我国有着悠久的历史与深厚的土壤，在现代社区建设与治理中结合义仓文化，是社区创新治理的一大步，也是发扬传统文化的一大步。未来，社区慈善项目的义仓文化建设将继续深化和拓展。社区党总支将加强宣传教育工作，增强居民对慈善项目的认知和参与意识。同时，他们还将不断探索创新，引入更多有益于社区发展和居民福祉的慈善举措，进一步完善义仓的运行机制和服务体系，为社区居民带来更多福祉，推动社区向着更加美好的未来迈进。

案例三：眉山市仁寿县——文明义仓

仁寿县以机制创新为牵引，积极探索建设“文明义仓”，打造群众“点单”、所站“派单”、志愿“接单”、居民“评单”、公开“晒单”的五单志愿服务模式，引领群众用服务换服务、以文明促文明，充分调动广大群众参与文明实践的热情，形成政府、社会组织、居民、企业多元参与的常态化志愿服务体系，推动社区互助资源流动，增进居民相互间的了解和信任，逐步在辖区内建立更广的社会关系网络，从而大大增强居民的社区归属感和凝聚力，打通新时代文明实践宣传群众、教育群众、服务群众、凝聚群众的“最后一公里”。仁寿曹家镇梨树社区“文明义仓”中，一排排货架上整齐地摆放着各式各样的商品，有当地特色梨膏等食品，还有牙刷、纸巾、洗衣粉等日常生活用品。和商店里不同的是，这里的商品概不出售，而是通过积分来兑换。梨树社区副支部书记宋芬介绍：“以户为单位，我们社区每一户每一季度都有 30 分的基础分，积分来源和居民遵纪守法、文明礼让、爱护环境、创业创富、诚实守信、助人为乐、敬老爱老等内容有关。”在基础分之外，如果居民有获得大家公认的正面行为，则可获得相应加分，如果居民违法违纪、家庭不和、睦邻关系不好，则要扣减相应分数。居民可用积分到“文明义仓”的兑换点兑换物品，也可将其存入“文明义仓”，日后再换取物品或奖牌。用积分兑了礼品的曹家镇居民胡春花表示，“我今天用积分兑换了两瓶梨膏，还有一些生活用品。以后自己还会更加注意言行，勤奋向上，团结乡邻，共同维护美好家园，争取多得积分”。仁寿县“文明义仓”建设以“义仓+积分”实现华丽转变，避免了“挂牌子”“空壳子”，让新时代文明实践既有“面子”又有“气质”。让义仓文化以润物细无声的方式走进千家万户，既突破了传统义仓项目的桎梏，又丰富了活动形式，同时还为建设义仓文化提供了新模式、新经验。

3. 未来展望：作为社区慈善项目的义仓文化建设

（1）树立典型社区，构建精神文明高地

一是典型案例宣传。对在义仓文化建设方面取得突出成效的个人、组织和社区进行表彰和宣传。通过评选活动、先进事迹发布等方式，激励更多的居民参与和投身到义仓文化建设中去，共同构建精神文明高地。通过社区内部的评选活动，选出在义仓文化建设方面表现突出的个人、组织或社区作为典型案例，然后通过社区公告、社交媒体、社区广播等渠道进行广泛宣传，突出他们在慈善捐赠、义仓服务、社区互助等方面的贡献和影响，激发更多居民的参与热情。

二是示范活动举办。社区可以组织各类示范活动，以典型案例为引领，向居民展示义仓文化建设的成果和效益。这些活动可以包括义卖活动、志愿者培训、文化展览等，通过实际行动和实例展示，激发居民的参与热情，增强社区凝聚力，从而推动社区精神文明建设。

三是共建共治。社区可以建立共建共治的机制，鼓励居民积极参与义仓文化建设并提出反馈意见。例如，可以设立义仓文化建设专门委员会或志愿者团队，由居民代表组成，与社区党总支和相关机构协作，制定和推动义仓文化建设的各项规划和举措。这种机制将促进社区居民的广泛参与，增强居民的获得感和主人翁意识，进一步将社区建设成精神文明高地。

（2）加强物质基础建设，为义仓文化建设奠定基础

一是扩大物品种类和数量。社区同商家、企业、社会团体等建立合作关系，寻求多方组织的帮助，鼓励其积极参与慈善捐赠和义仓建设。与商家合作，扩大物品的种类和数量，满足不同服务对象的需求。比如与超市、餐饮店、服装店等合作，引入他们的库存物品，争取特别优惠，作为义仓的物资来源。同时，社区可以积极争取企业的赞助和捐赠，如日用品、学习用具、

家具等，以丰富义仓的物品供应，为服务对象提供更全面的帮助。

二是推动物品的回收再利用。社区可以引入回收再利用机制，将居民闲置的物品进行回收，然后分类、整理和修复，使其重新具有使用价值。例如，对于衣物、家具、电器等可再利用的物品，社区可以组织义仓的志愿者团队对其进行修复和清洁，然后放入义仓供居民选择。这不仅有助于减少资源浪费，还提供了经济实惠的物品给有需要的居民。通过推动物品的回收再利用，可以增强居民的环保意识，同时提升义仓的可持续性和社会影响力。

三是建立物资调配和管理机制。社区可以建立健全物资调配和管理机制，确保义仓物品的合理分配和使用；可以设立义仓物资管理团队，负责收集、整理、登记和分发义仓物品；可以根据居民的需求和实际情况，制定合理的分配方案，确保物品能够真正帮助到有需要的人。同时，社区可以利用信息技术，建立义仓物资库存管理系统，实现对物品的追踪和统计，提高物资利用效率。通过建立科学有效的物资调配和管理机制，社区可以更好地满足居民的需求，提供精准的帮助。

（3）加强居民共治心理资本和心理契约建设，促进义仓文化在项目中落地

一是鼓励助人者挖掘内在动机和价值观，明确他们参与慈善行为的目的和意义，激发内生动力。为助人者提供平台和机会，让助人者能够在慈善活动中实现自我成长和自我价值。帮助助人者培养同理心和共情能力，理解被助者的需求和困境。通过故事分享、参观活动等方式，让助人者亲身感受到被助者的处境，增强其对于慈善行为的认同和投入。

二是在与被助者的互动中，重视尊重和尊严的原则。与被助者建立平等的关系，尊重他们的意愿和选择，营造一种平等的氛围。与被助者建立信任关系，关注他们的需求和情感，帮助他们建立积极的自我认知和自尊心。及时给予助人者积极的支持和反馈，让他们感受到参与慈善活动的重要性和影响力。通过认可和鼓励，增强助人者的自信心和成就感，促使他们持续参与义仓文化建设。

（二）作为义仓精神传承的社区慈善营造

1. 已有研究结论

在作为义仓精神传承的社区慈善营造方面，前人的研究提供了许多有价

值的结论。以下是笔者搜集整理的一些研究结论，以帮助我们更好地理解和研究义仓精神传承下的社区慈善项目建设。

一是义仓文化的历史渊源影响机制。学者对历史上的义仓制度进行了深入研究，发现义仓作为一种社区慈善形式，有着悠久的历史渊源。研究揭示了义仓制度在不同国家和文化中的演变过程，以及其在社会发展和社区建设中的作用。

二是社区参与的影响机制。前人研究表明，社区成员的积极参与对于义仓精神的传承至关重要。社区居民参与慈善活动和义务服务，不仅能够提升他们的社会责任感和公民意识，还能够传承和弘扬义仓精神。研究发现，社区参与有助于增强社区凝聚力和归属感，促进社区内部的互助合作和社交资本积累。这为义仓精神的传承提供了有力支持。

三是社区领导与组织支持的影响机制。社区领导和组织支持对于义仓精神的传承起到关键作用。研究发现，有能力的社区领导者能够塑造正面的社区文化和价值观，并激励居民参与慈善活动。组织机构的支持包括提供资源、制定政策、组织活动等方面。研究表明，健全的组织结构和支持体系能够促进义仓精神的传承，并为社区慈善活动提供可持续发展的保障。

四是信任与社交资本的影响机制。信任和社交资本是义仓精神传承的重要因素。研究表明，社区成员之间的互信关系对于义仓文化的形成和传承起到关键作用。较高水平的社交资本有助于信息传播、资源共享和合作行动，进一步强化义仓精神的传承。

五是教育与宣传影响机制。前人的研究指出，教育和宣传是义仓精神传承的重要手段。通过教育系统和宣传媒体的支持，可以向社区成员传达义仓的理念和价值观，培养公民意识和慈善精神。研究发现，儿童和青少年时期是义仓精神传承的关键阶段。将慈善教育纳入学校课程，组织义仓参观和互动活动，可以培养年轻一代的慈善意识和参与精神。

六是社会文化与环境影响机制。社会文化和环境因素对义仓精神传承产生重要影响。研究发现，社会的价值观念、道德观念以及社区文化的塑造，对于义仓精神的传承具有重要作用。同时，社会经济状况、政策支持、社区规模等因素也会对义仓精神传承产生影响。研究表明，社会经济发展水平较高、政府对慈善事业支持力度较大的地区，更容易实现义仓精神的传承和落地。

综上所述，前人的研究结论揭示了义仓精神传承的多个落地方案。社区参与、社区领导与组织支持、信任与社交资本、教育与宣传以及社会文化与环境等因素都与义仓精神的传承紧密相关，理解这些研究结论可以为社区慈善项目的实践提供指导，推动社区慈善营造的可持续发展。

2．现实案例

案例一：成都爱有戏的“一勺米”活动

爱有戏针对城市社区“邻里关系疏离、社区公共生活匮乏”的社会问题，运用高度标准化的义仓发展网络，推动社区互助，打造成为全国知名的品牌，在不同地市社区复制推广。古代义仓的互助理念有助于解决当下社区治理难题以及重建邻里间的信任。因此，爱有戏在2011年于成都建立“现代义仓”，邀请志愿者一起去若干居民家里募一勺米，将募集到的米在月底的义集上做成百家饭，免费提供给现场的社区居民。爱有戏以义仓文化为核心，为社区困难家庭募集米面油等食用品、日化品、衣物等基础生活物资，每位社区居民都可通过捐赠的方式参与社区建设。爱有戏组织负责人丁茂云表示，实际上，百家米并不是一种怜悯和施舍，相反，它是一种具有中国传统特色的民俗。古时老人在小孩满周岁时，都会抱着小孩到各家各户收集百家米，然后将收集的百家米带回煮成稀饭，让孩子吃下，这样孩子就可受到百家的庇护，能消灾祛病、保佑安康，大家都喜欢这样的寓意。每当腊八节发放百家粥之时，很多居民都慕名而来，其队伍排得很长。丁茂云说，要让“居民主动参与进来”，还要让居民更全面地了解这个项目。比如在筹集环节，我们安排孩子去串门要一勺米，其实回应了孩子长期学校家庭两点一线，不熟悉社区，没融入社区的问题。

案例二：成都爱有戏的“一个观众的剧场”项目

“一个观众的剧场”项目以广场舞大妈为主力军。她们主动请缨，组成一个又一个的小分队。一个社工可能带领1到10个小分队，然后让这些志愿者到高龄邻里和重残家庭里去唱歌跳舞表演节目，而不是去给他们做家务。刚开始的时候，社工要做的就是通过一系列的干预，协助他们构建起关系，就是真正的牵挂。等到他们之间的关系构建成熟以后，社工就撤出，然后这样的关系就会持续不断地累积起来。从2012年开始，有很多优秀的志愿者每周不定时去空巢或残疾老人家里组织唱歌跳舞，聊聊家常，做点家庭服务等，服务得到延伸，志愿者感受到活动的意义，志愿队伍也不断壮大。当社区动员做起来之后，通过开展社区庙会或者社区文化节等固定活动，爱有戏的义集受到越来越多关注。相关负责人丁茂云表示，在一个社区里，义仓之所以可以建立起来，由街坊邻里组成的志愿者发挥了最重要的作用，“无论是文化意义的挖掘，还是社区居民的动员，乃至更多的志愿服务活动意义的呈现，都是对志愿者队伍的培育，只有这个队伍建立起来，一个义仓才能持续运作下去”。

案例三：成都爱有戏的“义学”活动

爱有戏除了在社区中通过“义仓”“义集”以及“义坊”解决社区居民物质上的困难之外，还组建“义学”以解决居民在道德上、思想上以及文化上的困难。爱有戏在锦官驿社区开展的义学活动是由“义学苑”“一堂爱心课”“友邻学院”和“道德讲堂”等形式组成的，并依托社区“义中心”平台，开展针对社区居民、企业等的“义文化”教育，传播平等、尊重、利他和互助的核心价值观念。义学定期开展志愿服务、公益精神和公共责任等的培训活动。爱有戏通过“义学”把社区教育与社区互助有机地结合在一起，义学成为社区居民的“加油站”。截至目前，社区开展义学课程 40 余期，培训社区居民骨干 150 余人，培训青少年志愿者 300 余人，大大提升了社区居民、志愿者的公益服务意识与能力，为社区志愿者培养了大批后备力量，为社区发展提供了强大的支持。

3. 未来展望

（1）完善供需匹配，寓管理于服务

社区慈善建设应注重将供需匹配与寓管理于服务相结合。首先，建立起一个完善的信息平台，记录和分析社区居民的需求和慈善资源的供应情况，以便更好地进行匹配。可以采用技术手段，如人工智能和大数据分析，从而更准确地了解社区居民的需求和慈善资源的分布情况。

其次，社区慈善组织应致力于提供高质量的服务，包括在社区中设立便利的慈善服务中心，为居民提供咨询，以满足他们的需求，并建立起长期稳定的关系。通过供需匹配和寓管理于服务的方式，社区慈善能够更有效地满足社区居民的需求，同时增强社区凝聚力和公共服务的可持续性。

（2）整合社区资源，连接优秀人才

社区慈善建设需要整合社区和社会资源，连接优秀人才，拓宽资源渠道。社区慈善组织可以与当地企业、非营利组织以及政府部门合作，共同开展慈善项目和活动。通过整合社区和社会资源，社区慈善能够获得更多的资金、物资和人力支持，从而提高项目的可行性和影响力。

此外，社区慈善组织应该积极寻找和吸引优秀的慈善人才，培养他们的专业能力和领导力，使其能够更好地推动社区慈善建设。同时，社区慈善组织还应该拓宽资源渠道，探索新的合作伙伴关系，如与高校、科研机构和国际组织等合作，以获取更多的专业知识和国际资源，推动社区慈善的创新和发展。

（3）加强能力培训，构建社区慈善营造行动者网络

首先，为了推动社区慈善建设，加强营造社区慈善生态环境，创建一个积极向上、包容开放的社区慈善文化氛围，通过开展宣传教育、志愿者培训和慈善意识提升等活动，引导社区居民树立慈善意识，理解和支持社区慈善事业。同时，鼓励和表彰社区居民积极参与慈善活动，营造一种尊重、关爱和奉献的社区文化氛围。

其次，提供全面的能力培训和支持。社区慈善组织可以开展各类培训班和讲座，提供慈善管理、项目策划、公关沟通等方面的专业知识培训，帮助社区居民和慈善从业者提升自身能力。此外，社区慈善组织还可以设立咨询热线或提供一对一咨询服务，解答居民在参与慈善活动中遇到的问题，为他们提供指导和支持。

（4）建立合作平台，促进行动者之间的交流与合作

社区慈善组织可以定期举办交流会议、座谈会或研讨会，为社区慈善行动者提供一个互相学习、分享经验和资源的平台；还可以建立在线社交平台或社区慈善网络，方便行动者之间的信息交流和合作，促进资源共享和项目合作。

加强社区慈善生态环境的营造和提高行动者的能力，可以激发更多的社区居民参与到慈善事业中来，形成一个良性循环，推动社区慈善的持续发展与创新。同时，这也能够提升社区慈善组织的影响力和可持续发展能力，为社区居民提供更好的公共服务和福利支持。

只有深刻解读和理解“社区慈善”与“义仓”的双重关系，才能相辅相成、一体两面地构建邻里守望、相互关爱的友善共富社区，才能在义仓精神的指导下做好社区慈善营造，也才能最终基于社区慈善项目进行义仓文化的传承与创新。

参考文献：

[1] 张岩. 论清代常平仓与相关类仓之关系［J］. 中国社会经济史研究，1998（4）.

[2] 朱莅均. 丰图义仓文化特色及地域特征研究［J］. 建筑与文化，2019（3）.

[3] 张彦. 社区慈善超市如何做久做大？——以上海的经验为例［J］. 社会科学，2006（6），12.

[4] 晋长华. 社区社会救助与慈善志愿服务［J］. 人民论坛（中旬刊），2010（5），2.

[5] 赵宝爱. 慈善事业的专业化问题研究［J］. 新疆社会科学，2012（1），6.

[6] 王光荣，李宝芳. 平民直接慈善方式的引导［J］. 理论导刊，2013（7），3.

[7] 石国亮. 慈善文化进社区：意义，挑战与路线图［J］. 社会科学研究，2015（5），7.

[8] 刘建军. 社区中国：通过社区巩固国家治理之基［J］. 上海大学学报（社会科学版），2016，33（6），13.

[9] 向荣. 创新，共融，整合：突破当下社会工作教育困境的路径探索［J］. 中国农业大学学报（社会科学版），2017，34（3），11.

[10] 赵小平，毛佩瑾. 公益领域中的“市场运作”：社会组织建构社区社会资本的机制创新［J］. 中国行政管理，2015（11），6.

[11] 陈承新. 探寻社会治理边界的成都经验［J］. 湖南师范大学社会科学学报，2015，44（4），8.

[12] 徐珣. 社会组织嵌入社区治理的协商联动机制研究——以杭州市上城区社区“金点子”行动为契机的观察［J］. 公共管理学报，2018，15（1），12.

[13] 吴滔. 宗族与义仓：清代宜兴荆溪社区赈济实态［J］. 清史研究，2001（2）.

[14] 王思斌. 社区建设的理论与实践［M］. 北京：北京出版社，2001.

综合性本土化义仓实践调研报告①

本次调研是为了梳理义仓的历史发展脉络及当下的实践特征，为未来义仓项目优化发展提供方向指引。因此，本次访谈的主要内容分为两大部分。第一部分，当地开展义仓项目的宏观框架。该部分主要涉及机构的概况、机

① 作者：童敏，厦门大学。

构主要的运行项目及其逻辑、义仓项目在整体机构项目中的定位等。了解机构宏观框架及义仓项目定位，能够使我们更好地明确在当前宏观框架下，义仓项目是如何进入基层社区服务中去的，以便更准确地把握义仓项目在当前社区服务中的定位及其发展逻辑。第二部分，义仓项目开展的具体内容。该部分更聚焦于义仓项目本身的运行内容和服务逻辑，着重关注义仓项目在当地是如何推行和落实服务的。对具体服务方式和细节的把握有利于我们更好地明确义仓项目实践的经验，以及其优缺点，便于提炼服务的技术经验。调研总结如下。

一、义仓的定位

（一）简便上手的“工具”

通过调研我们发现，很多机构都不约而同地提到义仓的“工具性”。义仓配备的工具包非常简单好上手，相关的系列活动形式也都十分具体，不管是对于社工还是社区领导，大家都能够很快速地开展活动。

在社区培力的过程中，义仓是社工帮助社区领导快速获得抓手的一种“工具”。想要在社区开展活动，义仓就是盘活社区的一个工具，操作简单，上手快速。所有社区需要的公共活动都在其范围内，尽管这个公共活动最后需要社会组织去运行，但仍需聚集社区书记、社区干部等主体，大家围绕公共活动来沟通和协商。

> 我们对“义仓”的操作是非常简单的，没有把它复杂化，它就是一个工具，是一个基层把社区搞活的工具。我们想让社区天天热热闹闹的，让居民不再是因为打电话才来的，那么，这个活动必须是好玩的、有趣的，让居民觉得参加完一次还想参加第二次（JN）。
>
> 工具包很好用，很实用，没有那么多烦琐的东西，而且很容易跟地方特色结合起来（ZB）。
>
> 因为我们这边社区有点特殊，是村改居社区加商品房社区组合的。我们这边有一个小区，外来人口比较多，他们的消费能力是比较低的，但人口特别多；另外一个商品房小区，以一些高级知识分子家庭为主，他们的基础服务比较强，所以总体来说我们社区的资

源是不均的。所以我们社工很需要用“义仓”里的义集义卖这些方式把大家聚起来，聚起来之后才能发挥作用（GZ）。

对于那些社区内人口较多、资源分配不均，社工进入后一时不知该如何推动服务的地区来说，义仓项目是一个很好上手，能够快速把居民聚集起来的工具，让大家通过一些简单的捐赠、义卖等活动，尽快地走出家门，了解社会工作者的服务，便于将服务快速铺开。

（二）整合资源的平台

社工在社区提供服务的时候发现，虽然自己利用义仓中的技术包，能够把居民聚集起来，但社工自身的力量是有限的，更为关键的还是要调动社区内的资源，这样居民才能更好地参与基层治理。因此，义仓是一个很好的资源整合的平台。

首先，它需要在社区内有一个场所。比如居民捐赠来的物资需要有一个固定的地方去收纳、摆放。这个场所可能是固定的物理场所，也可能是流动的义集摊位。

刚开始的时候，我们社工一整天到处跑，就是居无定所的感觉。现在定时定点到一个社区里面去，比如说我们每个月第二周的上午就去玉龙小区。就在这一块固定的地方，社区的亲子家庭自主拿着物资过来义卖。我们社工主要就是把这个平台搭建好，由他们自主运营管理（GZ）。

我们考量之后变成了志愿者捐助一些时间，有点类似于政府搞的“慈善超市”。我们的义集没有一个固定的空间，更多的是社区内的二手物品流通之后，会出现一些资金。我们用这些资金设立社区专项的公益基金（HZ）。

捐物料会有很大风险，所以我们现在只接受现金捐赠。对于慈善捐款，我们有一个网上平台可以溯源，能够规避很多风险（SH）。

公益集市、义网等能够促进邻里互助、聚集社区资源的平台成为很多地方始终坚持推行的子项目。无论是线下固定的平台还是线上平台，都是聚集社区物资、人力资源、文化资源的平台，鼓励居民在力所能及的范围内参与到邻里互助、社区发展当中，也使得社区资源能高效地整合。

（三）社区参与和社区发展

“一勺米”“义集”“一个观众的剧场”等义仓子项目让居民能够通过公益捐赠的形式走出家门，参与到邻里、社区的服务中去，让他们能够在这个过程中和社区的弱势人群及其他居民一起做一件事情，在社区生活中更有参与感、融入感。义仓项目的开展也有助于发展社区内的自组织，能够更高程度地将居民、社区、组织、资源等串联起来，发挥居民社区参与的能力，有效推动社区治理。

其实一些困难群体，也会力所能及地参与我们的议题，他们也愿意把家里的一些闲置物品捐赠出来；参与义卖时，他们会让社工先去帮扶比自己更有需要的人群。他们自己被别人帮助了，也会尽自己的能力去帮助别人（GZ）。

我觉得义仓项目其实和社工是很相通的，希望通过这个项目把社区参与、社区互助的价值观传递给居民。通过举办“义集”、建立“公益基金”的方式，引发社区居民对公共问题的思考，继而共同展开行动，最后改变现状（HZ）。

义仓项目符合我们整个社区治理未来发展的趋势，希望居民自己参与，自己去做一些事情；另外，它也比较符合居民权利意识的觉醒，希望能够解决自己的一些问题，在此过程中能明白自己有一些权利（SH）。

现在倡导的睦邻相助，不就是我们说的“义仓网络”吗？我们入户做个人，做点；进社区做社区服务站，打造网络，做面，（ZB）。

我们用义仓作为媒介去社区找到使用它更活跃的人，然后在社区中培育社会组织，让社区里的人自己去思考如何构建和居民的关系（JN）。

无论是社工自己作为服务者去挖掘社区内资源，促进资源整合再调动居民共同参与社区公共事务；还是社工作为教育者和引导者助力社区内的组织、社区主官去推动社区内公共事务的解决，目前，全国各地都期望通过义仓项目挖掘、培育、提升、优化社区上下处理公共事务的能力，真正激发社区的活力，让居民在社区中有更好的生活。

二、义仓项目的优点

（一）体系完整，便于应用

义仓项目有清晰的体系以及明确的技术包，项目点能够很好了解并很快应用起来。尤其是对于那些非社工专业、没做过专业服务的人员来说，这种明确的技术包给大家一个清晰的指引，怎么做，怎么开始，需要准备什么，全都一目了然。这样就节省了社工或机构自身去总结提炼或培训的时间和精力，能够让服务快速地落到社区中，落到居民身边，在社区打开突破口。

> 把义仓中这些公益产品做成对社会、对社区两委、对社区社会组织来说好用的社区活动动员工具，就是把它标准化，可以直接拿来用，具体拿这个活动来干什么你可以自己决定（JN）。
>
> 他们的工具包很好用，很实用，没有那么多烦琐的东西，就比如“一个观众的剧场”，我们的志愿者很快就能上手（ZB）。
>
> 义仓项目的体系很完整，而且有持续性，我们通过这个项目就能够持续地给志愿者、社区组织等提供募捐和资金的支持（GZ）。

长期发展出来的一整套以义仓为核心的参与式互助体系，具体包括“义仓”“义集”“义坊”“义学”“义网”项目。尽管每个地区可能适合长期坚持的子项目不同，有的重视义仓、义集，有的重视其中某些技术包的使用，但是大家都认为整个义仓项目能够让社工很快上手，便于推广。

（二）注重文化的挖掘

义仓项目非常重视对传统文化、社区文化的挖掘，尤其是“义”字的使用充分体现了项目对于传统中国这种“互帮互助”的“义气”的重视。而对传统文化的强调不仅能够很快地让政府、社区居民接受和信任项目，同时也能够很好地唤起大家对于邻里之间互帮互助、其乐融融的生活氛围的追求，让社区更有“家”的味道，让居民在社区中也能感受到温暖。

> 我们有一次举办“一勺米”的活动，共900多人参加。一位80多岁的老太太说：“我捐了一桶米，我必须下去喝一口，这种施粥的事情我小时候见过，几十年没见过了，我要下去喝一口。”她孩子后来用轮椅推她下去尝了“百家粥”。这一勺米，就是一把火，它点燃了老百姓的希望（ZB）。
>
> 我觉得项目里也包含“义气”。“义”是从古代研究过来的，比如说“义田”“义仓”等。但如何理解这个“义”，我觉得可能是侠义精神吧。就是说这个社会有难了，那舍我其谁，我要去力挽狂澜。但是如果从社工的角度来解读，它好像不是这样，感觉更像慈善，还要挖掘人们心中柔软的、温暖的一面，一种对社区公共事务的思考（HZ）。

无论是义仓项目本身对于“义”的重视，还是在实施中利用一些传统文化来调动居民参与的积极性，“义”的核心价值始终贯穿在项目当中，也通过项目扎根在居民的生活中，唤醒居民对于社区公共事务的关注。这种文化层面的重视也让义仓项目在基层治理中有了更扎实的基础。

（三）有利于社区资源的整合

义仓项目始终通过居民力所能及的一些慈善小事，引导他们走出家门，关注社区内的公共问题。无论是物资，还是社区内的人力资源、志愿者的时间、公益慈善基金等，项目本身就能够把资源有效地整合在一起。在很多基层社区治理中我们发现，社区有很多资源但是不知道谁需要，也没有渠道能够提供给需要的居民；而居民有需求但不知道如何去获取，有些居民有能力也不知道如何去发挥。这就需要去打通、盘活这个社区的资源，让资源能够汇集起来，同时也有渠道将其输送到真正需要的地方。义仓项目就有助于在社区搭建资源平台，让资源能够汇集起来。

> 义仓项目首先是一个空间载体，实际上是一个社区的慈善资源交互中心（HZ）。
>
> 在我们开展的社区营造类项目中，社工不仅仅是一个直接的服务提供者，更多的是一个资源动员者、平台搭建者，居民自己做社会倡导，做赋能，做支持和陪伴，我们对义仓的定位就是这样（SH）。
>
> 就比如“一勺米”项目，社区老百姓、志愿服务队都参与。我们的最终目的，就是把这些事情交给他们，我们只做技术指导，这就成了自组织的培育嘛。培育完了，这个组织就是双重属性的，第一是我们公益中心的，第二是村里的。这样其实也是让资源能够被挖掘出来（ZB）。

义仓项目的实施和发展，在某种程度上更为核心是希望挖掘、整合社区中的资源，在这个过程中促进居民互帮互助，强化社区居民对“义”的体会，将这种“义”贯穿到居民共同的生活中去，让居民形成一种共同意识，共同参与社区内的公共事务，在帮助社区内弱势人群的同时也让自己的生活过得更好。

三、义仓项目的发展建议

（一）因地制宜

调研发现，各地对于义仓项目的应用都有些许不同，侧重点和落脚点有一定的改变。南北地区差异，社区类型、机构特性的不同导致大家对于义仓的理解和执行各有不同，有强调搭建组织架构的、有强调为弱势人群服务的、有强调社区发展的。因此，探索义仓项目如何能够更加包容、更加适应更多的成员，这点十分重要。

> 像我们这边，政府的托底、基础服务非常完善，居民的收入也很不错，弱势人群非常少，其实不太需要社工的服务。所以我们更

多地还是借用义仓互助的观念，希望能够推动基层社区发展（HZ）。

我们这边的居民生活水平都不错，而且大家都很爱面子，就算是很贫困的人也不会用别人用过的或者别人捐赠的东西，这就是地区的文化，所以义仓的一些内容我们没办法推行下去。我们就变通，着重关注社区居民邻里互助（SH）。

像“一个观众的剧场”，都说要让志愿者入户唱歌、跳舞等，但是我们这边是蹴鞠的发祥地，而且当地老人更喜欢听戏，所以我们就改良了方法，根据当地大家熟悉的文化来设置具体内容（ZB）。

完整的义仓项目或其中包含的一些技术包，在全国很多地方得到推行。同样都是深入社区基层，期望推动社区发展，但是依然会出现一些居民或者社区“不买单”的情况。这在某种程度上说明，义仓项目仍应吸收更多实践经验，进一步完善项目设计及技术包。

（二）交互参与观念的再挖掘

义仓项目抓住了邻里互助、仁义为人的文化内涵，鼓励大家走出家门，在自己力所能及的范围内参与社区的公共事务，让大家在忙碌的个人生活中，深入体会“赠人玫瑰，手有余香”的意义。义仓项目旨在传播利他、互助和善的价值观，但项目效果如何，还有待进一步深究。

现在义仓的一些二手物资捐赠，有人捐了有人拿走了，它更多的是一个二手物品流通的过程，但在居民层面这种互助、交互的业态似乎还是没能建立起来。尤其是在我们这种地方，大家生活条件都很不错，你非要让他出来参与公共事务，其中的伦理问题我们也很苦恼，就一定要让居民间产生联结和关系吗？（HZ）

我们没有很深入地去探讨“义”的内涵，更多的是把义仓当作能够让居民产生联系的一种理念。所以我觉得在这个部分，项目也可以再深入一些。在社工工作过程中，我们还是觉得好像也没有能真正打通居民交互和居民参与的整个逻辑（SH）。

当前基层社区治理中，居民自治是经常被提及的一个内容，如何真正推动社区治理的发展，让居民愿意参与，提升基层治理的成效，值得我们深入思考。因此，义仓项目必须进一步回应几个问题。首先，“义”倡导的价值观或者文化，真的适合当前社区治理体制吗？其次，这种“义”倡导的文化和价值观到底为什么能够促进基层治理发展呢？最后，这种互助、善、公益的概念到底如何落实在服务中才能真正实现居民参与、实现社区治理呢？在日常生活中，小的善举对居民来说非常简单，但只有明确这些行动和社区治理之间的关系之后，我们才能优化服务项目，提升服务成效，达到事半功倍的效果。

（三）对接制度体系

在当前制度体系的影响下，很多社工机构承接的项目还是会由政府出资，这就需要项目在设计、执行、评估的整个过程中符合出资方的要求。加上各地政府的政策会有些许不同，导致义仓项目在某些地区可能会跟政府本身的政策、服务有所重叠，尤其是对于弱势人群的帮扶，很多经济发展比较好的地区，政府的扶持力度更大，并不需要社工。这就导致义仓项目在当地没办法很好地执行下去。而且有些政府强调项目的创新，希望社工能够在社区中开展与其他地方相区别的服务，这也在一定程度上限制了义仓项目的执行和推进。

现在很多地方都在做救助站，包括政府各部门都在投入，所以其实很多时候我们做事情没有很大空间了，因此我们只能走别的路，比如重视组织培育（JN）。

我个人觉得义仓还是可以把参与式互助更好地贯彻在项目当中，进一步做好项目开发，完善这个系统；而且有些地方的政府不喜欢做别人已经做过的，所以有时候如果太统一太一致的话，政府不会买单的，这不太符合政府的需求（SH）。

义仓这个项目在一些弱势人群比较多的社区里开展得更为顺利；但是在一些经济水平比较好的社区里，推行就没有那么顺畅了，所以我们也在不断寻找适合我们的执行方式（SZ）。

社工服务始终要符合出资方的需求，但同时更要符合居民的生活需求。因此社工执行项目时要考虑多方的因素，要思考如何符合当地的风土人情，同时也要与政府做好对接，这样才能让项目更有生命力，同时也能有更多的机会去尝试、去服务。

“五社联动”聚合力　有情社区暖人心①

一、“五社联动”背景

龙洞街是广州市城郊融合型的街道，由城中村社区＋商品房社区组成。城中村社区人口基数大、消费能力低；商品房社区是高素质人群的家庭组合，公益服务意识强。随着城市化的进一步发展，城中村也存在资源分布不均的情况。目前，龙洞街人口为12万余人，外来务工人员约5万，占41.7%；登记在册的社区困难群体833人，其中困难长者589人，占70.7%。社区外来务工人员大多从事劳动密集型行业，部分困难群体（低保低收、孤寡长者、环卫工等）收入微薄，亟需社工站链接资源帮扶。辖区内共有13所大中专院校，企业、社区社会组织资源丰富，但是社区缺乏公益服务参与平台，“五社联动”未形成，这部分资源未能撬动。

综合项目过往的背景及调研分析，社工站决定借鉴“参与式互助体系”，引入义仓项目，搭建平台，通过“五社联动”，持续为社区的兜底困难群体提供帮扶，满足社区困难群体对物资、资金及志愿服务的需求。

二、项目“五社联动”理论

帕特南认为，社会资本是一种“公共物品”，如信任、规范和网络，能够通过推动协调和合作来提高社会效率。按照他的观点，社会资本是内生在人们的关系结构中的，一个人想要拥有社会资本，就必须与他人建立联系，正是在发生联系的过程中产生了社会网络、社会关系、规范和信任等，从而形成了社会资本。

---

① 作者：孔燕枝，邓文娟，广州市协和社会工作服务中心。

在本案例中，社区内部资源丰富，且各方需求明确，但缺少一种互助技术来让“五社”能够联合起来，达成互助合作的共识，在联动中建立社会资本，且在高社会资源的前提下，愿意贡献出自己的社会资源（资金、物资、时间、技术等）参与社区公益服务。而本项目希望通过引入义仓，搭建互助参与平台，促进社区的多元主体参与“家门口”的公益活动，通过建立社区基金、“义仓服务阵地”，促进“施”与“受”相互转化，实现社区人力、物资、资金等资源的整合，提升社会资本、社区资本，让社区资源在社区流动起来，服务于社区困难群体，营造公益社区。

三、“五社联动”模式搭建

（一）挖掘“五社联动”参与主体

在以往的社区服务中，主要以社区、社会组织、社工的“三社”为活动主体，参与主体不足，居民发动不够广泛，社区志愿者参与不够深入，社会资源没有进入社区。因此，挖掘更多的参与主体，是“五社联动”的重要工作。

1. 挖掘困难群体

完善建档，实现困难群体全覆盖，精准帮扶支持困难群体，解决困难群体实际困难。借助社工站困难群体“档案管理信息系统”，以一人一档的形式全覆盖建档，从社工站的三大基础领域（长者、家庭、青少年）精准评估困难群体的需求；义仓项目根据困难群体的需求，对接帮扶资源。在覆盖社区全部兜底群体的基础上，进一步扩大帮扶对象，针对临时性陷入困境的群体提供资源对接服务，把社区中困难群体纳入“五社联动”服务范围，同时他们也是潜在的志愿力量。

2. 挖掘多元社会资源

以多元参与为路径，发动居民参与社区服务，建立社区资产库，扩大社区资源整合效益，探索社区治理新模式。通过线上宣传＋线下开展的形式，线上借助广益联募平台、社区慈善基金等渠道进行资源、资金募集；线下主要以义仓帮扶计划、义集义卖、“一勺米”以及“圆梦微心愿”等项目为载体，撬动社会组织、爱心企业/家庭、志愿者、慈善会等多元资源参与项目。同时，倡导社区居民以家庭为单位加入“爱心家庭库”，居民可不定期或定期向义仓捐赠物资，参与义仓募捐活动。通过定期开展服务，营造互助的氛围，推动社区企业、社区组织等不同主体加入义仓项目；在居民的持续参与下，构建社区的资产库。让广泛的社会资源能够通过义仓这一途径进入社区，扩大“五社联动”的参与主体。

3．培育社区社会组织

推动社区公益服务执行，促使社区互助资源流动。发动社区社会组织、志愿者，培育“义仓志愿者服务队”，依托“社工＋社区＋社会组织＋社区志愿者＋社会慈善”的“五社联动”模式，将资源对接给有需要的人。城中村社区探索社区组织“募捐”义仓服务，比如以高校为主的校内募捐“义仓服务队”，以社区组织、企业为主的“义演服务队”。商品房社区培育以亲子家庭为主的“亲子服务队”，主要参与社区义集义卖、“一勺米”募捐等服务，推动项目的执行和推广。社区社会组织在社区公益资源的撬动等方面有着独特优势，能够影响带动更多居民参与社区活动，提升居民幸福指数。

（二）构建“五社联动”参与途径

在本案例中，社区中缺少“五社联动”的参与途径，导致“五社”未有联动，各主体在社区中零星、不成体系地开展服务，对社区中困难群体的帮扶广度和深度均不足。因此，项目通过搭建义仓服务阵地，为“五社”主体提供参与联动的具体方式和途径，将“五社”联合起来，实现社区资源的内部流动，推动社区居民自治互助，用本社区的力量帮助社区困难群体，打造共建共治共享幸福社区。在义仓服务阵地中，各参与主体分工如下。

1．受助群体

从增能理论出发，让受助群体从项目的受助者成为施助者。受助群体在获得义仓项目的物资、资金、探访陪伴服务等后，在自身能力允许的情况下，加入义仓项目，成为义仓的爱心家庭，捐赠家庭的闲置物资或者参加义集义卖活动，提高其自主造血的能力，也可加入社区组织，成为志愿者，与社工共同服务更有需要的受助群体，营造互帮互助的社区氛围。

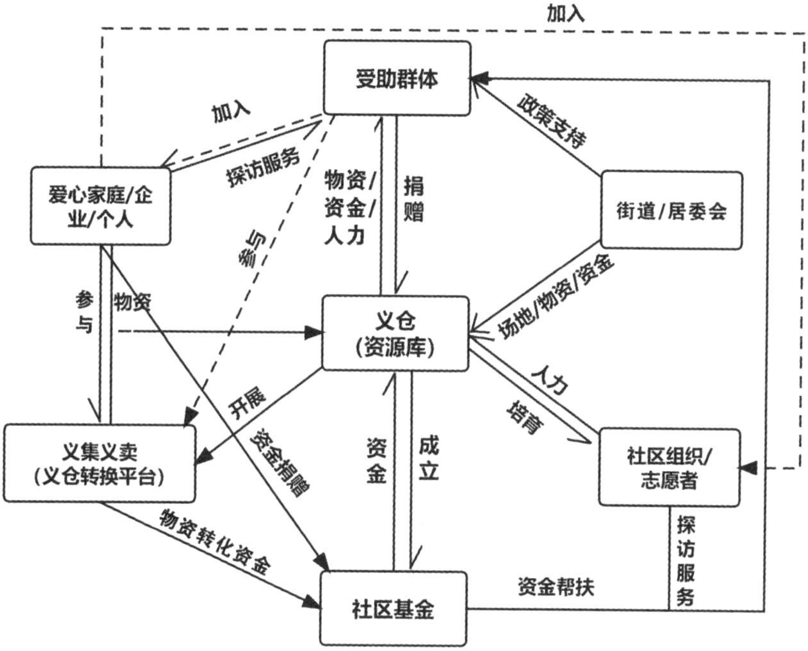

参与式互助体系

2. 街道/居委会

主要为项目提供政策、场地等资源的支持，监督项目的实施，保证项目的公平、公正、公开。

3. 义仓（资源库）

主要用于筹集物资、资金，建立社区基金，整合人力资源，对社区受助群体予以帮扶。

4. 爱心家庭/企业/个人

可以成为义仓物资、资金的直接捐赠者，也可以成为义集的摊主，通过义卖活动向义仓捐赠资金，存入社区基金账户；参与义仓的志愿服务，成为义仓的志愿者，参与受助群体的探访服务。

5. 义集义卖（义仓转换平台）

筹集资源，将义仓物资转化为资金，让闲置的资源成为慈善资源，使其在社区实现二次流动。

6. 社区基金

通过社区基金，进一步规范项目筹集资金的管理，立项聚焦帮扶受助群体。

7. 社区组织/志愿者

主要是协助义仓项目的义集义卖、义演，以及受助群体的探访、物资派送等帮扶工作，推动项目的执行，也可以成为义仓项目的爱心家庭。

通过“义仓服务阵地”、社区基金，实现社区人力、物资、资金等资源的整合，提升社区资本。一是施助者按配额捐赠物资到社区基金，社区基金按需服务受助者；二是受助者通过售卖商品或服务获得收入，补贴家庭。以项目化的形式提出困难群体共性需求，借助每年“慈善羊城”活动月活动，动员街道号召更多商家和企业参与，做到“专款专用”。

（三）构建“五社联动”参与基地

有了主体和途径后，可通过扩大“五社联动”的参与基地，让更多的社区加入这个体系，以借助不同社区之间的资源优势，实现更大范围内的互助，弥补因社区差异而引起的资源不平衡。依托街道党工委、民政科及社区居委等项目相关方的力量，多方联动，打造以社区为单位的“义仓服务阵地”。

通过“1+N”（“1”是指社工，“N”是指社区内不同的资源主体）参与模式推动活动的持续开展，发挥党员、家委会等群体的力量，构建信任、支持、互助网络，倡导居民“参与式互助”，打造共建共治共享的社区。项目推动过程中，社工站根据商品房社区与城中村社区的不同特点，打造以高校“化‘闲’为‘爱’”服务队为主的城中村社区义仓服务阵地，培育孵化社区自治组织，协助义仓系列活动的开展、执行；打造以亲子家庭为主力军的商品房社区义仓阵地，依托每个社区学校“家委会”、党员家长的榜样力量，动员社区亲子家庭参与。将社区家庭组织起来，借助社区居委的力量，打造“一社区一特色一阵地”。通过扩大后的阵地服务的开展，项目能发挥不同社区的资源优势，为更多的困难群体提供物资、探访以及资金等的帮扶。项目在辖区内的育龙、林海两个社区，已形成定时定点的“社区义仓服务阵地”，居委、物业、社区组织、家委会等群体是服务宣传的主要人员，之后将继续向其他社区铺开。

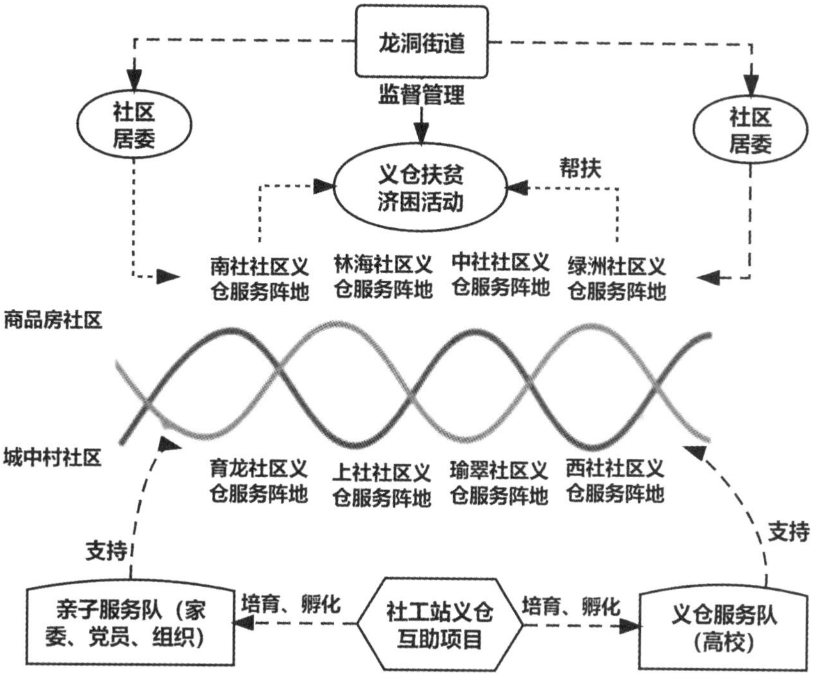

义仓基地网络

（四）构建“五社联动”生态资源池

本案例中，通过建设及运维三个重要的资源站点——社工站慈善捐赠点、社区基金、义仓，实现对社区资本的构建与提升，推动社区生态资源池的建设。社工站慈善捐赠点可对外衔接，实现外区域社会资源的链接。社区基金发挥资源配置功能，资金来自社区，由社区内企业、个体户捐款捐物，并被用于社区，实现对社区的“反哺”。社区基金由广州市慈善会管理，确保使用合法合规，并选取社区居民代表共同监督，充分利用媒体进行信息公开，提高社会公信力。义仓则发挥“互利”慈善模式的优势，推动居民参与义集义卖，使其既能从义仓体系中获益，又能对社区公益贡献力量。这三个站点，既互相独立，又互相支持，能活化社区慈善资源，为资源提供者及需求者搭建平台，让资源得到合理配置，扩大困难群体服务覆盖面。本案例中，生态资源池通过定向捐赠、义集义卖等多种方式，共筹得资金近 3.8 万元，筹得物资价值共计 22.5 万元。

四、“五社联动”搭建成效

（一）“五社联动”模式的成型

项目以“双需求评估—四平台搭建—多资本实现”的“五社联动”模式进行构建。评估受助群体需求，借助社工站的档案管理信息系统，对社区困难群体以一人一档的形式全覆盖建档；评估项目施助方的参与需求，明确社区的可用资源。互助参与平台的搭建，以社区为单位，动员社区社会组织及志愿者挨家挨户上门，倡导社区家庭捐赠“一勺米”；持续开展义集义卖、义演活动，整合、促进社区互助资源的流动。不同主体的参与、互动，使社区网络得以形成，社会资本得以建构与提升。

（二）居民互助理念的提升

在本案例中，社区独居孤寡长者，70 岁的蒋阿姨以拾荒为生，经济拮据。蒋阿姨向社工求助，希望能获得一床新棉被，过一个暖和的冬天。80 岁的老党员知晓后，联系社工上门，为蒋阿姨捐赠了家中闲置的新棉被；社工还通过项目募捐，按需持续为蒋阿姨送去生活物资。45 名兜底困难人员中，5 名参与到义卖中，其中杨女士还带动一双儿女成为志愿者；2 个困难家庭接力义仓捐赠，捐出家中闲置的玩具、绘本等物资，用于社区公益活动。这些都反映了互助理念在社区中的成功落地，互助为“五社”的“联动”提供了思想上的指引，使得社区内的主体能够认同“五社联动”，从而参与联动。

（三）困难群体帮扶广度和深度的提升

本案例中，提升困难群体的帮扶广度和深度是“五社联动”的主要目标。项目通过双向菜单式匹配服务（先收集困难群体需求，再链接资源；收集服务提供者需求，再匹配服务受益者）搭建社区慈善平台，活化社区慈善资源，让资源得到更合理的利用。比如以“长者爱心午餐”“长者居家微改造”等小项目的形式回应困难群体的需求。累计为困难群体链接志愿服务 439057. 33 小时，服务超 1398 人（次），实现了对社区困难群体更加深入和广泛的帮扶，推进了社区治理能力的整体提升。

（四）社区资本及公信力的提升

在本案例中，通过义仓搭建“五社联动”模式，以“互助”促“联动”，再以“联动”促“互助”，实现了社区资本的有效提升。并且在此过程中，社工通过对过往服务经验的总结，不断完善相关募捐、义集义卖的流程，帮扶对象的标准，仓库物资出入库的管理等，形成适用于龙洞辖区的义仓项目管理与运营手册。服务公正公开透明，进一步规范项目管理，让服务需求者及服务提供者得到更好的支持。

五、“五社联动”经验总结

构成“五社联动”的主体有很多，如何将这些主体纳入“五社”，这与他们本身的需求紧密相关。在本案例中，社工推行的是“施”与“受”互换的互助理念，因此做好各主体的需求调查，并且根据这些需求，在适当的时候将主体纳入不同的“五社”定位，是促成社区互助的必要手段，也是“五社联动”的一种新型方式。本案例中，工作人员通过对需求、资源以及服务的分层来实现以上的诉求。

（一）需求分层分类

明确服务主题，做好需求调查及需求的分层分类，按需做好服务规划，以便更好地回应服务对象，突显该项目的服务成效。

（二）资源分层分类

对社区的资源分层分类，通过绘制社区资产分布图，熟悉社区的资源分布情况，提高资源链接的效率；开拓多元资源主体，建立日常沟通机制，深挖社区企事业单位的资源，定期走访，把握资源主体资助者和服务对象的双重角色，了解其需求，推动其参与社区公益。

（三）服务分层分类

针对社区人群的特点与需求，细化项目的发展规划，对于落实到社区层面的义仓架构、组织形态和发展模式等进行深度分析，探索可复制推广的机制，做好阶梯式的发展规划，更好地打造义仓体系。

针对达成“五社联动”的渠道，要明晰在本案例中“五社联动”不仅需要增加主体，还需要这些主体进一步地“动”起来、“公益”起来。如何引导这些主体从“不动”到“动”，从“不公益”到“公益”？单纯的“施”

与“受”并不能长久，通过义仓让这些主体动起来，在“施”与“受”中不停地转换，义仓项目才能有更持续的生命力。项目开展中，社工要以切合社区实际的服务理论为指导，在专业理论和知识分析的层面上，找到最佳的介入策略。精准定位，促进“施”与“受”相互转化，加强互助资源的流动，提升社区信任资本，实现社会资本的建构。借助街道职能部门的力量，建设具有社区特色的“一社区一义仓服务阵地”，赋予项目自我造血功能，形成管理机制，促进社区居民自治互助，用本社区的力量帮助社区困难群体走出困境，打造共建共治共享的幸福社区。

第三节　义仓与文化培育

义仓文化对中国当代公益文化的启示①

一、祠堂里的义仓

我们在江西达溪村开展田野考察时偶然发现一处明代的宗祠，细细探索，宗祠内的两块碑上记载的竟然是一个义仓组织。两块石碑分别是乾隆三十六年（1771）和光绪年间的，如果按照乾隆三十六年来算的话，距今已 250 多年。

此前我们虽然对义仓也有所耳闻，但并没有细细研究过，总认为那是历史学家的事情。

我们就宗祠和义仓的情况与村干部和村里的老人进行了交流，发现他们也不知道义仓的事。在他们的印象里，那只是一个宗祠。后来我们遇到了一位 95 岁的老人，才了解到一些眉目。据老人介绍，那处宗祠已经有 500 多年的历史了，他还记得那个义仓的一些情况，义仓曾经办过学堂，自己还在义仓办的学堂里上过学，此外如果族里有穷人子弟上不起学，也会得到义仓的资助。

---

① 作者：常竹青，顾晓峰，香港社区伙伴。

达溪村的宗祠

二、对义仓碑文的整理

从老人的叙述来看，该义仓应该很有些历史了，其消亡也应是近代以来的事情，大约是民国初年。为了进一步将该义仓的历史搞清楚，我们将两块碑文的内容进行了整理：

义仓碑（乾隆年间）：

义仓……

义仓之建于□□□□□来久矣……

组□基于此聚族而□□□耕读风□浮……

朝定□以来百有余年生义日……

同志共义生时□□□捐者若干人同为助者……

□价而罗迨（dai）至秋则又卖谷……

古之盛我姓义仓之建有厚望之为是为引……

乾隆三十六年辛卯岁秋倡义仓首事……

……凶荒而为一族久远之□也然事往（wang）行之□前而……

……人之不善□终□我族□□□□于此向来有义仓，自……

……石之□碑记至今尚存而义仓谷自昔年已□亦不乏而卒兴一人□心此……

……生息□哉亦积谷至□百余石又……

……旦也迄今有叁拾年矣，乐善好施者族中谅……

……以前此之□举不成则后此之兴？必以故？

……无爱易则以今视昔因不可以昔而□今……

……可无愿贫者家无□石则饥岁不能无忧倘金……

……司志数人按丁□谷每男丁派谷一□有谷……

……当口行□□居亦□乐为解□或数……

……共有若干当部工举首事□人经理生息□……

……若干□示□□则所以筹之于今日……

……成则今日之举何患善始而不能善终哉

……不朽俾后之览者知前人……

……前人□□之计为是则经始者之所切望于宋……

从这些残留的碑文中可以看出该义仓具有如下特点：

（1）由某家族举办，活动范围也主要在家族内。

（2）最初举办的主要目的是灾年赈济族内穷人，以避免族人饿死。

（3）体现了儒家的仁义精神，如鼓励“耕读”之风，照顾贫者，不让族人“善始而不能善终”。

（4）主要收入来源是在丰年的时候，发动族内爱心人士，每户按照人口数量缴纳一定的谷物，因此属于社区互助的范畴。

（5）后来逐步具备了金融、公益等功能。丰年缴纳粮食，贷给穷人，收取一定的利息，还救助孤寡老人，使其“善始善终”。

（6）具备了规范的组织管理体系和制度，如推举“首事”，以经理“生息”。

（7）扎根于乡村，具有很强的社区性。该义仓组织由本村某家族创办，宗祠即义仓的办公地点，义仓的资源也主要源于本村本地，主要目的是服务族人，且族内每个人都是其成员。

（8）具有很强的持续性，如果从乾隆三十六年（1771）算起，估计在20世纪20年代消失（以95岁老人的介绍来推断），该义仓也至少存在了150年。

三、义仓有关的历史

为了深入了解这段文化和历史，我们重新学习义仓的一些历史记录和研究，发现义仓也是近年来考古界和史学界的研究热点之一。

义仓也叫社仓，但二者之间有一定差异。根据清代定制，在县设常平仓，在乡镇设义仓，在村设社仓，常平仓属于官办性质，而义仓和社仓则属于民间自治性质，赵尔巽的《清史稿》曾记载了方观承向乾隆皇帝上奏：

> 义仓与社仓同为积贮，但社仓例惟借种，义仓则借与赈兼行，而尤重在赈。设仓宜在乡不宜在城，积谷宜在民不宜在官。秋获告丰，劝导输纳，岁终将谷数奏明，不必开具管收除在。则其数不在官，法可行久。

可见义仓比社仓的功能更复杂些，具有互助的性质，即在灾年发挥救灾的功能，在普通年份发挥扶贫的作用。

从其历史来看，义仓最早起源于隋，在宋朝有了较大发展，并得到很多名人的推崇和实践，出现了著名的“范氏义庄”等公益组织。明清两代，是义仓的繁荣鼎盛时期，这时的义仓已经深入民间，在全国很多地方都存在。尽管分布不是很均衡，但是义仓作为一种民间公益组织已经形成。根据倪根金先生的《明代广东义仓、社仓考》来看，在明代的广东，部分地方的义仓组织相当普及，并且成为当地救灾体系的一个重要组成部分，得到朝廷和地方官及士绅的推崇和支持。

义仓的衰落应该是在民国年间，迄今发现的很多义仓遗址基本上都是清代中晚期的。民国乡村兵荒马乱，灾荒不断，粮食成为军阀和地方豪强搜刮的对象，义仓也逐渐丧失了其存在的社会条件，因此大多都消亡了。此外，部分残余的义仓财产如公田、义田后来也随着土地改革和“破四旧”一并消失。

四、义仓文化对中国当代公益文化的启示

从义仓的历史回到现实，现在一般认为我国的公益文化来源于西方，特别是谈到当前中国慈善和NGO（非政府组织）的发展时，多认为它们是20世纪80年代后才逐步引进的。所以中国的公益文化总是被蒙上了“舶来品”的色彩，他们认为历史上中国是不存在公益组织和公益文化的。我们认为这种隔断历史的观点有些片面，至少从上述义仓个案的分析中可以看出，中国历史上一直到近代都有一套公益组织体系，这些义仓组织逐步成熟，远远超越了传统意义上“救灾备荒”的功能，并且具备了基金会的功能，对于社区内成员的互助性借贷，对于穷人的关注，一点也不比当今的中国公益组织差。

就当前中国民间组织的发展现状来看，数量虽然不少，但质量却不尽如人意。例如草根机构在理念和管理等方面过度依赖于国际NGO的输入，官办组织又带有过多的行政色彩，中国的公益资源在全世界也处于较低水平，而自发的探索却又往往困难重重。因此我们认为整理和发扬义仓文化，重新找回中国公益文化的根，对于当代中国民间组织的发展来说具有重要的意义。

（一）在公益文化和理念方面

我们认为中国的民间组织应该首先继承中国文化本身的一些好的元素，如儒家的“忠孝仁义礼智信”，佛家的“公益”，道家的“和谐”，从这些传统的文化元素中去创新发展当代的公益文化和民间组织文化。这些文化因素容易被普通民众接受，因此能有效调动蕴涵于民间的公益资源，也有助于草根民间组织走出理念创新的困境。

（二）在组织管理方面

古代义仓一千多年的发展经验，为当代民间组织的管理创新提供了可参考的范本。例如著名的“范氏义庄”，在中国存在了一千多年，即使是本文案例中的义仓，也有一百多年的发展历史。在战乱、灾害、改朝换代的影响下，义仓组织还能持续长久地存在，其在管理方面必然有一套非常成熟的体系。通过对本文中的案例及其他资料的分析，我们认为古代义仓之所以能够长期存在，具有较强的生命力，主要有以下几方面原因。

1. 与宗族等中国传统社会组织相结合

可以说义仓多衍生于宗族组织，义仓文化也是宗族体系的一部分，正因为有宗族这个“靠山”，义仓在公益动员、组织认同、制度/规矩建立上要相对容易很多，也相对持久些。

2. 组织机构上与中国传统的乡绅治理体制相结合

从案例来看，义仓主要的发起者、捐助者和管理者“首事”，都是本地区的殷实之户——乡绅，而且推举的“首事”也多为德高望重的老人。一般而言乡绅在乡村治理中多起到保护作用，因此这样的组织机构相对更能得到成员的信任，因此也更稳固些。

3. 基于主流文化产生，具有很强的社会认同感

义仓的发起和管理都主要基于儒家和佛家的思想及文化，在民间普通百姓中相当有市场。因此较少存在不信任、不理解的文化排斥现象。

4. 得到了官方的认可和支持

义仓的赈灾功能是对官方赈灾制度的补充，也是稳定乡村社会的重要方式。因此义仓历来受到统治者的重视，上至皇帝，下至州县官员，纷纷表态对义仓进行鼓励、支持和保护。一些义仓还得到官方的直接支持，包括政策、法律和资金等多个方面。正因为这些支持和保护，使得民间的义仓组织能够持续发展。

因此，我们认为中国当代民间组织在管理方面有如下几点可向义仓借鉴：

第一，民间组织在建立之初要考虑自己建立的基础是什么，能否与传统的社会组织体系相结合。例如一个农村文艺队的组织基础往往是传统的庙会组织，有了信仰的元素存在，组织往往能更为持久。

一些青年志愿者组织也要考虑自己的社会组织基础是什么。一般而言，一些松散的义工组织无法持续发展的主要原因就是缺乏这样的社会组织基础，因此我们认为当前的义工组织可以跟老乡会、同学会等传统组织相结合，这样建构的组织凝聚力会有所增强，发展更为长久。

第二，民间组织在建立内部制度时，不应该盲目采用单一的选举制度。选举是为了“举”出能人/贤人，只要能达到这个目的，用其他方法也可以。在这一方面，我们认为一些社区性的组织（内部相互了解）完全可以借鉴传统的“推举”等方式，尊重社区本身的结构和习惯，将合适的人才“举”

出来。

第三，民间组织的独立自主发展首先需要其在思想上独立起来，而继承传统文化是民间组织思想和理念独立的前提。如上面所谈到的选举和推举，我们认为关键是民间组织要对“民主”“发展”“社区”，甚至“NGO”等概念进行重新反思和定位，给中国的民间组织开辟一片更为广阔的发展空间，基于我们的思考，再与国际对接和交流。

第四，民间组织的发展，既要根植于传统文化，也要在保证自己特质的基础上与当前的主流和官方文化及意识形态相结合。民间组织应该努力成为社会的一部分，此外政府也应该对民间组织加大扶植力度，好的成熟的民间组织，是整个社会的稳定器。

（三）义仓作为一种基本的社区灾害救助机制，值得政府和社会组织借鉴

可以考虑在灾害易发地的乡村推广和建立这样的组织。如以村为单位，建立“社区粮食银行”，兼具社区储蓄和小额信贷的职能，即在古代义仓以粮食为主的实物运作中，加上资金运作功能，将资金和实物相结合，平时借贷资金，扶贫助困，当发生灾害时即发挥救灾的功能，作为政府和民间机构救灾体系的补充。

此外，义仓的发展历程中也有很多教训值得我们关注。

据史料记载，唐玄宗时期，朝廷因财政吃紧，便开始打起了义仓的主意，如针对义仓征税，这使得很多义仓逐渐消亡。明代的直隶地方志也记载，当地的一些义仓成为地方官吏和豪强们谋取利益的工具。因此，我们认为民间组织要完善自身的管理，避免成为个人谋取利益的工具。政府在对待这种社区民间组织时，也要保证其独立性和公益性，要用相关立法来保证这些公益组织的利益不会受到损害。

五、当代义仓文化的复兴

(一)当代意义的第一个“义仓”组织

在我们所考察的吉安市，有一个叫“一勺米”的民间组织。这个当代意义上的第一个民间义仓组织，由井冈山大学从事人文影像纪录的公益机构“青原色”发起成立。从该组织创始人简单的介绍来看，他们是受到家乡义仓

文化的启示而生出创办义仓的想法。一次在农村纪录片拍摄过程中他们发现当地的义仓助学传统，村民定期缴纳一些谷物，用于资助困难家庭的儿童上学，同时他们还发现当地有一个叫“食物银行”的民间组织，便想着如何将这种文化和精神发扬光大。于是几个井冈山大学的学生便创办了这样一个民间组织，并发起了“一勺米”公益行动。

从这个故事里我们能够看到，他们已经继承了义仓的很多元素。他们认为金钱不是维系公益的唯一纽带，他们更强调社区成员之间的实物互助；他们接受少量米面的捐赠，但是拒绝金钱的资助；他们发动了普通民众参与，让普通民众受益。这本身已经表明他们领悟到了古代义仓文化的精神内涵。

（二）现代义仓的发展与成熟

一年以后，一个偶然的机会，成都爱有戏了解到了青原色的义仓计划，深受其影响和感染，认为义仓的精神内涵对于他们正在尝试探索的城市社区互助体系建立有很大的启发意义，于是义仓被引入成都。

此后三年，义仓在这片文化底蕴深厚的蜀中大地生根发芽，成长壮大，衍生出了义集、义坊等新的形式，构成了一个初步的义仓生态系统。义仓的这些生长和演变，一方面扎根社区，激活了城市社区潜在的“义文化”和互助精神，另一方面成为当地社区生活不可缺少的一部分。我们看到古代义仓所蕴含的精神在这里得到集中体现。

成都爱有戏将义仓的文化和社会功能发挥到了一个新的水平。一方面，义仓的成长和演变，使得传统公益（例如物资捐赠）和市集（农夫市集、跳蚤市场）等形式具备了本土化活路，使得一些传统的社区组织和社区基金会重新恢复了应有的功能；另一方面，义仓、义集、义坊，及其激活的社区基金和市民论坛等其他平台，构成了一个初步完整的生态系统，各个平台相互增益，进一步发挥出更大的功能。这些宝贵的探索对于解决我国在快速城市化过程中社区文化缺失的困局具有重要意义，并得到了国家民政部门的认可和支持。

（三）当代义仓的复兴

在此基础上，从 2014 年开始，成都爱有戏将这些宝贵的经验进行总结和梳理，以公益培训的方式免费向国内从事社区建设的社会组织提供协助和技术支持。当代义仓承载了古代义仓的精神，又吸收了现代民主与科学的理念和方法，逐渐在中国大江南北生根发芽。

相信在不久的将来，会有更多的人士和机构关注义仓等中国古代的公益文化与实践，并将这些文化与精神吸收、继承和发扬，以义仓文化为核心，创建中国自己的民间公益体系。

规模化视野下的义仓文化复兴[①]

义仓以中国传统慈善文化为基底，针对城市社区“邻里关系疏离、社区公共生活匮乏”的社会问题，从生活出发，以居民的需求为导向，通过社区中人的动员和行动，开展互助文化培育，协力构建更具幸福感的社区。而在我们实践义仓的过程中，从文化出发，到项目，到产品，到系列产品，最后重归文化。义仓的规模化其实也是义仓文化的复兴。

第一阶段：爱有戏与义仓的“第一次”

爱有戏最早接触义仓是在 2011 年 5 月，那时候爱有戏组织刚刚成立不久，我们想寻找志同道合的伙伴。井冈山大学青原色人文纪录中心发了他们的网站给我。点开网站，映入眼帘的就是义仓“一勺米”行动。这是第一次有一个项目让我感到惊艳，打动了我！这并不是因为项目的“眼泪指数”有多高，而是它所承载的人文力量、历史基底和现实意义，触动了我的内心，让我觉得我的使命就是推动义仓的发展。

青原色很高兴有人关注到义仓，于是把他们手上有关项目的一切资料都给了我们，这就是爱有戏与义仓的渊源。虽然后来因为种种原因，青原色解散了，但他们是现代义仓当之无愧最早的倡导者和探索者。

第二阶段：现代义仓的爱有戏创新

2011 年 5 月，以青原色义仓为基础，爱有戏对现代义仓进行了研究和重新开发，并在成都水井坊街道进行了义仓项目实践。爱有戏非常荣幸能够接

---

① 作者：刘飞，系成都市锦江区爱有戏社区文化发展中心创始人、主任，义仓发展网络轮值主席。资料来源于“好公益”平台讲话稿。

触到义仓这样具有人文底蕴的项目，也深深感受到了义仓文化。我们当时在社区推动义仓的效果非常好。它不光是一个扶危济困的概念，更重要的是强调社区居民参与和社区责任感，志愿者们觉得在社区推动义仓是一件非常光荣的事情。当时我们对社区资源做了整合，首先是关注弱势群体，同时对社区困难家庭做了一个调研，一下子就感觉这个社区有了能量，把大家都调动了起来。

第三阶段：分享与联合

义仓项目开展了两年以后，很有效果，但我们发现有一些组织模仿我们做义仓，但与我们的义仓不太一样：他们重视募集物资，但不太重视与居民的交流和社区自组织的培育。

基于这个原因，我们就想，能不能把我们做义仓的一些心得分享给大家。我们希望能有更多的人认同义仓文化。

爱有戏在2013年做了第一期义仓培训班。我们当时想招十几个学员，但是一下子就报名了80多人。第一期培训班很火爆，很多人感兴趣，我们也深受鼓舞。后来我们每年都办培训班，就是希望通过这样的方式，让更多人了解义仓。但那个阶段我们更多的是从项目层面去讲应该如何执行义仓项目和理解义仓文化，没有真正上升到产品的层面。

第四阶段：公益产品初体验，打开了义仓规模化大门

第一次听说“公益产品”这个概念是在南都公益基金会组织的一次培训上。我们发现“产品”和“项目”还是有非常大的区别的，项目可能更加定制化，但产品是系统化、标准化。我们受到了很大的启发，爱有戏对义仓项目进行了更深入的研究，尽可能地将它变成一个更加标准化的公益产品。之后我们发现，在将义仓介绍给其他组织的时候，他们会觉得这样操作性更强一些。

这时“好公益”平台也关注到了我们，为我们提供了产品方面的培训。2016年，壹基金找到我们，支持我们做义仓发展网络，把义仓之前松散的学习网络逐渐打造成行动网络。行动网络建立以后，产品化就更加重要了。所以说义仓从项目到产品，经历了一个漫长的不断完善、不断进步的过程。

第五阶段：义仓公益产品的分阶与发展

在推动义仓发展的过程中，我们发现义仓这样的公益产品在中国是具有普遍适应性的，但是在不同的地方，应对不同的社区、社会问题，也会出现不同的特征。因此，社会组织可以根据本社区或是本地的情况，对义仓进行一些改造和研发，义仓也因此衍生出很多不同的子项目。

现在的义仓，已经形成了产品系列，不是单一的一个产品了。义仓的第一阶产品是倡导类的产品，比如“一勺米”“拥抱邻里”，这类产品以宣传义仓文化、促进社区认同为主要要义；第二阶产品是“一个观众的剧场”等志愿者项目；第三阶产品是平台类的项目，比如义仓爱心仓库、义集，让社区居民自组织化，稳定回应社区困难家庭的需求；第四阶的产品以社区公共空间为载体，比如邻里月台、睦邻开放空间、芳邻驿站等项目，以公共空间的运营去协助社区居民建立各种互助小组，如病友会、亲子互助家长会等。当然义仓现在已发展到第五阶，那就是做社区基金。

从项目到产品、再到产品体系的发展过程中，义仓的内涵也变得更加丰富，成为社区互助关系构建的方法、项目和产品的总称。但是，不论义仓怎么发展，其传统的根脉不会改变，与古代义仓文化都是一脉相承的。古人讲究“修身、齐家、治国、平天下”，古代的“家”是一个很大的概念，是一个家族的概念，比较类似现在的社区，但它是以血脉关系为纽带的。在现代社区中重构义仓，不是简单地复制，而是以传统文化为支撑，在现代城市社区重构新的社区精神。

这种文化脉络，从古至今在中国人的血脉里一直存在，以义仓文化为载体推动社区一系列互助关系的重构是相对容易的，所以，义仓的发展从文化启发到一个项目，到一个产品，再到一系列产品，最后又回归到文化的层面，是一个比较有趣的过程，也是不断探索的过程，让社区居民更加关注社区的公共生活，让邻里关系不再冷漠，而变得更加温暖。就像我们经常引用的一句话，“义仓不是居高临下的施舍，也不是济世悯人的雄心，甚至不是出于助人自助的目的，而是希望在社区中，让每个人都能享受到人与人之间基于爱而交往的幸福”。

所以我认为，从义仓文化入手，推动重构互助关系，从某种意义上说，是本土化的社区社会工作的一种探索，是基于中国政治、经济、文化和社会环境而开展的社区探索，是着眼新文化、采取新行动、建构新传统的社区营造过程。

义仓的规模化，不仅仅是公益产品的规模化，也是借助公益产品的复制和创新，对“义仓”这一中华传统优秀慈善文化以现代公益的方式实现的复兴。

后疫情时代的韧性社区建设
——义仓价值再思考[①]

2019—2022 年，世界经历了一场历时三年的疫情冲击，其间我国的一些地区也经历了高温、干旱、洪涝、冰冻等极端自然灾害。基于这个背景，我尝试对义仓进行探索，重新思考后疫情时代义仓文化对于社区韧性建设的意义和价值。

“韧性”概念最早来自物理学，后被引入生态领域。在社会和社区治理领域，“韧性”还是新概念。“韧性社区”指具备抵抗风险和自我恢复能力，以共同行动为基础，有效联结内外资源的社区。“韧性社区”关注长期建设能力，非短期应急属性。目前许多国家已实施韧性城市建设计划。

一、后疫情时代的义仓价值再思考

（一）义仓作为社区层面赈灾备荒机制并不过时

义仓起源于救灾备荒及救灾行动中出现的义举——公益互助行为。从目前的情况看，我认为义仓作为社区层面赈灾备荒机制并不过时。

历史上的粮食流通受地理环境限制，多局限在一定的范围之内。隋代大力发展运河，建设了许多大型粮仓，通过漕运的方式打通了南北和东西的粮食运输，使得在一定时期内，粮食的流通效率大大提高。长孙平奏书中提及开皇四年关中赈灾。正是开皇三年所凿的广通渠，使得山东之粮能够运到河南陕州，再沿着广通渠运至关中，才可能做到“运山东之粟，置常平之官，开发仓廪，普加赈赐”。

---

① 作者：常竹青。

但是历史上大部分时候国家的粮食运输体系都很难有效应对地方饥荒，运输时间、赈灾决策都使得地方常平仓及国家储备粮仓不能及时有效发挥赈灾救命的功能。

另外，我们目前的备荒体系主要在国家层面，社区层面的赈灾备荒机制几乎缺失。疫情初期，在有效防控的措施下，一些基础生产、物流供应被迫中断，大部分城市社区和一部分农村社区存在基本物资供应不足以及粮食抢购等问题。部分农村社区还存在小农自给自足的经济发展方式，故而大部分家庭拥有储粮，受疫情冲击相对较小。此外，发生较严重的地震或洪涝时，由于自然灾害对交通和物流的破坏，国家的粮食储备并不能迅速覆盖到偏远的灾区。

此外，从粮食安全角度看，社区层面的储粮备荒制度是有必要的。社区需要考虑当大的自然灾害来临，外部粮食无法供应时，社区自身如何应对的问题。

（二）再谈义仓社区邻里互助的重要价值

长孙平创立义仓，除了在社区层面建立储粮备荒的制度，另外一层意义是将社区层面的义举——公益慈善及互助行为制度化，其中邻里互助是最重要的内容，这也是现代义仓文化复兴的核心议题。

看到人们在灾荒中行动起来，有钱出钱，有粮出粮，富人助贫，共渡难关，长孙平在奏书中才能这样写道：

> 于是奏令诸州百姓及军人，劝课当社，共立义仓。收获之日，随其所得，观课出粟及麦，于当社造仓窖贮之。

我们可以想象，长孙平写这段话的时候心里肯定浮现出一种齐心协力、人人奉献的感人场景。而这种感人场景在疫情防控期间十分常见，人们虽然不能相互走动，但是关心比以前多了，分享食物的居民多了，积极到社区当志愿者的居民多了。灾害往往能激发出邻里互助和公益行为，但是灾害过后这种邻里关系也很容易随之瓦解。

如何将人们在应对灾害中激发的邻里互助和公益行为保持下来，其实是个难题。长孙平通过共立义仓的方式，将这种单次的互助和公益行为固定下来，形成制度，并用粮仓将社区成员联系起来，甚至还刻碑记载，让后人记住，形成共同记忆。

这种储存起来的公益和互助行为，平时可以济贫扶困：“若时或不熟，当社有饥馑者，即以此谷赈给”；当灾害再次发生时，义仓这种邻里互助组织则可以有效应对。

（三）再看义仓平抑物价的功能

从灾害与市场经济的关系来看，一般在饥荒发生初期，灾害影响尚轻的时候，即容易发生抢购粮食的风潮，从而导致粮价上涨，随着灾情的加剧，粮价则会进一步飞涨。例如在明末崇祯年间陕西关中因蝗灾、水灾等导致的大饥荒期间，粮价飞涨，其中小麦的价格涨到了一斗二两一钱白银。

灾荒期间人们抢购粮食的原因主要有两个：一是缘于人们对饥荒的历史记忆，从而会不自觉地储存大量的粮食，甚至食盐，例如2011年日本海啸后福岛核泄漏，引起国人抢购食盐的风潮。二是常平仓属于国家政府管理，百姓了解信息较少，百姓并不知道常平仓的储粮数量，且赈灾平抑物价也由中央政府决定，时效较慢，大多数时候主要是利用春秋二季换粮的季节对粮价有轻微干预。百姓对常平仓的不知情和不信任，往往导致常平仓不能发挥平抑物价的作用。

《感时伤悲记》碑文，现藏于西安碑林博物馆

义仓则属于民间自我管理，民众自己捐粮共立，丰年多捐粮，歉年穷人不用花钱买粮，有助于维持价格稳定。民众自己清楚义仓有多少粮食，能自己决定何时开仓，心中有底，所以在灾害发生的初期，如义仓存粮充足，可以度过饥荒，就不会发生抢购风潮，这也是挖掘很多地方义仓运营案例时所发现的。

（四）再看义仓义集与灾后市场恢复的关系

义仓除了赈灾备荒之外，对于灾荒之后的社会民生恢复也有重要的作用，一方面赈灾结束后，义仓都会发种子给农户，帮助小农尽快恢复生产，一般灾荒过去几个月之后就能迅速恢复小农经济；另一方面义仓本身储粮放粮的功能自带较大人流量，容易形成集镇。

从黄良镇的形成历史来看，这里主要是由皇粮仓而形成的集镇。除了交通便利之外，粮仓对于集镇市场的恢复和发展作用也非常明显。在清代，黄良廒与黄良镇之间的关系更加明显，义仓兼具税收、赈济乃至行政功能，又处于地区的交通中心，自然人流量多，所以周边也会形成各种专业村。

更典型的案例是清代山东长山县（今山东淄博）地区出现的义集，明末清初多年战乱导致流民众多，明清两朝为官的李化熙在自己家乡周村设立义集，

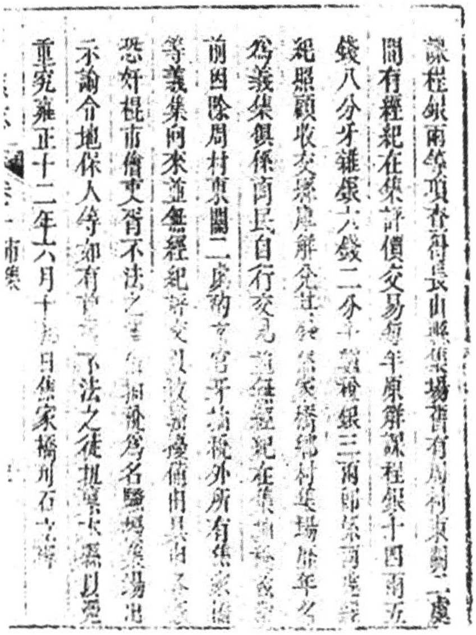
課程銀兩等項查得長山縣集場舊有周村東關二處
間有經紀在集評價交易每年原辦課程銀十四兩五
錢八分牙雜銀六錢二分[illegible]銀三兩[illegible]
紀照額收交[illegible]
爲義集俱係商民自行交易並無經紀在集[illegible]
前因除周村東關二處向有官牙[illegible]稅外所有集場[illegible]
等義集向來並無經紀[illegible]
恐奸棍市儈吏胥不法之[illegible]借稅爲名騷擾集場出
示諭令地保人等如有[illegible]不法之徒[illegible]以憑
重究雍正十二年六月十[illegible]日焦家橋[illegible]石[illegible]

清嘉庆《长山县志》关于淄博地区周村等义集的记载

通过招揽小手工业者，自备市税（代小商贩缴税给官府），避免官府税吏、街匪市霸的盘剥，同时建立义仓，并修神宇，建桥梁，蓄药饵，助婚姻，舍絮袄，施棺槥，置义仓，修学宫，行种种义举，形成一个以义集义仓为核心的公益慈善商业体系，使得家乡市场迅速兴盛，并繁荣至今。（金鉽《周村义集记》）

而在当代义仓文化复兴过程中，成都爱有戏社区文化发展中心在传承江西吉安青原色"义仓一勺米"项目理念的基础上，从实践现代义仓项目开始，也逐渐生长出了义集、义坊等衍生模式。相比较现代义集而言，义仓是让社区的善心存储起来，帮助有需要的居民，而义集即是用公益的方式（非市场规则），让社区的公益互助资源流动起来，这一点来说与清代周村义集在内涵上是基本相同的。即用公益的理念和方式，在灾害过后的初期有助于恢复地方市场活力。

此外，在此次疫情期间，中国较早且最有效地控制了新冠疫情的传播，但世界其他国家疫情且未能有效控制，导致中国企业的出口受到很大影响。为了激活国内市场，各地通过逐渐恢复地摊经济的方式来激活社区经济。以我身边的例子来看，政府在城市社区周边建立许多临时市场，城市管理部门的职能主要是维持市场的秩序，很多依靠小生意的城市低收入家庭得以走出家门经营，不用纳税，更不用担心被驱赶和没收。社区的居民们晚上也走出来进行交流互动，小摊贩们也有了一份收入，一些社区的临时市场甚至营业到凌晨。由于人流量大大增加，临时市场周边的商铺营业状况也有所改善，市场的活力得到有效提升。

西安某地繁华的地摊夜市，摄于2020年

这种通过地摊经济来激活市场的方式，与古代义仓、义集恢复灾后市场经济的功能在原理上是基本相同的。

（五）再看义仓与社区组织化及国民意识的培养

长孙平创立义仓不仅仅是建立一个实体的仓库，更为重要的是社区居民的组织化，即民众的捐粮、管理、救助、赈济都是组织化的行为。

这种行为一方面让社区及邻里互助组织化制度化，即互助行为不再是邻里关系之间的私人行为，而是通过捐给义仓，义仓再救助有需要的成员，捐赠和救助都按照一定的规则制度进行。

另一方面义仓在应对灾害过程中也起到了组织化的作用，如从平时的防灾减灾、修路铺桥、修缮水渠，到灾害发生后积极救助，组织开仓放粮。在古代，义仓做这些事都有一定的规范和章程，而社区居民也必须按照这些规则来领义仓米和义仓粥，这样一来义仓实际上建立了一种居民面对灾害的秩序，使得居民能有效面对灾害。这种秩序内化于社区居民乃至中国人的性格之中，形成了中国人在灾害面前遵守秩序的国民意识。

这种灾害面前遵守秩序的国民意识在“非典”和“新冠”两次疫情中表现突出，尤其是此次新冠疫情暴发后，政府发布封城、自我隔离、戴口罩等措施，绝大多数的中国人都能够做到主动自觉遵守，使得钟南山院士所提出的10—14天自我隔离以有效阻断病毒传播的目标得以实现，这也是中国抗疫成功的关键之一。

（六）再看义仓的国际价值

长孙平创立义仓约一个世纪以后，于唐代即传入朝鲜半岛、日本列岛以及琉球群岛等东亚地区，可以说义仓制度有效回应了东亚小农社会如何有效应对灾荒等重大问题，后来常平仓、义仓、社仓成为日本正仓以外的重要三仓制度。

在德川幕府时期，日本主要的义仓有米泽义仓、津轻义仓、美浓津义仓等。这一时期由于朱子学的传入，《朱子社仓法》也由山崎闇斋（1618—1682）引入，日本的义仓普遍按照《朱子社仓法》的制度进行建设和管理。在文化文政天保时代（1804—1844），日本的一些新建义仓更强调自身的公益性质，例如固宁仓、感恩仓、报民仓、常盈仓、永康仓、阴德仓等。这一时期的义仓方法、组织结构等逐渐复杂化，义仓和社仓的性质进一步模糊。例如日本儒家学者宇都美滆水写的《社仓考》，里面写到“社仓也叫义仓”。

相比中国的义仓，日本的义仓在发展中与地方佛教也紧密结合在一起，在具体制度管理方面进一步切合日本社会的特点有所创新。例如明和六年（1769）的一篇义仓条约《新设义仓永久救济穷苦百姓条约》中，即将该义仓明确定位为救济穷苦百姓，并将参与者称为义众，根据经济能力分为九等，所交粮食称为义麦，登记捐赠的文书称为义帖，每月的集会称为义众会。

社区的寺庙也参与到义仓的发起和运作之中，义麦一般储存在寺庙，义众会也在寺庙举行，寺庙住持以监护身份对义仓运作进行监督。除了社区性运作的一些义仓，也有一些义仓是由商人捐助、管理，从而发挥义仓功能。

日本在传播发展义仓的同时，特别注重公益文化的传播和劝导，例如嘉永三年（1850）酒彦撰写的《社仓劝谕》就曾广为流传，成为各地义仓社仓创立发展的宣传性文件，其中写道：

> 行善事，不是因救济了别人就变得伟大，救济别人也不仅仅是度过饥荒之年。
>
> 社仓是一种邻里互助。
>
> 积金以遗子孙，子孙未必守；积书以遗子孙，子孙未必读。不如积阴德于冥冥之间。为子孙长久之计。
>
> 放下自己的私利，加入社仓，这样就可以不断积累阴德。
>
> 现在建立的社仓，不是损害自己的利益，而满足别人利益的阴德，能救助一个人，那就是一个人的功德。
>
> 每件事人们都是用心去做，社仓中的一文钱，就可以赚取六文钱的收益，这部分的收益不能忽略掉。这就是我们因为加入社仓而带来利益阴德的根本原因。
>
> 无论社仓有多少钱财，根据储备的数量，需要众人同意才能预支给他。
>
> 社仓的重要意义是能让人们把钱财储存起来，如果社仓内部和外部人员借用（或者说有利息的借贷），那么要建立严格的监督制

度，这样就会避免赖账的情况发生。

这些文字简单朴实，在各个阶层中都很有传播力和影响力。

明治维新之后，随着日本现代化进程的加快和税制改革，日本大部分的义仓社仓都消亡了，但是由河相周兵卫创立于文化元年（1804）的福山义仓却存活了下来，并成功转型为现代基金会组织（一般财团法人义仓），业务范围覆盖助学、济贫、医疗、文化等诸多领域，延续两百余年，成为迄今为止已知仍然存续的古代义仓。

可以说义仓在东亚社会仍具有很强的社会适应性和文化生命力。在现代义仓复兴的过程中，2018 年义仓发展网络曾有机会结合国家“一带一路”倡议，再次走出国门，在尼泊尔向尼政府及社会组织代表介绍现代义仓文化，未来相信代表中国公益创举的义仓文化也可以造福国家和地区的社区和民众。

二、义仓文化后疫情时代的启示

此次新冠疫情让我们得以重新回看和思考义仓的源头和起点，同时也给我们未来如何建设韧性社区提供了一些启示：

（一）保护因灾害而激发出的公益和社区互助热情

历史上长孙平因看到救灾中出现的民间公益和互助行为，而提议创立义仓，以保护这种行为的持续，因此建议未来政府部门和资助型基金会能加大对因疫情和灾害而催生的众多民间志愿者网络和萌芽状态公益组织的支持，积极引导他们注册正规合法化，提供能力建设培训、资金及场地支持，以网络建设的方式，提供成长陪伴。

此外政府及基金会应该突破对传统公益组织支持的范围和方式限制，特别是对于萌芽状态的社区互助组织，可以考虑支持他们共同建立自己的活动场地、互助产业，增强组织的凝聚力。

对于义仓发展网络伙伴，可以基于此次抗疫中催生的社区互助小组，引入现代义仓理念和方法，系统回应社区的具体需求，推动义仓的社区落地。

（二）重建城乡社区互助备灾和粮食安全体系

对于乡村社区，首先是要保证每个村庄基本口粮和蔬菜的自给自足，其次鼓励每个农村家庭按照传统方式储备一定的粮食，再次确保每个乡村应该拥有自己的粮食加工厂，或者以粮食加工厂为基础，建立共同储藏的仓库和供应制度等社区互助经济，例如在一些乡村，村民会将收获的油料作物交给油坊，当村民需要食用油时便去油坊自取，油坊每月加工一次，村民将油渣作为榨油的加工费和保管费。

另外，在一些已建有综合合作社的乡村，可以将义仓作为合作社互助事业的一部分，即春季统一供种，确保合作社所在社区有1—3年的粮食供应，统一指导田间生产，统一防灾减灾。秋季收获后合作社以较高的价格收购或通过代存的方式鼓励社区将粮食储存在合作社粮仓，建立小型粮食加工厂。社员根据需要领取加工后的粮食，多余粮食合作社可以出售。当然，从粮食安全的角度，合作社组织的这种粮食生产最好是按照绿色生态的方式进行。

（三）重建社区层面的互助经济体系——义集

此次疫情表明，社区层面的互助经济体系——义集不可缺少，也证明现代义仓复兴中义集的必要性，这对于城乡社区来说都同等重要。

社区互助经济包括：临时/定期的市场，比如农村的庙会、集市和墟，一定数量的小手工业业者/摊贩（居民可以自由交易自己的物品/产品），可以在市场上自由交易且不需要缴税。在古代将这种集市统称为义集。

因此建议未来疫情过后政府依然能保留大部分的临时市场，当然最好是由社区和公益组织有规划地共同运营本社区的公益市集——义集，包括如何制定市场规则，摊贩如何进入，如何体现社区互助和公益环保理念。

（四）传承和恢复农村社区的互助体系

灾害发生后，邻里互助是第一响应的救援力量，且在后期的灾后重建中也发挥着不可替代的重要作用。

在农村，传统乡村社会以血缘、地缘、习俗为纽带建立互助体系，例如广泛存在的宗族、庙会、结义/同辈和邻里组织，使得乡村构成一个紧密的互助网络。传承和恢复这些传统互助网络，有助于增强乡村社区应对灾害的能力。

之前笔者在陕南的一个乡村工作时，当社区某一家庭不幸发生火灾时，这种传统的互助网络便会立刻发挥作用，积极捐款捐物，或进行心理安慰，帮助受灾村民渡过难关。

同样，在传统互助网络薄弱的乡村，也尝试建立新的互助形式，例如新型的广场舞组织、合作社、社区发展协会等形式，这些传统和现代形式的社区互助组织，只要运用农村社会工作方法稍加引导，便会转化为为村民提供社区公共服务的现代社区社会组织，并与村委会紧密配合。在此次疫情应对中，我们看到一些乡村社区组织积极协助村委会，共同开展防疫工作，为村民提供更为细致的服务。

根据 2017 年《民政部关于大力培育发展社区社会组织的意见》，到 2020 年农村社区应平均拥有不少于 5 个社区社会组织。目前我们大部分乡村离这个目标还有一定距离。保住和大力恢复及培育大量乡村的社区组织，也让我们面临新的危机时，有个容纳和缓冲危机的空间。

（五）恢复和重建中国城市的民间公益慈善、邻里互助和社区认同

对乡村的尊重和发展也为中国的城市化提供参照，同时以西方城市化经验为借鉴，探索中国自己城市化发展方式——以义仓文化为核心，重建中国现代城市的邻里互助和社区认同。

历史上中国的城市实际上仍然是农耕文明的延伸，并没有割裂与生态之间的关系，例如中国城市的街坊制度便是古代乡村邻里制度的延伸，以此为基础来构建城市社区的互助体系和文化认同。

同样发源于农耕文化的义仓制度，在乡村社区被称为社仓，成为稳定和延续乡村社会的重要组织制度形式，而在城市，则称为“义仓”，成为城市慈善及互助体系的重要组成部分，并与官方的常平仓共同构成了中国城市的灾害备灾赈灾体系。义仓从隋代开始创立，直至明清，逐渐演化出了各种善堂等近代慈善组织，回应了更多城市社会层面的具体需求。

古代的不少开明官员很早就意识到这一点，古代如隋文帝、长孙平、唐高祖、唐太宗、范仲淹、朱熹、王阳明，近代如王澍、林则徐、阎敬铭等人，他们站在政府立场上，积极鼓励和支持义仓等民间公益互助组织的发展，并确保其保持独立自主运营，尽量避免政府的干预。在他们的努力下，形成一方之治，并在自己任内应对了多次饥荒。

从当代来看，2010 年起，以江西青原色和成都爱有戏发起的现代义仓探索，已经为中国的城市化提供了这一参照，笔者有幸参与这一过程，在义仓发展网络的共同努力下，恢复重构了社区邻里互助体系，并迅速拓展到全国近百个城市和一千五百多个社区。现代义仓从最基础的打破邻里冷漠开始，重建中国城市社区邻里互助关系，并通过现代义仓、义集等形式，动员社区居民、企业、政府单位加入，调动社区内部资源，建立社区层面的互助，解决社区自身的问题。在此次疫情中，义仓所覆盖的社区组织积极配合社区和地方政府，及时动员所需资源，发动居民志愿者，为社区中有需要的居民提供细致的服务，有效发挥了社会组织的作用。

因此这次疫情警示我们，政府仍需大力发展和支持民间社会公益慈善体系，特别是社区层面的互助机制。这会有助于迅速调动民间力量，和衔接政府及民众之间的关系，一方面配合政府开展有效动员和防疫，另一方面可以有效回应和化解疫情之下衍生的众多复杂且个体化社会需求，减轻政府资源的压力。

（六）建立与港台及海外义仓文化网络联系，通过义仓向世界讲述中国公益文化故事

义仓走出国门已经有一千三百多年的历史，目前以义仓文化为核心，包括社仓、义庄、义学等公益形式在日本等东亚国家或地区依然有不少存在，有些已成为地方文化历史研究的热点。从复兴义仓文化的角度看，未来有条件的情况下有必要与这些地区的义仓相

香港东华义庄在当年的海外华人社会中拥有巨大的影响力，其后来的东华三院仍为香港最大慈善团体之一。摄于 2017 年。

关研究和实践者建立交流和联系，共同推动义仓文化的国际化，向世界讲述中国公益文化故事。

三、结论

从周代的荒政，到汉代的耿寿昌创立常平仓，中国历史上并不缺少官方层面的赈灾及贫困救助，但直到隋长孙平创立义仓，终于发现并肯定了民间互助公益的力量，从此在中国大地上生根发芽，长成参天大树，而社区韧性也在这一过程中被不断加强。

每个时代，总会有一些公益先辈们从当时的社会危机之中，通过回顾前人智慧找到创新机会，去应对那个时代所面临的困境，从而让社区的韧性更强，危机复原力得到提升。因此历史上成功应对危机是政府与民间的良性互动、是古与今的传承与发展的共同结果。

相信我们在当前的新冠疫情和各种灾害困境下，古老义仓文化复兴能够再次显示出其强大的生命力，给当代的人们应对当下复杂危机，增强社区韧性以更多的启示。

中国慈善文化在日本的传播①

自古以来，慈善行为就是道德伦常的一种规范，是“慈心”和“善举”。慈心是在伦理道德的层面秉持慈悲和慈爱之心，例如长辈对晚辈的爱被称为“慈”。善举是在社会行动的层面倡导仁义和仁善之举，例如人与人之间的互助友爱被称为“善”，行善之人被称为“善人”，民间的善举被称为“义举”，捐赠的财产、设施、物品被称为“义舍”“义仓”“义学”“义田”“义米”，古代中国的慈善机构被称为“社仓”“粥局”“善堂”等。慈善的过程就是把慈心转换成善行，是人类精神世界之慈心与物质世界之善行两个层面的集合。

宗教是慈善重要的思想渊源，汉语中的“慈善”一词最早见于佛经。佛教文化讲慈悲。佛教初创期，释迦牟尼及其僧团以布施作为生存的基础。西汉末年，佛教由西域传入我国，其慈悲、布施、报恩、因果观念成为我国古

① 作者：刘黄娟，黄璐蓉，西南财经大学。

代慈善事业的重要思想基础。佛教的布施或施舍，包括财施、法施、无畏施，是学佛中简单、易行、契理、契机的修学法门之一，也就是以慈悲心给予他人福祉与利益之事，在此基础之上，佛教的布施概念，自然而然地转化为后来的救济观念。这样，佛教也成为中国慈善思想的重要渊源。

儒家文化讲“己所不欲，勿施于人”（《论语·卫灵公》）；“恻隐之心，人皆有之”（《孟子·告子章句上》）；“老吾老以及人之老，幼吾幼以及人之幼”（《孟子·梁惠王》），乃至于天下大同，四海之内皆兄弟也。希望达到古代儒家宣扬的“人人为公”的理想社会：“大道之行也，天下为公，选贤与能，讲信修睦，故人不独亲其亲，不独子其子，使老有所终，壮有所用，幼有所长，鳏寡孤独废疾者皆有所养；男有分，女有归，货恶其弃于地也不必藏于己，力恶其不出于身也不必为己，是故谋闭而不兴，盗窃乱贼而不作，故外户而不闭，是谓大同。”（《礼记·礼运》大同篇）儒家思想以“仁爱”为中心，“人皆有不忍人之心”（《孟子·公孙丑章句上》），同情或者恻隐之心是慈善行为的源头。《大学》把儒家所推崇的理想的人生轨迹概括为“三纲八目”。所谓“三纲领”即“明明德”“亲民”“止于至善”，所谓“八条目”即“格物”“致知”“诚意”“正心”“修身”“齐家”“治国”“平天下”。“格物”“致知”“诚意”“正心”是“修身”的方法，而“修身”不是最终的目的，“修身”是为了“齐家”“治国”“平天下”。二者是《大学》的两条基本道德修养原则，具有明确的道德指向，具有很好的规范性、系统性和教化性。

道家讲“无为而治”“小国寡民”，主张“损有余，补不足”，遵从“知足不辱”“知足常乐”“知足者富”。作为中国本土宗教，道教思想根植于老庄文化，产生于东汉，确立于魏晋南北朝，对中国人的精神生活和民俗风情有很大的影响。唐宋两朝皇帝尊崇道教，道观遍及名山幽谷，《太上感应篇》《文昌帝君阴骘文》等劝善书以及道教典籍的总集《道藏》进一步丰富了道教的思想宝库，也丰富了道教文化的慈善观。其中《太上感应篇》流传最广，从“积善之家，必有余庆；积不善之家，必有余殃”的思想出发，指出“祸福之门，唯人自召；善恶之报，如影随形”，它以道司命神“太上君”规诫的方式，宣扬善恶报应，并列出了种种善举恶行作为人们趋善避恶的标准。《太上感应篇》通篇一千多字，借助“神道设教”来扬善止恶，“施恩不求报，与人不追悔”，并谆谆相诫不应“以恶为良，忍作残害，阴贼良善”。劝善书将社会的伦理道德思想进行了具体化和世俗化的处理，使民众百姓易于接受和理解，对中国社会的民风、民俗、伦理道德及民众心理均产生过很大影响。

一、中国慈善文化在日本的多阶段传播

中国与日本自古以来便被称为“同文同种”的国家。早在开皇二十年（600），日本列岛便有倭人部落国家向中国派遣使节，从630年到838年的两百多年间，日本派遣了19次遣唐使，唐朝两国交往达到鼎盛。此时期，佛教、儒家、道教中的慈善文化作为两国文化交流的重要纽带和桥梁，在此后日本文化的形成过程中起到了一定的作用。

佛教从西域三十六国传入唐朝，再通过遣隋使、遣唐使传入日本，已有一千四百余年的历史。日本佛教的发展、演进，可略分为初创、牢固、创新、衰败、复兴五个阶段。

（一）飞鸟时代：佛教初创时期

日本佛教的建立，归功于圣德太子的推展，在摄政的三十年里，他下诏兴隆佛法，创建寺院，亲自宣讲佛经及著疏，遣使入唐，并以佛教为国教。推古三十三年（625），高丽沙门慧灌抵日，弘传三论，开日本三论宗之始，门下俊杰甚多，三论便成为此期佛教的主流。604年，《十七条宪法》颁布，这是日本最早利用佛教思想写出的文章，第二条明确要求“崇敬三宝。三宝者，佛法僧也”，号召全国上下“笃敬三宝”，所有臣民信奉佛教。《十七条宪法》是日本人学习佛教的成果，换句话说，佛教给日本人带来了文字文化。692年，日本寺院数已增至545所。

（二）奈良时代：“镇护国家”之教

奈良时代传承飞鸟时代的护佛政策，以兴隆佛教来护国佑民。有圣武天皇热心推展佛教，兴建壮丽宏伟的东大寺，铸造世界有名的奈良大佛，并请唐鉴真和尚设坛授戒，正式确立日本佛教的戒法，并推崇华严思想，以体现其政教合一的理念。本期佛教学风鼎盛，各寺大多诸宗并存，研究者也数宗并学。其他方面如写经、佛教文学、美术等，也同时盛行。纵观此期佛教，着重人间性、国家性，并有学术发展的特色，在教理上传承于中国。

（三）镰仓时代："镰仓新佛教"

从中国传入的禅宗，由于其倡导之精神、追求之情趣，以及简单易行的修行方式，受到了上至幕府将军、下至下层武士的热烈追捧，影响很快波及普通民众。平安末期经过惨烈内战后，源赖朝于镰仓设置将军幕府，开启了镰仓幕府时代。在佛教方面，新兴宗派纷纷出现，奈良六宗亦有复兴之势，新旧佛教之间产生多元化的互动与影响，有不少在日本土生土长的佛学精英，根据自己对佛教经典的钻研和理解，形成了自己的思想体系，并结合日本当时的时运和国情，创立起具有鲜明民族特色的新的教义体系。

（四）江户时代：纳入封建政权后衰败

战国时代的动乱结束后，德川家康在江户设置幕府，为使日本减少外国的压力与内部纷争，颁行"锁国政策"，以禁止天主教进入，杜绝其他容易引起动乱的活动，佛教与其他文化因而能在稳定中持续发展。德川家康是净土宗信徒，因此努力保护佛教，并将佛教纳入封建政权的体系中。江户末期，儒学与国学积极推进，此时日本神道也应时复兴。但是受到"废佛毁寺"的影响，佛教随后又进入黑暗期。

（五）明治时期：佛教新时代

自由研究佛学的新风气普遍展开，佛教大学的建立、经典的整理，以及佛学词典的编纂发行等工作，更充实了日本现代佛学的内容。而在信仰方面，已经脱离中国佛教形态与观念，并且在日本文化酝酿下的佛教也已普及于民间。至福田行诫、大谷光尊、赤松光映等新佛教先驱，以世界宗教大势评驳政府的宗教政策，又有真宗西本愿寺派的岛地默雷等大力宣导宗教自由，日本终于在明治二十二年通过宗教自由的法律规定，佛教至此才得以度过困厄时期，进入新的时代。

佛教慈善思想的传播集中在建筑、医疗领域。在建筑领域有最早的佛教寺院——四天王寺，四天王寺建立之初为"四个院制"，传法修行的道场"敬田院"、向病患施粥舍药的"施药院"、收容病患的"疗病院"和收容老弱的"悲田院"，以此弘扬佛法，同时进行社会公益事业，成为日本慈善事业发展的重要源头。奈良时代，建成东大寺，东大寺与我国五台山佛光寺均属于唐朝时期的佛教寺庙，内部空间均构成了近似于“回”字形的观赏空间，方便佛教徒礼佛参拜，营造庄严肃穆之感。

在医疗领域主要是僧医的盛行。伴随着佛教的传入，日本的僧侣文化盛行，日本人对僧侣的看法是一方面认为宗教信仰是个人选择，另一方面对僧侣承担医疗关怀责任抱有较大期待。据史料记载，镰仓时代是僧医发展的黄金时代，佛教界涌现出一批著名的僧医。僧医成为日本医学的主体，无偿救治下层民众的医疗活动大多是由僧侣来承担的。以梶原性为代表的众僧医对于疑难杂症已经有了相当的认识，掌握了一些疗治之法，为改善“非人”（病人和贫苦人）的健康状况做出了突出贡献。梶原性更是著成其医学的集大成之作《顿医抄》。《顿医抄》中引用中国各类医书，吸收了宋代中国医学的精华。以梶原性为代表的众僧医不遗余力地在各地开设类似的救济设施，将一生奉献给了“非人”救济事业。

儒教在日本的发展主要分为三个阶段，分别是飞鸟、奈良、平安时代的早期日本儒学，镰仓时代作为禅宗附庸的儒学以及江户时代儒学的全盛和日本化。

早期的日本儒学主要依附于佛教。7 世纪初，圣德太子接受中国的尊王大一统思想，试图建立以天皇为中心的中央集权体制来挽救社会危机，为此实行了一系列改革。公元 646 年，孝德天皇进行“大化改新”，向中国隋唐政治经济体制学习，试图建立古代中央集权国家。隋唐儒、道、释“三教合一”的学术特征给日本带来了巨大影响。奈良时代，藤原仲麻吕对儒学在日本的发展做出重要贡献，他试图扭转佛教政治的方向，实行儒教政治，凡事模仿唐风，奖励孝道，提倡文治武功的政策；采取了改正官名、征讨新罗等使天下耳目为之一新的措施，但由于佛教势力过大，最终还是回归到佛教政治轨道上。

镰仓时代（1192—1333）中期，中国儒学的新成果——宋学，被传入日本。从镰仓时代起，中国禅僧和日本僧人将大量中国宋儒的经典带入日本。中国禅僧到日本后在传播禅学的同时，还介绍朱熹、二程和扬雄的著作、思想，促进了儒学在日本的传播和发展。14 世纪室町时代初期，在日本的禅僧和贵族当中也出现了一些研究和讲授儒学的。例如，研究朱子学的“五山僧侣”，他们几乎占据了当时日本儒学的全部舞台。与此同时，还出现了一些研究儒学的公卿贵族学者，使这个阶段的新的儒学慢慢地深入宫廷。一直到16世纪，禅僧独占儒学的局面才被逐步打破，出现了多个研究宋儒的学派，儒学的研究逐渐普及化，直至室町时代末期，在关西、土佐等地方，儒学思想逐渐占了主要地位，并且成为该地区统治的思想基础。

江户时代（1600—1868），儒家思想上升到统治地位，儒学进入了它在日本的兴盛时期。藤原惺窝（1561—1619）开始公开地把儒家的教条作为独立的哲学来教导。他声称这种哲学特别符合时代需要。他的弟子林罗山（1583—1657）是第一个阐述儒家朱子学派的学者，将军聘他为世袭的儒学顾问。1630年，林罗山家族在幕府鼓励下开设儒家学校，后发展为官立的学院，名为“昌平黉”。到1691年儒家学者得到允许，独立于佛教机构之外。同时，许多大名也聘请儒学顾问，并开始在他们的领地里开设儒学学校。同时还允许许多独立的学者在京都、大阪和江户任私塾教师。到17世纪中叶，儒学完全被接受为主要的世俗哲学，它的影响给教育与政治哲学以重要的动力。这一时期，日本学者十分推崇儒学，尤其是《论语》。这时，日本出现了研究儒学的不同派别，使学术研究得到了更加深入的发展。

儒学慈善思想在日本的传播主要体现在教育领域。受儒学文化影响的日本极为重视教育教化。天智天皇时代，日本在京师仿唐代太学形式办起大学，以中国的经、史、子书为主要学习内容，受儒学所倡导的“修身、齐家、治国、平天下”思想的影响，日本要求国民具有包括“恭、宽、信、敏、惠、智、勇、忠、孝、悌”等在内的高贵品质。天平宝字元年（757）曾下达一项敕令：百行以孝为先，全国家家户户都要置备《孝经》一本，精读勤诵。当然，实际上这不可能实行，也没有见诸实行的证据，但仅从这个命令，就足见儒学慈善思想对日本的社会生活是有重要影响的，儒学在日本取得了出色的成果。明治年间所开展的国家主义道德运动，以明治十年（1877）复活儒学道德为开端。明治十二年（1879）元田永孚起草的《教学大旨》将儒学道德作为国民道德之核心，在《国教论》中主张以儒教为国教。明治二十三年（1890）十月，元田永孚、井上毅二人合著的《教育敕语》中写道：“孝父母，友兄弟，夫妇相合，朋友相信，恭俭持己，博爱及众，修学习业，以启发职能，成就德器，广进公益，开拓世务，常重国宪，尊国法。一旦缓急，则应义勇奉公，以辅翼天壤无穷之皇运。”由其可见，日本儒学是从中国儒学中汲取滋养，以中国儒学的发展为原动力而逐步成长的。

早在弥生时代（公元前3世纪到公元250年）、古坟时代（250—592），日本便有明显的道教痕迹。有的神兽镜和画像镜面上画着东王父和西王母的像，希望通过礼拜神灵以得道升天。一般认为，道教于6世纪左右传入日本。据日本学者的调查，现在的奈良在7世纪左右曾有过宫殿并建造了道教宫观。“是岁，于飞鸟冈本，更定营地时，高丽、百济、新罗并遣使进调，为张绀幕于此宫地而飨焉。遂起宫室，天皇乃迁，号曰后飞鸟冈本宫。于田身岭以周垣。复于岭上两槻树边起观，号两槻宫，亦曰天宫。”这是日本最早的史书——《日本书纪》卷二十六中记载的齐明女皇曾在奈良盆地东南隅的飞鸟宫附近建造了类似于“道观”的宫殿。15世纪末，道教的劝善书《太上感应篇》也一起传入日本。据统计，自江户以来，日本收藏的有关文昌帝君的劝善书有几十种（孙亦平，2015）。18世纪，蔡温用汉字编纂的《中山世谱》更是记载了道教在日本的传播及影响。《中山世谱》开篇即借鉴《道德经》《周易》的阴阳思想讲述了琉球民族及其文化的起源，20世纪以来，在冲绳的华人华侨祭拜道教神灵，以这种方式促进道教在日本的继续传播。

二、中国慈善文化在日本的多样化传播路径

隋唐时期，中国一直走在世界前列；唐朝时期，中国更是当时亚洲政治、经济、文化的中心。唐朝对“外夷投化者复十年”，即外来侨民享有免除十年租赋的优待，这种开放性的对外政策，吸引了大批外国人来华。当时，外侨人数众多，而且分布地区广泛，几乎遍及全国各地。据《旧唐书》记载，到公元787年，首都长安已有4 000户来自其他国家的居民。这些外国侨民包含外交使节、僧侣、商人等，从6世纪前半期到10世纪初，日本政治使节和僧侣，充当了传播中国文化的使者。遣唐使和隋唐的开放政策推动日本政府向中国学习，促进了中日双方经济、文化的交流，也促进了慈善文化在日本的传播。

海上丝绸之路萌芽于商周，发展于春秋战国，形成于秦汉，兴于唐宋，转变于明清。中国的海上丝绸之路可以分为三大航线。一是由中国沿海海港至朝鲜、日本的东方航线；二是以广州和泉州为起点，至东南亚各国的南洋航线；三是后来兴起的以我国沿海诸港为始发地，至南亚、阿拉伯和东非沿

海诸国的西方航线。海上丝绸之路不仅成为中日经济贸易往来的交通要道，同时也是一条促进彼此发展的文化之道。据史料记载，徐福东渡是中国第一次大规模的海上丝绸之路活动。随着海上丝绸之路的开拓和发展，包括儒家思想、律令制度、汉字、服饰、建筑、饮茶习俗、中医疗法、稻作文化等在内的中国文化传播到沿线国家，也促使中国慈善文化传入日本。在此过程中，人员的往来无疑起到了极其重要的作用。不论是日本派遣至中国的遣隋使、遣唐使、遣宋使、遣明使等使华僧侣，还是历朝历代从中国弘法或出游至日本的渡日僧，从文化传播学的角度而言，其中的人与物，即往还于中日之间的禅僧及其带到日本的诸多汉籍无疑是最为重要的传播媒介。

日本四面环海，远离大陆，这种地理条件造就了其文化的开放性以及主体性。在漫长的历史发展中，日本脱离大陆成为海洋中的一个孤岛，且因特殊地理位置，海啸、地震等自然灾害频发，灾荒一旦发生，数以万计的灾民等待救援，社会救济也就日显迫切了，这就为慈善思想的萌芽提供了基床，为慈善事业提供了生存的空间，为其发挥社会救济作用创造了条件，是大众面对天灾人祸的应对思想和策略选择。

中国儒教、佛教、道教三教东传，日本的慈善思想也由此萌发，其伦理道德、政治制度均受到较大影响。从圣德太子时代的“佛教慈善”到近代的“佛教公益事业”，日本佛教的发展均是以我国佛教思想为基础的。随着时代的发展，日本佛教界也在服务社会的事业中，结合佛教的特点进行了多方面的探索。日本“和”的思想以儒家“和”的思想为基础，并结合其自身的文化特点和自然特点发展而来。因此它与中国的传统文化——儒家文化之间存在不可割裂的关系。武内义雄认为：“儒教虽然发端于中国，可是极早就传到日本，对日本国民精神之昂扬，贡献极大。中国与日本的儒教，两者之间共同点很多。”由此，从深层次来看，中日慈善文化是同根同源的。

三、中国慈善文化在日本的多元化传播作用

树立开放性文化自信，积极主动向海外传播优秀文化。中国是东亚文化圈的焦点，辐射广、吸引力强。在过去文化传播的过程中我们一直秉持“礼闻来学，不闻往教”的传统姿态，传播较为被动，加之近代中国曾处在落后挨打的状态，国人的文化自信心几近全无。那时盛行的是“舶来主义”，许多

人对“走出国门”不以为然。如今的中国实现了政治独立自主，若想优秀慈善文化“走出去”，就必须树立文化自信，实现“送去主义”的突破，以主动的姿态给予世界认识中国、知晓中国传统优秀慈善思想的机会。

坚持现代性慈善撬动思想，重视慈善传播的现代化作用。慈善文化传播应当以助力中国式现代化为目标。一方面，慈善事业本身与中国式现代化的内涵相契合，要坚持根据历史阶段性变化与时俱进、守正创新，推动慈善文化的高质量传播与发展，促进物质文明和精神文明的共同富裕，促进慈善文化的现代化发展，以助力新时代中国式现代化。另一方面，要充分认识慈善文化传播与发展的多重功能，将中国慈善文化嵌入国内社会治理和国际“一带一路”建设之中，系统梳理和深入挖掘传统慈善思想精华，以创新实践提升中华慈善文化的时代价值，全面、充分、深刻认识新时代慈善事业的价值内涵和社会功能，发挥第三次分配作用，以中国式现代化全面推进中华民族伟大复兴。

培育弥散性人人慈善思想，坚持走中国特色慈善之路。中华优秀传统文化中生生不息的慈善基因，滋养了“守望相助、和衷共济、助人为乐、风雨同舟”的道德情怀。这些多维度的传统文化为中国特色慈善事业渲染了先天的底色，为中国特色慈善事业的产生与发展提供了丰厚的养分和特殊的文化土壤。习近平总书记指出，向上向善的文化是一个国家、一个民族休戚与共、血脉相连的重要纽带。我们要推动全社会增强慈善意识、弘扬新时代雷锋精神，将中华慈善文化融入社会主义核心价值观的具体实践中，大力推进慈善理念培育、慈善理论研究和慈善文化传播，积极倡导人人参与、人人尽力的慈善风尚，为中国特色慈善事业发展营造阳光法治、积极向上的社会氛围。

第二章

新义仓文化的民间表达

第一节　古义仓新记

古代先人，秉持传承之志，详述义仓的历史渊源，碑文篆刻，期待后人能够洞察昔日岁月，以便在关键时刻借鉴其智慧。十年来，我秉持这一历史观，致力于重新发现并探索古代的义仓。在这一过程中，与当代社会现实相结合，与古人进行对话，希望能够启迪智慧，产生新的思考，这便是我所谓的“新记”。

江西吉安义仓考之一：寻找中国本土内生的公益之路[①]

三十年前，我的祖辈通过恢复乡村文化信仰的行动，来重建社区互助精神，也让我踏上公益道路。

十五年来我一直苦苦追寻本土内生的乡村复兴之路，四处探索却屡屡碰壁，终于在十一年前的冬季于江西吉安遂川县珠田乡达溪村偶然发现一个隐藏在宗祠里的义仓……

那一刻，我找到了我苦苦寻求的内生的乡村复兴之路，意识到这正是我今后在公益路上要走的路。

① 作者：常竹青。

毛家村祠堂（摄于 2016 年）

举行祭祀炎帝的祭典

此后六年多，我工作之余在田野了解民间义仓历史，同时，我发现吉安的青原色和成都的爱有戏竟然也将义仓重新复兴。如今，当代义仓已经扩展到全国 25 个城市的 170 余家机构，涵盖义仓、义集、义坊、义基金、义学、义庄等多种形式。

今天，我重新回到吉安，走进青原区毛家村、渼陂村，探索当年的义仓、义学、义冢的遗存和记忆，听老人们讲述义仓改变社区的故事。数百年来，义仓通过公田收入和捐赠获得稳定资产，由本地德高望重的老人管理，村理事会监督，村里人人都可以上学，还出了几十名博士，改变了家族的命运。

最后，当大家合力把遗弃在草丛的石碑扶起来，共同解读上面的字字句句时，义仓的精神再次灌入我的体内，那一刻我与古人再一次连通。

爱有戏的刘飞说："我们不仅把碑立起来了，也把一个传统立起来了，把一种社会责任感立起来了！"

现代义仓实践者合力将义仓碑树立起来（摄于 2016 年）

当今，在一些社区，精神认同被摧毁，文化信心被打击，社区关系被撕裂，老人、儿童、妇女留守，乡村衰败，人们无能为力，当代义仓如何解决这些问题，值得更多人思考。

2016 年 8 月于江西吉安

江西吉安义仓考之二：义仓与村落的兴衰
——渼陂义仓的故事[①]

然则遇有干旱水溢，贫民迫于饥荒，将何以策？救治乎曰：莫如义仓。义仓者，仿古之常平仓之遗意，于公无损，于私有益。

——江西吉安渼陂村《七十六都义仓碑记》（1915）

中国人向来敬天法祖，宗族和乡土观念极重，且安土重迁，一旦找到一个合适的栖息地，便奋力扎根，生存下去。和平年代，一般耕读传家，奉儒家为信义，或者入朝为官，但晚年必定衣锦还乡，用所得收入回乡购置田地，修缮房屋，或者在外经商，以信义为本，富甲一方，也必定回乡购置田产，以便晚年落叶归根。

遇到天灾人祸、病患匪患、政治变动，族人便朝不保夕，不得不举族外迁，背井离乡。但迁徙路漫漫，刀兵饥恶无不随时威胁着族人的生存，即便能找到一安息之地，也往往人生地不熟，没有田产，遇上灾年，则族人同样不能生存。这让乡里贤者痛心，所以多有德高望重者提议设立宗祠，以祖宗信仰维系族人凝聚力，以免在迁徙中失散。隋代，长孙平又倡议族中大户出义田，捐粮款，设立义仓，以预备灾荒，救助族亲，保族人、村落之安危，使其能够持续生存。

迁徙之族，称为客家，迁徙之地，往往聚族而居，以便相互照应。

义仓立，为宗族及村落建立了强大而稳定的共有经济，义田租给贫穷人，收取一定的租金上缴义仓，加上富户及百姓自愿捐献，宛如一个家族/社区基金。于是祖宗祭祀有保障，遇上灾荒能赈济，族人求学有赞助，政府抓丁征税有人缴，婚丧嫁娶有人办，孤寡之人去世有地葬。数年后，民风淳朴，人才辈出，宗族村落大治，竟无乞丐，人人崇文尚义，如此得以延续千年。

所以，义仓乃是乡村宗族之灵魂，自我修复之灵药，生命延续之保障。从历史上看，在每一个朝代，义仓都发挥了重要的社会修复、稳定和延续的

---

① 作者：常竹青。

功能，成为中国社会的稳定器，并受到历代统治者的重视和保护。

吉安，古庐陵、吉州之地，名字取“吉泰民安”之意。自古以来为南北水路要道，也是北方迁徙之地，保留着浓厚的客家文化。

南宋初年，正值金灭北宋，陕西梁仕阶自户县举族辗转迁徙于此，在吉安建村，落地生根，因想念故土，取名“渼陂”。渼陂，乃古池名，在今陕西省西安市鄠邑区西，源出终南山，向西北流入涝水。

梁氏族人落户初期，自南宋至元，以宗祠及宗法制度稳固族人，明代中期，依靠水路便利，开始经商，自清代，逐渐繁盛起来，渼陂形成繁华的街市。到清光绪年间，渼陂达到鼎盛，形成四大家族，以经商为富，并于光绪四年（1878）倡议建立七十六都义仓。

江西吉安渼陂村义仓大门

义仓设立后，主要赈灾济贫，救助穷人度过荒年；举办义学，资助穷人子弟读书；设立奖学金，奖励优秀学生；成立一支公益建筑队伍，专门为各村修路修桥。义仓还设立义冢，如遇到无人管理的抛尸，义仓则购买棺木，将之安葬。此外，义仓还在当地设立文会等社区组织，讨论文学，兴地方文教。

此义仓由渼陂20个自然村及各宗族共建，每村安排一人进行监督管理，设有会计出纳，制度严明，管理者都是不领工资的德高望重之老人和捐资多的族人。立仓70余年来，没有发生过一起贪污事件。

江西吉安渼陂村内祠堂的传统儒家教育展示

江西吉安渼陂村内处处都渗透着传统文化的价值和理念

义仓曾多次修缮，发起募捐，并以刻碑记录，据传有七八块之多，但多遗失，或被盗走，或已损坏，如今只遗存一块民国四年（1915）的石碑。此碑记录了渼陂七十六都义仓募捐的盛举，20余个自然村的宗祠、社仓、族人，纷纷慷慨解囊，多者捐献1200石（约合30万斤）谷子和500吊铜钱，少者也有3吊（4000个）铜钱。

七十六都义仓碑记

古者耕三余一，耕九余三，盖重储蓄以备荒歉也，管子曰："仓廪实而知礼节，衣食足而知荣辱。"然则遇有干旱水溢，贫民迫于饥荒，将何以策？救治乎曰：莫如义仓。

义仓者，仿古之常平仓之遗意，于公无损，于私有益。

飞鹏曰：余向有志未远焉，旋商诸胞叔赓臣堂叔发煌及诸弟庆绪、炳星、鼎铭、邵君、致中等劝其捐出重资，首先倡议，而诸公亦乐于赞成解囊相助，一时都中好善乐施之士，闻风而起，大书特书者踊跃而前，不数月而款集。

飞鹏恐难持久，复又向家族谋一地点，建造积谷公所曰：义仓，由都中公举廉能正绅，长于计学者经理其事，以专责成自时厥后所存之谷，夏放秋收，计口领粮，乡里称便者，垂数十年于兹矣。

七十六都义仓碑

父老子弟，身被其泽者咸鼓腹而嘻曰：盛哉，此举特不可无以表彰之也，语云：有功德于民者，宜俎豆以祀之，用视乐输之，多寡定主位之等级，输三百石者为上主，二百石者为中主，一百石者为次主，每逢岁冬举行祭典，亦崇德报功之。

然天下事，莫为之前，虽美弗彰，莫为之后，虽盛弗传，今者事已告竣，因特记其事之缘起，并将各乐输鸿名勒碑以志不忘，殆亦所谓饮水思源，由是为引。

1935年，红军路过此地，在义仓创办列宁小学。随着新中国的成立和土地改革的推进，义仓被充公，成为学校。后来，渼陂村渐渐衰落，有能力的年轻人和中年人搬出了这座有着近千年历史的古村落，只剩下老人依然在坚守。十年前，政府和旅游公司开始开发渼陂村，将其打造成了“中国庐陵文化第一村”和红色旅游景点，也被政府有关部门评为中国历史文化名村和省级保护单位。但这块碑被人们遗弃在墙角的草丛中，义仓也被作为书画基地，因游客不太关注而大门紧锁。

渼陂村内的红色文化遗存

躺在草丛中的义仓碑

如果没有各种偶然和机缘，义仓和这块石碑过不了多久就会消失，或者顶多作为一个“死”的旅游景点，与这个村落的人们再无关系。

但幸运的是，六年前的某一天，吉安当地的一家公益组织青原色在附近的另外一个村——毛家村偶然发现义仓，并根据古义仓精神发起了第一个现代义仓——“一勺米”计划。此后四年，现代义仓遇到成都爱有戏，并在义商“敦和”等企业和基金会的支持下，再度发扬光大，形成了涵盖义仓、义集、义学、义坊、义庄等诸多内容的现代义仓文化体系。如今，现代义仓已经扩展到25个城市，由170余家公益组织共同推动，并成立了“义仓学习网络”，以复兴义仓文化，推动社区互助，恢复中国公益文化。

向众人解读义仓碑文

今天，这群当代义仓人重新回到江西吉安，走访毛家村义仓和渼陂义仓，并发现了这块碑。于是他们和管理义仓的老人商量，决定一起将这块石碑从草丛中扶起来，洗净，并共同解读碑文中古人给后人的留言。

义仓精神，正是通过这样的因缘，代代相传。一块石碑，一栋老屋，一座古村，一份记忆，让祖辈们创立义仓的初心流淌到下一代人身上，也正因如此才能拯救一个家族、一个村落，乃至我们的社会于危难之际。

渼陂村内遗留的传统慈善文化信息

如今，中国正在经历前所未有的大变局，工业化、全球化、现代化和城市化引发的生态危机、社会危机、文化传承危机，摧毁了很多家族、村落、社区，人们变得更加没有归属感。社区的撕裂、关系的冷漠，让人们变得更加迷惘。

而义仓精神及其实践为我们的社会再造提供了一线希望。义仓精神倡导人人向善，根植于本土的"崇义"精神，能够最大限度地激活社区中的每一个人，使之成为关心社区的新"公民"，彼此用义举让所在的社区充满温度，让社会恢复活力。而义仓的一些功能及其演变也提供了更多回应当下问题的新思路，比如建立社区为本的灾害应对体系，推动社区组织的自我培育，开辟和活化公共空间，解决社区养老和留守儿童的问题，乃至探索修复人与自然的关系……

2016 年 8 月于江西吉安

江西吉安义仓考之三：义仓与人才培养
——毛家村义仓的故事①

义仓，倾注了先辈们的诸多希望，赈灾备荒、救助穷人、兴办义学、举办社区公益活动，除了让族人能够"安身"外，更期待后人能够"立命"。而"安身立命"也是后世义仓的重要精神和价值。

毛家村祠堂

① 作者：常竹青。

毛氏一族于宋代淳熙年间从吉水八都龙城辗转迁徙到位于江西吉安青原区新圩镇的毛家村，并于明代从这里前往湖南。

九百多年里，毛家村先后走出了数十位人才，他们都在推动社会各个领域的进步方面发挥了重要的作用。而这些人才的培养，与义仓息息相关。

据毛家村的老人介绍，毛氏族人自古尊儒尚义，自从在此落地生根以来，便积极修建宗祠，祭祀祖先功德，也处处渗透儒家仁义精神，并积极创办义仓、义学，以义仓之财产，赈灾济困，代穷人缴纳地租，举办公益事业，修路修桥。此外，还通过设立义学，传播儒家精神和文化，设立奖学金，成立义学会，支持族人读书求学，如有村民做官或经商成功，往往也积极向义仓捐助，行义举。如此一来，毛家村便成了一个“知行合一”“言传身教”的培养具有“崇义”精神的人才的学校。正因如此，从毛家村走出来的人，都充满了正义感。当然，毛家村如有需要，他们捐款捐粮更是不在话下。

毛家村培养出很多人才

毛家村义仓旁的义学

毛家村的义仓，由大户出资出粮设立，其中义田租给族内穷人，地租根据年份收成情况有所调整，这也成为义仓的主要收入来源。义仓的功能主要有赈灾济困、助学、代缴税租、举办公益活动、祭祀及开展其他公共活动。义仓的管理团队主要由村里德高望重的老人和捐助最多的大户代表组成，设立会计，但管理者和会计并不领薪水。在全村层面设立理事会，由德高望重者组成，内部分设族长管理宗祠，义学会管理义学，同时监督义仓，并承担村内其他公益事务。这样严密的村民自主管理监督的社区制度，保证了义仓的公开民主透明运行，也使得义仓很少出现贪腐问题。唯一的一个小例子是，当年，有村民认为不应该归还向义仓借的棉花，后来很快就被捐助棉花的人发现，要求理事会彻查，最后查明原因，将该村民所借棉花收回，维护了义仓的“信义”精神。

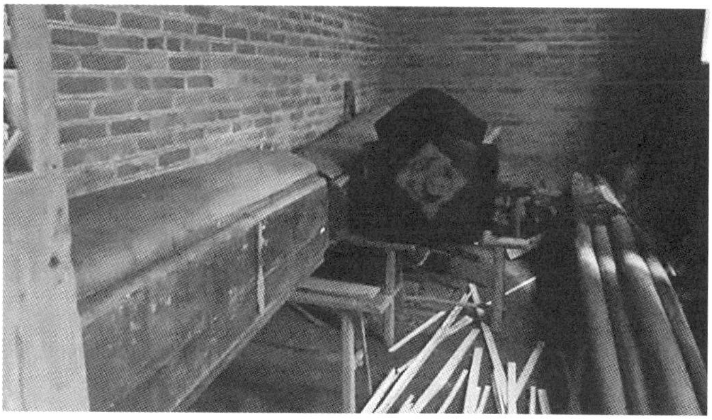

义仓内暂存的棺木

义仓运行数百年，毛家村人自豪地说，村里没有乞丐，没有发生过一起贪污事件，还走出了数十位各类人才。

六年前的一天，一个偶然的机会，江西吉安井冈山大学的一位老师和几位学生来到毛家村开展田野考察，他们与义仓“偶遇”，并听说了义仓当年助学的故事，受此启发，他们发起“一勺米”计划，成立了现代第一个义仓。

得此“义之气”，现代义仓文化开始复兴，后经成都爱有戏艰苦探索，形成了一个涵盖义仓、义集、义坊等内容的参与式互助体系，并在全国25个城市的170余家社会组织进行推广。

如今，沿着青原色当年的足迹，这些新义仓人重新走进毛家村，触摸毛家村的义仓历史和故事，感慨万千。义仓究竟承载着怎样的文化力量，让这么多人坚定地追随?

义仓发展网络成员参观毛家村义仓，聆听义仓的故事

回到当前，无论公民社会的培育，还是城乡社区的营造，核心问题依然是具有新的公民理念的人的培养，而我们的教育其实在这方面做得并不够，年轻人离开故乡，追逐个人利益，成为没有根的人。而义仓作为一种传统内生的新公民的培养方式，能将中国人自身潜藏的公义精神激发出来，并付诸行动，努力改变身边的社区和社会，这对于我们的教育具有重要的启发和借鉴意义。

2016年8月于江西吉安

陕西西安古义仓探索：老人仓寻访记[①]

周末正搜寻西安义仓的线索，看到媒体上关于老人仓村的报道，便心血来潮想去一探究竟。于是我挎着相机冲到了西安城东的老人仓村。西安地名中有“仓”字的并不多，除了东仓、西仓之外，老人仓就是唯一一个与义仓直接有关的地名了。

老人仓无量庙

如今，村里尚有一座古庙——无量庙，还有一棵数百年的古槐树，庙的外观虽然是当代风貌，但是庙里却可以看出古代的建筑风格。村里的老人说，目前无量庙由村里一些老年佛教居士管理，每年三月初三举办庙会，会请戏班唱戏，做法事，热闹非凡，并为前来赶庙会的信士们准备宴席，大家自愿凑钱，也算是老人仓内涵上的一种传承。

无量庙前的古槐树

从义仓到庙，名字虽然变了，但核心并没有变，都是把人聚在一起，大家捐献、分享。这里承载了老人们的故事、信仰和记忆，也让西安这

① 作者：常竹青。

个快速现代化进程中的十三朝古都有了更多的人文气息。

庙会时举行道教仪式

无量庙至今仍是老人聚会的场所

山西运城解州同善义仓探寻记[①]

此前我在网上看到一段有关解州同善义仓的视频，查询资料，发现当地政府正在招标修缮。后来又看到有人留言说此义仓为丰图义仓倡办者——阎敬铭的侄子所创办，因为我近两年正在关注丰图义仓，便趁着国庆假期，决心前往解州镇寻访一番。

解州镇位于运城市盐湖区，中条山脚下，运城盐池旁边。在古代，这里是解县，为州府所在，因为产盐，所以政治和经济地位比较高，也是繁华之

① 作者：常竹青。

地。让解州更为出名的是其“关公老家”“风后故里”的头衔。

修缮中的解州同善义仓前门

解州同善义仓位于盐湖区解州镇解州村红旗街东段的一个小巷子里，与关帝庙相隔不远，只有不到500米。由于正在大规模修缮，所以我并没有看到义仓本来的样子。

解州同善义仓被列为省级、区级文物保护单位

据碑刻，解州同善义仓是阎敬铭之侄阎廼珏先生于光绪六年（1880）在运城建的同善义仓之一（另一义仓位于运城市老东街，名为运安同善义仓，现已拆毁无存）。新中国成立后解州同善义仓成为解州粮站，2011 年被列为盐湖区重点文物保护单位，2016 年被列为山西省重点文物保护单位。

解州同善义仓的大门

解州同善义仓与阎敬铭在朝邑所倡建的丰图义仓隔黄河相望。解州同善义仓的创建早于丰图义仓六年。有意思的是，阎廼珏创办同善义仓的起因是之前阎敬铭主持赈灾不及时，导致很多人饿死。后来阎敬铭也受此影响，一心倡办丰图义仓。

解州同善义仓整体布局为坐南朝北，东西长 59.5 米，南北宽 164.403 米，占地面积为 9781.98 平方米。

解州同善义仓由仓区大门、前院和后场三部分组成。门房面宽 7 间，进深 4 椽，明间开双扇板门，大门额原有题记，现留有 20 世纪 60 年代的痕迹（辨认为“毛泽东思想大学校”8 个字，并有五角星 1 个）。

修缮中的仓房

修缮中的仓房

进门两侧为办公场所，门尺寸比较宽，由于修缮，现顶部已经拆除，尚未加盖。

迎面为东西向7间的大仓房，中间辟门洞。入院，院内东西厢房皆为仓库，面宽17间，进深4椽，单檐硬山顶，库总长62米，宽为11米。南房亦为仓库，面宽7间，进深4椽，中间辟门洞入后院，是收粮晒粮之地。后院南端有一排长65米、宽12米的仓房，中间3间为供奉仓神的大殿，殿内所供仓神像已毁。

待修缮的仓房

仓房下部宽约1米，上部窄小，通体为砖木夯土结构，下部留有通道，用于通风，通道上留有木板，上部也有一排风口，沿着柱子留有竹笼管道用于散热通风。

粮仓内部结构，柱子上是用于通风散热的竹笼

粮仓底部的防潮通道

粮仓的大门

粮仓的上部通风口

粮仓的下部通风口，同时也是猫道

修缮前的解州同善义仓内景

现仅存“道宪札文”碑刻1通，由于修缮，我并未看到。据政府网站描述，碑青石质，长方体，斗圆额，高2米，宽0.70米。碑阳额题“道宪札文”四字，碑身刻“道宪札文”全文，文体楷书，19行，行6—50字不等，共796字，主要记述阎廼珏分拨解州义仓粮银给所属11县而发的札文；碑阴额题“上道宪禀”，碑文为“上道宪禀”全文，文体行草，22行，满行91字，共1340字，主要记述知县孙守恒给河东道台阎廼珏所写的禀文，详细报告解州义仓创办及发展经过。

阎迺珏，字良荪，陕西朝邑人，清代书画家，清光绪年间任河东道台、河东盐法道。在任期间为政清明，善举颇多。其叔父阎敬铭，在老家朝邑县倡办丰图义仓，被慈禧太后御批“天下第一仓”。

解州同善义仓与丰图义仓隔中条山、黄河相望，同气连根，蔚为壮观。

回到家中，我查询同善义仓有关文献记载，竟然极少，仅能找到只言片语，无法看到原始文献。料想古人创立文字，记事于书籍碑刻之上，原是想让后人了解前人之事，可是今天这些文献却很多都看不到了，实在可惜。

古人为应对灾荒而竭力创办义仓，即使是丰年，也不敢有丝毫懈怠，积极号召捐粮积储。义仓对于当今社会的一个重要启示便是应具有忧患意识：

丰收不忘灾荒，
温饱不忘饥饿。
自立不忘互助，
当今不忘过去。

丰图义仓前的阎敬铭雕像

寺庙义仓保佑一方平安
——陕西宝鸡六川河黑虎寺义仓寻访记[①]

一、缘起

当代义仓发展网络的使命是“复兴义仓文化，推动社区互助”。因此在推动义仓义集项目时我们注重项目与在地传统公益文化特别是义仓文化的联结，以汲取本地公益文化中的营养，回应和解决当下的社会发展问题。

宝鸡市渭滨区经二路街道新民路社区的义仓义集项目——“爱心义社”，由新民路社区居委会与陕西普辉青年社会发展中心主办，宝鸡慧芳公益发展中心等协办，于2016年5月举办第一期，目前已经成功举办11期。在探索过程中，志愿者们非常希望能够寻找到本地的义仓历史和文化，以推动当前的公益实践。基于这些考虑，我们开始了义仓历史探索之旅。

宝鸡本地的义仓义集义社活动

二、线索

最开始，我们在清代地方志上发现当地有黑虎寺义仓的记载，并且该义仓与周边村落构成了一个本地义仓互助网络，但文献中对于具体的细节则没

① 作者：常竹青。

有更多叙述。

沿着史书中的线索，宝鸡义仓伙伴慧芳公益发展中心的吴庆斌夫妇找到了黑虎寺，就在其老家对面的六川店。村主任及其老师带我们找到一位年长的知情者，这位87岁的老人是黑虎寺义仓现存的唯一见证者，他6岁时曾在黑虎寺上学。

六川河一带的自然地理风貌孕育了黑虎寺义仓

三、传说

黑虎寺位于六川河畔，六川是第六条河的意思，附近有座蜂泉山。老人向我们讲述了一个当地的神话传说，相传古代的蜂泉山上生态环境很好，野花和蜜蜂非常多，但后来有一条蛇精喝了山上的泉水，导致干旱，蜜蜂大怒，将蛇精蜇得遍体鳞伤。后来这件事被上天知晓，便派天神黑虎神下凡，将蛇精镇住，并令其吐出喝掉的泉水，从此这里又恢复了往日的生机。

六川河、神龟、蛇、大佛印、寺庙是当地神话的主要元素

这个神话传说透露了一些信息，即当地生态被破坏，引发灾荒，黑虎神

惩治破坏生态环境的凶手，并世代镇守于此，保一方平安。我认为这个神话传说其实是在讲黑虎寺义仓的社会功能，是将黑虎寺义仓神话了。如果这样能够相互验证的话，那就是说义仓因灾害而生，而灾害因人类破坏生态环境而产生，义仓创立后又维系了生态环境的平衡。

当地人用手工艺品来表达当地的龟蛇之山形

四、追寻

带着这些想象，我们一行五人（宝鸡慧芳公益发展中心闫慧芳、吴庆斌及志愿者王莉、郭学洲）顶着酷暑，来到六川店村，找到了村主任强新喜。但村主任不知道黑虎寺有义仓，后来我们又找到他的老师王义林。王老师今年70多岁，曾在黑虎寺上学和教书，但也不知道此事，不过他告诉我们村里有位老人可能知道。

70多岁的王老师（左二）带考察小组寻访义仓见证者

经过艰难的寻访，我们终于找到了知情人——一位神态慈祥的87岁老爷爷。老爷爷气色很好，身体也很硬朗，听我们说明过来是想了解黑虎寺义仓的事，老爷爷一下子愣住了，脸上露出笑容，说里面确实有个义仓，叫“储粮”。这一刻时间仿佛凝固了，我的心被打通了，王老师也充满震惊，略沉思了一会儿，老爷爷便回忆起当年义仓的事，我们也跟着穿越时空回到了当年。

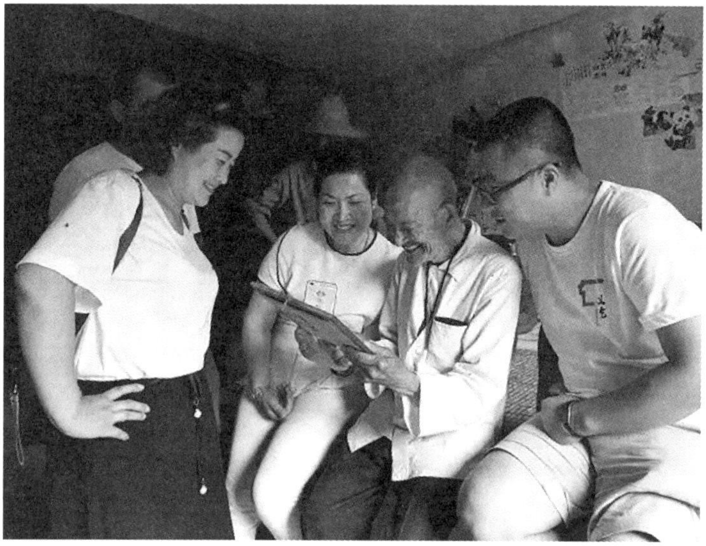

87岁的义仓见证者向众人展示老照片

五、80年前的义仓往事

那时老爷爷才6岁，虽然年纪小，但对那时的故事却记得一清二楚。经过一个多小时的交谈，我们大概了解了当年黑虎寺义仓的来龙去脉。

很久之前，一韩姓村民去世后将田产赠给黑虎寺，成为公田（义田），此后义田陆续增加到30多亩，寺庙将公田租给村民，收取一定的地租。随着寺庙存粮逐渐增多，寺庙管理者便与周边五个排（当地庙会组织的分组办法，一般以村社为单位，推选一名德高望重者成为社首，如社首去世，则另选一名替代）的社首商量，决定将寺庙粮食依“朱熹社仓法”，在春季二、三月间缺粮时，向周边困难群众借贷，秋季归还收息。

依照当地大户的规定，如遇困难或灾荒，利息减免，或延缓收取，借者身份、地域、德行不限，如若遇到借贷者去世或者老年孤寡，则免除利息。所借之粮被称为“寺里的粮”，因为背后有信仰支撑，义仓的粮食似乎具有某种文化属性，数十年来并无故意不归还的案例发生。遇到灾荒之年，黑虎寺开仓放粮，救助灾民。

家族老照片带着老人回到了当年

此法一出，穷人纷纷来借粮，在灾荒年代，义仓救人无数。如此一来，寺庙义仓实是保一方平安之良法。

1935 年，寺中存粮过百石，以致无处存放，大家商议，将存粮售卖，购买烟花。1936 年春，二月二药王庙会，众人放烟花庆祝，不幸将寺中大树点燃烧毁，至此黑虎寺义仓结束了自己的历史使命。

又过了一年，抗日战争全面爆发，西安二中迁往黑虎寺办学，两年后黑虎寺逐渐荒废。土地改革时期将公田分给穷人，黑虎寺义仓成为小学，一直延续到 20 世纪 70 年代末。其间，寺中神像、石碑、古钟毁坏殆尽。

关于义仓碑，现在已经无法考证，一种说法是 1957 年烧了石灰，总之现在无法找到与黑虎寺义仓有关的任何一块石碑，钟也在 1958 年大炼钢铁时被炼掉了。此后修建水电站，黑虎寺被淹没，如今只剩下遗址。20 世纪 90 年代，几位老人重新修建黑虎寺，但只是几间瓦房，当年义仓济人的景象也不复存在。

两代老人共同回忆当年的义仓盛况

现在的黑虎寺

六、黑虎寺义仓的运作模式及社会功能

黑虎寺通过接受土地捐赠（慈善信托）建立公田（义田），依托义田建立义仓（本地叫“积粮”）。庙会组织作为义仓的管理者实行民主管理，内部有健全的财务管理制度。义仓法的实行，让存粮流动了起来，盘活了公益资产，使得义仓存粮持续增加，如今天的社区基金。而人性化的借贷之法的实行，在救助穷人的同时，保全了受助者的尊严，保障了义仓的可持续发展。

黑虎寺义仓与寺庙网络系统相结合，使得义仓的覆盖范围扩大到了周边数个村落，构成了一个村与村之间的义仓互助网络。

黑虎寺义仓建立之后，六川店地区兴盛繁荣起来，过去在沿河两岸都建有诸多商铺，而每年的二月二庙会更是盛况空前，且当地名人辈出。

七、义仓精神的传承

如今，80 年过去了，虽然黑虎寺义仓已经不复存在，当年义仓济人的善举也仅剩个别老人知晓，但有幸的是当地又有不少热心公益的人士重新将义仓创办起来。不同的是，他们依托社会组织，定期开办义集，劝人行善举，捐出少量物资，然后将其捐给社区中有需要的贫困居民。相同的是，古今义仓都发挥了劝人行善的社会功能，为社会发展提供了最基本、最直接的保障。

八、黑虎寺义仓对当代义仓发展的启示

回到当代义仓的探索实践，江西吉安青原色受古时毛家村义仓的启发，于 2010 年创办现代义仓，爱有戏于 2011 年接棒，如今已探索出一套现代义仓义集的参与式社区互助体系，并联合国内义仓探索者成立全国义仓发展网络，先后受到政府和多家基金会的支持。

具体到每个项目，小额定期捐赠提供了一定物质保证，但义仓义集的运作却不得不依赖于政府和外部基金会的持续支持，因此义仓义集的可持续运作一直是一线义仓探索者所关注的问题。从黑虎寺义仓的经验来看，慈善信托、社区基金、小额信贷、民主制度、社区互助，为义仓的可持续发展提供了重要的保障，这或许是值得我们去借鉴和学习的。

考察团队与老人合影

九、后续的故事

有意思的是，这次寻访引发了当地很多人的关注，特别是黑虎寺义仓创办人的后人韩伟先生联系到了我们，并进一步提供了有关黑虎寺义仓的更多宝贵资料，简单整理如下：

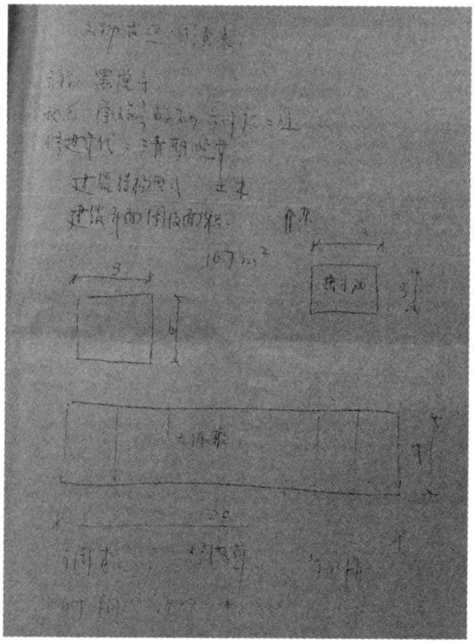

黑虎寺庙当年的布局

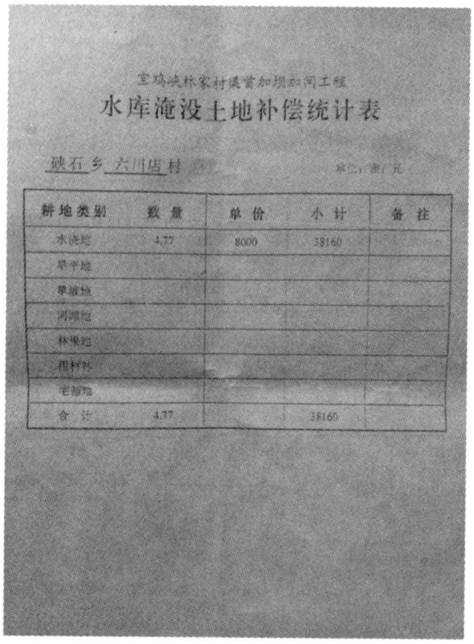

宝鸡峡林家村渠首加坝加闸工程

水库淹没土地补偿统计表

硖石乡 六川店村 [illegible]　　单位：亩/元

耕地类别	数量	单价	小计	备注
水浇地	4.77	8000	38160	
旱平地				
旱坡地				
河滩地				
林果地				
用材林				
[illegible]				
合计	4.77		38160	

黑虎寺义田后因修建水库被淹没

黑虎寺义仓后成为小学

黑虎寺内的古树残枝

黑虎寺残存的老树

六川店义仓始末[①]

清末，各地沿袭旧制没有义仓，义仓是民间自发的以丰补歉的救济组织。

① 作者：强温。

六川店义仓，据强瀛、强家哲等人回忆，至迟在清光绪二十六年（1900）开办，至1935年结束。三十多年来，义仓在六川店人民赈灾救荒中起到了一定作用。

六川店义仓，以六川店黑虎寺所属的下排、中排、大排、西南排、西北排五排为组成单位，包括了十五个自然村，义仓设仓正、仓副，总管积仓散粮事务，各自然村由群众公举办事员一人，协助仓正、仓副管理日常事务。这些人员均系义务制，不受分文薪俸与津贴。当时五排公举西南排马家岭王江、中排王家庄王升为仓正、仓副，总理全仓事务。

六川店义仓议定：

（一）丰年筹集粮食，荒年散粮救荒；

（二）总计划筹粮一百石，由五排按账份分摊，账份大者多筹，账份小者少筹；

（三）筹粮由各排、村依据群众生活状况评议确定，富户多投，小康之家少投，贫困人家不投；

（四）投粮者不吃粮，吃粮者不投粮；

（五）需粮户的吃粮迟早，由各排、村民众评议确定；

（六）丰年投粮无酬，歉年吃粮无赏。

六川店义仓各个义务工作人员依据五排决议之总则，共筹粮一百石，统一储藏于黑虎寺仓房，寺中僧、道住于楼下，一面在寺中供应香火，一面看守粮仓。仓库钥匙由仓正、仓副掌管。每于荒年，义仓按各排、村议定的吃粮名单，按人按户发放，每人每月发放救济粮四升，分初一、十五两次发给。荒年过后，第二年（丰年），仍由各排、村重新评议筹足仓储一百石。如荒年中仓粮发放有余，所余粮食按仓储一百石之差额由各排、村按账份补齐。余少则补多，不余则补齐。仓粮于每年八、九月积储入仓，翌年夏收后重新晾晒，补足损耗，继续储备，连年丰收，食粮不动，恐其蛀烂，可于夏收前粜出，夏收后复以此款分付各排、村籴粮填足仓储一百石。

六川店义仓先储谷子，数年后储豌豆，以后又储小麦。由于公举廉洁之人管理，从未发生贪污舞弊之事。但有一次盗粮之案，系盗贼从道士杜氏房中将楼板钻孔，麦从孔中流出。杜氏见状即报仓正、仓副察看。后勘定，系杜氏失职所致，故勒令杜氏赔偿。但杜氏无力赔偿，即由五排公议，由招荐杜氏者赔之，招荐杜氏者按仓中陷下之坑，以三斗麦填平了事。从此砸了杜氏的饭碗，另招道士看管。

在漫长的岁月中，黑虎寺所属各排、村在评定投粮吃粮人家时有失当，有以借贷粮食填仓的，自己却以菜糊渡荒，而少数吃粮者却以捞面条夸耀，兼之每于粜粮之际，均派投粮人家牲畜劳力，因其劳役繁重，投粮者怨其吃粮者坐享其成，每有愤色。民国二十一年（1932）后，连年丰收，因此，五排公议不再积仓，反以现有小麦一百石于民国二十四年（1935）二月二日药王庙会时订购烟火一架花掉，从此义仓结束。

（选自中国人民政治协商会议陕西省宝鸡县委员会文史资料委员会编：《宝鸡县文史资料》1990年第8辑，第207－210页。）

陕西西安黄良义仓探访记①

开皇三年，征拜度支尚书。平见天下州县多罹水旱，百姓不给，奏令民间每秋家出粟麦一石已下，贫富差等，储之闾巷，以备凶年，名曰义仓。

——《隋书·长孙平传》

这是中国古代文献中关于义仓的第一次记载，世人也由此知道义仓最早由长孙平创立。

但一直有一个疑惑在困扰着我：义仓创立的起点到底在哪里？是在什么样的场景下创立第一个义仓的？古人创立第一个义仓时又经历了哪些思考？

疫情期间这些疑惑更加强烈，而我去年刚好偶然发现一条义仓线索，且其就在西安郊区长安黄良（现为黄良街道办事处），于是便决定去探寻一番。

一、一条义仓线索

去年搜索义仓线索时，我偶然被一则新闻吸引：

① 作者：常竹青。

> 西安市长安区黄良街道办新建一个义仓广场，据说是为了纪念长孙平创立第一个义仓，在当时义仓遗址的基础上而建。这个义仓广场除了“义仓”两个字和几个新建的景观粮仓外，并无确切的文化遗址。而对这个广场的介绍，也更多是基于当地人自己的说法：黄良镇原叫皇粮镇，为长孙平的老家，长孙平向隋文帝上书建议设立义仓后，先在自己的家乡创办了第一个义仓，因为是响应皇帝的号召而办，因此又叫皇粮仓，后演变为黄良。清代，这里又建有黄良仓和黄良廒。

除了引用《隋书·长孙平传》里的记载，并无其他地方文献及考古实物或遗迹作为佐证，当时我以为这只是地方发展旅游而寻找的一个噱头。

二、实地探寻

疑惑归疑惑，但毕竟作为迄今为止唯一一个关于长孙平创立第一个义仓的线索，本着求真态度，我还是决定去探寻一番，以解心中之惑。但我清楚这一趟可能不会有什么收获，因此并不抱过多希望，毕竟历史久远，我在当地也并无认识的人。

虽然不抱多大希望，但为了让这次探寻更具目标性，我还是做了一些准备工作。除了交通路线之外，我还搜索到一篇当地文化人记录的关于黄良镇的故事和传说。其中提到黄良镇 1955 年在清代黄良仓的基址上新建土圆仓，而黄良仓则是在隋唐皇粮仓的遗址上建立的，土圆仓即现在的黄良粮站。

这样一来，我此行探寻的地点至少有三个：黄良镇及黄良粮站、黄良村、仁村义仓广场。

三、“中国古代首个义仓”探索之旅

2020 年 7 月 26 日是周日，古城西安下了几天雨后，终于有个难得晴朗的日子。我从家里到黄良镇倒不算远，地铁 4 号线转 2 号线到韦曲南站，然后转乘公交，也就一个半小时的车程，即可抵达。

但黄良镇范围很大，除了黄良镇村，还有黄良村，而义仓广场则在黄良附近的仁村，距离黄良村尚有 1.3 千米，距离黄良镇约 2 千米。

黄良街道位于陕西省西安市长安区。被誉为“韭韭之乡”的黄良街道南依秦岭，北望滈河，总面积36.2平方千米，常住人口27883人（2010年第六次人口普查），辖1个社区、21个行政村。古交通要道子午大道横贯乡境，古迹有隋唐温国寺遗址。可见隋唐时这里已有村落应该是确切的。

四、“黄良”地名来历——隋唐粮仓所在地

关于“黄良”地名的来历，我在黄良镇村看到一块2001年的石碑，上面记载道：

> 黄良古镇位于钟南山北麓，滈河之南，神禾原，是隋唐时期义仓所在地。黄良系皇粮之谐音，草堂寺明万历十九年铁钟铸有黄良里，清嘉庆长安县志记为黄良镇，本镇从此而得名，是长安古镇之一……

记录“黄良”一名来历的石碑

对此，隔壁的黄良村这样介绍：据史料记载，隋开皇三年（583）在此建皇仓，囤谷以备荒年，谓皇粮仓，遂村得名皇粮村，后演变为黄良村。

黄良村门楼

黄良村村名碑文

据西安地方志办公室出版的《西安村落记忆》，此地也叫“黄良廒”，即储贮粮食等的仓库，也叫仓廒。

村东南黄良中心小学是20世纪60年代合并北庙（里庙）和城隍庙后所建。里庙是武则天在此设立的征粮机构，也征收粮银，所征收的粮食就屯放在黄良村。城隍庙坐落在里庙东边，清朝时将两庙合并为“北庙”。几年前村东群众建房时还有陶罐出土，里边贮有粮食等，新中国成立前曾在北庙发现刻有“黄良里”的木牌子。有皇室存粮的仓库，有收粮、送粮、管粮的专门人员，有政府派驻的军队，村南至今仍有叫“寨子”的地方，村西南有叫“营”的地方，证实确有军队在此驻守过。

黄良村粮仓景观墙

因此可以判断，黄良镇隋唐时为皇粮仓有一定的可能性，但其是否为义仓尚缺乏足够的依据。从皇粮仓到义仓，也有点牵强，毕竟这是性质完全不同的两种粮仓。

五、清代和民国有关义仓的记载

不过历史上当地确实有义仓的相关记录，但那是在清代年间了。嘉庆《长安县志》中有关于黄良廒的记载。黄良廒位于黄良村附近，即现在的黄良镇村，图中的黄良廒用了一个大粮仓作为标识，说明这里建有一个规模较大的粮仓。

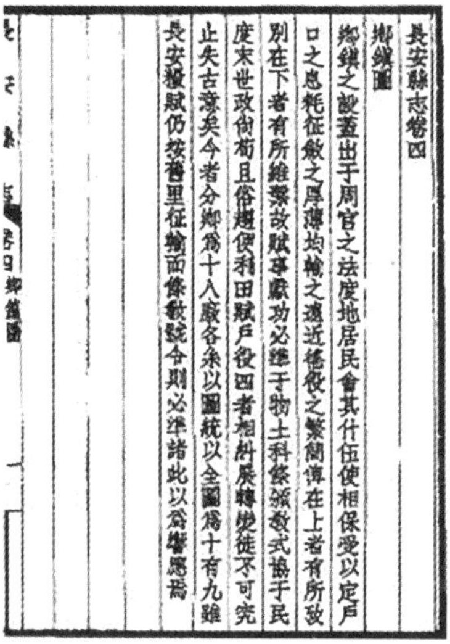
長安縣志卷四
鄉鎮圖
鄉鎮之設蓋出于周官之法度地居民會其什伍使相保受以定戶
口之息耗征斂之厚薄均輸之遠近徭役之繁簡俾在上者有所致
別在下者有所維繫故賦事獻功必準于物土科條綜敘式協于民
度末世政術苟且俗趨便利田賦戶役四者相糾展轉變徙不可究
止失古意矣今者分鄉為十八廒各系以圖統以全圖為十有九雖
長安撥賦仍按舊里征輸而條敍號令則必準諸此以為嚮應焉
卷四 鄉鎮圖

嘉庆《长安县志》中关于黄良廒的记载

另外，民国时期《咸宁长安两县续志》记载：

> 长安县设18廒，南乡3廒之一黄良廒在县南40里，有黄良镇，分8个保障，统领43村，有住户1892户，人口9015人，廒在黄良镇。全廒在滈水流域。

从此可以看出，这个格局从清末到民国基本上没有变。

清代，历任皇帝对民间义仓建设都非常重视，长安县的仓廒始建于雍正年间，后光绪三十三年（1907）又在此重建。以仓廒代替乡镇建制，实际上将义仓作为基层治理和行政单位，更有助于发挥其在纳粮、积储、赈济、互助方面的功能，在清代中后期普遍推行。

文献中关于黄良廒（仓）赈济的记录较少，但是邻近的蓝田县却有明确的记载。清代的蓝田县也采用类似的制度，关中才子牛兆濂就曾主持白鹿仓赈灾事务，救人无数，这一段故事被陈忠实写进了小说《白鹿原》之中。

六、新中国成立后的义仓

可以说，西安拥有深厚的义仓文化积淀。

据《西安市志》记载：

> 初期，市人民政府为对数量庞大濒临破产的困难户及时给予救济，同时开展群众互助，活跃农村借贷，帮助一部分人恢复生产。
>
> 从1951年开始，发动群众建立义仓231个，筹集粮食21万公斤，在冬令、春荒时贷放给无粮户，有力地推动了农村群众的互助和生产生活的恢复。直到1956年农业合作化以后，义仓存粮全部转给所在地合作社作为公益金，义仓才退出西安历史的舞台。

七、黄良仓的实地考察

沿着之前的线索，我找到黄良镇粮站。20世纪50年代所建的土圆仓已经被拆掉，映入眼帘的是尚未完工的两座大型现代化粮仓，而当年的老建筑只剩下一幢粮站员工宿舍尚在使用。

黄良镇粮站外观

新建的现代化粮库

粮仓遗存建筑

我询问了旁边一位正在晒麦子的村民，她介绍说这里的土圆仓前几年刚刚拆掉，但不记得是哪一年了，土圆仓就是在当年老粮仓的基址上修建的。

另外，据一位本地文化名人所说，传说老粮仓就是清代的黄良仓，而黄良仓就是在之前皇粮仓的基础上修建的，这里虽然位于见子河旁边，但是地势较高，比较干燥，不会遭受水涝侵蚀，且便于粮食运输。

如果这种说法可靠的话，那么至少可以证明这里正是清代义仓的所在地。

八、隋唐长孙家族居住地

黄良镇村和黄良村的碑文里并没有记载此义仓为长孙平所建，和长孙平有关系的是附近的温国寺。

温国寺原系隋薛国公长孙览的宅第，为当时名胜。其妻郑氏将住宅分出一部分建立实际寺。至唐代，这里被赐为温王李重茂邑地，乃将寺名改为温国寺，后又改为崇圣寺。据《陕西省长安县地名志》记载，1959 年该地出土温国寺铁牌。后来，温国寺改为湖村小学，现仅存大殿 5 间、明代铁狮 1 对、“温国禅寺”匾额 1 块，以及清《重修温国寺碑记》1 通。温国寺被列为县级重点文物保护单位。

温国寺所存明代建筑

长孙览本名长孙善，与长孙平祖籍同为河南洛阳，为鲜卑族，拓跋氏后代，算起来长孙览是长孙平的远房叔叔。长孙氏是北魏至隋唐的名门望族，与皇家关系紧密，历史上有名的长孙皇后、长孙无忌均出于长孙家族。

因此可以确定的是，隋唐时期黄良镇一带是长孙家族的居住地，虽然不能证明隋唐时黄良镇同样也是长孙平的居住地，但是也不能排除他在此居住，因为古代有聚族而居的习惯，尤其是南北朝及隋唐的豪门氏族。

九、义仓广场

黄良街道新建的义仓广场在仁村。仁村也叫担笼仁村，因为这里过去是做担笼的专业村，当地的乡土文化也非常丰富。

义仓广场所在的西仁村的门楼及介绍

从我了解到的情况来看，新建的义仓广场和村民的关联度并不是很高，平时村民较少来这里。广场更多是一种乡村景观改造，是为了发掘地方文化、纪念当地关于义仓发祥地的传说而建。

入口处有关于“黄良义仓广场”的介绍，设计者提到：

黄良的名称由来与我国古代赈济灾荒、修建义仓的活动有关。

隋代度支尚书长孙平向隋文帝杨坚上书建议劝农重谷、劝农积谷以备灾年，应设立义仓。

为推行并示范，长孙平在今黄良所在地建立全国第一座义仓。民间相传，义仓是靠皇帝颁诏兴办，故称“皇粮仓”，因建立义仓而形成的村庄称为皇粮村，后演化为“黄良”。

此后义仓又在全国推行，延续千年，为民间储粮赈灾、安定社会发挥了积极作用。义仓蕴含了古人的忧患意识、治理文化及广博智慧。（岁次乙亥年仲夏）

义仓广场以“农耕”为主题，画了一些有关土粮仓、农具、二十四节气、农耕活动的壁画，倒是让人们在这个快速城市化的时代，能够对乡村有所记忆。

义仓广场大门

义仓广场的介绍

如果这样的话，义仓广场尝试引发当地人对义仓制度的记忆，具有一定的现代意义。

义仓广场内的景观墙

义仓广场内的粮仓景观

十、关于义仓起源的新思考

探索完黄良义仓的故事，总感觉意犹未尽。虽然没有找到我想要的那个具体答案，但是当我独自坐在这个现代的义仓广场，联想到当下依然影响全世界的疫情和肆虐的洪涝灾害，又尝试回到义仓的原点，思考义仓的真正起源。

我想，这里是否一定是长孙平首先创办义仓之地，可能并不重要，重要的是一千多年来，义仓古老的声音仍然可以穿透历史来到今天，或许尽管只是一则传说，而且声音很弱，让人无法判断事实真相，但是义仓的价值依旧没有被磨灭，甚至在不同的时代和环境下，焕发出更大的活力。

古今中外，学者对义仓起源的考证主要是基于《隋书·高祖上》中的记载：

> （开皇五年）五月甲申，诏置义仓。

以及《隋书·长孙平传》中的记载：

> 开皇三年，征拜度支尚书。平见天下州县多罹水旱，百姓不给，奏令民间每秋家出粟麦一石已下，贫富差等，储之闾巷，以备凶年，名曰义仓。

《隋书·食货》里进一步记载了长孙平上奏及颁诏的具体内容：

> 五年五月，工部尚书、襄阳县公长孙平奏曰：“古者三年耕而余一年之积，九年作而有三年之储，虽水旱为灾，而人无菜色，皆由劝导有方，蓄积先备故也。”
>
> 于是奏令诸州百姓及军人，劝课当社，共立义仓。收获之日，随其所得，劝课出粟及麦，于当社造仓窖贮之。即委社司，执账检校，每年收积，勿使损败。若时或不熟，当社有饥馑者，即以此谷赈给。

因此长孙平于开皇五年五月上奏隋文帝，隋文帝当月即颁布诏书倡办义仓应该是确切的，即将义仓创立定于开皇五年五月，史书中记载明确，并无争议。

不过，西安黄良镇关于义仓起源的传说也为史书中的记载提供了更加有意思和更具体的两个猜想方向：

（1）长孙平提出义仓后，先在自己家乡创办了第一个义仓，并由此总结经验，推向全国；

（2）长孙平是基于之前的经验，即在国家常平仓救灾体系之外发现了民间互助救灾的重要性，或者更有可能是先在自己家乡开展义仓实践，而正式提出设立义仓的建议。对此长孙平在奏书里进一步提到：

> 去年亢阳，关内不熟，陛下哀愍黎元，甚于赤子。运山东之粟，置常平之官，开发仓廪，普加赈赐。少食之人，莫不丰足。鸿恩大德，前古未比。其强宗富室，家道有余者，皆竞出私财，递相赒赡。此乃风行草偃，从化而然。但经国之理，须存定式。

因此义仓的创立有可能是基于开皇四年常平仓关中赈灾时出现的富户及有余力的人们捐赠财产、相互帮助的景象，当然这种案例也可能就出现在长孙平自己的老家。长孙平认为这种风气是道德教化的结果，但从国家治理的角度，需要用制度固定下来，因此才总结出设立义仓的办法。毕竟给皇帝提出这样的建议，需要有足够的底气，甚至自己已有实践。

换句话说，义仓是为了鼓励在灾荒救济中出现的民间慈善和互助行为，并将其制度化，以成为长久之计。从逻辑上讲，这两点对于进一步探讨义仓的起源都可以说得通。

十一、结论

此次实地探索，虽然不能确定黄良义仓即为长孙平创立的第一个义仓，但这里的义仓传说、清代民国义仓的遗存，还是为其提供了一定的依据和可能性。而这些文献记载和当地传说，为进一步考证长孙平创立义仓的源头提供了更多的思考空间和方向。

2020 年 8 月 5 日于陕西西安

丰图义仓探秘[①]

因为关注义仓文化的缘故，近几年我曾多次到丰图义仓了解其背后的故事，共同推动义仓文化的挖掘、传承和发展。但我心里一直有一个疑惑未能揭开——这座始建于1882年，迄今已有一百多年历史的清代粮仓，为何能一直沿用至今？而且是迄今唯一一个仍在使用且发挥储粮功能的清代粮仓？这背后又有着什么样的秘密？

丰图义仓内城正面

随着去的次数增多，与丰图义仓守护者以及周围老人深入交流，我心中的疑惑逐渐解开了。

丰图义仓位于陕西省大荔县朝邑镇大寨村，由清代户部尚书阎敬铭于1882年倡办。义仓建造历经四年，直到1886年才最终建成投入使用，共花费白银三万余两。

① 作者：常竹青。

丰图义仓的倡办者阎敬铭（1817—1892）

整个义仓仓体共分为内外两层，其制式仿造苏州丰备义仓而设计，是丰备义仓的姊妹仓。整个内城仓城一体，兼具储粮和防御功能，外城为卫城，用土夯筑而成，主要起防御作用。整个义仓可以储粮 3 万余石，够当时朝邑所有人口半年的口粮。

俯瞰丰图义仓内外城

丰图义仓建于原朝邑县城西边高地上，又位于朝坂古道、黄河大庆渡口之边，与唐代金龙寺塔、宋代岱祠岑楼构成一线，形成唐塔、宋祠、清仓的历史景观轴线，与黄河对岸的中条山及鹳雀楼、渭河南岸的西岳华山遥相呼应，蔚为壮观，可谓黄河西部最重要的历史景观之一。

丰图义仓与唐塔、宋祠构成跨越千年的历史轴线

站在仓顶可以遥望黄河对岸的中条山和鹳雀楼

对“丰图”一般的理解是：丰年储粮，荒年图报，不过也有观点认为“图”应该当“社区/乡里”理解，即造福乡里。

丰图义仓匾额

义仓建成后，即发挥了重要的赈灾和军事功能。丰图义仓 1900 年开仓赈灾，救人无数，也因此被慈禧太后御批为“天下第一仓”并赐阎敬铭“龙虎”二字。1938 年，这里是孙蔚如军团部及所属部队指挥部所在地，在中条山战役中发挥了阻击日寇进入陕西的重要功能。如今因其重要的历史文化和粮食安全教育功能，丰图义仓被列为全国重点文物保护单位，并对公众开放。

“天下第一仓”影壁

截至 2019 年 10 月，丰图义仓为全国仅存的四个古代义仓全国重点文物保护单位之一，其余三个为：浙江杭州富义仓、河北深州盈亿义仓、山西运城同善义仓（为阎敬铭侄子所建）。目前杭州富义仓经修缮改为文化创意园，河北盈亿义仓经修缮于 2019 年 10 月建成粮食博物馆对外开放，山西运城同善义仓也刚刚完成修缮工作，由省级文物保护单位升级为国家级文物保护单位，但尚未对外开放。这三大义仓目前都已不再具备储粮功能。

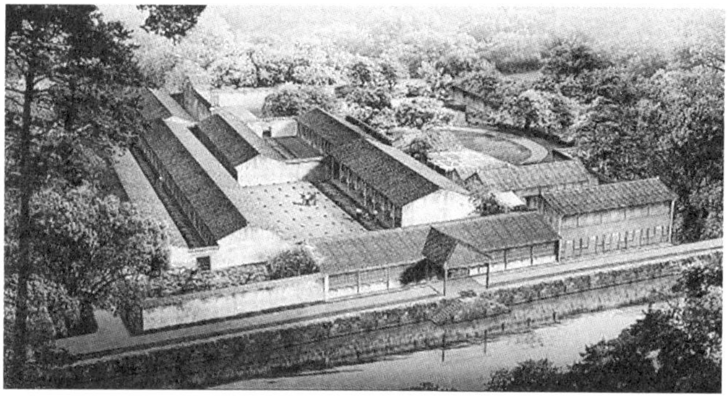

修缮后的富义仓

修缮后的盈亿义仓

修缮前的同善义仓

丰图义仓建成至今137年而仍能发挥储粮功能，我结合历史文献和当地口述历史，认为主要有如下几个关键因素：

首先，从选址上看，丰图义仓位于黄河西岸黄土崖——仰圣堡之上，常年干燥少雨，免于河水浸泡，有利于仓体保存。

根据历代粮仓修建规制，均选址在城中地势较高之处，一方面免于积水浸泡，以利于储粮；另一方面，也便于防守。

在丰图义仓修建之前，朝邑县原有常平仓，但因修建在作为黄河滩地的朝邑城中，常年遭受湿气侵扰和水患影响，因此粮食时常发生霉变，逐渐失去赈灾备荒的功能。（常平仓，起源于汉代，为官办粮仓，与民办义仓社仓一样，共同发挥赈灾备荒功能，但主要由政府管理，且开仓的决策权掌握在皇帝手中）。

为了避免这些弊端，阎敬铭在倡办丰图义仓时，与当地乡绅商量，决定选址在县城旁边的黄土崖——仰圣堡上，以免去水患之忧。

丰图义仓建在仰圣堡上

尽管阎敬铭及乡绅们这样选址的初衷只是为了更好地储粮，但客观上却营造了一个更加有利的仓体保存环境。据我考察发现，因为较高的地势，丰图义仓的仓体基本上处于干燥状态，仓砖虽略有碱化，但是相比于地势较低地区的古建筑碱化和风化的程度都要低很多。

我从2017年开始连续三年去丰图义仓组织了四次活动，每次都是前些天有云雨，但活动当天或前一天就突然放晴，让大家都觉得很神奇。

这样的奇事经历了好几次，直到有一次当我站在仓顶俯视黄河，望向黄河对岸的时候，我才意识到这里与黄河滩地是截然不同的地形和气候：黄河滩地地势较低，水汽充足，容易形成闷湿的局部气候；而这里地势较高，风较大，水汽上升到这里后很容易被风吹散，且四周没有阻挡，不利于形成降雨。

黄河滩地的气候与丰图义仓所在地不同

其次，为了让义仓能够保存得更久，阎敬铭和乡绅们在最初创办丰图义仓的时候，参照苏州丰备义仓，在设计方面花费了更多的心思。

苏州丰备义仓建于1835年，由晚清民族英雄禁烟名臣林则徐在江苏巡抚任上修建。丰备义仓建成后，在朝野形成了很大影响。

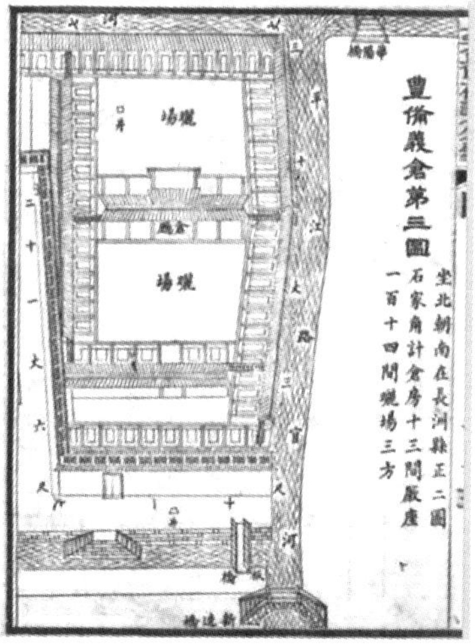

《丰备义仓全案》所载丰备义仓基本形制图

阎敬铭在倡办丰图义仓时，参考了丰备义仓的“口”字形设计，并结合西北地区的环境特点进行优化，使得兼具抗震和防御功能的义仓仓体寿命更长，具体包括如下几点：

（1）义仓地基底座采用青条石铺设，十分牢固

整个仓体在关键位置的地基均采用大块的条石铺设，提供了很好的抗震基础。此外内外墙体之间还用壁虎钉进行牵拉固定，增强墙体的整体连接性，大大提升了墙体的抗震性能。至今，在丰图义仓内城虽然可以看到局部墙体有少量裂缝，但整体上依然非常牢固。

仓体底部的条石和墙上的壁虎钉

（2）仓城一体，下宽上窄，使得整个仓体非常结实，减少了仓体的倒塌

借鉴古代城墙的设计原理，丰图义仓底部宽、上部窄，使得上部比下部轻，在建筑结构上更加利于墙体的稳固，且仓城一体的设计，节约了建筑材料，降低了造价，在经费有限的情况下，最大程度保证了工程质量。

仓城外部景观

（3）仓窑的设计，一方面有利于储粮，另一方面也增强了仓体的牢固性

窑洞是黄土高原地区劳动人民的智慧结晶，具有恒温、利于空气流通、结构简单、牢固等优良特性。丰图义仓借鉴了这一智慧，使得整个粮仓内部常年保持十七八摄氏度的恒温，可以储存小麦等粮食4—6年之久。且窑洞的拱券式设计，有利于空气流通的同时，又增强了仓体结构的稳固性。

仓窑内部

（4）独特的排水系统设计，让仓体免于雨雪的侵蚀

丰图义仓的顶部设计有向内的斜坡，使得水流形成后迅速汇集到仓顶中部，并通过U形铸铁导水槽将其导到仓内院子的水缸中，以使仓顶不会形成积水。所收集的雨水主要用于防火灭火。仓体院内和外部都建有暗渠和水井，可将积水快速排出仓外，或再渗积于水井。丰图义仓建成137年来，基本上没有发生过大的水火之患。

仓顶的排水设计

仓底的集雨设施

再次，丰图义仓得以保存与仓砖的质量亦密不可分。

在丰图义仓仓顶散步的时候，我看到一些刻有文字的砖，这些砖都是最早建仓时遗留下来的。经辨认，这些砖上的字主要有“正”“保”两种，其中“正”字为正阳刻，“保”字为反阴刻。后经大家仔细探寻，一些当地的老人讲述了这些砖和字的来历。

仓顶的“正”字砖

仓顶的“保”字砖

原来丰图义仓在修建之初，需要大量的砖，而这些砖都是采用特殊工艺烧制的，有一定的标准和要求，并非普通的砖，于是在附近约 8 千米的窑子头村（今大荔县朝邑镇民主村）建了两座窑厂，专门为丰图义仓烧制仓砖。

据说，当年找了许多地方，最后发现窑子头的土最适合烧制砖，所以选择在窑子头建砖厂。当时建的砖窑有两个，砖上刻的字就是这两家砖窑的名字，类似于今天的商标，如今看来也是一种质量保证。此后这些窑厂就演变成一个村落，现在已经改为民主村，至今村里仍然有很好的砖瓦烧制和石匠工艺存在。

我在丰图义仓游览的时候发现，那些古代最早的砖基本上都保存完好，整齐大方，质量上乘，且砖与砖之间用石灰加糯米浆黏结，异常牢固。而后来修缮时更换的砖则质量一般，明显比不上古人烧制的砖。

清代官方著作《钦定授时通考》这样描述粮仓砖的标准与要求：

> 凡砖瓦就于近仓之地立窑一二座，令窑户自烧造，石灰见买，地伏砖每块长一尺二寸，阔七寸，厚三寸，秤重十八斤，上烧常平二字，开砖每块长一尺一寸，阔五寸，厚一寸，上烧常平二字，方砖每块长一尺，阔一尺，便砖每块长七寸，阔六寸二分，瓦每块长九寸，阔七寸，重一斤半。

古人对于义仓建造的用心良苦从丰图义仓的砖中可见一斑。

另外，以粮养仓，时常维护，大大延长了丰图义仓的寿命。

古人说：三分建、七分管，三分治、七分养。这个道理对于粮仓来说更加适用。

丰图义仓建成后，设有专门的管理机构，除了定期的基本维护外，每隔一段时间就要大修一次，其经费由义仓自身经营收入覆盖。目前，丰图义仓除局部有所损坏外，主体部分仍然保持完整。最近一次大的修缮在十多年前，基本上将丰图义仓的功能恢复到了刚建成时的状态。

在日常管理中，丰图义仓的管理人员发现粮食与粮仓之间构成了一个共生系统，即粮仓为粮食提供了一个十七八摄氏度的恒温且可以呼吸的适宜生存环境，粮食在这个环境中处于自然呼吸状态，所释放的水分和热量可以很快地被粮仓分散出去，更利于长久保存。可以说，粮食为粮仓提供了能量和养分，粮仓在粮食的供养下更有生命活力。此外还有“以猫防鼠”，亦是粮仓共同系统的组成部分。

粮与仓构成粮仓共生系统

丰图义仓“以猫防鼠”

在“粮与仓的共生关系”的指引下，目前相关部门特别强调，希望能积极地维护好丰图义仓。至今，丰图义仓 58 个粮仓中除少数几个用于展览外，大部分都依然存有国家储备粮——小麦。

其他义仓，基本上在新中国成立以后成为国有粮站，虽然发挥储粮功能，但失去了文化和生态功能。20 世纪 90 年代以来，大部分义仓都失去了储粮功能，粮仓也迅速老化。我曾于 2018 年探访同善义仓，发现失去储粮功能二十余年后，基本上所有仓体内部都极为潮湿，充满了霉腐味，仓顶也非常破旧，存在漏雨、坍塌等问题。深州盈亿义仓在修缮以前也存在这个问题。

最后，丰图义仓“丰图”的文化内涵，也有利于提升人们保护义仓的意识。

丰图义仓是民办公益粮仓，其主要功能是互助赈灾，因此古人在创办义仓时用心极为良苦，投入巨大的精力和财力，以达到“丰年储粮、荒年图报”的目的。

现存民国版丰图义仓的仓志中记载：阎敬铭倡办义仓，亲力亲为，积极与具体操办的地方乡绅讨论沟通，可谓煞费苦心。在建造丰图义仓的时候，还设置了朱文公祠，纪念仓祖朱文公创立社仓法的同时，更是一种文化号召和警示，激励后世义仓管理者不忘初心，务必将义仓管理妥善。

丰图义仓仓顶的朱文公祠

丰图义仓建成 137 年来，其性质和管理模式先后经历了三个历史阶段：

（1）1886 年—新中国成立，为官督绅办的传统义仓模式，丰图义仓为地方民间慈善组织——同义文会直接管理，有着非常完备的管理和地方监督机制。

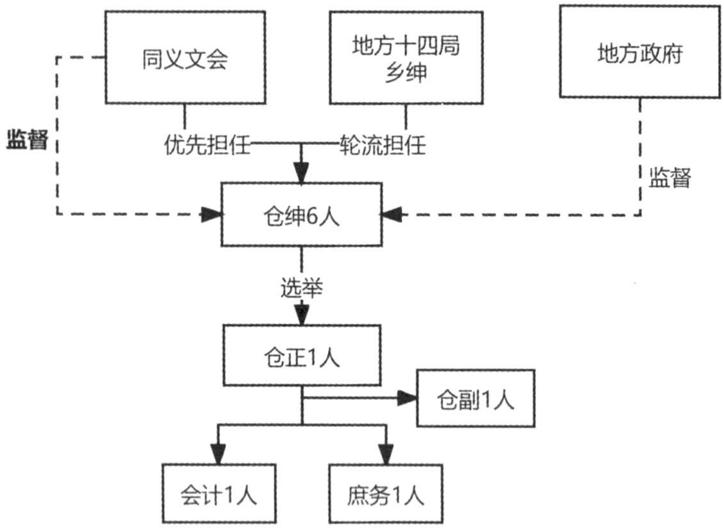

1925 年丰图义仓组织管理架构

（2）新中国成立后收为国有，成为地方粮站，由政府直接管理。

（3）2005 年以来，粮站体制改革，丰图义仓变更为国家粮食储备库，并于 2006 年成为全国重点文物保护单位，受到了国家粮食系统和地方政府的重视和大力支持，除发挥储粮功能外，兼具更多文物保护、文化传承、公众倡导等功能。因为意识到了丰图义仓的社会意义和文化内涵，其管理和保护更加科学化和现代化。

正因为丰图义仓的民办性、公益性和长远性，周围百姓也对其爱护有加，如今当地老人谈论起丰图义仓来，依然充满了敬意。一百多年来，丰图义仓没有发生过哄抢粮食、破坏粮仓等行为。

总之，丰图义仓作为古代粮仓的典范，除了其建筑设计外，更有许多精神文化蕴含其中。历经数代义仓人的精心守护和保养，这座粮仓依然屹立在黄河西岸的黄土高原上，不仅发挥了“丰年储粮，荒年图报”的传统义仓功能，更发挥了“丰年建仓，盛世图俭”的新时代义仓功能。

第二节　当代义仓诗词

2017 年 11 月 5—7 日，来自全国 31 个城市、52 家机构的 95 名现代义仓践行者齐聚大荔，以“复兴义仓文化、推动社区互助”为主题的首届全国义仓大会暨义仓发展网络成员大会胜利召开。在此期间，与会成员感慨良多，文化作品频出，最后经大家建议整理成文，以为记载。

一、刘玉宝《赠义仓》

义仓同洲新时代，
报告精神放光芒。
社区互助义仓魂，
一带一路颂福康。
义献爱心到基层，
义赈文化大传承。
继往开来创辉煌，
来年相约丰图仓。

二、李良鹏《颂义仓》

义仓文化史悠远，
社区互助民称赞。
每闻义仓亲访古，
必查案卷自寻源。
一碑一勺传佳话，
全心全意谱新篇。
基金支持结硕果，
网络活动捷报传。

三、邱良生《记义仓》

为义仓文化服务，
记义仓历史足迹。

四、郭虹《赠义仓》

扶危济困唯互助，
义赈溯源有古仓。

五、李艺泓《颂义仓》

丰年备荒图急难救苦，
义时赈灾仓太平余粮。

六、李良鹏《丰图义仓》

阎公义举修仓城，
独踞坂崖气势雄。
仓廒依然五十八，
为古今用世代颂。

七、强朝兴《丰图怀古》

三水绕田万民丰，
救荒安民阎公图。
朝邑父老襄大义，
邑成天下第一仓。

八、强朝兴《丰图行》

暖暖秋阳轻拂面。西风过，朝坂旁。唐塔宋祠清仓悠，天淡黄河古台。屹立千载，人聚人散，长是任去留。

朱子社仓传后世，义仓兴，活万民。丰备丰图丰民阜，阎公丰图乃在。五湖四海，义聚义仓，共计义仓事。

九、杨松森、许森林《义仓大爱洒满人间》

华夏文明上下几千年，
博大精深光辉灿烂。
新时代社会新风尚，
义仓大爱洒满人间。
社区互助公益慈善，
扶贫济困帮助弱残，
尽我所能人人受益，
义仓精神代代相传。
仁爱礼让助人为乐，
敬老爱幼奉献温暖，
聚力实现民族复兴，
促进社会和谐发展。
尽我所能人人受益，
义仓精神代代相传。

第三节　当代义仓祭文、赋

一、丁酉（2017）丰图义仓祭仓祖朱子文公文

岁逢丁酉，月逢秋分，兹有朝邑丰图义仓，携众诚之士，感召仓祖朱子圣像前，奉以文曰：

悠悠华夏，巍巍神州
朱子伟业，义仓流芳
创立闽学，惠泽八方
千古贤儒，万世师表
德昭日月，道贯古今
敬天存理，去除人欲

孔孟朱王，文治武功
欣逢盛世，居安思危
立心天地，继承圣学
而今吾辈，见贤思齐
四海归心，长治久安
朝邑古镇，丰图义仓
魂游天际，汉学永固
恭祭灵台，传承隆恩
天灵若现，福降九州
金瓯一统，国泰民安

二、戊戌（2018）丰图义仓祭仓祖朱子文公文

2018年9月23日秋分日，丰图义仓仓主刘玉宝，于大荔县朝邑镇丰图义仓，以时果五谷之仪，祭于仓祖朱文公，而致词曰：

中华文明，传承不绝，古人立社，守望相助。
三代之时，周礼成制，先师孔子，诠释仁义。
大儒朱子，创立社仓，不论贫富，邻里捐粮。
积谷备荒，义助义学，社仓之法，后世楷模。
朝坂阎公，倡建义仓，水旱灾荒，救民无数。
现代社会，虽邻却距，勺米计划，暖化邻里。
义仓义集，街坊欢喜，秋分相聚，以襄盛举。
现代义仓，邻里互助，一句问候，打破冷漠。
二十余省，千余社区，百万民众，践行义仓。
告慰先祖，传承发扬，佑我义仓，兴我中华。

皇天后土。
尚飨！

三、己亥（2019）农民丰收节公祭仓祖朱子文公文

公元二〇一九年九月二十一日，岁次己亥，节届国庆，朝坂之巅，五谷丰登；黄河儿女以丰硕收获，丰收礼乐，恭祭仓祖朱子文公，辞曰：泱泱同

州，人杰地灵，肇启农耕[①]，勋绩彪炳，美丽大荔，其势恢宏，神果冬枣，四海亨通，农贸教文，高铁称雄，全域旅游，誓攀高峰。

寻根溯源，朱子文公，倡建社仓，赈济苍生，寒泉著述[②]，书院披荆[③]，格物致知[④]，天人启蒙，齐家治国，正心意城，知先行后，行重知轻[⑤]，诗文典籍，代代传咏。

仰望仓廪，敬我阎公，丰图义仓，举世闻名，慎终追远，再铸鸿梦，煌煌吾党，自强复兴。德泽万民，天下安宁，不忘初心，牢记使命，岁孰且美，其乐融融。

仓祖功德，佑我家邦，大礼告成，伏维尚飨。

注：

①肇启农耕：大荔县属黄河文化，农耕文化发祥地之一。

②寒泉著述：朱熹年少丧母，在母亲的墓地边筑房舍冠名“寒泉精舍”，一边为母亲守孝，一边研究理学学术，其间完成了理学著作《太极图解说》。

③书院披荆：朱熹克服了重重困难，倡导从学，建立了白鹿洞书院、岳麓书院、石鼓书院、紫阳书院，自称“紫阳真人”。

④格物致知：出自《大学》，朱熹对这句话的精确表述是：“致知在格物者，言欲致吾之知，在即物而穷奇其理也。”意思是凡事要弄个明白，探个究竟；致知，即做个真正的明白人，为人行事绝不能糊涂。

⑤知先行后，行重知轻：这一句是说先有思想理论，后去执行实践，行动实践高于理论，重要的是行动，正如毛泽东所倡导的“不尚空谈”，习近平总书记所批评的“空谈误国”，二者有先有后、有轻有重，必须相辅相成。

四、庚子（2020）忽培元《丰图义仓赋》

歌曰：仓廪盈兮天下安，丰岁囤兮图平艰。民风淳兮义仓续，盛世缘兮赋新篇。

若夫，自古天下粮仓，官建官征官营，逢灾粜米，补益有限者多如牛毛。迄今世间粟库，民修民捐民管，遇难救饥，安贫无数者珍若凤羽。古库遗韵，怀旧思悠者稠；老仓流芳，循用务实者稀。同州重郡，华夏名邑，奇葩犹绽者，大荔丰图义仓也。

余观乎，九州奇观在桑梓朝坂一隅。三面临高崖，一方通大道。东牵故渡，黄河远护于左；西携沃野，阡陌近拥其右。盛日晨昏，举目华岳，仙掌巍峨；四季佳时，回首唐寺，古塔雍荣。非景独异，故事鲜闻。详察细考，义仓围墙敦厚。外观似城，三面套整坚固；内视成坊，四向圈窑宽敞。拾级上观，坡顶逶迤，起伏涌波呼水利；缓步近览，箭垛垒磊，固若金汤求无恙。形制类乎屯营，显然易守难犯；设备恰似庙堂，足以防盗御患。乾圆坤方，院池阴阳两通宜晒利蓄；虎慑龙震，天恩光敛琼聚迎神驱鬼。饮浆而思源，承前以继后。清末遇酷旱临难问世；今朝逢甘霖再聚春光。

叹曰，昔闻永常，灾年周济，家雀硕鼠皆肥。今传丰义，歉收赈荒，美谈佳话连绵。畅风化雨，众口皆碑。耿介阎公敬铭，世誉救时廉吏。清末归故巡灾，竭力倡建命名，不失赤子之情。邑人怀其诚，立碑雕像，恒久纪念矣。

丰者年丰，义乃大义。嗟乎，仓之所纳非粮，乡情义气也；库之所敛非物，团结精神也。居安思危之举；逢艰修德之功。今县上及文旅领导，着眼两个文明，长治久安。洞明仓理，深谙库义也。呵护开发，弘扬其芳，嘱余作文记之。数度拜谒，方得灵思，拙笔奉献。

忽生云：义仓之门若神门矣。见利忘义者远，重义轻利者近，义利并重者方得其门而入矣。

国务院参事忽培元
公元二〇二〇年六月六日于北京义耕堂

后　记

爱出者爱返，福往者福至，义仓文化的本质是爱的传递和风险共担。成都市爱有戏社区发展中心十余年持续关注义仓文化，以此指导社区文化和小区治理的建设。所以，行文至此，我如释重负，又深感惶恐，既有对义仓文化观察和体悟的释放，又有随着对义仓文化认识不断提升后的深感责任在肩和害怕贻笑大方。

在这里我要感谢常竹青和刘黄娟两位同行伙伴的大力支持。2020 年，随着认识越深，我越感到古代义仓对我们当下的社区建设有着非常重要的文化意义，因此决定编纂一本深度阐释义仓文化的书籍。常竹青跟我也有相同的想法，他从 2011 年开始不断地收集义仓相关文献和实物，希望通过对古代义仓制度、义仓故事和义仓人物等各个方面的研究，找到义仓文化对我们现代社会的启示。我们一拍即合，开始了编纂工作。着手编纂时，我们才感受到，作为实务工作者的我们还远远不具备与我们的野心所相当的学术能力，我们遇到的困难远远大于我们的想象。在最艰难的时候，刘黄娟老师毫不犹豫地加入了我们，给了我们重要的信心和深深的感动。这本书凝聚着我们三人用心钻研的心血和深厚友谊。

义仓不是死的历史，而是活的文化，是璀璨的中华慈善文化明珠。源自中华文脉的义仓精神，是义仓的灵魂。我们弘扬义仓文化、探索现代义仓，绝不是对传统文化的简单复制，而是推动人人参与，形成友爱互助的社区新文化。我们想做这样一本工具书：一方面将收集到的义仓有关文献、文物等文字和实物资料进行系统梳理，集结起来，作为工作指南，供慈善、义仓、社区治理史研究者参考，帮助从事社区治理工作的同人找到自己心中的义仓、身边的义仓，找到自己的文化自信；另一方面，这本书也汇聚了义仓千年的智慧和声音以及当代义仓行动研究者们的部分成果，用于启发社区治理工作者更好地开展当下的实践。

这本书有很多不如人意的地方，我们希望通过这本书抛砖引玉，让更多有能力的学者投入义仓的研究领域，产生更多的研究成果指导我们的行动。

我们要再次感谢为这本书做出贡献的常竹青、刘黄娟老师，感谢给我们鼓励的王名老师、郭虹老师。是为记。

刘　飞

2023 年 7 月 9 日